日本食生活史

歴史文化セレクション

渡辺実

吉川弘文館

序文

食物は人間活動のエネルギー源である。機械でいえばこれを動かす動力にあたる。食べものの適否は人間の健康を左右し、ひいては民族の政治・社会・経済・文化の上にも深刻な影響をあたえる。食糧確保のための民族の移動や闘争の歴史は枚挙にいとまがない。人間の食生活は民族により、国により、地域により、気温により、風土により、時代によってさまざまである。だが、このような変異・変遷はあっても、いずれの民族にも固有な伝統をもった食風がある。そしてその食風は一朝にして改廃されるものではなく、保守的であって固有な伝統を堅持している。

最近医学の長足な進歩によって、保健栄養の見地からとみに食品の適否が云々《うんぬん》され、人々は日常の食品に一入《ひとしお》注意を払い、主婦はその調理に心を砕いている。そしてこれに関連する雑誌や書籍は数多くみいだされている。しかしながら合理的にして科学的な食生活を送るための手がかりの一つは、何千年も変遷してきたった日本人の食生活を分析、総合して歴史的に考察することによってはじめてとらえられることを確信するものである。

わたくしは現在日本史の研究の最もおくれているのは、賤民史・女性史・生活史の三つの分野

である と思う。このうち衣・食・住を主とする生活史の中では、食物史の面が最もたちおくれている。それは食物のことを口にしたりすることは下賤なものであるという日本人的な思想によるものであり、これを研究する学者が古代よりなかったことがあげられる。また、古い文献にある食品名には難解・難読のものがあって、その実物は何であるのか判定に苦しむものが多いこともその一つであろう。さらに、料理の方法については一層不明のものが多いというような、諸条件によって研究のおくれていたことが考えられる。したがって日本人の食物史の研究書は僅少であり、たとえあっても、それは極めて難解・難読のものであったり、断片的なものであったり、トピック的であったりして、日本人の食生活を総合的にとらえ、時代的の変遷にそって叙述したものがほとんどないといっても過言ではない。こころみに最近の高校日本史の教科書をみても、日本史の中に食物のことはほとんどとりあげられていないというのが現状である。

今や女子大学はもとより最近では高校でも食物史が家庭科の中で学問的に系統的に教えられることになり、ようやくこの分野の重要性が認識されてきたことは喜ぶべき現象である。そこでわたくしは先学の研究を参照にして、これまでの自分の研究を加えて平易にし、女子大生・高校生はもとより、日本文化史の研究者のためにできるだけ系統的にとらえることができるように、(イ)(ロ)(ハ)……、(1)(2)(3)……の記号を示して記述を工夫し著述する気になった。できあがってみると述べ足りないところが多く、まだ研究しなければならない問題が山積していることに気がついた。けれども研究を続けたらきりがない。それでもの足りない思いで一杯であるが、近い将来の改訂を期してともかくも出版することにした。

昭和三十九年四月八日

渡邊實

目次

序論

第一章　食生活史の意義

食生活史研究の対象　およそ人間が生存していくには、衣・食・住の三者は必要かくべからざる物的条件である。とくに食物は人間活動のエネルギーを補給し、人間生活の重要基盤をつちかっているので、右の三つのうち最も重要な位置をしめていることは他言を要しない。それだけに、(イ)人間は毎日摂取している食物については、栄養・嗜好・調理をはじめ食品の選択・入手・調理加工保存・飲食作法・食器・慣習などの立場から絶えずこれに改良を加え、よりよき様相を作り出すことを工夫して高度な生活水準を維持する必要がある。

だが、(ロ)人間の食生活は広義と狭義とに解することができる。広義の場合は、食生活全般にわたっているので、精神的・肉体的な方面、すなわち教育・道徳・宗教・迷信・医学・保健衛生などはもちろん、人類生活の表現たる住居・調度・典礼・歳事・娯楽・技芸にいたる百般の事象をふくんでいる。しかもこれらの事象と関係の密接な背景をもつ当時の時勢、すなわち政治・経済・社会・思想・芸術・技術・文化などによっても変化するので、それらに言及しなければならないのである。(ハ)さらに食生活は気候・風土などの自然現象や民族・国民性とも関連をもって存在するので、これらとの有機的な関連においての分析研究も必要となってくる。

食生活史の時代的区分　人間の食生活は時の流れによって変化していくものであるが、これは人間の本性が常に変化を好むことから起ってくる。一般的に古い時代ほど食生活の変化はゆるやかであり、文化が進むほど急激となる。人間は好奇心にとみ、また優秀なるものを模倣し、合理的に生活しようとする心的作用がある。とくに高度な価値をもち、流行するものにたいしては、圧倒的にそれに追従する場合も少くない。室町時代の茶の流行や戦後のパン食の普及などはその一例であろう。だが、食生活の変化は決して突如として発生するものではなく、また偶然におこるものでもない。たえず依存の法則や連続の法則にしたがっていることを忘れてはならない。そこで、わが国の食生活の時代的変遷を次のように便宜上区分して説述することにする。

㈠　自然物雑食時代（日本文化発生—紀元前後）　先土器・縄文時代
㈡　主食・副食分離時代（紀元前後—七世紀）　弥生・大和時代
㈢　唐風食模倣時代（八世紀—一二世紀）　奈良・平安朝（平安）時代
㈣　和食発達時代（一三世紀—一六世紀）　鎌倉・室町時代
㈤　和食完成時代（一七世紀—一八世紀）　安土・江戸時代
㈥　和洋食混同時代（一九世紀—現在）　明治・大正・昭和の時代

(イ)第一期は、原始社会の石器時代で、先土器時代・縄文時代であり、何千年にもわたる時代であって、北方系・南方系の両文化がわが列島においてたくみに混合調和している。食生活の様相にも同様なことがみとめられる。遺跡・遺物の調査・研究によって、この時代は狩猟生活が中心であり、漁撈も行われ、自然物採集経済を原則としていることがわかる。

(ロ)第二期は、弥生(弥生式)時代・古墳時代・飛鳥時代にあたる時代である。金属器と稲作農業の登場によって、農耕が主な生業となり、食生活が安定し、そこに富の蓄積が始まり貧富の差を生じ、貴族と農奴階級が分離して氏族制度が完成する。特に朝鮮半島から仏教・儒教とともに種々の文化が輸入され、食生活も半島のそれを上流社会が模倣し輸入した時代である。

(ハ)第三期は主として奈良・平安朝時代にあたり、隋や唐と正式に国交がひらかれ、その影響がいよいよこの時代にわが国の文化の様相にいちじるしくあらわれる時代である。大陸の文化は続々とわが国にとり入れられ、社会や文化の形相に多大な変化をあたえた。とくに上流社会は唐風に傾倒し、貴族食が形成された。一方庶民の生活はほとんど前時代とかわりはなく、貧窮していたため、その食生活も前代同様であった。

(ニ)第四期のうち、その前半の鎌倉時代は、武士が庶民の階級からおこり、狩りが武士によって大規模に行われ、肉を副食とする風習が再現し、唐風模倣の域を脱して、日本的な食生活が発生する。また後半の室町時代には喫茶を中心とする食物文化が日常化され、末期になると西欧食品・砂糖などが移入される。また中国から饅頭《まんじゆう》・豆腐《とうふ》が輸入され、味噌《みそ》・醬油《しようゆ》の調味料もでき、日本風の食品や食生活が発生・発展する時代である。

(ホ)第五期、この時代は武士が完全に貴族化したが、一方では町人が経済的に勢力を得るに至ったので、武士と町人との両階級の嗜好を入れた食生活が形成される。さらに新たに中国風・西欧風のものがとり入れられたために、元禄・化政(文化・文政)期には和食が完成することになった。食事回数の三回は上下の階級に普及し、菜食を主とし、獣食をしりぞけ、魚肉が重視され、精細な味覚と美しい食膳や、精進料理が尊重される日本式の食生活が完成する。嗜好品たる酒・煙草・茶・砂糖が普及し、各種の漬物も完成された。

（ヘ）第六期は明治維新によって開国和親の政策がうち出され、欧米文化の積極的摂取の時代をむかえるや、その風潮は食物文化にもいちじるしくあらわれてくる。洋食・パン・牛乳・バター・チーズ・コーヒーなどの食品の使用、洋風の調理法、洋風の食器・器具、洋風の食事作法などがとり入れられ、これまでの和風食と洋風食とが混合する食生活が形成されるに至った。これまでの食物文化は、味覚・視覚・慣例・儀礼などに重点がおかれていたが、この時代になると、洋風の影響により、体力の向上や維持の立場から、栄養や消化などに重点がおかれ、近代的食物文化時代をむかえるのである。特に太平洋戦争以降、パンとミルクの栄養給食は青少年の体位向上に多大な好影響をあたえ、パンとミルクの食生活が一段と重要視され、全国に普及するのである。

第二章　文化の起源と食物

原始生活の研究　食物の歴史は人間発生と同時に始まるといっても過言ではない。人間は長年月の間に多種多様な食生活を営んできたが、先ず人間が出現した当時の先史時代から考えてみる必要があろう。先史時代とは一般に文献史料が残されている時代を歴史時代というのに対して、なんら文献史料が存在しないで、歴史時代に先立つ時代をいうのである。だが文献が存在しないといっても、歴史は存在しているのであって、この時代を一種の歴史時代として原始時代とも称している。

原始時代の生活を研究するには、種々の学問の成果によらなくてはならない。

(イ)一八三六年にデンマークのトムゼン Thomsen 1788〜1865 がこの時代を石器・銅器・鉄器の三時代に区分して研究をはじめた考古学があげられる。これは人類学とともに当時の遺跡・遺物・人骨などに直接もとづいて研究を行う学問で、研究対象の範囲はせまいが、当時の社会の物質的成果を直接とりあつかうために、原始社会研究の中心的地位を占めるものである。

(ロ)考古学に関連する地質学も忘れてはならない。これはイタリア人バリスニエリ Vallisnieri 1661〜1730 などによって一八世紀前半にはじめられた。

(ハ)つぎはドイツのシュミット Shmidt 1779〜1847 によって発展した民族学がある。これは文献から知られる原始状態の民族や、今日依然として原始的状態にある民族の生活をもとにして、そこから過去の原始社会を類推しようとするものである。だが、どこの原始社会も共通なものという前提の上にたっており、各民族の原始社会を一般化しようとする傾向をもっている。また、ある民族を原始的状態のままに後世まで停滞させた特殊性を無視したり、現在の原始的民族の生活が、その民族の発展の結果であり、その途上においてすでに先進文明の影響を種々うけていることを度外視する傾向をもっている。とはいえ、考察材料に具体性をもち、想像外の事象や興味ある事象をとらえるという長所をもっているので、考古学と並ぶべき重要な地位にある。

(ニ)これに対して民俗学・言語学・神話学などは後世の習俗・言語・神話などによって研究を進めるもので、研究対象の範囲は広いが、その反面後世への変形をどのようにとらえるか、という方法上の大きな難礁につきあたっている。特に民俗学は一八七八年にイギリスで民俗学協会が発足してから盛んになりつつある。

(ホ)以上のほかに、自然環境や生物の進化その他に関する自然科学系諸学科の援助が必要であることは他言を要しない。

人類の出現と食物

人間が地球上に出現したのは、今から約百万年以前といわれている。だがその当時の先史時代を分類するのに、地質年代・氷河期・考古年代などを用いている。地球の表面に地殻ができてからの岩層の時代的区分を地質時代といい、この時代は層位学・岩石学・古生物学などによって㈠始原代、㈡原生代（原始的生物の時代）、㈢古生代（無脊椎《せきつい》動物と魚類の時代）、㈣中生代（爬虫《はちゅう》類の時代）、㈤新生代（哺乳《ほにゅう》類の時代）に区分できる。

新生代は第三紀と第四紀とに分れ、第三紀はさらに旧第三紀と新第三紀にわかれる。旧第三紀は暁新世・始新世・漸新世に区分され、新第三紀は中新世・鮮新世に分たれる。第四紀は洪積世・沖積世に分れる。

人間が属する哺乳綱中の(イ)霊長類が出現するのは、新生代の旧第三紀における始新世の初期といわれている。(1)初期の霊長類は地上で虫を主として食物にしていたといわれる。(2)エジプトの漸新世の下層から発見される化石によると、虫のほかに小型爬行《はこう》動物・鳥の卵・果実などが食物になっていたようである。(3)ヨーロッパ・アフリカ・インドの中新世から鮮新世にかけての地層から発見される化石は、大臼歯の発達がいちじるしいので、植物性のものを食物として多くとっていたと考えられている。(4)霊長類は第三紀の鮮新世に類人猿(オランウータン・チンパンジー・ゴリラ)と原人類と分れ、各々が別個の発展をとげるが、原人類は激しい食糧獲得のためにあらゆる苦難を克服せねばならなかったと考えられる。(ロ)原人類は旧人類とともに洪積世の時代に関係がある。この時代は地球が最も長期にわたり、かつ大規模な氷河におおわれていたので、この時代を大氷河期または氷河期といっている。この時代には四回・五回の氷期(寒冷期)と間氷期(温暖期)が交代したが、いちじるしい地殻の変動はなく、地表は河川・氷河などの堆積物、風化作用による堆積物でおおわれ、寒暖に応ずる生物が生存していた。マンモスなどはその著例であり、原人類は氷河時代の前半に、旧人類は最後の氷河期ころに出現したと推定される。考古年代とは考古学的に区分された年代で、石器・青銅器・鉄器の三時代に区分され、このうち石器時代が先史時代にあたるのである。だが、必ずしもこの区分はいずれの地方にも共通ではなく、青銅器時代から鉄器時代を先史時代に入れる場合もある。地質年代とを対照すると、洪積世が旧石器時代となり、沖積世の前期が新石器時代になる。

原人類については、(1)一九二四年に南アフリカのトランスバールなどで発見されたオーストラロピテクスAustralopithecusは脳の容積が大きく、他の形質が人類に近く、直立姿勢であったと推定されている。しかも、犬歯が退化し、共に発見された狒狒《ひひ》・牛《うし》・馬の頭骨が何かの物質によって打ち割られていたのは自然の石か、または木などを使って食物を得ていた証拠であると考えられ、これが最古の人間すなわち原人(猿人)であるといわれている。(2)一八九一年にジャワのトリニールで発見された直立猿人 Pithecanthropus Erectus は脳容積が大きく、九〇〇ccをこえ、ゴリラと現代人の中間の知能であり、直立歩行して、手を使って食物などを得ていたと考えられている。(3)一九二六年から三七年にわたって北京南西方約四二kmの周口店で発見された北京猿人 Sinanthropus pekinensis は、その住居あとの洞窟から出土する鹿角および鹿角に焼かれた痕跡があるので、火を使用したことや旧石器を道具として食物を得ていたことがわかる。

(八)旧人類は、原人類と現生人類との中間型を示している。(1)一八五六年にドイツのデュッセルドルフ付近のネアンデルタールの洞穴で発見されたネアンデルタール人 Homo Neandertalensis は、洪積世中期における最も普遍的な人類で、ヨーロッパ・西アジア・中央アジアの諸地域から同様な化石人骨が発見されている。彼等はかなり発達した形式の打製石器を用い、狩猟の獲物であるマンモス・熊・馬などの肉を食糧としていたと考えられる。以上のように原人類・旧人類は肉食にも草食にも適する体質をそなえていたが、最後の氷河期までに絶滅したと考えられる。だが、ネアンデルタール人の一部はアジアやアフリカの地で現生人類と結合して、その血統を現代にまで残したという見方もある。

(二)現生人類は原始人類に対して現代の人種といわれるもので、ヨーロッパの大部分を占居していたクロマニヨン人 Cromagnon はこの代表的なものである。これは一八六八年にフランスのドルドーニュ州のクロマニヨン洞穴で発見されている。脳容積は一五〇〇ccに達するものもあり、ネアンデルタール人の一四五〇ccに比して知能も高くなっている。また顔部が低く幅がひろくなる一方、下顎《したあご》の大きさは現代人と大差がない。猿人や旧人類の下顎骨《かがくこつ》は強厚であって固い食物をとり、工作や闘争に歯を使用し咀嚼《そしゃく》筋を盛んに活動させせたためであるが、道具の発達や火食の発達のために噛《か》む働きが軽くなり、下顎骨が退化したものであろう。

人類の特性と食物　人間は生物の中で最も頭脳が優れているとはいえ、体力的には他の動物に比して必ずしも優れていなかったので、他の動物との生存競争に対処するために、種々の苦闘を続けなければならなかった。その苦闘の中でも食糧を獲得することは、彼等の生存を確保するために最も重要な条件であった。ところが、人間は、他の動物に比して、㈠道具を作ること、㈡火を使うこと、㈢直立歩行すること、㈣言語を使用することへと進んだことは、食糧の獲得を一段と進歩させることとなった。

(イ)道具を使うということは、高等な類人猿であるチンパンジーなどはある程度の能力はもっているが、人間は木の枝や石ころをそのまま使用すると共に、用途に応じてそれに細工を加える性質がある。したがって道具の使用ではなく、道具を製作する時に至ったときが、人間は他の動物と明確に異なる生活段階に入ったのである。(1)人間が最初に製作した道具は石器であり、北京猿人はこれを作っている。(2)食物調理のための器具としては、旧石器時代から皮はぎ・ナイフ・握り槌・錐《きり》・臼などが用いられ、新石器時代になるとこれらは磨製となり、金属器時代になると鋭利となる。(3)土器は中石器時代に発明された。これは木をくりぬいたもの、果実の殻・皮袋・木の皮や植物で編んだ容器などからヒントを得て作られたものであろう。新石器時代に非常に発達し、底に穴をあけて蒸す加熱器具とし、また食物保存の器具として用いられ、金属器時代には容器として発達する。このように器具の発達は人間の食生活を一層発達させるのに大いに役立った。

(ロ)火の使用は、道具の製作とともに、人間の食生活を安定させる重要な要件となっている。(1)おそらく落雷や山火事などが起った火で人間は暖をとり、光をとり、やがて火食するために役立つことを発見し、その火種をたやさないように保存することから始まったのであろう。やがて大風の時に木の枝がふれあって山火事がおきることなどからヒントを得て、檜《ひのき》のような発火しやすい木と木の摩擦で人工の火をおこすことを考えだしたものであろう。(2)原始的な発火法には摩擦法と打撃法とがある。摩擦法は、太い棒に細棒をこすり合わせるやり方で、最も古くから用いられていた。ついで平板の表面にあけた小穴に木製の細棒を立ててこれを手で急速に回転させる方法である。今日でも祭事などの特別の場合に使われる火きりきねと火きりうすはこの伝統を伝えるものであろう。静岡県の登呂遺跡はこのような発火法が採用されていたことが知られ、これは「きりもみ式」といわれるもので初歩的であるが、機械化された道具である。この道具をひきりぐ（火鑽具）といい、この台をひきりうす（火鑽臼）、棒をひきりぎね（火鑽杵）という。きりもみ式発火法は、エジプト第四王朝でも、ギリシア・ローマでも使用され、最も広く普及した発火法である。この方法がさらに進歩すると「舞きり法」となる。これは立てた棒に巻きつけた綱を引いて棒を廻転したり、発火弓といって、棒に弓の弦《つる》を巻きつけ、石を上部にのせておさえ弓を前後に動かして棒を廻転する方法や、石錘を棒の基部に近いところにつけておき、上部に弓の弦を巻きつけて弓を上下に動かして棒を廻転する方法である。登呂からは、ひきり臼とひきり弓とがでているが、ひきり臼は長さ二〇cm、幅二cm余、厚さ一・五cmの板の上面に六乃至八個の小孔がほられ、その側面にはこの穴につづいて溝がほられている。材は樟《くすのき》と杉である。ひきり弓は長さ約六〇cm・中央部は幅六三cm・厚さ三cmでひろくなり、中央に径二・一cmの円孔がつくられ、両端は径二・三cmの棒状になっていて、端に紐《ひも》をかける小孔がうがたれている。材は杉である。（大場磐雄「登呂発見の火鑽具について」（考古学雑誌三四の一〇））。打撃法はひうちいし（燧石）のような石英質岩石を打ち合わせて火花を出し、これをよく燃え移らせる方法である。(3)燃料は草木・葉・柴・乾燥獣糞などが最初に用いられ、やがて木炭・石炭などが用いられた。

火の利用を知った人間は、食物調理に火を用い、火によって加工食品を作り出し、食糧の保存ができる段階になった。そのため食物を一年通して摂取することができることになって、食生活が安定することさえあった。そして他の動物のように冬眠をすることも無用となり、交尾期も解消された。このようなことは、寒冷気候の襲った氷河期において他の動物の多くが死滅したのに、人間だけが極寒に耐え生き残ることができた最大の要因となったものであろう。

(ハ)人間が道具を作るということは、手を使用することによってできうることである。手の使用は人間が直立するようになった結果、前足を歩行に使用する必要がなくなったために可能なことであった。だがどうして直立歩行が如何にして始まったのか明確でない。(1)類人猿から分れる以前の人類の祖先は、熱帯・亜熱帯・温帯の森林で樹上生活を営んでいた。(2)ところが気候の激変によって雨が少く乾燥がはじまり、森材が減少したため、その一部は多雨の森林地帯に移動し、類人猿となった。(3)他の一部は森林から草原に出て生活を営んだために、生活環境の激変に対する適応上、体質に変化を生じて、脳容積の増大とともに、ついに直立歩行する人間が生れたという一応の推定が行われている。(4)樹上生活から平地生活になった人間の祖先は、生きるためには食糧を獲得することに全能を発揮せねばならず、その結果全知能をしぼって考えることから頭脳を次第に増大させ、脳を支えるために直立歩行をするようになったものであろう。直立歩行によって、前肢すなわち両手の活動は自由となり、他の動物の作り得ない道具の作製を可能にし、やがて火の利用という段階に到達したものと推定されるのである。

(ニ)言語の使用も人間が他の動物に比して活動力を旺盛にする要因となった。人間はどうして言語を用いるようになったのであろうか。おそらく(1)身振が言葉に進化したものか、(2)または動物の鳴声のまねからおこったのであろう。だが、(3)発せられたある音声が一つのシンボルとして何人かの間に通用され、ついでその種類が次第に増加し、それが親から子へ、子から孫へと伝えられていくうちに一つの体系ある言語になったものと考えられる。人間は言語を使用することによって、人間相互が自己の意志を他人に即座にそのまま伝えることが出来るようになり、人間が互に協力できる場面がひらけ、共同して他の動物とたたかったり、共同して食糧の獲得や物資の交換もできる道がひらかれ、道具の製作・火の使用をも一層進歩させる推進力となった。人間が他の動物と異なる特性は、食物の獲得・保存・加工を容易にし、ひいては人間の活動力を旺盛に導き、人間の生活様式一般を向上発展させることとなった。実に食物こそは文化発展の最大の原動力であるといいうるであろう。しかも歴史上における民族の移動・侵入などは、食物を求めることが重要な要因となっていることがある。ヨーロッパの四世紀におけるゲルマン民族の大移動は小麦の獲得が主目的であったといわれ、中国の万里の長城はビタミンCが欠乏した北方民族が、本能的にこれを獲得するために侵入するのを防ぐために築かれたものである。わが国の前九年の役・後三年の役も気候不順によって食糧の不足を告げた一族が、食糧獲得のために起した反乱侵入であったといわれている。なお民族性も食物の種類と有機的な関連があると考えられている。穀物や草食性の食物を多くとる民族は、気質は概して冷静で柔弱であり、肉食性の食物を多くとる民族は概して情熱的で激しい気性をそなえている。食物が古今東西を問わず、如何に人間生活に多大な波動をあたえ、民族や国家の盛衰や文化にも甚大な意義をあたえているかを念頭におき、日本人の食生活史を研究することとする。

第三章　日本食生活史の特性

日本の風土と食物文化　歴史を規制しているのは環境と民族と時代の三つである。人間は地球の産物であり、その表面に活動しているかぎり、その歴史舞台たる自然的環境に左右されることが多大であり、食物文化もつねに自然的環境が背景となっている。

文化は人間と自然との関係において成立するもので、自然にたいして人間の積極的意志が加わったときに発生する。そのため、文化はつねに自然的環境に制約され、東洋文化は西洋文化にくらべて人間的よりも自然的であるといわれている。東洋文化の一環をなす日本文化の特性も同様であり、特に日本人の食物文化の成立にはわが国の風土から大きな影響をうけている。

日本列島は世界最大の陸地のユーラシア大陸と、世界最大の海洋たる太平洋との境界地帯に位する特殊な条件をもっている。古くから大八洲《おおやしま》と称せられていたように、多数の島嶼によって構成されているが、地質構造は極めて複雑で、地質時代には並々ならぬ変化のあったことを示している。その変化は古生代や中生代にも起ったが、特に新生代に入っていちじるしかったようである。第三紀の断層運動や造山運動によって弧状の列島となったが、第四紀初頭にかけての海退によって、日本海を湖とした大陸に連なる大隆起時代があらわれた。第四紀の洪積世には国土と大陸との間に海が入り、大陸から切り離され、沖積世に移るころには、現在の日本列島が形成されたのである。それは今から約一万年前であると考えられている。これは一つの想像ではあるが、

（イ）このような日本列島の成因によって、わが国の自然的環境は山島となったようである。

(1)その地表は地質時代の沈降隆起の変動が激しかったために、断層作用や風化作用をうけたり、火山や湖にとみ、海岸線は出入が多く、半島・湾や附属近接の島々が多く、狭少で山岳がかさなっている。

(2)山島の渓谷やその周辺の扇状地・山間盆地・川口の三角洲と海岸の沖積平野は、優秀な農耕地として活用され、それは早くから人口が集中し、自然経済生活から農業経済生活への移行をすみやかにした母体となっている。だが一方では、孤立的な国内小文化圏を形成することになり、文化伝播上の斑紋となり、割拠性を醸成する結果ともなっている。

(3)このような山島の耕地は現在山島の約二〇％であり、山国といわれるスイスの二六％より少い状態である。そのため西欧諸国では一五度以上二〇度以下の耕地さえ利用されていないのに、わが国は二〇度以上五〇度以下の耕地まで利用しなければならないのである。そこに小農的に食糧を増産せざるを得ない宿命があり、わが国の食物文化を特色づけることとなっている。

(4)山島には多くの火山脈が縦横に走り、これから多くの河川が流れだし、それらによって地形は多様な変化をもち、風景が絶佳となっている。それゆえに世界に稀な景勝に恵まれた国となっている。しかし、河川の急流であることは国内の交通をさまたげ、ほとんど毎年夏から秋にかけては、洪水・水害にみまわれ、わが国ほど天災地変の多い国もまれであるといってよいのである。水害の多い原因の一つは、日本人の米食偏重に起因するといわれる。山麓の渓谷にまで斜面を利用して、巧みに水をひいて作られた水田は、日本人の勤勉さを語るものではあるが、同時にこのような水田の多いことが洪水・水害を多くする原因となっている。わが国民性は忍耐が強く、泣言をいわず、あきらめの早いことが長所であるといわれている。このような国民性もじつは米を主食にすることに関連性をもっている。米の生産は二百十日や二百二十日の天然の悪戯によって運命的に左右され、人工によって防禦することは科学の進歩のいちじるしい今日といえども如何ともなしがたい一面がある。運を天にまかせるという日本人のあきらめも、このような天災からも影響されているといわれている。

(ロ)また日本列島は海国性にとんでいる。

(1)日本は世界でもまれな水産国である。四面は環海で、半島・岩礁・大陸棚にとみ、海岸線の出入は極めて大きく、陸地と水面との文化の接合点の港湾や漁港の発展に好条件をあたえている。

(2)また北赤道海流の末端にあたる台湾東方に端を発して北上する黒潮と、オホーツク海から南下する親潮とは、房総沖合で潮境をつくり、その後は北太平洋上を北米西岸まで進み、南に転じて北赤道海流に復帰する。また列島の内側には北上する対馬海流と沿海州から南下するリマン海流とは左旋する日本海環流となっている。この長大な黒潮は航海術の幼稚な太古以来北方や南方からの人種・文化をつたえる道となり、史上の東遷・東征の現象がみられる。八・九世紀の渤海使臣の渡来も日本海環流のおかげがある。なお、寒暖二流は文化の交流だけでなく気候や漁業にも影響をあたえ、日本近海には三八三〇種類の海産動物が数えられ、日本列島の北方は世界三大漁場の一つとなり、日本人の海上からの重要な食物資源となっている。

(ハ)わが国の気候的条件は一般的には温暖多雨であるが、南北に長いことや、山地と平地との高度の地理的条件などによって一様ではない。

(1)東北や長野県などは世界の同緯度附近の文化地帯と比較すれば、大陸性的気候の性格をもつ地域であって、決して優れた気候とはいえない。長野の松本市や山形県の年較差はほとんどバグダッドと同じである。

⑵また東北地方は時に寒波の襲来をうけて冷害にみまわれることさえある。

⑶北陸の飯山から敦賀に至る附近は世界で著名な深雪地帯で、二月には三mに達しその被害も多い。

⑷わが国の夏の気候は季節風が太平洋上の湿度を多量にもたらし、盛夏のむし暑さは気温以上にしのぎがたくなっている。梅雨や台風は大量の雨をもたらし、湿度の多い気候の原因ともなっている。そのため、わが国はいわゆる瑞《みづ》穂《ほ》の国として稲の栽培に適し、また森林の繁茂をも促している。この森林には多数の森林性哺乳動物がすみ、複雑な地形は大小各種の動物を分布せしめ、鳥類の数も品種も多く、日本人の食糧資源を提供してきた。

⑸だが日本の気候は気温の上昇につれて湿度は増大する特性をもっているのに対し、このような夏の高温多湿の気候は、日本人の衣食住に長い間多大な影響をあたえて今日に至っている。夏は食物が腐蝕し、入梅の時期にはカビにおかされる率が多く、新陳代謝の障害による疾病や消化器病・伝染病の発生を促す結果となっている。死亡者が西欧は冬が最も多いのに、日本は冬のみならず、夏も多い。このような気候は住居様式にも影響をあたえ、防寒を犠牲にした建築様式が形成された。

わが国の和服は身体から発散する体気や汗によって、衣服が肌に密着して不愉快にならないようにするために、袖や裾からの空気の流通することを考えて、独特の形態をもって作られたものである。そのため、長い間日本人に着用され、洋服流行時代においても、現在なお利用されているのも、右のような事情による一面があるようである。

⑹湿度の多い気候は、日本の食器・調度品にも関連する。漆を使って作られる蒔絵や螺鈿《らでん》は日本特有の工芸品であり、長年月の保存にたえている。漆は湿度の多いところでなくては役にたたず、漆を乾燥するには雨降りや、湿度の

多量な部屋で行っている。漆器は相当な高温に耐えるので、今日も南米から洋漆を輸入し、特異な食器・調度品を作っている。高価な芸術品たる漆器は、乾燥しやすい外国では到底長年月の使用に耐えないのである。

(7)多雨であることは、山地・高原などに放牧する牧畜業の発達には不適当であった。そのため欧米諸国のように山地・高原に人口の分布することは少く、狭少な文化斑紋を作る一つの要因ともなった。牧畜業が不振であったことは、欧米人のように牛豚羊肉などが容易にえられないために、菜食を主とせねばならない食生活が形成されることになった。日本人が菜食となった他の原因は仏教の力にもよるところがある。これは殺生禁断を第一のいましめとして国令をもって実施したので、肉食を駆逐するのにいちじるしい効果はあった。そして仏教が精進料理を発達させたことも一層驚くべき力を発揮した。とはいえ日本人の菜食という一つをとりあげても、日本の多雨な気候と因果関係があり、人間の食生活が自然経済・農業経済の時代を通じその自然環境にいかに大きく影響されていたかを、あらためて認識する必要があろう。

(二)さらにわが国は世界文明波及の最東端に位していた。わが国は世界最大の大洋たる太平洋に面していても、この海洋上にめざましい活動を展開したためしはなく、アメリカ大陸が世界史上に登場するまでは、太平洋上からの世界文明の波動はなく、一方的に日本海・東シナ海上からの波動であったことがあげられる。そのため、わが列島は世界文明の波及の最もおくれた東の端となり、世界文明にたいしては遮断性が強かった。そこに我が国は島国と海国、遮断性と発展性、保守と進歩、鎖国と開国などの相矛盾する二つの要素が政治・経済・文化のあらゆる様相に反映された。そうして、中国・朝鮮の文化はもちろん、中国文化に流入した中央アジア・東ヨーロッパの文化要素まで、日本にながれこむことになり、複雑な日本文化を作りあげることとなった。日本人の食生活も右のような諸要素に支配

岩宿遺跡から出土の石器

されながら長い歴史の上に東洋・西欧の食物文化をとり入れ、これを長く保有し総合して今日に至り、特異な食物品種と調理法をもつ食生活史を展開してきたのである。

日本の原始文化　(イ)日本の文化は縄文式文化の時代から始まると考えられてきたが、最近ではそれ以前の前縄文文化または土器の製作のない無土器文化時代といわれる時代の存在していることがほぼ確実になった。そこで日本文化は少くとも一万数千年前には発生し、存在していたことが知られるに至ったのである。

(ロ)昭和二十四年(一九四九)に岩宿《いわじゅく》遺跡(群馬県新田郡笠懸村)から、関東ローム層にふくまれる剝片《はくへん》の石器が発見され、翌々年には同種の遺跡として茂呂《もろ》遺跡(東京都板橋区茂呂町)が、昭和二十八年(一九五三)には上《うえ》の平《だいら》遺跡(長野県諏訪市)などの例が知られるに至った。北海道でも昭和二十九年(一九五四)に樽岸《たるぎし》遺跡(寿都郡樽岸村)をはじめ多くの遺跡が発見され、西日本でも、瀬戸内海沿岸をはじめ各地で発見され、現在では全国的に分布しているものと推定されている。

(ハ)これらの遺跡は(1)石器の形態の変遷や地層などから、石器の製作法や生活の段階が旧石器時代の終りから中石器時代にかけての文化にあたると考えられている。また(2)土器や石鏃《せきぞく》などをともなわない剝片石器が主として発見され、縄文文化人より古い住民のいたことが確認されるようになったのである。

(3)さらに、これらの石器には動物・植物・人骨をともなって発見されないし、土器もともなっていない。だが(4)この文化は大陸の旧石器・中石器の諸文化のどれに該当するのか、またこの住民と縄文文化人との関係やこの住民の生活状態などはほとんどわかっていない。今後の研究にまつものであるが、かかる新事実が最近確認されたということは何といっても画期的なことである。(芹沢長介「先史時代—無土器文化」—「考古学ノート」、「日本考古学講座」3縄文文化)。

(二)わが国の縄文文化は(1)新石器文化といわれるが、農耕・牧畜を欠いているので新石器文化としての条件を完全にそなえていないのである。だが、土器を使用し、磨製の石器をともなっているので新石器文化と全く異質ということにもならない。(2)このような性格の文化になったのはおそらく大陸の新石器文化が途中で各地の風土の影響によって変貌し、重要な要素を部分的に脱落しながら、わが国土に達したと考えられる一面もある。

(3)縄文文化の開始年代は、これまで最早期の土器である稲荷台式土器が関東ローム層上または層中から発見されたことから、ローム層の形成の終った一万年前から余りへだたらない七・八千年前ころという説が有力であった。ところが最近では放射性炭素の減退量測定などからの縄文遺跡から発掘された牡蠣《かき》の貝殻は、約九千年前という報告も発表されているので、かなり古い時代にさかのぼるものと考えられるようになっている。

(4) 早期の縄文文化は北方系(田戸・住吉町系)と南方系(稲荷台系)に分れており、それぞれ北と南の径路によって、日本列島に到達したという説はこれまで有力視されていたが、最近では早期縄文文化は多くの系統に区分できる説がでている。だが、いずれにしても縄文文化は北方アジアから伝来したことを推定することは可能である。食物文化についても、南方の熱帯海洋性のものと、北方の寒冷大陸性のものとの混和がいちじるしくみられる。

日本民族　最近静岡県の三ケ日《みっかび》町、愛知県豊橋市牛川町・愛媛県肱川《ひじかわ》村鹿ノ川などの石灰岩層から発見された化石によって、洪積世時代に人間が生活していたことが実証されるに至った。しかしこれらの旧石器時代の人類と、現在の日本人との血統がそのままつらなっているかどうかは不明である。だが、現代日本人の祖先は沖積世において縄文式文化をつくった新石器時代人であることは確実であり、これを原日本人といっている。その日本人と現代日本人との関係については、清野謙次と長谷部言人《ことんど》との二人の説が最も有力であるが、どちらも定説とはなっていない。

清野謙次は大正八年以降三〇年間に、縄文文化人・古墳時代人・現代畿内日本人・アイヌ・朝鮮人の人骨の測定にもとづいて、平均差を算出し、差の少い二つの群の間はその値が多いものより血縁関係が近いとみなした。この研究結果にもとづいて、日本民族の体質は石器時代から現代へと漸次変化しつづけ、石器時代の後期には多分南洋から、また金属時代の初期には大陸からやや多量の混血が比較的短時間に行われたらしい。だが、日本住民の体質を一挙に短時間中に変化せしめる程の急激にして多量の混血はなかった。その意味において日本種の芽生えの地は、はじめから日本群島であるし、日本を離れて日本人種の故郷は他にない（「歴史教育」三ノ三）というのである。すなわち、両者が相違しているのは混血にもとづくものだと主張した。つぎに長谷部言人は両者の形態的相違は生活環境にもとづくものであって、したがって縄文文化人がそのまま現代日本人に化成したと説いた。要するに人類学上の研究においては、縄文文化人が現代日本人の祖先であるという点においては一致している。

なお日本民族の起源の問題について、一つの鍵をあたえるのは、日本語の系統である。白鳥庫吉は中国外廓の諸民族の言語を研究をなし、日本語の源は大陸のどこにも求められないとの結論をだした。そしてこのように言葉が孤立しているのは、日本人はやはりもとはアジア大陸にいたものであろうが、もし相当文化が進んだ状態まで大陸にいたとすれば、周囲に接触する民族の言葉を真似るのが原則である。日本人は二千年や三千年ではなく、全く数えきれぬ大昔からこの大八洲に移住していた原住民である（「国史回顧会叢書」一）と論じられた。

また、今日においても服部四郎は、日本語と同系統のものは琉球語だけであると主張されている。そして日本語がアルタイ諸言語や朝鮮語と同系であるとしても、それと分離したのは九千年、あるいは、六・七千年より古い昔のことであって、そのような太古に日本人の祖先が国土に渡り来り、この国土で独自の発達をとげたものであると考えられる（「図説日本文化史大系」一）といっている。これも人類学の説と同様に日本民族の起源の非常にふるいことを語っている。

このように日本民族は単一の人種系統にぞくするものではなく、石器時代において多くの種族が渡来して混血が行われ、そこに南北両系統の文化が混合し、その後の歴史時代に入っても異質文化をたえず摂取してこれを同化した。かかる複雑多様な日本文化は、食物文化の上にもそのまま反映され、原始時代から多種多様な食生活を展開して現在に至っているのである。

本　論

第四章　自然物雑食時代（日本文化の発生―紀元前後）

時代の概観　(1)縄文式時代はほぼ紀元前六千年から前二百年ごろまでつづいた。(2)その間にかなりの変化を生じたが、弓矢をもって狩猟をなし、銛《もり》・釣針をもって漁撈《ぎょろう》をなし、貝を捕食し、食用植物を採取する採集経済の段階に終始した。(3)住居は台地上に主とし竪穴《たてあな》式住居をいとなみ、平地住居も用いた。また自然の洞窟を利用することもあった。(4)竪穴住居址の集合状態や、貝塚の広さからみると、一つの集落の人口は次第に増加し、これを維持するために食糧の採取には集団的な共同作業が行われていたものと推定される。(5)特定の地域だけに産出する黒耀石・翡翠《ひすい》・琥《こ》珀《はく》などが広範囲にわたって使用されていることから、集落間での交易も行われていたことが考えられる。(6)石器は主として利器として用いられ、磨製石器の発達の初期からいろいろな製作技術を発揮し、食物の採取や調理に利用されていた。(7)縄文式土器によってこの時代の文化を編年的にわけると、早期・前期・中期・後期・晩期の五つの時代に大別され、さらに各期がいくつかの型式に細分されている。特に中期から後・晩期へとうつるにつれて土器の付加的な突起や口縁の作りに変化があらわれ、ある種の土器が食物を盛るにも、その他のいずれのものにつかってもよいというものではなく、特定の食物にたいしてその種類と器形とを厳密に規定する社会上の制約が——禁忌《きんき》——あらわれている（山内清男「日本遠古之文化」、杉原荘介編「縄文文化」日本考古学講座3）。

貝塚　考古学的遺物は、石器時代人の食生活についての史料をあたえてくれる。(イ)縄文式時代は農業の行われたあとはみとめられないが、そのかわり狩猟と漁撈の遺物が多い。その第一は貝塚である。(ロ)貝塚は石器時代人のゴミすて場とみられるもので、縄文式時代の遺跡の代表である。この中には当時の食糧に供して捨てた貝・鳥・獣・魚などの骨、骨角器・果実・灰・岩石・不必要な石器・土器などが捨てられ、それらが堆積して塚というような遺跡になったので、縄文式時代の食生活を研究する重要なものを多くふくんでいる。(ハ)ヨーロッパでは貝塚をのこすほど大量に貝を食する生活は、中石器時代からはじまり、日本では縄文式時代の早期からみられ、弥生式時代の中期まで盛んにつくられた。

(ニ)貝塚は貝の捕食に便利な水辺に居住地がある場合につくられ、琵琶湖岸のように淡水産の貝でできた貝塚もあるが、大部分は海岸付近にのこされた。現在の貝塚の位置が海岸から遠ざかっていても、それが海岸の貝であれば、それは海岸線が移動したことを語っているものである。貝塚の広さは早期・前期はせまい場所であるが、後期になると一万平方mに及ぶものもあり、その厚さは20cmから3m以上になるものもある（田沢金吾「貝塚」「人類学先史学講座」一五）。

(ホ)貝塚はアリューシャン・千島・沿海州・朝鮮・インドシナなどに分布し、主として北太平洋沿岸に発見され、わが国では日本海岸よりも太平洋岸に多い。全国の貝塚の大部分は縄文式時代のものであることは、当時の人々の生活が山野や海岸とはなれがたく結びついていたことを語るものである。また貝塚が関東地方の東京湾や、かつての入海であった霞ヶ浦の周囲に集中している。その他、伊勢湾・瀬戸内海沿岸・島原半島などにも多い。なお、貝塚からは、まれに人骨が発見されたり、完形のままの人工遺物の出土することがあることから、単なる食物の捨て場所ではなく、貝塚はすべて物の霊を天上に送りかえすという意図のために、人間が作為的に造ったのであろうというみかたもある。

食物の採取法　(イ)狩猟的手段としては、縄文式時代の人々は食物を狩猟的手段・漁撈的手段・一般的手段によって得ていた。(1)彼等の基本的にして最も使用率の高い食物採取の武器は弓矢であった。粗末な木の弓と石をうちかいて作った鏃《やじり》を先につけた矢をもって鳥獣をとることができた。石鏃の基本となるべき形は先のとがった三角形で、普通は長さ二、三cmのものであるが、大きいものは長さ六cmもあり、小さいものは一cm以下のものもある。小さいものは雉子《きじ》・山鳬《やまがも》などの小さいものを射るときに使用されたであろう。(2)石鏃にくらべるとはるかに数は少いが、打製の石鎗が武器として使用されている。この時代の早期にあらわれ、後には長さ二〇cm以上のものもある。これに柄をつけて片手でもち獲物に接近して仕とめる手鎗または投鎗の先につかうのである。彼等は射とめるのに困難な猪《いのしし》の外に日本産の陸捷獣として猛獣の第一に数えられる熊《くま》さえも捕えていたので、おそらく(3)罠取法《わなとり》や(4)陥穽法《おとしあな》のほかに、原始人特有の毒矢などによる毒殺法も行っていたのであろう。現在アイヌが行っているのは、とりかぶとの球根をすって作った毒液を矢にぬる方法であって、その毒は動物を即死させるが、傷口をあらえば肉は食用に供してもさしつかえないという。このように弓矢は彼等の基本的にして最も使用率の高い武器であった。(5)この時代は木材・樹皮・蔓《つる》などを用いる繊維工芸がよく発達しているので、網取法も行われていたであろう。

(ロ)漁撈手段としては先ず(1)銛《もり》で突く方法があげられる。銛は鹿角や獣骨を材料として、先にカギを作り出したものと、棒状のものとがあり、カギも片側にあるもの、両側にあるものなど数種がある。獲物の種類により突いたり投げたりしてとらえた。(2)魚を釣るのにつかった釣針は鹿角をけずって作られ、長さ一〇cm内外の頑丈のものである。

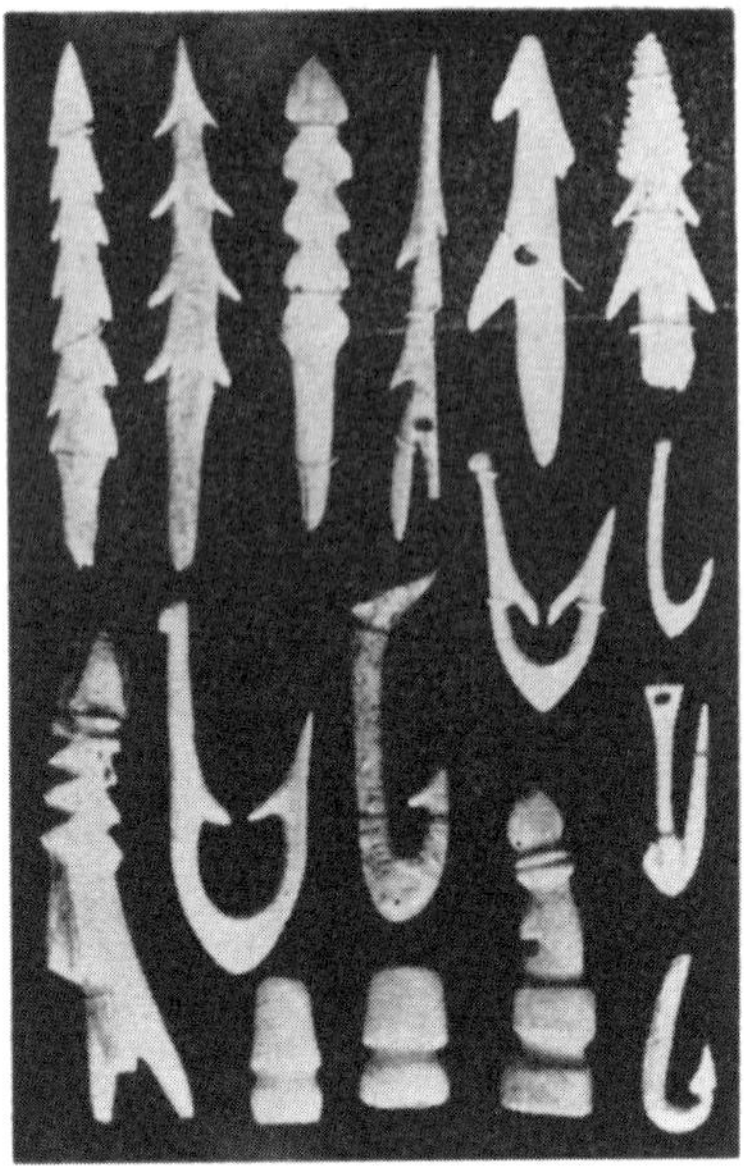

骨　角　器

石　皿

釣針はもとは鮪《まぐろ》・鮫《さめ》などの大魚を深い海で捕るために使われたものであろうが、後期あるいは晩期になると、ようやく小形のものが作られ、その使用の範囲もひろまった。釣針につけた釣糸は、植物繊維などで作った太い粗末なものであったと考えられている。(3)魚網の使われたことは石製のおもりのあることによって考えられる。樹皮などの繊維からとった糸で網を作ったであろう（小林行雄「考古学概説」）。(4)魚獲の補助器具として丸木舟が用いられていた。貝塚から遠洋性の鯨骨や鮑《あわび》・栄螺《さざえ》の貝殻などが発見されるのは、その使用を語るものであろう。

（ハ）山野に自生する植物の中から、食糧に適するものを採集する一般的な手段も行われた。

(1)動物の皮をはぐために石小刀がある、石匙《いしさじ》または皮剝《かわはぎ》とよぶものが用いられた。これはつまみ状の突起を一端につけ、鋭い刃をもった打製石器である。これは切り・断ち・刻み・削るなどの場合に必要な利器であった。(2)木の実などを粉砕するには石皿を使った。これはかなり大型の扁平な石塊の表面に浅いくぼみを作ったもので、この時代のものは平面形か楕円にちかい。石皿《いしざら》と組みあわせて石棒とよばれる円棒状の石器をつかい、これを石皿の上で前後に運動させて粉末を作った。(3)住居の用材や木器の素材を作る斧としたり、また球根などを掘る道具として磨製の石斧が用いられた。

食物の種類　縄文式時代の人びとの食物は、貝塚などによってその実態の一面がよくしられる。

(イ)陸棲動物については、(1)哺乳動物が多く、熊・狐《きつね》・猿・兎《うさぎ》・狸《たぬき》・むささび・かもしかなどをはじめ六〇種ほどが数えられ、とらえられるものは、ほとんど食用にしたであろう。そのうち鹿と猪の骨は非常に多く、その九割までをしめている（小林行雄「日本考古学概説」）。鹿と猪が肉を示す「しし」と語源の上でも関連することが知られているが、最も多く狩りの対象となったものであろう。(2)鳥類は雉子《きじ》・鳩《はと》・鶴《つる》・真鴨《まかも》などがあげられる。(3)昆虫類は遺物としてはのこりえないが、原始社会の民族は一般的に採取しているので、わが国でもこの時代は当然食べられていたと考えられる。

(ロ)水棲動物としては(1)魚類に、

鯛《たい》・鱸《すずき》・平目《ひらめ》（鮃）・河豚《ふぐ》・鮫《さめ》・鮪《まぐろ》・鯔《ぼら》・鱒《ます》・鰤《ぶり》・鰆《さわら》

などがあり、鯛やすずきなどがとくに多い。(2)海の動物として鯨や海豚《いるか》も発見される。(3)頭足類は遺物としてのこりえないが、鮹《たこ》や烏賊《いか》などは食用とされたであろう。(4)貝類は全般的に多数発見され二二〇余種に及び、そのうち特に多いものは、

赤貝《あかがい》・猿頰《さるぼお》・灰貝《はいがい》・蛤《はまぐり》・浅蜊《あさり》・潮吹《しおふき》・沖浅蜊《おきあさり》・馬鹿貝《ばかがい》・大野貝《おおのがい》・牝蠣《かき》（以上海産）、蜆《しじみ》類・田螺《たにし》類、烏貝《からすがい》（以上淡水）

などである。とくに蛤・浅蜊・牡蠣・蜆は全国的に多数をしめている。

(ハ)山野に自生する植物の中から食糧に適するものを採集することも大いに行われたであろう。植物資源について

縄文式時代の炉跡

は、低湿地に形成された泥炭層の中に遺物がふくまれているが、この遺跡の発掘や研究はきわめて不十分である。しかしおそらく春は若草の芽や茎《くき》を、秋には木の実・草の根などの季節の幸を求めたであろう。そのため遺物の中から胡桃《くるみ》・栗・榧《かや》・栃《とち》・葡萄《ぶどう》など多数の木の実が発掘される。当時はこのように多種多様な食糧が摂取され主食・副食の別はなく、鳥獣肉や貝類の外に、淡白な味の魚類や植物食品が想像以上に食膳をにぎわし雑食が行われていたのである。

調理法　(イ)山野や水辺や水中から得た食物の加工については割裂・切断・粉砕などを行い、加工用器は石斧・石皿・石匙などを用い、哺乳動物の頭骨には孔をあけたり、四肢・肋骨を切断して脳髄をとりだした。

(ロ)食物の調理は、火で焼く・あぶる・煮るといった方法で火食をやっていた。これは当時の住居のあとに炉のあることや、土器の底部には煤《すす》のついた土器の多いことや、焼けた動物の骨や貝殻が発見されることによってしられる。煮沸具《しゃふつぐ》としては、鉢形・壺形・円筒形・甕・注口形の土器を用いた。縄文式土器の製作技術の最高の水準を示す注口土器《ちゅうこうどき》の土《ど》壜形《びんがた》土器は、縄文式後期文化の最も爛熟《らんじゅく》した関東から奥羽地方にかけて多くあらわれている。土壜形は内に液体状のものをいれ、それを注口からそそいだもので、大きいものからずっと小さくちょうど玉露の急須《きゅうす》ぐらいのものもある。前後に把手《とって》またはつる掛けの環をつけたものが多く、まれには底がまるく不安定であ

縄文式時代の土器

るが胴の三箇所に設けた小耳に紐をとおして、上方でつるすと安定するものも見出されている（八幡一郎「日本史の黎明」）。この注口土器は液体入の土器であることは容易に察せられるが、右のように煮沸用にも使用されたとともに自然物採取の生活のもとでは、果実類の実をかんで酒とすることにも用いられたと推定される。

（ハ）飲料水は調理のときに火熱したり、水を加えるのに絶対に必要なものである。わが国は多雨のため天然水の補給も比較的容易であり、縄文式時代の聚落の位置は河川・海岸の付近にあるものが多かったので、飲料水にことかくことは稀《まれ》であったと考えられる。飲料水をくんだり保存するために大形甕《かめ》・深鉢形・壺形の土器が使用された。

（ニ）調味料は調理には重要な役割をもっている。縄文式時代の人々がどのような調味料を使用していたのか判然としないことが多い。(1)関東の貝塚から巻貝の一種で辛味《からみ》のあるレイシが多く出土したり、青森県の泥炭層遺跡から山椒《さんしょう》を入れた土器が発見されていることなどから刺激性の辛いものが使用されていたことが推定される。(2)つぎに食塩は調理上必要であるばかりでなく、人体には塩分はなくてはならない存在である。縄文式時代には海水から食塩をとった遺物・遺跡は皆無であり、当時の聚落も海岸よりも内陸に多く発達したものが多いことなどから考えると、食塩が使用されていなかったと思われる。もし海水を利用したとしても中毒症状をおこすので、これはあり得なかったであろう。だが海藻や乾魚にういた塩の存在は知っていたかも知れない。彼等は動物の臓器を多く食べていたので、それに含まれている多量の有機塩・ミネラル・ビタミン等を多く摂取していたために、あえて塩分を補給する必要がなかったのではなかろうか。

習俗と食糧　考古学的資料によって、原始社会の組織や制度を考えることは、きわめて困難なことである。とくに当時の食糧と習俗との関係になるとさらに不明確である。

(イ)縄文時代の晩期になると、多数の人骨において抜歯の例が検出される。これは一七、八歳のころから行われたものである。それは成年式の習俗が考えられるものであって、本人にとっては一定の年令に達したことを示すものであり、仲間からは結婚の資格を有するものとして待遇される一つの条件であったと推察される。成年式を経るということは、狩猟・漁撈などの共同作業に参加して、一人前のわけ前をもらう資格をみとめられたことであり、集団の運営と秩序の保持にたいして権利と義務とを負うことになる。集団の秩序保持は食糧の確保ということからも、時には他の集団にたいして侵略または自衛の武力を用いる必要があった。

(ロ)食人風習はわが国の古代にもあったという可能性がみとめられている。明治新政府の御傭外人教師として来朝したモース E. S. Morse は明治十年に東京都大田区大森貝塚の発掘を行って、同地で発見された人骨に利器による切創のあったことによって食人風習を論証しようとしたことがある。だが、今日では大森貝塚の人骨資料では、右のことは疑問とされている。とはいえ縄文時代にはまったく食人の風俗がなかったと断定することもできない。愛知県渥《あつ》美《み》郡泉村の伊川津貝塚から発掘の貝塚には人骨も豊富に発見されているので、食糧に欠乏したためにやむをえず人肉を食ったのではないだろうかということである（鈴木尚「日本石器時代人骨の利器による損傷に就て」「人類学雑誌」五三の七）。未開の社会では貯蔵食糧がないために、気候などの変化で極度に食糧難となり、人肉が最終食糧となったことは想像されることであるが、縄文式時代の人骨にははげしい飢餓の襲来を語るものがないといわれている。そこで、食糧の不足でなく人肉を食ったとするならば、それは捕虜や犯罪者を刑罰するためであり、また徳望のある人の葬儀における儀礼的な意味で食ったことも考えられる。いずれにせよ食人風習は集団の団結を強固にするための目的をもった一種の信仰から生じたものであろう。

第五章　主食副食分離時代　(紀元前後—七世紀)

時代の概観　(イ)紀元前三〜四世紀になると、水稲と金属器の輸入、弥生式土器の登場などによって、これまでの石器文化に画期的な変化があらわれ、国内に一種の生活革命をおこした。この新たな大変化は、弥生式土器によって象徴される弥生式文化時代の出現である。その文化の特色は、(1)稲作農耕の開始期にあたるので、初期の農耕文化としての性格をもっていること。(2)金属器の開始期であるので、青銅器と鉄器をふくめた初期金属文化の様相を示していること。(3)大陸における春秋戦国時代末から秦・前漢にいたる漢民族の大発展の波動を直接間接にあらわしていること。

(ロ)人々は水田経営に適した水源の近くや、小河川流域の低湿地に占居し、付近の丘陵や高台に聚落をいとなんだ。農耕が主生業となり、食生活が安定して余剰ができてくると、富の蓄積がはじまり、個人的な貧富の差を生じ、そこに豪族が生れる。豪族によって地域の統一が行われると、やがてその地域がクニに拡張発展し、三〜四世紀ころには、クニの中心となる強大な大和朝廷があらわれて全国の大部分の統一を完成する。(ハ)中国との交通や朝鮮への進出が行われるころには日本の民族意識が成長するとともに、貴族と農奴階級とが明らかに分離され、そこに氏族制度の社会が完成する。(ニ)三世紀末から七世紀にわたってつくられた高塚古墳は、支配者階級の経済力と権力とを示すものであると同時に、大陸からの輸入された種々の技術の高水準であったことを示している。(ホ)七世紀には仏教文化が社会の上層部にひろがり、精神生活に変化があらわれてくる。

米づくりのはじまり　今から二千三百年ほど前、紀元前三世紀ごろ、日本列島の社会に一大変革が行われ、それは日本史上のいかなる変革にもおとらぬ深刻なものであった。

(イ)弥生式時代に水稲栽培を標式とする原始的農耕の行われたことは、主として次のようなことによって実証される。(1)竪穴から弥生式土器とともに炭化した稲穂や焼米・籾殻《もみがら》などが発見されたり、土器に籾痕がついている実例がきわめて多い。(2)また農耕に使用されたと思われる道具を幾種類かみることができる。静岡市の登呂遺跡からは、金属製の刃をとりつけてはいないが、すべてが木製である鍬《くわ》・鋤《すき》の類が出土している。普通の鍬は長方形の板の一面に、柄を挿入するために突起をほり出した平鍬であり、これに先端が直角に近く屈曲した木の柄を挿入してつかっていた。馬鋤は先端が数本の棒状の歯に分かれ、鍬は柄と頭部とが一本で作られたたスコップ形のもと犂頭《からすき》状のものとがある(日本考古学協会編「登呂」毎日新聞社刊)。このような耕具は奈良県の唐古《からこ》遺跡からも発見されている。木製耕具が多種多様に分化していることは、土を耕す労働が重きをなしていることを語っている。(3)秋の収獲のとき、鎌として用いた石庖丁という磨製石器も発見されている。

この変革的な農業生産と文化は、まず北九州の海岸地帯にはじまり、紀元前一世紀には近畿地方に入り、紀元後三世紀の終りごろには関東地方にもおよび、やがて縄文文化は消滅した。

(ロ)弥生式時代の農耕は水稲栽培が主であって、陸稲・麦・粟《あわ》・稗《ひえ》の畠作はどの程度行われたかを考える資料は、水稲の場合よりもはるかに少い。登呂では田の面積は広くて六〇〇坪せまくて四〇〇坪ぐらいであり、作業は現在でも深田地帯で使っているのと大同小異の田下駄をはいて、木製の鍬・鋤をつかった。鋤は足でふんでつかうようなものもある。牛や馬は飼われたが、まだ犂はつかわれていない。種子籾を田に直接まき、苗代を作ることはまだやっていない。

弥生式時代の水田施設

はじめ男子は主として狩猟に従い、女子が住居周辺に原初的な農耕を行っていたが、この時代になると田を造るには男子も協力した。沢山の矢板や丸太・粗朶《そだ》・山土などを準備し、矢板をつくるのには、大杉を切り倒して枯らして丸太とし、年輪にそって箭《や》をうち、楔《くさび》を入れ、斧《おの》を用いて割って板とする。沼に入り矢板をうちこみ、丸太を横たえ、粗朶を入れ、山土をうずめるのである。田を鋤くことも男の手で行ったであろう。田に種をまき、収穫の季節になれば、石庖丁をつかって穂をとり倉に入れる農事は主として女が行ったようである。用水を遠方から引く灌漑溝などは田が湿地や沼地に造られたので、不必要であったが、排水ができなくて頭を悩ますことが多かった。登呂の水田が遺棄されたのも、洪水で長期にわたって湖沼化してついに埋没したためであろう（八幡一郎「日本史の黎明」）。

（八）古墳時代になると帰化人により大陸からの高度の農法や鉄製農具が普及したため、上流貴族の多彩な生活をうみだすとともに、民衆の生活も漸進的に変化した。農具においては木製の鍬・鋤に鉄の刃先がとりつけられ、短い木の柄をつけた鉄鎌が採用されて、収穫の能率は大いに高まった。灌漑を人工の池に頼らねばならなかった耕地の開墾も、施肥に田下駄や田舟を使用せねばならない深田の開発も進んだ。鍬・鋤の鉄刃のうち、横長の矩形の鉄板を折り曲げて木鍬の先にかさねとめるようにしたものは前期から行われたが、U字形の鉄製品の外縁が刃となり、内縁に溝を設けて木部にはめこむようにしたものは、後期に多く用いられた。馬鍬も後期には唐鋤状の鉄器が用いられ、牛馬がはじめて耕作に使用され、また苗代法も採用されるようになった。

主食と副食の分離

米作りは穀物栽培のうちで最も多くの労力を必要とするが、単位面積からの収穫量の高いことは世界の穀物中最高であるために、人口が多い、日本ではなお改良されつつ増産されているのである。米は日本人の諸習慣や社会組織の根底をつくり、米食民族として運命づけることとなったのである。弥生式時代の中期以後になると、唐古遺跡などの調査から特定の貯蔵庫が設けられていたことが知られ、相当収穫量のあったことがわかる。しかし当時はまだ米が支配階級への貢納の対象にどれほどなっていたかは不明であるが、上からの圧迫の少い時代であるので、米食もかなり行なわれていたことも想像される。ところが古墳時代になると、支配者階級の勢力増大にともなって、米が貢納されるようになり、米の常食は減少する。しかし、弥生式時代から米食が始まったとは

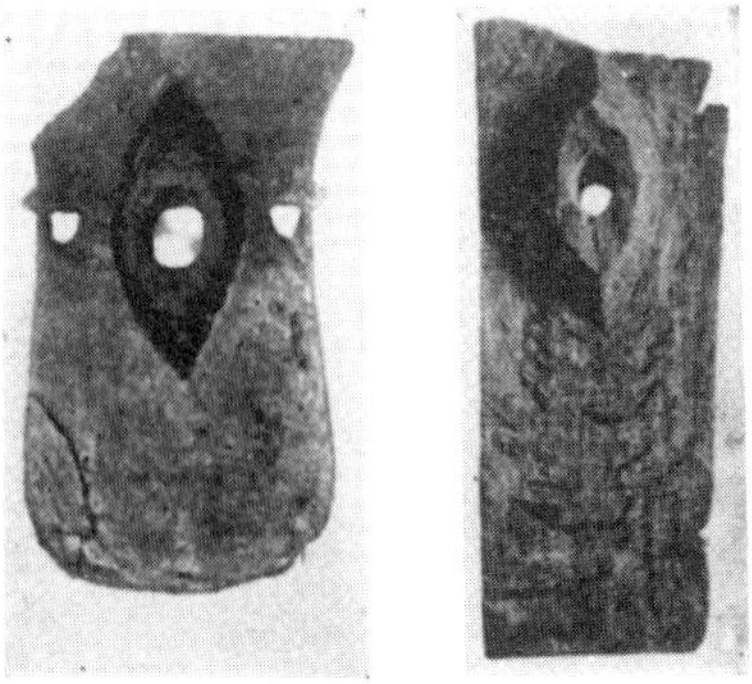

弥生式時代の鍬

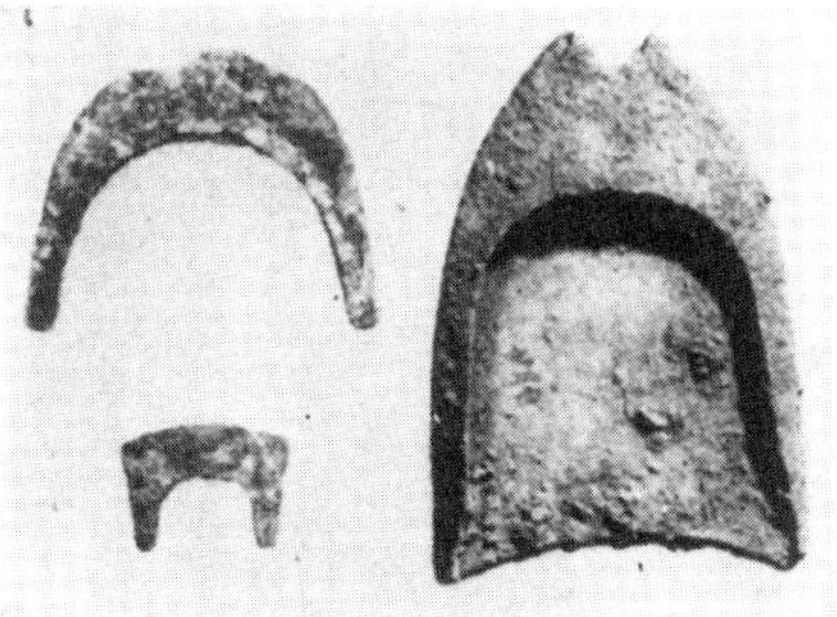

弥生式時代の馬鍬の頭
島根県美濃郡匹見町広瀬出土

古墳時代の馬鍬（左）と唐鍬（右）
群馬県群馬郡岩鼻村・浮羽郡吉井町出土

いえ、一挙に米食になったのではなく、自然物雑食時代のように主食・副食の区別のない時代ではなく、米が主食となり、他の動植物性の食品がたとえ量的に米よりも多くなっても、それらは副食であるという観念の形成された時代と考えられるのである。

農耕の開始と女性の隷属

米つくりがはじまったということは、女性の地位に最も大きな変化をおよぼした。(イ)日本の原始社会も母性中心の社会であるといわれる。(1)「古事記」「日本書紀」や「風土記」などによると、「みおや」というのは父をささないで常に母を意味している。父もしくは祖父は常に「おや」といっているのに、母または祖母は「みおや」とよんでいる。人物の血統を示す場合には父の名をあげないで、母の名だけを特記している。さらに多くの人物の名が父の名にちなまないで母の名にちなんでいることなどである（「日本文化史大系」「原始文化」）。(2)本居宣長も「オヤ」ということは第一義的には母であるといっている。(3)縄文式時代の土偶が女性を表現することが圧倒的に多いのも母神崇拝の所産であり、母権的社会が存在していた一面を語っている。このようなことからも日本の原始社会は母系の氏族制社会であったことが推定されるのである。

ところが、こうした女性中心の母系の氏族制社会がくずれて、女性が男性に隷属するようになるのは、弥生式時代になって農耕が開始されることから始まるといわれる。しかもその隷属は、女性自らがこれを招いたような結果となったのである。大陸方面から水稲農業が伝わったことは、当時の社会に多大な変革をあたえたが、それは日本史上の一大革命とさえいわれている。

(ロ)しかもその革命は男性よりも女性の手によってはじめられたと考えられる。

(1)記紀の神話によると、食物の神はオホゲツヒメという女神であり、この女神の死体の各部分に、稲・粟・麦・小豆・大豆および蚕が生れたとある。このオホゲツヒメは「日本書紀」によるとウケモチノ神に相当し、女神である。これらの女神の身体にはえた穀物および蚕を天照大神が栽培したのが、農業のはじめということになっている。記紀が天照大神をとりあげているのは、農業そのものに関係あるとはいえないが、オホゲツヒメは農業の起源と女性との関係を語っているものであろう。(2)また伊勢神宮のような古い神社の儀式でも、もとは春の耕作はじめにも、秋のとり入れも、未婚の女がまずその手はじめをすることになっていたという。(3)養蚕や織物など、すべて衣類を作るしごとや物を造ることは縄文時代でも女性のしごとである。米から酒を造ることも女のしごとであった。(4)今日酒造の中心になる技術家を杜《と》氏《うじ》とよんでいるが、これは女性の尊称である「刀自」に転じたものであると柳田国男はいっている(「木綿以前」)。

(ハ)日本列島の原始社会は集落の間では農耕がはじまる前にすでに、人口や生産力に相違も生じていたであろうが、そこへ農業がはいってきた。(1)耕地は集落や氏族の共有であったであろうが、新しい生産技術をいち早くとり入れた氏族とおくれた氏族とでは、その後の発展は非常に不均等となった。その外諸種の事情によって不均等となり、有力な氏族は働き手をもとめて弱い氏族を征服したと考えられる。そのため社会全体が支配するものと支配されるものとに分裂し、前者が後者を権力をもっておさえる。そして(2)社会的支配者である男性の女性にたいする圧迫がはじまり、その支配をまもるために家族内における男性たる父の家族への圧迫が生じ、男性の女性圧迫の傾向があらわれたと推定される。このようにして農耕生活の開始によって女性は男性に隷属する契機となったと考えられるのである。

日本米の故郷　稲は今日北緯五〇度から南緯三五度にわたる熱帯・温帯地方でひろく栽培されている。(イ)稲の原産地は従来はインドのガンジス河の三角洲に求める説が一般に行われていた。インドでは紀元前二千年代に稲が栽培されていたらしい。中国では河南省仰韶《ぎょうしょう》《ヤンシャオ》の彩陶遺跡から籾穀が発見され稲作が行われていたと考えられている。

（ロ）稲作農業の日本への伝来路については、諸学説があってこれを要約すると次のようになる。㈠北方渡来説＝わが国への渡来は中国本土もしくはその近域の地を経て朝鮮半島を南下し、または中国の山東あたりからはいってきたというもの。㈡南方渡来説＝日本へは東南アジアからきたとするもの。㈢南北渡来説＝両者の中間をとって北方からも南方からも移入したとするもの。このような説は、比較言語学・民俗学・文献史学・考古学などの資料によって主張されているものでもある。だが、

（ハ）日本古代の稲はたとえいくつかの変種に分類されているといっても現在食糧に供せられている稲はすべてサチバ Oryza sativa L に属することには異論がない。このいわゆるイネ属に含まれる近縁種の原種の地理的分布をみると、熱帯または亜熱帯のオーストラリア北部・東南アジア・インドを経てアフリカにわたっている。したがってこの広い範囲におよぶ原産地のいずれかの地域から日本にわたってきたことになる（直良信夫「日本古代農業発達史」昭和三十一年）。

（ニ）現在においては日本米の故郷は、植物学的な調査がゆきわたらないので、強く主張することはできないが、(1)広東の近郊の沼沢から野生稲が発見されているので、中国の稲作はインドから移入されたものではなく、中国自身の東南部地域にはじまり、それが中国北部にしだいにひろがるとともに、東海岸から朝鮮半島南部、それから日本へつたわってきたものと一応考えられている。だが、(2)稲は水生の植物であるが、幼穂形成期から開花期にかけての時期をのぞくと七〇％ぐらいの土壌水分で順調にそだつので、雨の順調なところでは畑にも栽培できる。そのため稲のうちで乾燥にたえうるように選択されたのが陸稲であり、陸稲が水稲の原型であることを考えあわせると、日本稲の故郷についてはは早急に断定することはできない問題もある。

食糧の取得法　（イ）弥生式時代になると、農耕手段により米が主たる食糧として取得された。(1)稲を収穫するには、

石庖丁が用いられた。石庖丁は磨製品と打製品の区別がある。磨製石庖丁は華北・内蒙古・東北南部・朝鮮から弥生文化にまで広がっていた。それは扁平で、櫛形または舟形をなしている。その上縁に二つの穴があって、この二つの穴を通した緒《お》で一つの環を作った。この環に右手の人差指と中指をとおして石庖丁をささえ、刃と拇指《おやゆび》とでつみとるべき穂首をはさんで穂をつみとるのである（八幡一郎「日本史の黎明」）。さらに古墳時代になると(2)鎌が用いられ始めた。鎌は長方形の直刃のものと、先端で少し内側に曲った内反《そ》りのものとがあるが、直刃の方が早くから行われたようである。いずれもともとはわずかに折り曲げた程度で、そのつけ根には木の柄の端をわってはさみとめたものであろう。柄のある鎌の出現によって、稲の根元から苅りとることが行われるようになった。

(ロ)狩猟的手段として前代と類似のものが用いられたが、質的に向上している。(1)弥生式時代の銅鐸《どうたく》の面には長弓に矢をつがえて一頭の鹿にせまろうとする猟人の姿や、数頭の猟犬を引きつれて猪《いのしし》をおう狩猟の光景が鋳出され、猟犬が使用されていたことを示すものもある。(2)鏃は弥生式時代に磨製石鏃《せきぞく》や銅鏃が一部に用いられはじめたが、普通には前代以来の打製石鏃が大量に作られた。弥生時代には鏃《やじり》としては、ほかに骨角製の鏃も少数発見され、後期には石鏃の使用がなくなり、鉄鏃がこれに代ったのであろうが、これは腐蝕しやすいので遺存例は少い。石鏃の使用が減退しているのは、彼等の狩猟要素の減退したことを語っているものである。(3)弓は非常に使用され、その製作もよく発達し、奈良県唐古遺跡から発見された弓には、節の部分を桜・樺《かば》でまき固めたり、黒漆塗りの精巧なものも前期から多く用いられ、長さも二m前後のものもある（末永雅雄・小林行雄・藤岡謙二郎「大和唐古弥生式遺跡の研究」（京都帝国大学文学部考古学研究報告第十六冊「木器類及び植物製品」））。古墳時代には前期は各種の銅鏃が用いられ、全時代を通じて鉄鏃が質量形式においてもすぐれている。また(4)鉄小刀が使用され、獲物の殺傷を確実にできるようになった。(5)石槍は弥生式時代と同様に用いられ、前期は小型で、中期になると長大なものが用いられ、また(6)弥生式時代には磨製の石剣も用いられた。

(ハ)漁撈的手段として貝類の捕食を語る貝塚は弥生式時代の前期だけに限られ、中期以降になると、特殊な地域をのぞいて消滅している。(1)弥生式時代の後期には土錘《どすい》（おもり）や大型の石錘が多く発見され、多数の共同作業を必要とする網漁法がよく発達していたことを語っている。(2)古墳時代になると、鉄銛《もり》が使用された。(3)古墳時代には丸木船だけではなく、埴輪の彫刻や墳墓の壁画によって、当時数十人を収容できるゴンドラ型の大船が用いられたことが示されている（後藤守一「上古時代の舟」（「考古学雑誌」二三五の八・九））。

食物の種類　弥生式時代や古墳時代の遺物・遺跡などや、「古事記」「日本書紀」「風土記」などの古典によって、当時の食物の種類を知ることができる。弥生式時代には、(イ)農耕が行われるようになったため、(1)米が主食として用いられ、前代の食物といちじるしく相違することとなった。また(2)畑作の粟《あわ》・稗《ひえ》・大麦・小麦・黍《きび》・豆・蕎麦《そば》などや真桑瓜《まくわうり》・瓢《ひさご》・大根《おおね》・青菜《あおな》・韮《にら》・蒜《ひる》などが栽培された。特に麦については、その原産地は西南アジア方面だといわれており、メソポタミアやエジプトで栽培し、そのはじめは紀元前数千年にさかのぼるという。それがヨーロッパに伝えられ新石器時代の農耕文化を形成する根源となった。中国の漢代には麦は盛んにつくられ、五穀の一つになっている。麦はわが弥生式時代の遺跡の北九州をはじめ各地で発見されている。

(ロ)陸棲動物をみると、狩猟による(1)哺乳動物としては猪と鹿が最も多く、兎・猿・熊などがあり、(2)鳥類には、鵜《う》・鴫《しぎ》・鷺《さぎ》・鳩《はと》・鳶《とび》などが多く食用となった。

(ハ)水棲動物としての(1)海の魚類は弥生式時代にあっては、前代よりも深海性のものが多く、その傾向は古墳時代になるほどいちじるしくなっている。貝類・鯛・鰹《かつお》・鮑《あわび》・蟹《かに》などがあり、(2)淡水性の鮒《ふな》・鯉《こい》なども食されている。

(二)家畜・家禽では、馬・牛・犬・豚・鶏《にわとり》などの渡来動物が飼われた。これらは主として、運搬・狩猟などのほかは食料として飼われたものであろう。だが当時は食糧が比較的容易にえられたために、鶏・牛のように信仰的な意味から霊鳥・霊獣視して食べることを忌む風習さえもあったようである。

米の加工と調理　縄文式時代に禽獣・魚貝などの肉食を主としていた人々は、弥生式時代になってはじめて米食するようになった。この米食の風は当時から現今にいたるまで日本人の生活を大きく規定し、国策の中心には常に米の生産と保有とが重要な位置をしめている。この宿命的な因縁はすでに弥生式時代から生じ、日本人の生活・経済・社会・文化のあらゆる面におけるいわゆる日本的なものが、かかる宿命の上に形成されてきたといっても過言ではない。

穂につけたまま倉に入れた籾《もみ》は、必要に応じて入用だけとり出し、籾を穂からはなした。(イ)米にする加工器具としては(1)竪臼《たてうす》がある。この中に入れた籾を臼にいれて、竪杵《たてきね》で脱穀した。(2)脱穀したものは、竹であんだ箕《み》で籾殻をはじき出し、米だけを再び臼に入れてついて仕上げた。この米つきは女性の重要な業務の一つであった。(3)竪杵は一つの臼を中央にして、二人が相対して交互につくもので、唐古・登呂をはじめ各地から発見されている。(ロ)脱穀後の米の調理は、精白にすることは少く、(1)玄米のまま食用にした。それも(2)粥《かゆ》にしてすすったのではないかと想像されている。弥生式土器には小鉢・碗《わん》・杯《はい》(皿)があるし、登呂からは木匙《きさじ》が発見されている。甕は一種の土鍋として粥をたいたものであろう。正月七日に七草の粥を祝うことなどは、このころの古制を今に伝えているものもあろう。(3)現今のように米を煮て飯にすることはなかったようだ。おそらく飯は強飯《こわめし》が最初であろう。強飯は今日でも小豆をまぜて赤飯にしている。だが弥生式時代はまだ強飯は一般化せず、古墳時代になって一般化する。(4)保存食料または携帯食料として米を焼く方法があった。弥生式遺跡から発掘される炭化した米粒の内、確かに焼いたとみとめられるものが少くなく、時には炉の灰にまじって発見されることもある。

(ハ)米を煮る器具は(1)弥生式時代の終りごろになると、甑《こしき》が用いられ、古墳時代には一般化する。甑というのは一種の蒸籠《せいろう》であって、内に麻布のような粗織《あらおり》の布をしき、洗った米を入れてかたく蓋《ふた》をし、湯をたぎらせた壺に重ねて仕かけるのである。下から火をたくと、壺の湯はさかんに湯気をあげ、湯気は甕底の穴をとおって米をむすのである。甑はもと中国では新石器時代に、袋形をなした三脚を有する鬲《れき》や、底部に若干の穴をほった磳《こしき》、また鬲と甑を結合させた甗《こしき》などがあった。甑は漢代に使用され、それが東北南部・朝鮮半島を経て、米の流入とともにわが国に伝わったのであろう。(2)弥生式土器はいかなる時代や地方でも、甕・壺・高坏《たかつき》の三種が基本形態をなし、この三者を欠くことはできない。そしてそれらは外面に煤《すす》のついたものや、内底には黒い凝着物があったりして、煮炊《にたき》に用いる鍋・釜・湯沸の類があったと考えられる。壺は穀物・液体・装身具などをいれたほかに、醸酒などに用いられたものもある。手ごろな大きさの壺はフラスコや徳利などのように液体を注ぐ用に供し、縄文式時代後期にいちじるしく発達した土壜類に代った。高坏は台付の皿で、物を盛る器である。高坏は発達したが碗や鉢は少く、木皿・木鉢などが用いられた(八幡一郎「日本史の黎明」)。(3)古墳時代の前期・中期は赤色素焼の土器の土師器《はじき》だけが土器として用いられた。これが調理用具に使用され、壺・甕・高坏があった。後期になると釜・甑などが用いられた。後期には大陸から新しい窯業技術が伝来し、一般には祝部《いわいべ》土器の名でよばれる陶質の土器は、帰化人によって轆轤《ろくろ》をつかって作られた。またこの土器は須恵《すえ》器ともいわれて、この器には壺の形が多種多様にある。陶質土器は食物を盛り、また貯えるためのものであり、釜・甑は食物を煮るためのもので、もっぱら土師器として作られた。(4)今日使用されている鍔《つば》のある羽釜《はがま》の形は、古墳時代からはじまった。わが国に伝えられたのは、この時代の後期であろう。わが国のものはすべて素焼土製である。また前方

弥生式時代銅製の釜

に焚口があって上部に一個の釜をのせるようになった土器の竈《かまど》もひろく用いられた。ただ釜の上に甑を重ねて米をむして食した点は今日とちがっており、甑もまた両側に角状の把手のついた土器が用いられた（島田貞彦「本邦古墳発見の竈形土器」（「歴史と地理」第二二の五））。

食物の調理　（イ）加熱調理の行われていたことは、弥生式時代の登呂遺跡から摩擦発火法による発火器が発見されたり、住居址には炉があったり古墳からは竈が発見されていたことによって明白である。加熱調理には蒸《む》す、炊《た》く、焼く、炒《い》るなどの方法があったことはすでにふれた通りである。

（ロ）醗酵を行ったものには酒系のものと、醤《ひしお》系のものとの二つがあった。

(1)酒は主として米を原料とするが、麦・黍《きび》・ヤマイモ・果実から醸《かも》す酒もあったであろう。記紀にも横臼に醸《か》める大御酒《おおみけ》などの歌がみえるとともに、古墳から発見される石製模造品の中にも、酒造の器具をかたちどったと推定される一群の遺物が発見される。もっとも初期の酒は糯《もち》米を原料とした甘味をもつかたねりの一夜酒であって、今日の甘酒の素のようなもので、木の葉などにのせて食べたのであろう。後に帰化人による醸造法が輸入され、粳《うるち》米を用いたアルコール分の高い液体のものが作られ、辛味も加わり、杉や笹の葉で防腐が行われたと考えられる。これは清酒ではなく、すべて濁酒であった。しかも後世のように庶民の日常の生活に華やかな色彩を加えるような用い方をしたものではなく、主として神祭や晴の儀式の場合にのみ口にしたものであった。

(2)醤系の食品の用いられたことは、弥生式土器の壺には蓋が付属するものがあって、中には身と蓋とを密閉固着する装置のあるのは酒の醸造や醗酵食品を作るのに用いられたと見られるものである。醗酵食品には、醗酵塩蔵食品である醬《ひしお》が用いられた。これには、米・麦・豆などを醱酵させた穀醬《こくびしお》、鳥獣の肉に塩を含ませた肉醬《にくびしお》、果実・植物・海藻などを塩につけた草醬の三種類があり、穀醬はのちの味噌・醬油のもとで、肉醬はのちの塩辛や鮨《すし》のもとであり、草醬はのちの漬物のもとである。

(ハ)食品を乾燥する方法も行われ、魚類・野菜類・果実類を天日で乾燥させて保存し、調味料や贈答用、旅行の携帯食品などに利用したと考えられる。

(ニ)唐古遺跡では竪穴の群在している間に、井戸の設備と思われる特殊な遺構が若干発見されている。径八〇cm、長さ一五〇cmほどの太い樹幹の内部をくりぬいて垂直に埋めたものがあり、また壙のまわりに数本の杭をうちこみ、壙の下部は粘土層を貫通して下方の砂層に達し、地下水をくみあげることができるようになっているものがあった。これによって弥生式時代には共同井戸が設けられていたことがわかる。

調味料　(イ)塩が人体にはかくべからざることは、早くから知られていたであろう。塩は栄養とか調味料以外に魚肉・獣肉・野菜の保存に役だつ。しかし海岸・乾燥地・岩塩地帯は偏在していたし、海岸でない地帯ではこれを作るまでには容易なことではなかったであろう。(1)自然物雑食時代には、動物の臓器を食べることによって塩分を補給できたであろう。(2)農耕時代になると、内臓を食べる風習はなくなって、肉の部分のみを食べるようになったので、海水からの結晶塩をとることによって、塩分を補うことがはじまった。この方法は古典にいう「藻《も》塩《しお》焼く」というもので、最も古い製塩法である。この法で結晶塩をとるには、ホンダワラやカジメなどの大型の海藻を海浜につみ、海水をたびたびそそいで乾燥させ、これを桶などの中に入れた海水で洗うことをくり返すと、濃厚な鹹《かん》水の「たれ」ができる。これを最後に土器に入れて煮沸するとできあがる。(3)弥生式土器の一つの形式で、岡山・香川両県下を中心として、

須恵器　広島県商田郡坂村出土

弥生式蓋付土器

高　坏　名古屋市西志賀遺跡出土

瀬戸内海沿岸や島の遺跡から発見される師《し》楽《らく》式土器は、深鉢・坩《るつぼ》・甕が多く、丸底のものが多いが、この土器は海岸地帯における特殊な生活形態にむすびついたものであるので、七〜八世紀ころに作られた結晶塩をつくる土器であると考えられている（喜兵衛島発掘調査団「謎の師楽式」（「歴史評論」七二）。

（ロ）甘味調味料としては飴《あめ》・蜜・乾燥果実・果汁なども用いられたであろう。（ハ）香辛料として生薑《はじかみ》・辛菜《からしな》・きさごなどがつかわれた。

食器　（イ）弥生式土器は赤褐色で文様のないものが多く、たとえあっても幾何学的な、しかもまったく附飾的なものであり、器形もほぼ一定し洗錬されている。そして縄文式土器にくらべると焼成がよく、良質の粘土を用い、薄手である。このような土器があらわれたのは、土器をのせて廻転しながら形を作ってゆく台、すなわち轆轤《ろくろ》が使用されていたことによるものである。(1)日常の煮沸に用いた甕形土器は比較的粗製であり、文様などは施されることは少い。(2)穀物その他の食料の貯蔵にあてられた各種の壺形土器はもっとも装飾にとみ、(3)食膳具としての鉢・高坏の類は両者の中間的な装飾にとどまっている。(4)加熱用には甑が用いられた。注口土器はほとんど用いられなくなっている。

(ロ)古墳時代の土器になると、(1)弥生式土器の後身としてそれにつながる土師《はじ》器《き》が用いられた。土師器の器形の種類には、壺・甕・高坏・器台などがあり、文様などの装飾はほとんどなく、主として庶民の日常具や祭祀用のものであった。(2)また大陸から輸入された還元焰でやいた固い陶質の須恵器には、食膳または貯蔵用具として盤《さら》・坏《つき》・高坏・盌《まり》・坩《るつぼ》・甕・瓶《へい》、俵壺の俗称のある横瓮《よこなべ》・低平な平瓶《ひらか》、扁平な提瓶《さげべ》などが用いられた。(3)陶質土器が食物を盛ったり、または貯える用途にあてられたのに対し、釜・甑などの食物を煮るための土器は、もっぱら土師器として作られたものが用いられていた。(4)この外に胴の中央部に孔のある𤭯《はぞう》という坩形の容器は、この穴に竹管を差しこんで吸飲する飲酒容器があった。

(ハ)木製器具はすでにのべたように、弥生式時代には各種の耕具・武器などに用いられたが、このほか、(1)食膳具として鉢・高坏・槽《ふね》・匙《さじ》・杓《ひしゃく》などの木製容器が作られている。このうち匙・杓の類や矩形の槽は、ただ木材をけずって内部をほったものであるが、鉢・高坏などの平面形のまるいものは、素材を急速に廻転させながらけずりあげる轆《ろく》轤《ろ》の使用が明らかに応用されている。(2)これらをのせる台盤(机)もあった。(3)また現在用いられている唐箸《からばし》でないピンセット状に二つに折り曲げた箸が、古社などに遺存する行事などによってそれが存在したことが推定される。

(ニ)その他食器具として貝殻、竹編みの容器のざる、籠《かご》、木の葉、果実の殻、瓢簞殻《ひょうたんがら》などが利用された。

(ホ)銅椀《どうわん》・銅盤《どうばん》・ガラス・碗《わん》も富裕階級の一部では使用されていた。

かまど　（イ）弥生式時代の住居は竪穴住居が一般的であって、中央に炉があって、保温・照明をかねて、そこが炊事場であった。⑴炉が住居の中央にあるのは空間がせまくなり、煙が室内に充満するなど不都合なことがあった。だが竪穴住居は閉鎖的な建物であるから、屋内は昼間でも暗いから炉火は昼夜の灯となった。⑵炉の煙は煙抜きをぬけるだけでなく、屋内に充満し、草屋根のすき間を出ることから、屋根や柱・梁《はり》にいたるまで煤《すす》け、家の寿命を長びかせる効果もあった。

古墳時代のかまど

（ロ）古墳時代には高床建築も見られるが、大部分は竪穴に居住していた。東京都板橋区志村小豆沢町で発掘された古墳時代後期の聚落遺跡は、ことごとく竪穴住居であり、その竪穴は一辺が三m～八mのほぼ正方形に近いものである。⑴北壁の中央部に掘られた竈《かまど》があり、すべて南面に入口をもち、北面すなわち奥の正面に竈がある。竈は竪穴の土壁に掘りこんで作くられ、粘土で形をととのえ前に焚口《たきぐち》があって、奥に煙出しの孔があり、竪穴の外の地上に達している。⑵炊事の煙を煙道によって家の外に出すことを工夫してあるのは、これまでの竪穴住居には見られない進歩である。この竪穴住居にはこのように竈があっても、竪穴の中央から南に偏したところには焚火をしたあとがあるので、暖房のために室内で火をたくこともあったのである（和島誠一「東京市内志村に於ける原史時代竪穴の調査予報」（「考古学雑誌」第二八の第九号））。このように住居の中央に炉がなくなったことは、住居そのものが広くなったとともに、竈が炊事場となり食物文化の進歩を示すものである。⑶竈のある場所の左右には容器の置場や貯蔵穴がある。

第六章　貴族食と庶民食の分離（唐風食模倣時代）　奈良時代

時代の概観　古墳時代における大陸との交通は、仏教・儒教の伝来をもたらしたが、隋・唐との正式の国交がひらかれるに及び、大陸の影響は、わが国の政治・経済・文化の上にもますます顕著にあらわれるに至った。七世紀の大化改新（六四五）による中央集権国家の出現はその代表的な成果であり、中国風の都城の経営も、八世紀初頭の平城京にいたって本格的都城として完成する。国家活動の活発化、交通設備の発達、仏教文化の興隆、産業の発達などが都を中心としていちじるしくあらわれ、貴族階級を一層富裕にして、奢侈《しゃし》的な唐風模倣の生活様式がくりひろげられた。今日の正倉院《しょうそういん》宝庫の御物の華麗精巧な品々は、その様相の一端をとどめている。このような都市文化や貴族文化の繁栄は、中央政府や貴族階級によって生れたもので、全国的な傾向ではなかった。農業生産についても同様であって、進歩的な農工具や農法は貴族階級の手中にあって、一般農民にはその恩恵はなかったのである。農民は貢租・労役・兵役などの過重な義務負担に苦しみ、ますます貧窮化し、大陸文化の模倣の恩恵に浴することはできなく、その生活はほとんど前代と変りはなかった。そこに律令政治が崩壊する大きな原因の一つが存在していたのである。

このような階級社会の確立は食物文化の上にもそのままあらわれ、貴族階級は奢侈的な唐様食をとり入れることに熱心であった。庶民階級は「万葉集」の貧窮問答歌に見られるように貧窮生活者が多く、食生活も粗食であった。貴族は米を常食としていたのに対し、庶民は租米のあまりはほとんどなく、雑穀を主食としていた。貴族食と庶民食の区別がはっきりとあらわれてきたところに奈良時代の特色がある。かかることは食器の上にもはっきりとあらわれている。貴族は漆器・青銅器・ガラス器を用いているのに、庶民は土師器・須恵器・木製品であった。

律令制と食物 律令は中国において秦・漢からしだいに発達し、隋・唐にいたって大成された法制であって、儒教主義と法家の法治主義とが混在しているが、中国の社会の実情にあい、専制君主制を反映したものである。わが国の大宝律令は主として唐の律令を模範とし、これにわが国の特色を加えたものであるとはいえ、中国国民の慣習を多くとり入れているため、食制の上にも中国的色彩があらわれている。たとえば、

(イ)宮内省は宮中における用度・料地や大小の庶務をつかさどるところで、その被官は一職《しき》四寮十三司がある。そのうち食物に関係のあるのは大膳職《だいぜんしき》・大炊寮《おおいりょう》・典薬《てんやく》寮・内膳司《ないぜんじ》・造酒司《さけのつかさ》・園池司《そのいけのつかさ》・主水司《もひとりのつかさ》・主油司《あぶらのつかさ》などである。(1)大膳職(おおかしわでのつかさ)は諸国から貢納した調雑物・膳食物をつくり、塩菹《にらぎ》・醬豉《ひしおくき》・未醬《みそ》・肴果《こうか》・雑餅《ぞうべい》・食料を供進することを掌る。また、醬《ひしお》の製造を掌る主醬《しゅしょう》・菓子餅の製造を掌る主菓餅(二人)、種々の食物をつくる膳部《かしわで》(一六〇人)が属している。(2)大炊寮(おおいのつかさ)では諸国の舂米《つき》・雑穀およびその分給、諸司の食料を掌る。(3)典薬寮(くすりのつかさ)では諸種の薬・療病・薬園を掌り、医博士・針博士・按摩博士・女医博士などが諸生をしたがえ、薬戸は薬草を栽培し、乳戸は牛乳をしぼる。乳戸にはコンデンスミルク・バター・チーズ風のものが薬品として製造され貯蔵される。(4)内膳司(うちのかしわでのつかさ)は天皇日常の供御《くご》・調進のことを掌り、奉膳二人を長として御膳の試食を行い、典膳六人が供御の膳をつくって、味や寒温の調節をする。それらの下にいる膳部四〇人が食物をつくる。(5)造酒司(みきのつかさ)は酒・醴《あまざけ》・酢などをつくり、節会《せちえ》の時に酒をつぐことなどを掌る。(6)園地司(そのいけのつかさ)では、諸々の苑池や蔬菜・果樹などのことを掌る。(7)主水司(もひとりのつかさ)は供御の固粥《かたがゆ》・水・氷《ひ》室《むろ》のことを掌る。もひは水の古語で、氷に関することを掌ったので、このように名づけた。氷室は天然氷を

冬にたくわえ、夏の供御にする。水部《ちひとり》四〇人が主水司に属している。(8)主油司（あぶらのつかさ）は油のことを掌っている。このように律令制においては、食物についても、ことこまかに規定され、単なるきまりではなく実際に行われていたのである。

(ロ)また国の財政については田令《でんりょう》・戸令《こりょう》・賦役令《ふやくりょう》が定められ、各種の食物が重要な税や貨幣としてとりあつかわれていたのである。(1)租として徴集された稲は官稲《かんとう》といい、税というものである。租の率は時代によって変化しているが、大体において穫稲にたいして百分の三程度である。稲とは刈りとったワラのままを束《たば》にしたもので、穎《えい》とは切った穂だけにしたもの、穀は穂から落した籾穀、米とはその穀をとりさったものをいう。官稲の一部は籾穀にして不動倉にいれて永年の用にそなえている。年内で公用に支出するものは動倉にいれた。官稲は中央に送られるのは一部分であって、大部分は地方の官庫において地方経費にあてられている。その地方の決算の帳簿が正税帳であって、中央におくられて審査をうけたのである。(2)調は人身に課せられたものである。賦役令では調の絹・絁《あしぎぬ》・糸（絹糸）・綿（真《ま》綿《わた》）・布（麻布）は郷土の出所にしたがえとして正丁（二一歳—六〇歳男子）一人につきいくらとして、長さ・広さ・重さを規定している。これが正調であり、さらに雑物および調副物の中に多くの食物があげられている。雑物には、塩・鰒《あわび》・鰹《かつお》・烏賊《いか》・螺《さざえ》・海藻など三一種の水産物の場合を規定している。調副物の中には各種の動植物性の食品や加工品が多いが、中でも胡麻《ごま》油・麻子《まし》油・荏油《えのあぶら》・猪油などがあげられ、油脂の種類が多いことが注目される。また保存食品や調味料・香辛料も多く見られる。さらに(3)庸は歳役《さいやく》（人夫として国事に役せられる正丁は一年に十日で、これをいう）に服さない場合には、その代りにおさめるもので、物品は調と同様である。租・庸・調が基本的に定められたほかに、(4)雑税として義倉《ぎそう》と出挙《すいこ》とがある。義倉は窮民を救うために国ごとにおかれた倉で、そこに一般から粟《ぞく》（もみごめ）をおさめている。一位以下百姓にいたるまで戸をその口数によって九等にわけ、その等級に応じて粟一斗乃至二石を田租として同時に義倉におさめさせた。粟がないときは稲・麦・豆などに代えることが出来るが、田租の附加税のような形で、租税の一つとして課せられている。出挙《すいこ》はもとを出して利をあげることで、利付の貸借である。窮民のために稲を貸すとか、春の植付の前に農種を貸出して収穫のときに利をつけて返還させるのである。政府の行うのが公出挙であり、国司が行うのが私出挙であるが、いずれも農民の負担を重くした律令社会の成立によって国家は穀物や食品を税の重要なものとして徴集し、国家の財政が安定することとなった。さらに宮中をはじめ貴族の食膳には諸国から各種の動植物の食品・乾燥食品・加工食品・調味料・香辛料など、量・質ともに進歩したものが集められ、中央集権の実は食物の上もに大きく反映されるに至ったのである。

(八)律令国家の発展は国内交通・国内商業にもあらわれ、調・庸による食品の交流も盛んとなった。(1)律令制では市場の制度ができ、大蔵省が商業の監督官庁となっている。とくに市場については令の制によると、京の東西の市は毎日正午にひらき、日没前に三度鼓《つつみ》をうって閉じることになっている。平城京の東西市、大和の海柘榴市《つばきのいち》、河内の餌《え》香市《かいち》、摂津の難波市、美濃の小川市、駿河の阿倍《あべ》市、備後の深津市などが栄え、交通の要地や人の集まるに便宜な地には市がつくられた。とくにこれらの市では穀物・野菜・果実・魚・海藻・塩・未醬・酒・油・菓子などが取引されている。

また(2)行商人は市と市の間を、平城京と地方との間を歩いている。(3)貨幣の鋳造は和銅開珎《かいほう》によって知られるが、これは中国の制度を模倣しただけで、当時はあまり利用されず、一般にはやはり物々交換や、稲米などの物品が通貨となっていたのである。したがって、それだけに穀類をはじめとする食品は物品貨幣として活用され、食品相互の交換も盛んとなり、全国的にみても食品の交流は前代に比していちじるしく拡大されたのである。

食糧の採取法　(イ)奈良朝時代の水田耕作は一部には直播《じかまき》法もあったが、苗代法が一般化し、「万葉集」にも早乙女の田植えの歌がみえている。(1)農具には鍬と鎌が普及し、鍬は鍫の字もあてられ、諸国に調として輸せしめ、それを京の文官にたまわっているなどは、その製造奨励と普及が政府の努力によって行われていることを示すものであろう（「賦役令」、「続日本紀」養老五年）。牛馬を使用して犁《すき》も用いられている。鎌についても同様である。鋤《すき》には二種類があって、土地をおこすものと、草をのぞくにつかうものとがあった。熊手の類である鈲《まながき》や馬把《まぐわ》が用いられている。(2)収穫具として鎌をはじめ、刈った稲を乾かす稲機《いなき》の製造と普及を政府が諸国に命じて指導している（「類聚三代格」承和八年）。(3)打穀具の連枷《からさお》などがある。脱穀や精白のための器具には、諸国の調として輸された臼、足ふみによる碓《からうす》・礱《すりうす》などがあった。(4)運搬用具として俵・天秤《てんびん》棒の朸《あふご》・箕《み》・篩《ふるい》などがある。俵は藁《わら》で作られ、これは稲の刈り入れも穂だけでなく根元から刈るようになって、藁を利用していることを示すものである。このように農具が多様になってきたことは、稲の収穫や処理がていねいになってきたことを語るものである。稲の収穫量は当時上田一段で五〇束（一束は米にして五升、現在の約四合）であった。このほかに田に植える雑草で葟《みの》というがある。これは燕麦《からすむぎ》に似た草で、米のような実がとれ、飯にしたもので、味はよいものではなかった。

(ロ)陸田は園地という総称が行われ、園地耕作は水田耕作よりも重要性は少く、班田制においても陸田は収授はなく、各戸平均に分けられ、三段歩か四段歩ぐらいがふつうであったようだ。ところが陸田が重要性を増大していくのがこの時代の過程であるといってよい。(1)持統天皇七年（六九三）三月に「天の下をして桑・紵《からむし》・梨・栗・蕪菁《あおな》等の草木を勧《すす》め植ゑ、以て五の穀《たなつもの》を助けしむ」と「日本書紀」にみえるように、五穀のほかにその補充としていろいろな畠作物を政府が奨励したのであり、またこの年に麦作をも奨励したことが、後の養老七年（七二三）の太政官符に引用されていることからわかる。水田農業は水利の困難があり、晴雨に影響されることが多く、そのため飢饉をふせぐためには陸田が必要であり、そこに政府の努力があったわけである。(2)畠作の作物には麦があり、これには大麦・小麦があるが、余りとれていない。蕎麦・黍《きび》・粟《あわ》・稗《ひえ》・大豆・小豆・胡麻などの各種がつくられた。また葟《みの》を植えた。(3)野菜類もようやく多くなり、園地耕作物とされ、宮中の園池司や各家の蔬菜園では栽培された。「万葉集」や「延喜式」などによると、あおな・大根・茄子《なす》・瓜などがあげられる。三世紀のころのわが国の様子を記した「魏志倭人伝」も、日本の気候がよく夏冬ともに生菜があることを指摘しているので、野菜の利用は早くから行われていたのであろう。

(ハ)また野草をとる菜摘《なつ》みも盛んとなり、女子の勤労とされるとともに、娯楽をかねて行われ「万葉集」にも菜摘みのうたがみられる。菜摘みは薬草的価値のある野草を摘むことから始まったものである。

(ニ)果実には梨・桃・梅・柿・棗《なつめ》・枇杷《びわ》・李《すもも》・蜜柑類などがつくられた。

(ホ)鳥獣の狩には(1)道具として弓矢がつかわれ、かなり複雑な方法も用いられたことは、「倭名類聚抄《わみょうるいじゅうしょう》」(和名抄)などによってさまざまな場合の射方の名称があることによって知られる。(2)穽《おとしあな》も「万葉集」の歌や「和名抄」などにみられるし、(3)網もつかわれている。(4)鷹狩なども行われ、(5)狩猟に犬を用いることも多くなった。狩猟の技術は進んだが、農業にたいする従属的仕事となり、同時に遊戯化している。(6)薬猟《やくろう》と称して鹿・猪狩りを年に何回かやり、その肉を薬用としてたべる行事があった。庶民でも猟にでていわゆる養生食いといって鳥獣の肉を食べる風習があった。天武天皇の三年（六七五）には仏教の立場から檻穽《かんせい》施機《しき》槍《そう》を禁じた。特に貴族階級の狩猟は農民に多くの被害をあたえた。そこで天平三年（七四一）には詔を発して、国司や郡司などが民を私的にあつめて狩をなすのは、民の産業をさまたけ損害が多いので、これからは禁ずることを厳達している。もし犯すものがあれば重罪にする、というのである。

(ヘ)漁猟も狩とともに農業に従属する地位になっているが、狩よりも重要であった。漁猟は河川や近海の浅いところで行われ、(1)前代以来の釣が行われ、(2)網の使用も増加し、地曳網が用いられている。(3)鵜飼も行われ、(4)潜女などもいたことが知られる。海草もさかんに採取され、藻採取船が各地に出入している。

農民食と食物の種類

(イ)米を主食とすることは貴族階級にかぎられ、農民階級はほとんど食べられなかった。この時代の農民の食生活の状態について、(1)滝川政次郎は標準的房戸（男四人・女六人、男子のうち課口二・少子一・緑児一、女子のうち緑女一）を想定し、これにもとづいて収入をみると、一年間の必要食料六二七・八束にたいして、口分田の収穫三九八束、種籾を差しひいて三七二・六七束、一町の田を賃租したとしてその収入が二五一・四束、その他園地・墾田等の収入が加わっても、ようやく生活ができる程であったとのべている（「律令時代の農民生活」）。また(2)三橋時雄の標準的郷戸（男一二・三人、女一四・七人）にもとづく計算によると、口分田三町七段一八〇歩がすべて上田であるとしても、収穫一八七五束、田租・種子を差し引いて一七四三・七束となり、現今の升《ます》で三五・四石で、一人一日平均米三・六合弱（当時の平均食料は四・一合）となるという。このほか庸・調（滝川は標準的房戸で稲に換算すると総額六〇束になるという）、雑《ぞう》徭《よう》（同じく一二〇束）、出挙《すいこ》の利稲、義倉の粟、調庸運搬の労役その他をも入れると、正確に計算はできないが、かなり苦しい生活であったことが推定されるのである（北山茂夫「奈良朝の政治と民衆」、弥永貞三「奈良時代の貴族と農民」）。(3)米には、糯米《もちまい》と粳米《うるちまい》とがある。(4)「万葉集」「風土記」「大宝令」の賦役令、「正倉院文書」などによると当時の食糧の種類がわかる。

(ロ)畠でとれるものは(1)粟《あわ》・稗《ひえ》が主であって、これを庶民は日常食としている。その他、(2)麦・蕎麦《そば》・黍・大豆・小豆・大角豆《ささげ》などもあげられる。

(ハ)野菜類はあおな(茎立《くきだち》)・大根・萵苣《ちしゃ》・蕪菜《かぶらな》・茄子・瓜・黄瓜・甜瓜《まくわうり》(熟瓜)・荏胡麻《えごま》・芋《いも》・茶(おおどち、またはおおつちといって、薊《あざみ》にた植物で今日の茶ではない)・蓮《はす》・竹の子がある。

(ニ)野草としては、芹《せり》・はこべ・薊《あざみ》・蕗《ふき》・山芋《やまいも》・蕨《わらび》・韮《にら》・茗荷《みょうが》(売我)・蓴菜《じゅんさい》・葛《くず》(田葛)・沢蒜《ねびる》・百合《ゆり》などのほかに、春の七草としての薺《なずな》・御形《ごぎょう》・仏の座などが食べられた。(ホ)果物としては梅・桃・柿・橘・梨・枇杷《びわ》・杏子《あんず》・棗《なつめ》などがある。(ヘ)哺乳動物では牛・馬・鹿・猪・熊・猿・狐・鼯鼠《むささび》・兎などがある。むささびをのぞいては、他のものは料理法がよければ食べられるが、むささびは臭気が強くて食べられない。しかし奈良朝時代はこのような動物まで食べた。

(ト)鳥では鴨・鶴・鷺《さぎ》・雁《がん》・おしどり・鴫《しぎ》・山鳥・雉《きじ》・百舌鳥《もず》・鶏・鶉《うずら》などがあげられる。(チ)魚介類では鮎《あゆ》・鰹《かつお》・鮪《まぐろ》・鰻《うなぎ》・鮒《ふな》・やまめ・鰒《あわび》・蜷《にな》・蜆《しじみ》などをたべている。

(リ)海草類には、若布《わかめ》・荒布《あらめ》・かじめ・昆布《こんぶ》・海松《みる》・青海苔《あおのり》・布海苔《ふのり》・甘海苔《あまのり》・角又《つのまた》・莫告藻《なのりそ》・海蘊《もずく》(母豆久、または水雲ともかく)がある。古書に単に海藻とあるのは、和布《にぎめ》のことで、今日の若布《わかめ》である。なのりそ(奈良利曾)は正月の鏡餅にそえるほんだわらで当時食用にされた。こるも、またはこころぶ(大凝菜)とは今日のところ天である。それに似たいぎす(小凝藻)は水にさらすと白くなり、ところ天と同じ食べ方をしている。

仏教と肉食の禁止

六世紀のはじめごろに日本に大陸から仏教が入ってから、仏教は日本の支配者階級のあいだにしだいにひろまった。その結果仏教は政治と結びつき、仏教がひろまるにつれて、その教えは国民の日常生活を規定するに至った。その一つは(イ)殺生禁断である。仏教の教えでは、生きものを殺すものは仏罰《ばつ》をうけるというのである。この教えが仏教興隆とともに国是となり、一切の衆生《しゅじょう》におよぶことになり、人間のみならず、禽獣《きんじゅう》など生命のあるもののすべてにおよぶようになった。

右の教えにのっとって⑴天武天皇は治世の四年目（六七六）に勅して、牛・馬・犬・猿・鶏の肉を食うことを厳禁し、さらにその禁令は魚類にもおよび、漁撈者がわなをつくり、あるいは突き槍で魚を突いて捕ることを禁じ、四月から九月にいたるまでは、梁《やな》をおくことをさしとめたのである。また⑵元正天皇も放鷹司《たかつかさ》の鷹を放つなどして禁断を励行された。とくに、⑶深く仏教に帰依されて、みずから「三宝の奴」と名のられた聖武天皇はたびたび禁令をだして、天平九年（七三七）には禽獣を殺すことを禁じ、十五年（七四三）正月には詔して、同月十四日から七七日間天下に殺生を禁じ肉食を断たしめている。ついで天平十七年（七四五）九月には三年間天下に一切の禽獣を殺すことを禁じている。⑷孝謙天皇も殺生を禁じ、肉食を厳禁したのであった。このように奈良朝時代は歴代の天皇のほとんどが肉食を禁止していたのであるが、古くから肉食の味になれていた庶民のあいだでは、これらの禁令もあまり効果はなかった。

青丹《あおに》よし奈良の都は、まことに美しい堂塔伽藍によってかざられ、寺院は僧侶にとっては修験《しゆげん》の場であっても、大宮人にとっては法悦《ほうえつ》にひたる現世歓喜の場であったであろう。しかし大宮人も仏徒であり、仏陀《ぶつだ》の説く殺生禁断の教えを守らなくてはならなかった。牛肉はもちろん、その他の禽獣の肉を食べることは禁じられていたのであった。

(ロ)肉食の禁忌《きんき》はまず⑴貴族階級のあいだにはじまった。やがて⑵仏教は都市の住民の上層部の人々の信仰の対象となり、彼等もまた殺生をさけて、仏の慈悲によって来世にすがることを念じたのである。このようにして仏教に帰依した上層階級の食事には肉食をとることはしだいになくなるのである。

だが(ハ)農民は、粟《あわ》・稗《ひえ》を主食として粗食していたとはいえ、この時代は仏教はいまだ彼等には余り普及していなかったために、必要に応じて山野の禽獣を捕ってその肉を食べていた。そのため栄養においては上層階級よりもすぐれていたのである。飛鳥時代から奈良時代にかけては、貴族階級の生活はしだいに派手になり、優雅にして豪奢な宮廷生活がはじまっているが、彼等の食生活は表むきは肉食は禁ぜられている上に、一般的に質素な食生活であった。しかし、貴族の食生活の欠陥をおぎなったものは、当時すでに牛乳や乳製品が用いられていたことによるものであった。

牛乳の登場　(イ)東洋において牛乳および乳製品を最も早く用いたのはおそらく(1)インドであろう。何となれば仏典には牛乳や乳製品のことが多く見えているからである。涅《ね》槃経《はんきょう》(第一四条)や、六波羅蜜経第一には、酪《らく》・蘇《そ》・醍醐《だいご》のことがみえ、いずれも牛乳を加工して作った乳製品であることが知られる。(2)中国における牛乳や乳製品がはじめて用いられた時代は明らかではないが、「崔氏《さいし》食経《じききょう》」や「養生要集」には牛乳や乳製品の人体におよぼす効能のことが見えているので、おそらく六朝《りくちょう》時代には使用されていたのであろう。唐代の医書には牛乳や乳製品のことが多くみえるので、唐時代にはその使用はますます盛んになったものであろう。

(ロ)わが国に牛乳や乳製品の製法が伝えられたのは、(1)孝徳天皇のころである。「新撰姓氏録」(左京諸蕃下)には孝徳天皇の治世(六四四—六五四)に中国からの帰化人の善那が牛乳をしぼり、天皇にこれを献じたので、和薬使主《やまとくすしのおみ》の姓を賜わったことが見えている。また「類聚三代格」(弘仁一一年六月一七日の官符)には、孝徳天皇の時代に大山上和薬使主福常がはじめて牛乳をとる術をならって乳長上《ちちのちょうじょう》という職をさずけられ、その子孫がその職を代々うけついでいることがみえている。この善那と福常とは同一の人であるかもしれない。いずれにしても、牛乳と乳製品とが、日本固有のものではなく、隋唐時代に大陸から渡来したものであることは明白である。(2)その後、朝廷では乳牛の飼育や繁殖《はんしょく》に力をそそぎ、天智天皇の治世(六六一—六七一)には官設の牧場をおき、多くの牛を飼育している。(3)文武天皇の大宝元年(七〇一)には「大宝律令」が制定されたが、そのなかの職員令の典薬寮《てんやくりょう》では諸種の薬物と薬園をつかさどり、薬草を栽培する薬戸とともに、乳戸がおかれている。乳戸は牛乳をしぼる家であって、最初は都の近くに設けられていたが、(4)元明天皇の和銅三年（七一〇）の平城京の遷都《せんと》があって奈良時代となってからは、和銅六年（七一三）に山背国に命じて乳戸五〇戸をおいている（続日本紀）。律令の厩牧令《くもくりょう》によると、牛には一月上旬から乾草を、四月上旬から青草をあたえ、乳をしぼる日には豆二升・稲束二把をあたえ、そのときに牡牛には大豆・ほしたマグサなどを多く食わせていた。

このように牛の飼育管理によって当時はかなり多量の牛乳をうることができたのであろう。供御《くご》として天皇にさしあげる牛乳の量は、毎日三升一合五勺であり（延喜典薬寮式）、天皇一家が一日に飲まれていた牛乳の分量はかなり多量であり、今日の日本人が飲んでいるよりも多かったと推定されるのである。だが、牛乳を飲む特権は天皇家からやがて貴族に、さらに地方の富有な人々にまでひろがった。かくして貴族階級は一方では肉食は仏教の教えによってできなかったが、その代り牛乳によって栄養をおぎなうことができたのである。

天平文化とバター・チーズ

牛乳のことは当時これを生乳と称し、または牛《うし》の乳《ち》と称した。(イ)当時の牛乳のしぼり方は明白ではないが、「延喜式」典薬寮にみえる供御の牛乳の年料の用度には、牛乳をこす篩《ふるい》の絹、それをぬう生糸、牛の足をしばる布、牛の腹にかける布、乳房をふく布、しぼった牛乳を入れる陶鉢、その蓋《ふた》などがみえているので、大体今日行っているような方法によってしぼっていたものと推定される。とくに注目すべきは、(ロ)当時も牛乳を飲用するにあたって必ず前もって一度煮沸をしている。当時の人々は細菌学の知識はなかったのであるが、牛乳をなまのままで飲むと、人体に害のあることにはやくから気がついていたのであろう。円融天皇の永観二年（九八四）鍼《はり》博士の丹波《たんば》康頼《やすより》が撰した「医心方」の牛乳の条には、唐の陳蔵器の「本草拾遺」を引用して、牛乳を服するときは必ず一、二回煮沸して、冷えてから飲むということが見えている。この方法はおそらく唐代に行われていたものであろうが、それがわが国に移入されたのであり、奈良朝時代の衛生医療のすぐれていた一面を語っている。

(ハ)ところが牛乳は保存が困難であったばかりでなく、日本人は酸乳はあまり好まなかったので、しぼった牛乳のうちで供御としておさめる以外は余分の牛乳を保存する方法として、これを煮つめることをした。これは「和名抄」には酪《らく》と称し、また、にうのかゆとも呼んでいたことが知られる。したがって、酪すなわちにうのかゆは今日のヨーグルトまたはコンデンスミルクに類するものであったのである。牛乳よりも保存がよく、しかも栄養の多いものであり、消化もよく、肉体のエネルギーの増進食料として最高のものであった。

(ニ)牛乳を煮つめて作ったものに蘇《そ》というものがあった。これは酥《そ》とも記した。(1)「本草綱目」には、蘇を酥酒ということが見え、また蘇を薬に入れるには微火をもってとかし、これをこして用いるのがよいと見えている。蘇は乳状のものでなかったことがわかる。蘇は籠に入れて進めよということもあり、また仏典や医書にはすべて酪より酥を作るとあるので、今日のバターとチーズをまぜ合わせたようなものであったことがわかる。

(2)蘇をつくるには牛乳一斗を煮つめて蘇一升をつくった。すなわち、牛乳を一〇%に煮つめるのである。この一升の蘇を壺に入れてきめられた一定数の壺を毎年朝廷に貢納したのであった。(3)「政事要略」によると文武天皇の四年(七〇〇)に全国に命じて蘇をつくらせている。さらに元明天皇の和銅六年(七一三)には乳戸をおいたときにも蘇を貢納させ、元正天皇の養老六年(七二二)には七道諸国に蘇は籠に入れて貢納することを命じている。延喜民部式によると、当時蘇を貢進する国は大宰府・伊勢・土佐等の四五ヵ国におよび、但馬・周防・長門はすぐれた乳牛の産地であった。(4)諸国から貢進される蘇は出雲の国をのぞいてはすべて十一月以前であり、その京都到着は十二月に入ってからである。国司の中にはこの貢進の期間をちがえたり、また粗悪な蘇を貢進するものもあった。このように諸国から蘇を献上させたのは、奈良朝時代からの慣例であったとみえ、「正倉院文書」の正税帳にはその実例がみえている。

（ホ）牛乳および乳製品が衛生や医療の立場から用いられていた。「医心方」によると、牛乳や酪・蘇の効能は全身衰弱をおぎのうこと、通じをよくすること、皮膚のつやをまし、なめらかにすることをあげている。また蘇は仏事の修法のときの供物として盛んに用いられた貴重な食品であった。

（ヘ）かくして奈良時代には毎年全国から蘇が朝廷に貢として送られ、一方乳戸からは毎日新鮮な牛乳がおさめられた。そして正月の大饗《おおあえ》をはじめ、貴族・僧侶は蘇を口にする機会が多く、彼等はすぐれた栄養をとることができたのである。天平の美女の豊満さといい、けんらんたる仏教文化を築いた貴族や僧侶のそのエネルギーといい、いずれもこのすぐれたホルモン食のおかげによって形成された一面もあるのではなかろうか。そこに近代的な健康美の輝きさえも感ずるのである。

調味料と薬餌　（イ）この時代の調味料には、塩・醬《ひしお》・未醬《みそ》・酒・糖《あめ》・甘葛煎《あまずら》・胡麻油・蘇・酪などがあった。(1)食塩は諸国の産物として調・庸として都に送られるという形で交流され、その製法も全国に普及し、瀬戸内海沿岸は有名な産地となった。だが、その値は一升で米の価格の二倍であって高価なものであった。(2)酢はこの当時もスとよび、俗に苦酒《からざけ》ともよんだ。梅や麦などから作った。(3)奈良時代の調味料として使用の多くなったのは醬である、醬は未醬と同様に大豆を主材料として、それに米麹・塩などを合わせて作るが、醬は漉《こ》した液体状のものもある。この精製されたものが室町時代に醬油となるのである。ミソは朝鮮からきたといわれ、漢字では未醬・味醬とかき、まれに味噌と記された。醬は穀醬・草醬・宍《にく》(肉)醬の三種類が造られた。穀醬は米・小麦・豆などを塩や酒とともに醱酵させたもので、中国からは唐醬《からびしお》、朝鮮からは高麗《こま》醬《びしお》などが輸入されて種類がふえてきた。草醬は大根・瓜・茄子・青菜・蕪水葱《なぎ》・独活《うど》・あららぎ・大豆・桃・杏子《あんず》などの野菜や青果などを塩・酢・糟《かす》などとともに漬けたものである。宍醬は鳥・獣・魚・貝・蟹《かに》・海胆《うに》（雲丹）・海老《えび》（蝦）などの生肉を塩漬けにして、その際に楡《にれ》の皮を粉にしたものを香辛料として混ぜたものである。今日の塩辛にあたるもので、調味料をかねた食品でありこの一種が鮓《すし》である。これは動物の生肉を塩と合わせ、それを飯の間に漬け、数日たつと飯が醱酵して酸味を生じたものを食べた。今日の鮨《すし》はこれが変形したものであるが、当時は飯は食べずに肉だけを食用としたものである。蘇や酪はすでにのべたように乳製品である。(4)香辛料としては、山椒《さんしょう》・生姜《しょうが》・楡《にれ》の粉・あららぎなどの植物を漬物にしたり、煮たり、汁にしたり、茹《ゆ》でたりして用いた。(5)酒も調味料として利用されている。普通の酒ではなく韲酒《あえざけ》というものであった。(6)甘味料としては糖（または飴）が用いられたが、これは砂糖ではなく、汁糖《しるあめ》とよばれる品で、近世の水飴の製法と変りがないものである。蜜は当時はミチとよび、蜂蜜のことで、諸国から朝廷へ貢進させている。甘味料として最も広く用いられたものは甘葛煎《あまずら》（または甘葛汁）である。「延喜式」には二〇ヵ国から朝廷へ貢進する規定がある。甘葛という草については明白でないが、後にいう蔓甘茶《つるあまちゃ》か、甘茶の木であろうか。また味煎《みぜん》とよんだ甘味料もある。串柿《くしがき》の粉も甘味料とされ、甘酒も餅などの甘味とした。(7)今日食塩とともに調味料の主軸ともいうべき砂糖は、奈良朝時代になるとわずかに使用されている。砂糖をとる甘蔗の原産地はガンジス・インダス両河の流域であるといわれ、甘蔗から汁をしぼりこれを蒸発して濃汁として使用したのはインドにあっては西暦紀元前数世紀だといわれている。その後甘蔗はエジプトを通って地中海沿岸に分布し、一方はインドシナを通じて中国に伝わったと考えられている。

中国においては、唐宋の時代にすでに製糖術も発達して濃汁から結晶した砂糖がつくられている。後漢時代には甘蔗は栽培され、唐時代には製糖術も伝わっている（「老学庵草記」）。

わが国に砂糖がはじめて渡来したのは、孝謙天皇の時代に来朝した唐の僧鑑真がもってきたのが最初であったと一般には信じられている。だが、砂糖は奈良朝時代の学問僧や遣唐使によって輸入されたことも考えられるのである。時代は平安朝時代になるが、延暦二十年（八〇一）に帰朝した最澄の「献物目録」の中には、砂糖を進上したことが見えている（「伝教大師正伝」一二）。したがって奈良朝時代でもこのようなことがあったと推定されるのである。油は燈火にも用いられたが、食物の調理にも用いられた。胡麻《ごま》油は胡麻からしぼった。

(ロ)このような調味料は食品の上にかけたりつけたりして使用したものが多く、今日のように食品の中にしみ込ませるようなことはなく、食品と調味料とは別個のものとしてとりあつかわれた。しかも、当時の調味料は味をつけるという本来の役割のほかに、栄養・殺菌・消毒などの薬餌《やくじ》をかねていたのである。正倉院には約六〇種の薬物があるが、これらはすべて大陸から輸入されたものである。その中には竜骨・人参・大黄・甘草・雲母粉・琥珀《こはく》・滑石・丹沈香など、植物・動物・鉱物の広い分野から採取された薬物が利用されていたことが知られるのである。

飯と酒　米を材料とする食物に飯と酒があげられる。

(イ)米は蒸したり、煮たりした。「正倉院文書」の中には粥《かゆ》・饘《かたがゆ》の語がみえている。(1)饘は甑《こしき》で蒸したもので、強いので強飯《こわいい》とよんだ後世のお強《こわ》もこの名残である。だが当時の強飯は今日のように小豆をまぜた赤飯ではない。たんに飯《いい》という場合は強飯をいうのであるが、まれには固粥をさすこともあった。強飯は糯米《もちまい》かまたは粳米《うるちまい》を用いた。甑《こしき》は瓦製のほかに、木製もつかわれた。(2)蒸さないで煮たものが粥である。庶民の日常食は粥の場合が多かったのであろう。これには汁粥《しるがゆ》と固粥《かたがゆ》の二つがあり、汁粥は水気が多く、後世でいう粥にあたる水気の少ないのが固粥である。粥には米・赤小豆・粟・そば・いも・大根などを材料にし、それぞれ白粥・赤小豆粥などとよばれたものもあった。

また(3)焼米というのがある。これは今日の焼米と同じもので、当時の(4)糒《ほしい》と同様に利用された。粥や飯の材料は米・麦・粟などである。

当時の貴族社会では(5)米は精《しら》げて蒸すか、または煮たが、一般には玄米を用いた。「正倉院文書」には、白米と黒米とが見えているが、黒米は一般庶民の間で用いられたものであろう。(6)一般に主食は二食であって、間食をしていたことは、「正倉院文書」の税帳や写経所記録で知られる。

(ロ)酒は朝鮮の技術が入って一段と進歩した。「正倉院文書」によると、清酒・濁酒・糟《かす》酒・粉《こ》酒《ざけ》の四種があった。(1)清酒と(2)濁酒とは澄んだ程度で区別されたものである。「万葉集」の大伴旅人の酒を讃《ほ》むる和歌は名高い。それには濁れる酒の句のはいった二首がある。その一つは「価無《あたいな》き宝といふとも一杯《ひとつき》の濁れる酒に豈《あに》まさらめや」とうたい、貴族も濁酒を下品としながらこれに親しんでいたことがわかる。(3)糟は湯にといて糟湯《かすゆ》酒《ざけ》にして飲んだものである。(4)粉酒は醴《こざけ》のことで、一夜で造るので一夜《ひとよ》酒《ざけ》ともよび、今日の甘酒であり、甘味料とされた。宮中では六月・七月のあいだ毎日かもして天皇や中宮に供する定めになっていて、醴を氷で冷やすこともした。神前や貴人にそなえる酒を御《み》酒《き》・大御《おおみ》酒《き》と敬称した。キは酒の古語である。また称徳天皇の天平神護元年(七六五)の大嘗会《だいじょうえ》の詔には、白酒《しろき》・黒酒《くろき》の語がみえている(『続日本紀』)。(5)白酒は普通の酒で、(6)黒酒は醗酵後に久佐木《くさき》(常山または臭木)という木の葉をやいた灰を入れて、苦味をもたせた酒であったようである。これは「延喜式」の造酒司の記事によって知られる。またこの記事によると、酒を造るには米一石のうち二斗八升六合をモヤシとし、七斗一升四合を飯とし、これに水五斗を合わせ、それを二つの甕《かめ》に等分し、そのうち熟したのちに久佐木の灰三升を一甕に入れて造ったものが黒酒であった。他の甕に灰を入れない。これが白酒である。久佐木というのは夏の末に白い花が咲き、あおい実を結び、葉の匂いが胸悪く臭く、落葉灌木である。後には黒胡麻をもって、久佐木にかえたという（『貞丈雑記』）。

なお酒は米ばかりではなく、(7)黍《きび》などから造った雑穀酒もあり、地方の庶民に愛用された。婦人も男子と同様に酒を飲み興じ、その弊害もあったので、近親者二、三のほかは集まって宴をはることを禁じたことさえあった。

盛饌の献立　奈良時代になると、わが国の国の古来の信仰上の行事は、大陸風の影響をうけて、年中行事が成立した。(イ)神祇令には各月の祭が規定され、祈年祭《きねんさい》・新嘗祭《にいなめさい》・大嘗祭《だいじょうさい》などには宮中で宴が行われた。また朝儀も正月元日の朝賀をはじめとして、三月上巳《じょうし》の曲水の宴、十一月の冬至の宴がはられるようになった。(1)祈年祭（としごい）は二月四日、稲の豊作を祈る祭である。(2)新嘗祭は毎年十一月二十三日の夕から二十四日の暁にかけて天皇が宮中で行う祭である。(3)大嘗祭は天皇が即位の後、はじめて行う新嘗祭である。大宝令の制定とともに、この祭は毎年十一月に行われ、その前に神に奉る新穀を奉るべき悠基《ゆき》・主基《すき》の国郡をさだめて抜穂使《ぬきほし》をつかわし、これを京に持ちきたって酒を醸《かも》し、神饌《しんせん》を作って神々に饗し、天皇も召上るのである。(4)元日の節会《せちえ》は八世紀はじめの元正天皇の時代から始まっている。(5)三月三日の上巳の節句は奈良朝以前から宮中で催されていたが、この時代になって盛んとなった。当日は曲水の宴が行われ多くの公卿が集り、溝水に盃をうかべ、その盃が自分の前を通過しない前に天皇の前で詩歌を作るのである。(6)冬至は一年中で最も日が短く、夜が最も長いときである。一陽来春の時季であるので、これを節日として聖武天皇のころからその祝いがはじまった。

宮中では(ロ)儀式の際や、正月その他の節会には酒で祝った。(1)「万葉集」には「天地と久しきまでに万代《よろずよ》に仕へまつらむ、黒酒《くろき》白酒《しろき》を」とよまれ、黒と白とは新嘗祭や大嘗祭のときに供せられた。(2)節会や大饗をはじめ、貴族の饗饌《きょうせん》にすえる食品は、飯《いい》・汁物《しるもの》・嘗物《なめもの》・貝物・生物《なまもの》・干物《からもの》・菓子《くだもの》などからなっている。(3)大饗にかぎったことではないが、客の座席・敷物・器具から挨拶、立ち居の作法、酒盃のやりとり、飲み方などが形式化し、こまかい注意をはらわねばならなくなった。貴族でも官職の上下によってすえる食品の数にも差別がつくようになったのである。

食器の高級化　食器は(イ)土器が一般的であり、前代のように須恵器と素焼きの土師器《はじき》とが一般に普及している。しかも形式と材料とによって食器の名称も多様となり、盤《さら》・坏《つき》・高坏《たかつき》・盌《まり》・提瓶《さげべ》・瓶子《へいし》・坩《つぼ》・鉢・甕などとよばれた。このうち(1)盤は皿と同類であり、(2)盌はワンにあたる容器でこれは材料により埦《まり》・椀《まり》・鋺と、扁《へん》によって書き分けられた。鋺《かなまり》は銀器である。大きさによっても大の埦・小の埦があり、用途によって飯埦・羹《あつもの》埦・水碗などがあった。(3)提瓶・瓶子は酒や湯を入れる容器である。瓶子の形が後になると流行してこれが得利《とくり》・銚子とよばれるようになる。坩には酒を入れ、坏をつかって酒をのんだので、酒杯《さかづき》の名がおこった。(5)鉢・甕は前代と同様な用途にあてられている。

(ロ)食事は二本の唐箸《からはし》を使うことがはじまった。箸は竹箸のほかに、柳箸や銀箸がある。また貝や木、または青銅などで作った匙《さじ》が用いられ、それと細小刀が併用された。さらに加熱用具として土製の鍋・甑《こしき》・竈《かまど》が用いられている。

(ハ)この時代は工芸美術の進歩にともない、(ニ)美術工芸品としても高級な食器が作られ、陶磁・金属・瑠璃《るり》・漆《うるし》・角《つの》・石などの材料が用いられた。(1)陶磁器には唐の三彩をまねた彩釉《さいゆう》陶器があらわれ、緑釉単彩・緑白釉二彩・緑黄白釉三彩の磁皿・磁鉢・磁瓶がある。これらは緑色の地に白の点々をまじえ、または白地の地に緑色の釉《うわぐすり》の滴《したた》りが縞目《しまめ》をなして、または緑・黄・白の三色をまじえ、陶磁器のはだがなめらかで、その質のすぐれたものである。とくに緑色の色つやのよいものや、釉の色がしぶくて落ち着いたものもある。(2)金属器には金銅六曲盤・金銅十二曲盤・八葉形銀盤・佐波理盤・銀鉢・銀壺・金銀水瓶・佐波理水瓶などがある。このうち佐波理は錫《すず》と鉛《なまり》を加えた銅の

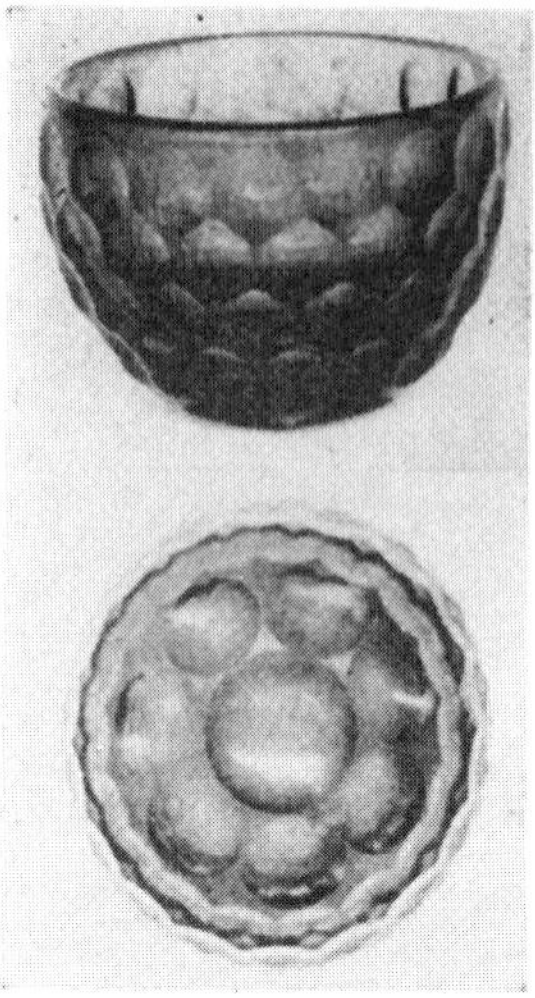

白瑠璃碗　正倉院

銀提子　正倉院

同上の一部

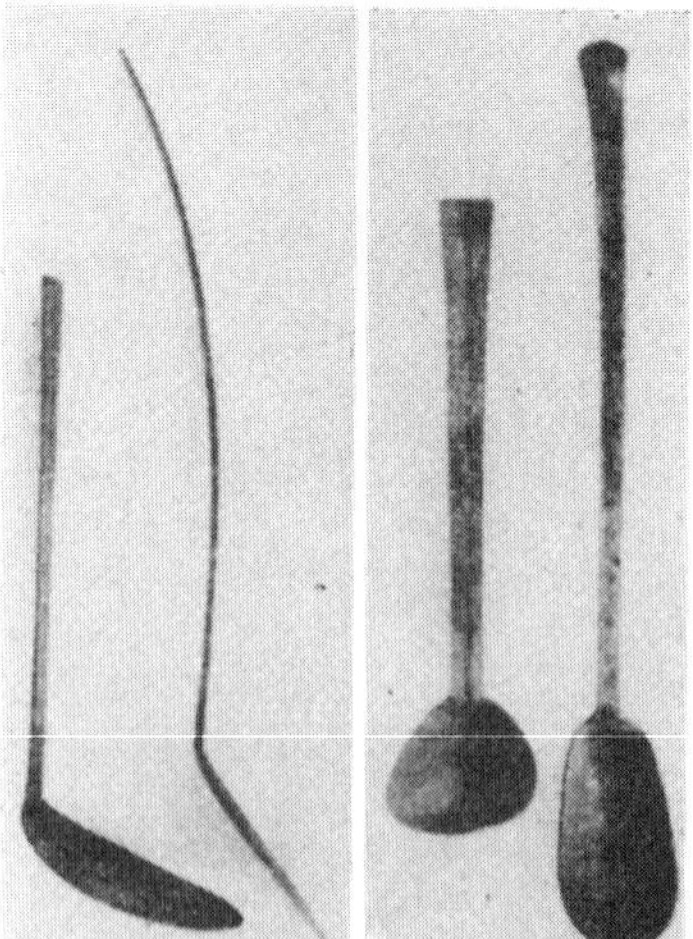

佐波理の匙　正倉院

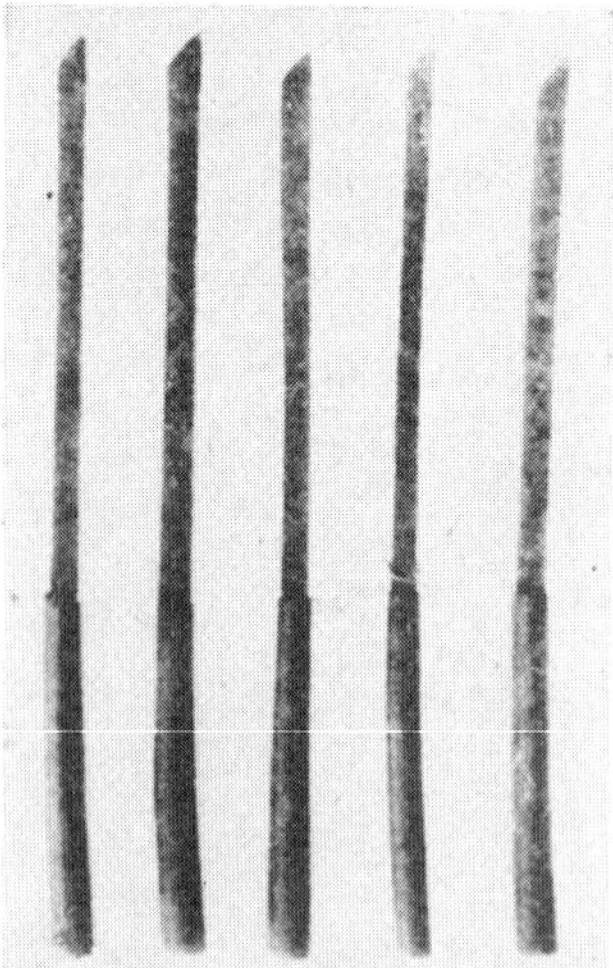

庖丁　正倉院

二彩の皿　正倉院

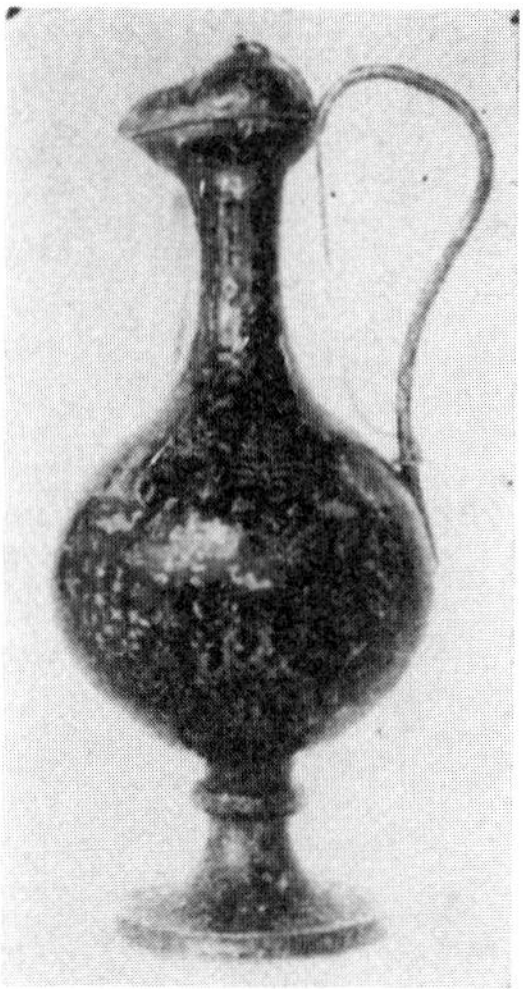

漆胡瓶　正倉院

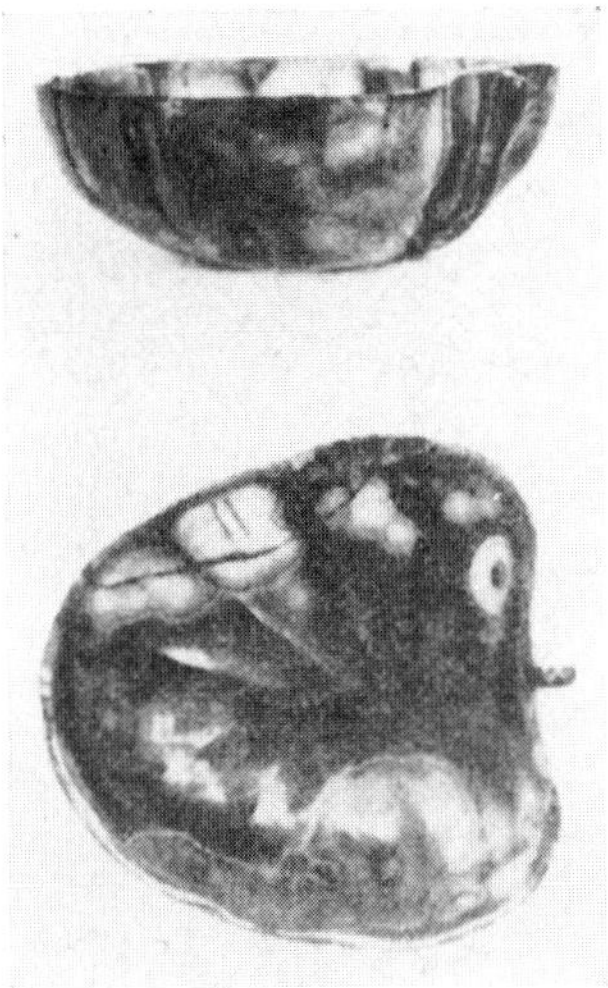

瑪瑙坏　正倉院

漆器　正倉院

合金である。八葉形銀盤というのは、銀色が黒味をおび、底面に四つの外巻脚《そとまきあし》がつき、盤の外側には蔓草《つるくさ》模様の毛彫《けぼり》がほどこされている。(3)瑠璃というのはガラス器のことで、紺瑠璃杯・白瑠璃杯・碗・瓶などがある。(4)木製の漆器には漆彩絵花形盤・彩絵蓮花盤・漆鉢・漆胡瓶《しっこへい》・漆胡樽などがある。漆彩絵花形盤は木製の台座の上に黒い漆と金箔のついた円盤をおさめ、木彫の蓮花をよそおい蓮の弁《べん》は八片を二重に配列し、それぞれの弁のもとは金属でつぎ合わせ、一弁ごとに構図をちがえ、表にも裏にも絵をいろどっている美麗なものである。また、漆胡樽は木製に布地をはって黒漆を塗り、船かあるいは牛の角のような形にしたもので、漆塗の鉄の鐶が二つつき、つるすことができる。(5)角や石でつくったものには、犀角杯《さいかくはい》・瑪瑙《めのう》杯・白玉長杯がある。(6)その他、特殊なものに密陀絵《みつだえ》盆《ぼん》がある。これはうすく平たい普通の丸盆で、表に白色の密陀《みつだ》僧《そう》を塗り、金泥《きんでい》をもって虎や孔雀・おしどり・人物などを描き、うらには黒漆の地に黄の密陀僧で模様をつけている。以上のような豪華な食器は貴族階級に使用され、斎会《さいえ》の仏供《ぶつぐ》につかわれたり、法会《ほうえ》の際に僧侶が会食するときに使ったものもあり、現存する正倉院宝庫にある御物によって知られるのである。

干物・漬物の増加

食物を保存する目的は、後日にそなえてたくわえておくためであり、それにより食生活は安定となり、適宜に適当な食物をとることができるのである。奈良朝時代は米・麦・豆を材料とする食品が目立ち、農業国としての基礎がかたまった一面を語るものがあるが、一方中国風の飲食物や調理の種類が増加し、保存食も多様になっている。この時代の保存食は乾燥食品と塩蔵食品すなわち干物《からもの》と漬物・醤《ひしお》の三つに大別される。

(イ)干物には(1)動物性のものに鳥獣肉を全身まるのまま乾燥した腊《きたい》、魚の肉を切って干した鱐《ほしうお》(乾魚)、魚肉を細くきって塩づけしてほした楚割《すわやり》がある。今日も酒の肴《さかな》に鯣《するめ》をむしって使うが、あれが楚割である。また海産物をほしたものには、のしあわび・ほしあわび・いりこなどがある。(2)植物性の干物には、野菜・果実・海草類などのものがある。

(ロ)漬物は塩漬・未醬《みそ》漬・糟漬が主なもので、材料には山野のものが多い。(1)春のものはおおむね塩だけで作った。蕨《わらび》・薊《あざみ》・芹《せり》・虎杖《いたどり》・蒜《ひる》・瓜などをつけた。(2)秋には塩漬と未醬漬が多い。塩だけでは瓜・茄子《なす》・やまあららぎ・桃・柿・梨などをつけている。(3)漬物の一種に葅《にらぎ》といって、蔬菜・果実などを塩や酢につけたものがある。漬物は多く利用されたようである。(ハ)醬《ひしお》はすでにのべた通り、保存食の一種である。

加工菓子の出現　(イ)菓子は木の実の柿・梅・橘・なつめなどを乾燥した自然菓子が本来のものであるが、この時代は唐からの食品加工技術の輸入によって、新たに澱粉性の加工菓子も作られるようになった。加工菓子は副食よりも主食とする方が多く、それは餅《もち》といってもよいものである。「正倉院文書」の税帳や銭用帖などによると、大豆餅《まめもち》・小豆餅《あかあずきもち》・煎餅《いりもち》・環餅《まがりもち》・膏糫《おこしごめ》・捻餅《むぎかた》・浮餾餅《おこしごめ》・索餅《むぎなわ》《さくべい》などがみえている。

(ロ)餅は古くはモチイといって糯飯《もちい》をさしたもので、後世は単にモチというようになった。「豊前国風土記」に、豊かになった百姓が昔の苦労を忘れて餅を的に弓矢を習ったところ、餅は白鳥となって飛び去り、その村は不作の年が続いたという話が記されている。奈良時代は農村ではなかなか食べる余裕もなかったのであろう。餅は貴族の主な菓子類であったようである。(1)大豆餅と小豆餅は豆をつき込んだ豆餅である。(2)煎餅は麦粉をねり固めて胡麻油で煎ったもので、センベイと音読した。(3)環餅は米や麦粉を蜜や飴にまぜて固めて油であげた。膏糫は蜜を米にまぶして煎って作った。捻餅はむぎかたといって、胡麻油で煎った。浮餾餅は飴をつかって作った。したがって環餅・膏糫・捻餅・浮餾餅はほぼ同一のもので、今日のオコシのようなものであったらしい。(4)索餅《むぎなわ》《さくべい》は本来小麦粉をねり、塩を入れて固めて、うどん状にしたもので、儀式や信仰行事などの特殊な場合にかぎって用いられている。

料理法の進歩　今日のような複雑な手数をかける料理は、奈良時代にはまだ発達していないが、料理にたいして苦心をして、よいものを作りだそうとしていた意欲は随所に見られる。(イ)料理という言葉は、ものごとを処理することや、きりもりという意味に使われた。「延喜式」には畑の土を平らかにすることを「料理平地」と記してある。このような意味が食膳にもつかわれ、「延喜式」には「御膳を料理する」「肴を料理」「雑菜《くさぐさのさい》を料理す」「菓子を料理す」と記してある。こうしたことがやがて食品にも用いられるようになったのである。そこに前代よりも料理法に一段の進歩があらわれている。下ごしらえをして、味を増すようなことは幼稚であったが、大陸の影響をうけ(ロ)調味料は大いに発達し、(1)香辛料の利用法も相当に進んでいる。「万葉集」の一六巻には「醤酢《ひしおす》に蒜《ひる》つきかてて鯛鯆《たいくら》ふ我になみせそ　水葱《なぎ》のあつもの」とみえているのは、当時の料理法の進歩をそのままあらわしている。このように、ひしおに蒜《ひる》をまぜて鯛につけてたべる味は、当時の人々にとっては相当に濃厚なごちそうであったと考えられる。そしてこれに用いた醤は大陸から教えられた新しい調味料であったのである。(2)塩も調味料として広く利用され、貝類のように生のままで食べる物にも、適当な味を加えるのに用いられた。(3)酢をつかって鹿の肉や臓器を膾《なます》にする料理法もあった。

(ハ)調理法も種々と工夫されている。(1)野菜類は羹《あつもの》にするほかに、塩漬け、汁ものにした。(2)動物性のものは、焼いたり、煮たり、蒸したりするほかに、宍醬《にくひしお》としたり、塩漬にもした。(3)胡麻油などの植物油をつかっての油いり法が多くとり入れられている。

奈良文化と食物　(イ)奈良文化の特色は㈠貴族的、㈡大陸的、㈢仏教的であって、その基本的性格は清新明朗にして老成の風がなかったことであろう。(ロ)このようなことは食物文化のうえにもそのまま反映している。(1)飲食物や料理法の中には中国風が多くとり入れられ、加工食品・嗜好食品・乾燥食品が油料理とともに目立ち、食品の種類が多種多様となった。しかも(2)今日正倉院に伝わる食器の中には、ローマ・ペルシアなどの西方系異国要素が濃く示され、食物文化にも世界史性があらわれている。(3)このような唐風食の受容を階級的にみるならば、その恩恵をうけているのは主として貴族階級であった。しかしながら全く庶民にはその影響がなかったというのではない。「今昔物語集」には貴族の加工菓子であった索餅《むぎなわ》が平城京で売られ、それが蛇にばけた話がある。これは小麦粉でつくった食品が市場で売られ、これまで米粉しか用いなかった日本人が小麦粉を多く用いるようになったことを語るものであり、庶民に大陸風の小麦粉の利用が浸透《しんとう》していたことを語っている。(4)油料理法がとり入れられたり、乳製品が宮廷で多く利用されたことは特筆に価する。このような積極的な面に対して、仏教興隆にともなって殺生禁令が出され、肉食禁止が強調され、日本人の肉食禁忌の食風がこの時代から基礎づけられたことは消極的な一面であろう。

第七章　型にはまった食生活（唐風食模倣時代）　平安時代

時代の概観　延暦十三年（七九四）、都が平安京に移され、ここに約四〇〇年間つづいた平安時代をむかえるのである。この時代は律令制の崩壊期・摂関全盛期・院政期の三つにわけられる。

(イ)平安時代の初期は朝権はまだ全く藤原氏にうつらず、律令政治の振興のための努力がはらわれ、仏教は完全に政治の面からひきはなされて山岳仏教となり、そこから密教芸術が生れ、律令についての改廃変更や格式の編纂が行われた。かくして大局的には律令制は平安時代の初期から延喜年間までの約二〇〇年間に崩壊するのである。

(ロ)九世紀の末に遣唐使は廃止され、中国との国交がたえたので大陸文化の模倣はなくなった。時あたかも一〇世紀のはじめになると、藤原氏の勢力はますます増大し、一〇世紀後半から一一世紀前半にかけて摂政・関白をはじめ重要な官職の多くは藤原氏一門が独占し、いわゆる摂関政治の時代となり、ここに藤原氏を中心とする日本風の華麗優美な文化が繁栄し、古代文化が成熟するのである。

(ハ)摂関政治ははなやかであったが、地方政治の動揺ははげしくなり、諸国の荘園はますます増加し、政治はみだれ、一一世紀後半には院政がはじまる。地方には荘園保護のために武士が発生する。平安末期の一二世紀には武士の勢力は政治の表面にあらわれ、貴族中心の社会は解体し、やがて中世の武家の時代をむかえるのである。

以上のように平安時代の貴族の生活は、地方の庶民の多大な犠牲の上にきずかれたものであったので、貴族階級と庶民階級との生活の落差は奈良朝時代よりも顕著となり、かかる時代の様相がそのまま平安時代の食生活にあらわれている。貴族の生活は先規先例を尊重し、故実と称して旧慣を反復する形にはまった形態となった。彼等の食膳は調味や栄養よりも、盛り合わせの美をより尊重する、いわゆる見る料理を育成させることとなった。この形式的食生活は、日本食の性格を後世にまで規制する源泉ともなったのである。

年中行事と飲食物　平安時代に入っても大陸文化をとり入れる風潮は強く、その影響もあって年中行事の方式が大体定まるに至った。(イ)とくに藤原氏が政権を専らにする中期になると、朝政は本来の性質をうしなって先例旧慣を守るだけの年中行事や様式が形式化してしまった。これを公事《くじ》として尊重し、やがてこの年中行事は民間の年中行事にも後世まで保存されるに至った。このような年中行事・儀式および各種行事の饗応食などは「大宝令」の施行細則ともいうべき格式などに規定されている。とくに延喜七年（九〇七）に藤原時平が勅を奉じて撰した「延喜式」は官中の年中行事、百官の儀、臨時の作法などを詳記している。

(ロ)正月における宮中の行事をみると、⑴元旦には四方拝がある。これは今の午前四時ごろにあたる寅《とら》の刻に、天皇は清涼殿《せいりょうでん》の東庭において天地四方を拝し、つぎに山陵を拝し、年の始めにあたって年中の災厄《さいやく》をはらい、宝祚《ほうそ》の無窮をいのる儀式である。この儀式は朝臣や庶民の間にも行われたもので、そのことは諸家の日記にもみえ、平安初期から行われていたのである。

⑵この式がおわって朝賀の儀がある。朝賀の式は天皇が大極殿に出御になって、百官から新年の祝賀を受けるもので、その作法は荘厳をきわめ、即位式とその規模を同じくするほどの大礼である。「西宮記《さいぐうき》」には三日の間、晴天の日に行い、元日が雨または雪ならば三日の間に行われたもので、三日をすぎれば行われない例であった。大極殿が焼失した後は小朝拝が盛んに行われ、一条天皇の正暦以後は全くなくなっている。

紫宸殿の南庭における幄　(年中行事絵巻)

朝賀が終ると(3)元旦節会《せちえ》が行われる。これは元日に天皇が群臣と宴をともにせられるもので、元正天皇のころから恒例として始まり、豊楽院《ぶらくいん》で行われた。平安時代になり淳和天皇の天長元年(八二四)正月から紫宸殿《ししんでん》で行われるようになった。節会の行われるに先だって、外任《げにん》の奏《そう》と諸司の奏とが行われる。外任の奏とはこの節会に参列する資格のあるものの姓名を注記して奏上することである。諸司の奏とは次の三つの奏をいう。(4)その一つは中務省《なかつかさ》の役人が当年の七曜(日月火水木金土)を注記した日記の暦(具注暦)を奏上する御暦奏《ごりゃくのそう》と、一丈ばかり土を掘ってその中に氷を収蔵し、草をもって覆うてある氷室《ひむろ》の数や蔵氷が昨年にくらべて厚いうすいの差を奏する氷様《ひのためし》の奏と、これについで腹赤《はらか》の奏とが行われる。腹赤は鱒《ます》にた魚であろうか、天平時代に大宰府から献上したことが慣例となっている。これらの奏はいずれも初春の慶賀の意をあらわそうとして山中の珍らしい食品や辺境の珍物を献上したことからおこったものであろう。ついで三献の儀がある。三献の儀は、羹《あつもの》や飯の外に後述のような黏臍《てんせい》・饆饠《ひら》・餲餬《かっこ》・桂心《けいしん》・餛飩《こんとん》・索餅《さくべい》などを供する。ついで音楽が奏され、宣命使《せんみょうし》の宣命朗読・群臣拝舞して式が終る。明治五年から新年宴会と称し、一月五日に行われるようになった。

(5)正月元旦から三日にわたり御薬を供する儀と称して、天皇に薬をさしあげる儀式が清涼殿の昼の御座《ぎょざ》で行われる。この行事は公家から庶民の間に行われ、現在でも年頭の吉例となっている。この儀式は最初に天皇に歯固《はがため》を供するの

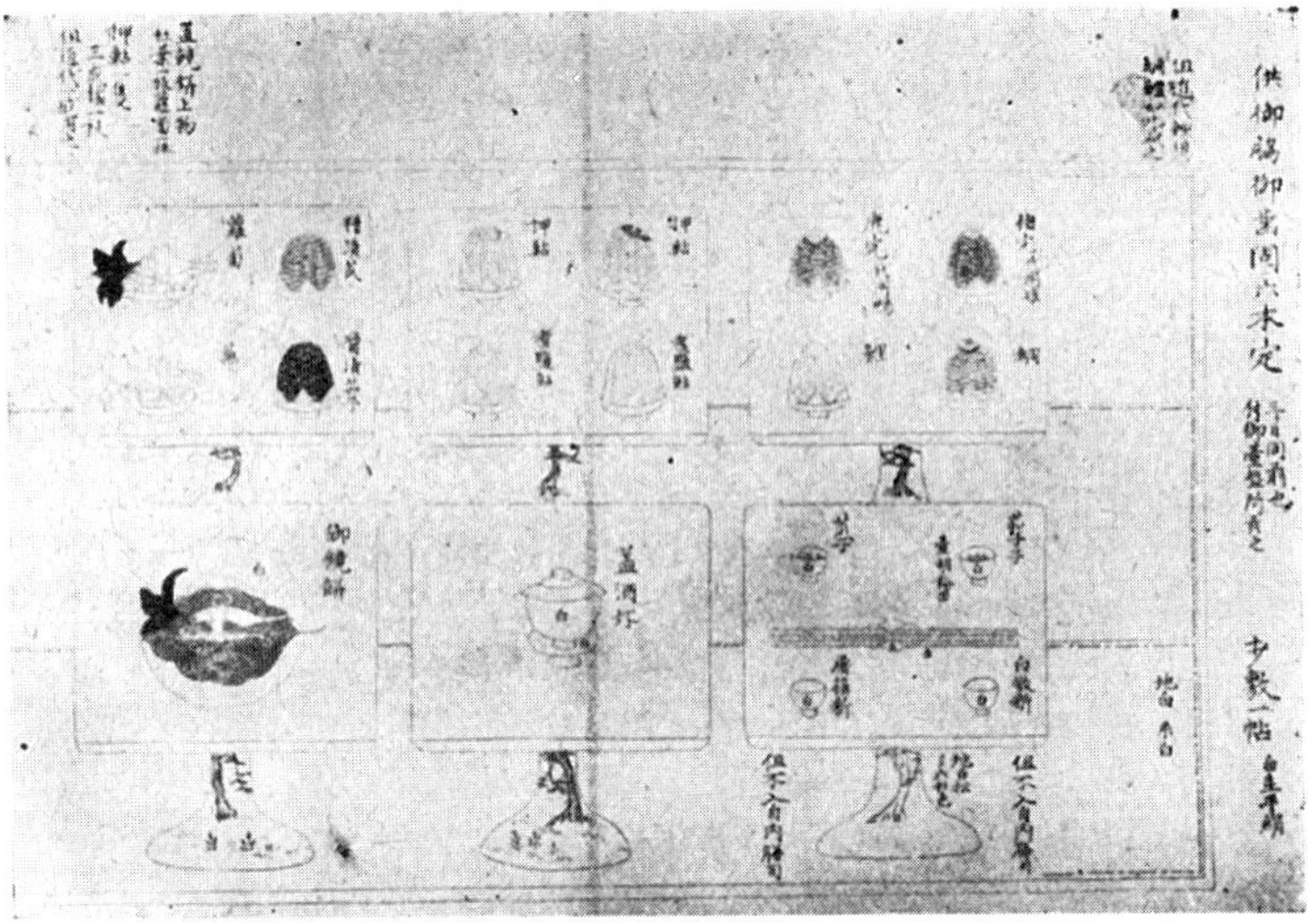

御　歯　固（類聚雑要抄）　東京国立博物館

である。歯固というのは大江匡房《まさふさ》の「江家次第《ごうけしだい》」によると、「歯は人の年齢をいうなり、歯固は年をのばし齢をかためる義なり」とあって、年のはじめに長寿を祝うために諸種のものをたべることを指したものである。当時は大根一杯《いっぱい》、苽《まこも》（瓜の誤りであろうとする説もある）の串刺《くしさし》一杯、押鮎《おしあゆ》一杯、煮塩鮎（鮎の塩煮）一杯、猪宍《いのしし》一杯、鹿宍《しかしし》一杯の七杯を盤台にのせて供した。ところが平安時代の末期になると、獣肉の代りに鳥肉を用いた。「土佐日記」などによると、歯固は大根のことをさしていたようである。後世には鏡餅をも加えるようになった。つぎに屠蘇《とそ》を供する。屠蘇を前年の一二月晦日に典薬寮で四角（後には三角にぬう）の緋袋《ひぶくろ》に入れて豊楽院の西典薬寮の東南にある井の水に、桃あるいは柳の杖につけて水の中につけておき、元日にとりだし、温酒に和して飲むと効能があるとしたものである。屠蘇は肉桂《にくけい》・山椒《さんしょう》・白《はく》朮《じゅつ》（根の白いおけら）・桔梗《ききょう》・防風などを調合したものである。元旦にのめば一年中の邪気をはらうという中国の俗信にもとづくものである。この薬は小児からのみ始めるのを法としたもので、中国の風習を模倣したものである。宮中においても、少女の未婚者をもとめてあらかじめ薬子《くすこ》とさだめておき、典薬頭・侍臣・宮内省の役人が、清涼殿の南方の小庭において嘗《な》めた後に、まず薬子にこの屠蘇をのませてから、やがて天皇に供した。二献に白散《びゃくさん》、三献には度嶂散《どしょうさん》を供した。白散というのは白朮《はくじゅつ》・桔梗《ききょう》・細辛・附子・鳥頭《ちょうとう》の五味を調合し、度嶂酸は麻黄・蜀椒《さるはじかみ》・鳥頭・細辛・防風・桔梗《ききょう》・乾薑《ほしはじかみ》・桂心《けいしん》・白朮の九味を調合したものである。これらをのめば、病気がなおり、毒気をはらうものと考えられたものである。天皇がのまれた余りの酒は後取《しりとり》に授けられた。後取はあらかじめ殿上の人の中から上戸三人をえらび、一日は四位、二日は五位、三日は六位蔵人《くろうど》とさだめて、前年の一二月の晦日に、殿上の間の北の壁の角の柱に、その姓名を掲示したものである。その後取には肴を賜わったが、肴は多くは大根であった。正月の食品中で大根は大切な食品であったのである。

(6)正月七日には白馬節会《あおうまのせちえ》が行われる。はじめは豊楽院で、文徳天皇の斉衡二年（八五五）からは紫宸殿の前庭にあたる南庭をひいて行く白馬を天皇がご覧になり、後に群臣と宴を催す儀式である。青馬というのは葦毛の馬である。中国には青の色も七の数もみな春の陽気に関係があるという考え方があった。この思想がわが国に伝わり、はじめは青味のある馬をみたが、一〇世紀はじめの延長のころ以降になると、白馬を用いるようになったと考えられる。いずれにしても年中の邪気をはらうために行われたのである。馬の数は総計二一匹で、儀式がおとろえるにしたがって馬の数も減少し、江戸時代はわずかに二匹となった。白馬が通過したあと三献の儀があった。

(7)立春の日には、主水司《もんどのつかさ》から若水を献上する儀式がある。「公事根源」には「あらたまの春立つ日、これを奉れば、若水とは申すにや、年中諸邪気を除くといふ」とあって、若水は新しい年の新しい水の意味であり、立春の日に主水司が井戸からくんだ水を清涼殿で天皇に献ずるのである。前年に生気の方角にあたる宮中または京中の一つの井戸を封じて、蓋をして人に汲ませないようにしておき、その井戸は一度つかったならば、後に廃して用いないことになっていた。後には立春の日にかぎらず、元旦にもこれを行った。今日医学の上では生水をのむことが健康によいといわれているが、儀式の中にこれがとり入れられているのは興味のあることである。

(8)正月上の子《ね》の日に内蔵寮と内膳司《ないぜんし》から若菜を供じ、羹をつくって天皇にさしあげる儀式がある。子の日の宴は正月の初の子の日を祝って宴を開くことで、奈良時代聖武天皇のころ行われ、平安時代になって嵯峨天皇の弘仁四年(八一三)になって正月子の日の宴が行われた。これも中国の風を模倣したもので、小松を引き、若菜を摘み、これを羹にして宴をはって食べ、和歌をうたい楽しみ遊ぶことになったものである。若菜というのは芹《せり》や薺《なずな》などをはじめとして春草の若芽で食用になるものをいったものである。この初子《はつね》の日に、若菜の羹を食べて、長寿を祝うことを、七《なな》種《くさ》の草を正月七日に食べることに変更するのはおそらく鎌倉時代の初期であろう。七種というのは必ずしも一定した草ではなかった。冬から春へかけてもえ出る草の中から最も食べやすいものを七つの数に合わせて食べたものである。たとえば「薺《なずな》・蘩蔞《はこべ》・芹《せり》・菘《すずな》・御形《ごぎょう》・蘿蔔《すずしろ》・仏座《ほとけのざ》」(「河海抄」)、「芹・薺《なずな》・御形・田平子《たびらご》・仏座・あしな・耳《みみ》なし」(「塵添壒嚢抄」)などであった。

(9)正月十五日には主水司から七種粥を献上する儀式がある。その材料は米・粟・黍《きび》・稗《ひえ》・篁《みの》・胡麻、小豆の七種であって、嵯峨天皇のころにはすでに行事として定まっている。この日に粥を煮た木を削って杖としてこの杖をもって子のない婦人の腰をうてば、必ず懐妊して男の子を産むという信仰が行われ、この杖を粥杖または粥の木といった。「枕草子」に「十五日はもちがゆの節供《せっく》参る。粥の木引き隠して、家のごだち、女房などのうかがふを、打たれじと用意して、常に後ろを心遣ひしたるけしきも、をかしきに、いかにしてけるにかあらん、打ちあてたるは、いみじう興ありと、打笑ひたるも、いとはえばえし、ねたしと思ひたることはりなり」とある。平安中期から鎌倉時代にかけて一般に行われた風習と思われる。江戸時代には、十五日に食べる粥、すなわち望《もち》の粥というのをなまり餅の粥と変じて、小豆の粥に餅を入れて食することが行われることとなった。粥杖はやくから中央では廃《すた》れるが、北国では松や杉の小枝をもって新婦のある家に行って腰を打つまねをしたり、子をはらむ祈りをしたり、西国には若い男が道行く女の腰を棒で打って喜ぶことが行事として今日ものこっている。

⑽一月十四日には清涼殿の東庭で、男の踏歌があり、十六日の女の踏歌は古くは豊楽殿で後には紫宸殿の南庭で行われ、ともに年の始めの祝詞を唱え、舞を舞う儀式である。女踏歌にはまず三献の儀がある。わが国の古来の舞踊の歌垣の舞踊から転じ、中国の習俗を加味して成立したものである。「釈日本紀」によると、歌曲の終りごとに必ず「万年あられ」と折返して歌って早足に退出することがみえているので、その名ができ、今日では万歳楽というのはその古語の遺存したものであろう。その章句は「朝野群載」の巻廿一に採録され、その句の末ごとに万春楽、千春楽とあって、いずれも祝意をのべることばになっている。この儀式も中国風を模倣したもので、持統天皇のころから始まったもので、女踏歌は後柏原天皇のころに一時中絶し、後に再興されたが、わずかにその面影をとどめている。

このように正月の年中行事をみると、種々の食品がつかわれているが、とくに注意すべきことは、年中行事につかわれている飲食物には蛋白質や脂肪にとむ動物質のもののほかに、生水を飲んだり、野菜を食べることが行事としてあることである。医学の進歩した今日、生水をのむことや野菜が健康保持上とくに効能のあることをこと新しく知らされているが、年中行事の飲食物も長い人間生活の貴重な体験が積み重って自ら重要視されてできあがったものであり、これを飲食することが一つの儀式として成立したのであろう。大根はジアスターゼを多くふくみ消化のよい食品である。これが年中行事の食品の中で特に重要視されたのも理由のあることとである。

(ロ)二月以降の行事の中では、(1)五穀の豊年を祈る祈年祭《としごいのまつり》がある。この儀式は神祇官で行われ、祈年祭に預る神は神祇官および国司の奉幣するものを合わせると総計三一三二座の多きに及んだ。この日天皇は紫宸殿に出御になって遙かに伊勢大神宮を拝せられるのである。桓武天皇のころにその方式が定まったと考えられる。

(2)二月と八月との、上の丁《ひのと》の日に、経学・書・算・字音等を教授する大学寮(ふんやのつかさ)において、孔子およびその弟子の顔淵・子游・子貢などをはじめ九哲の画像をかかげて食肉を供えて祭る釈奠《しゃくてん》(せきてん)というのがある。この祭は「続日本紀」の大宝元年の条に初見するが、完備するのはそれ以後で光仁天皇のころの吉備真備の努力によるものである。すなわちこの祭の画像には、吉備真備が中国の弘文院の図柄を持ち帰ってこれを大宰府の学業院におき、別に百済《くだら》の画師に摸写させて大学寮に安置した。のちに平安時代に代って巨勢金岡《こせのかなおか》が陽成天皇の時代の元慶四年(八八〇)にあらためて描いた。このことは藤原頼長の日記である「台記」にもみえている。祭の当日は博士・学生が参集し、王卿も加わって再拝し、ついで宴座・穏座がある。宴座は興宴をもうける座のことで「孝経」「論語」等を年々順次につかって、論議問答を行うものである。穏座はくつろぐ座ということで、講師が詩を講じたりする。その詩は文章博士《もんじょう》が出した。釈奠の翌日には大学寮から釈奠に用いた肉、すなわち胙《ひもろぎ》で、聰明と称するものを天皇に献上した。胙とは一般には神前に供えた肉で祭のあとで分配するものをいうのである。聰明というのは大鹿・小鹿・猪・兎などの動物の肉を胙として釈奠に用いたものである。ところが平安末期になると獣肉のかわりに餅や乾燥した棗《なつめ》などを代用している。

(ハ)三月三日には、曲水宴が催される。宮中では水辺において宴をひらき、水上に盃をうかべ、自分の前をすぎ去らないうちに詩をつくって、その盃をとって飲むのである。これは公卿の間でも行われた。三月三日に雛人形をかざることは平安末期ごろからであり、世間一般にはまだひろく行われなかった。この日に草餅をたべることは行われた。

(ニ)四月に入って八日は灌仏会《かんぶつえ》である。仏生会《ぶっしょうえ》、または竜華会《りゅうげえ》ともいう。平安時代の初期から恒例の公事となった。これは釈迦誕生のときに、水を吐く九竜が天外からきて、雨を降らしたという故事にのっとって、五色の水を仏像にそそいで、功徳を祈りもとめる儀式である。宮中では清涼殿の母屋《おもや》に金色の釈迦仏像一軀を金銅の盤の中にたてて行うのである。この行事は公卿や民間の小寺院などでも今日でも諸種の花を集めて花御堂をつくり、小釈迦像を安置して、甘茶をそそいでこの日を祝うことが行われている。

(ホ)五月になると、五月の節句がある。端午、または重五ともいう。この日に先だつ二日・三日の日に菖蒲《しょうぶ》・蓬《よもぎ》を輿《こし》にもって紫宸殿の南階の東と西にたて、四日には清涼殿の朝餉《あさげ》の前の庭にたてる。その夜にこの菖蒲をもって宮中の諸殿舎を葺《ふ》いた。菖蒲はその根が万病をなおすといわれ、邪気をさける効能があることから、家屋に葺き、酒を入れて飲み、入浴する湯の中に入れた。この儀式は武徳殿で行われた。民間でもこの日には菖蒲を屋根にふいたり、菖蒲で櫛の形をつくり髪にさしたり、枕の下に菖蒲をしいたり、酒の中に入れたり、風呂の中に入れて、香気を珍重することが行われた。粽《ちまき》を食うことも平安初期にはすでに行われている。後世になると、茅巻・篠巻・芦巻などがあり、ついには柏の葉に餡《あん》の入った餅の類を包んだのを柏餅といって、この日に食べるようになった。

(ヘ)六月になると、十一日の神今食《じんこんじき》(じんこじき)の神事がある。この神事は、月ごとに奉る祭幣を六月、十二月の二季に諸社に奉幣し、国家の平穏繁栄を祈るものである。これを月次《つきな》祭《み》という。この神事は、十一日の夜に紫宸殿で行われた。翌十二日には神事の斎《とき》をとく意味で、天皇に粥をさしあげることが行われている。

高　坏

愛知県西加茂郡三好村出土

(ト)七月になると⑴七日の七夕がある。これも他の行事と同様に中国の風習を伝えたもので、平安初期には恒例となった。七日の夜に牽牛《けんぎゅう》と織女の二星が一年に一度逢う瀬をたのしむという故事にちなんでこの二星を祭ることからおこったものである。この夜の空を「星合の空」などと歌によんだりした。宮中の儀式は清涼殿の東庭で行われた。机四脚を南に二脚、北に二脚をならべ、南側の二つの机には梨・棗《なつめ》・桃・大角豆《ささげ》・大豆・真桑瓜《まくわうり》・茄子・薄《すすき》・鮑《あわび》(鰒)または干鯛を加え、その北の端には酒杯一口をおく。北側の机には香炉一口、華盤一口をおき、蓮十房を盛り、また楸《ひさぎ》(きささげ)の葉一枚をおく。北の東西の机に筆の琴、すなわち十三絃の琴に琴柱をたてたままにしたものをおく。四つの机と中央とに九つの灯台をたて香炉を一夜中たき、暁まで行われた。この行事は民間でも広く行われ、七日の夜には庭に机をならべ、香花をそなえ、字をかいておき、棹《さお》のさきに五色の糸をかけて祈ることが行われた。竹竿に五色の短冊をつけ、それに願事をかいてその成功を祈ったのは江戸時代からである。

七月十五日には⑵盂蘭盆《うらぼん》がある。これは梵語の Ullambana の音訳であって、地獄の餓鬼道におちて、さかさまにつるされる苦しさを救うという意であって、略して盆と称した。聖武天皇のころから行われ、平安時代になって盛んとなった。陰陽道《おんみょうどう》では正月十五日を上元、七月十五日を中元、十月十五日を下元とし、この三日間に神霊が人間に下り罪や福をはかるとしている。その中元に祖先の霊を祭るのは、仏教の盂蘭盆の行事の影響である。この儀式は盂蘭盆教に、釈迦十大弟子の一人が、その母が死んだのち餓鬼道におちて、長い間苦悩することを知っているので、これを救う方法を仏にたずねると、禁足修行の九〇日の終る日、すなわち七月十五日に、世の父母のために、飲食百味五菓をそなえ、一〇万の衆僧に供養するようにと教えられた。そこでその教えのようにしたら、母は餓鬼道の苦しみからのがれることができたという故事にもとづいて、その儀式がおこったのである。宮中では十四日に清涼殿で供物をならべて天皇の御拝があり、十五日にはこれらの供物を諸寺におくり、諸寺ではそれぞれ法会をいとなんだ。盆に灯籠をかけて火をともすことは鎌倉時代から始まる。十三日の夜から「迎え火」をたき、十四・十五日の両日には霊棚をつくり、その上に枝豆・芋・瓜・茄子・蓮根などをそなえて僧を招いて供養のために読経するのは江戸時代からである。盆踊は室町時代の一六世紀はじめ、後柏原天皇のころから始められたといわれる。

(チ)八月の十五夜は月を賞し、宴を設け、詩歌をよんだ。平安中期のころから盛んとなり民間にも及び、月を祭る一種の祭となった。後には芋《いも》・団子《だんご》などを供えることをした。

(リ)九月九日は重陽の節句で、菊花の宴・九日節会ともいわれ、宮中では古くは神泉苑、後には紫宸殿において群臣に宴を賜わり、また文人を召して詩をつくらせた。この宴が終ったときには、酒の中に菊花をうかべた菊酒を群臣に賜わった。この日には端午の節句に御帳の左右にかけた薬玉をはずして、新たに茱萸《しゅゆ》(かわはじかみ(グミ))を入れた嚢《ふくろ》をかけかえ、御前に菊花瓶をたてさせ、来年の端午の節句までおくのである。これは邪気を払うためであった。また、真綿を丸くうすく平にして、黄色や赤色にその菊の花の色どおりにそめて、花の上にかぶせておいた。これは「菊のせ綿」といい、菊の花の香が、この綿にしみこむので、この綿で顔や体を拭くことによって老をはらい仙境に咲くという菊にあやかって、長寿の効能があるといわれた。

(ヌ)十月には亥の日に餅をたべて無事を祈った。これを厳重《げんちょう》・玄緒《げんちょ》・御まいり切などといった。その餅は「掌中暦」によると大豆・小豆・大角豆・胡麻・栗・柿・糖で作ったとみえている。これらのもので色の違った粉を作ったものであろう。

(ル)十一月には丑《うし》の日から辰《たつ》の日まで四日にわたって行われる(1)「五節」という儀式は、奈良時代から行われ、卯の日には童女の御覧があって、その夜に新嘗祭が行われる。辰の日には豊明節会《とよのあかりのせちえ》があって、五節の舞が舞われる。この寅と卯の両日には殿上の淵酔といって、清涼殿の殿上において殿上人等が、五献または三献の儀があった後、たがいに酒をのみかわし、朗詠・今様《いまよう》をうたって乱舞することがあった。中には渡殿・朝餉《あさがれい》・御湯殿から北陣をまわって舞姫の宿所である常寧殿《じょうねいでん》の五節所に行き、舞姫にたわむれるものもあった。十一月には(2)加茂の臨時祭が下の酉《とり》の日に行われ、(3)春日祭が上の申《さる》の日に行われた。また中の卯《う》の日には(4)新嘗祭《にいなめ》がある。新嘗祭はこの年の新稲をもって神を祭り、その翌日には豊明節会が行われ、これを新嘗会ともいう。新嘗会には群臣に餛飩《こんとん》・索餅《むぎなわ》・御飯・御菜・白酒・黒酒を賜うのである。また五節の舞を奏する。この儀式の前日にあたる寅の日には、酒を賜い殿上で淵酔が行われる。

(オ)十二月になると種々の行事がある。(1)月次祭《つきなみ》は六月と十二月と年に二回ある。(2)十九日に御仏名《おんぶつみょう》、(3)三十日には大祓《おはらい》、(4)晦日《みそか》の夜には追儺《ついな》が行われた。年中行事の中で比較的飲食物が重んぜられたものには以上あげたようなものであり、これらの行事は後に武家や民間に伝えられ、今日なお行われているものも少くない。

食糧の生産法　農業においては水田耕作の方法は前代より進歩し、苗代をつくり田植をすることは一そう前代よりも明白になる。

(イ)平安時代の稲作にはまず(1)田を「牛どもに犁《ひ》かせつつ、男ども持ちて鋤《す》き、水を入れて苗代を作り、苗を植えた」(「宇津保物語」「今昔物語集」)。(2)「今昔物語集」には、ある農民が自分の居住している浦ではなく、他の浦に田を作るのに、「己ガ浦ニ種ヲ蒔テ苗代ト云フ事ヲシテ可殖程ニ成ヌレバ其苗ヲ船ニ入テ殖人《うえるひと》ナド雇具シテ食物ヨリ始テ馬歯《うまぐわ》・辛鋤《からすき》・鎌・鍬・斧・鐇《たつき》ナドト言フ物ニ至ルマデ家ノ具ヲ船ニ取入テ渡ケルニヤ」とみえている。田植には殖人をやとって大勢でやっているのである。(3)田植は若い女性の仕事で、これを殖女《うえめ》といって雇入などし(「今昔物語集」)、多勢で行った。また「あやしき様したる女ども、黒き掻練《かいねり》着せて、白粉というもの塗りつけて鬘《かつら》せさせ、笠ささせて足駄はかせたり」といい(「栄華物語」)、「或は女どもの新しき折敷《おしき》の様なる物を笠に着て」(「枕草子」)というように、彼女らにとっては晴の日であった。その作業は歌を唄ひ「起き伏す様に」して「後ろ様に行く」(「枕草子」)のであった。

田植がすむと(4)水の見廻りをし、除草をなし、引板《いた》(鳴子)などをひいて鳥獣を追った。(5)稲を刈って稲機《いなはた》にかけ、倉《くら》におさめ、落穂をひろい、必要に応じてこいて籾《もみ》にし脱穀し、さらに精《しら》げて白米とした。庶民の多くは玄米食である。(6)農具には右の「今昔物語集」にみえるように、馬歯・辛鋤・鎌・鍬・斧・鐇《たつき》などを用いた。(7)灌漑用具には手または足でふんで水をあげる竜骨車・水車・戽斗《なげつるべ》などがつかわれている。

(ロ)畑作農業をみると、春は重要視され、弘仁十一年(八二〇)には春は乏しきを救うので耕作すべきであるという太政官符が発せられるなど、引きつづき奨励された。「延喜式」には次の項でのべるように、農作物の種類や生産量は多く取得されている。

(ハ)狩猟には鷹狩が行われ、鳥網も使われている。

(ニ)漁業に地曳網のあったことも「今昔物語集」などによって知られる。漁梁《やな》・筌《うべ》・簎《やす》なども使われている。

食品材料の種類　「延喜式」には天皇の召しあがりものを調理する役所である宮内省の内膳司のところに、作物の栽培についての細則がみえている。(イ)これによると、大麦・小麦・大豆《まめ》・小豆《あずき》・大角豆《ささげ》・蔓菁《あおな》(かぶらな)・蒜《ひる》・韮《にら》・葱《き》(ねぎ)・薑《はじかみ》・蕗《ふき》・薊《あざみ》・早瓜《さわうり》・晩瓜《おくてうり》・茄子《なす》・蘿菔《おおね》(大根)・萵苣《ちさ》・葵《あおい》・胡荽《こにし》・油菜《おち》・蘘荷《めが》(みょうが)・芋《いも》・水葱《なぎ》・芹《せり》などがある。これらは当時の多くの食品の中でもとくに重要なものであったのであろう。また(ロ)醍醐天皇の時代に、源《みなもと》順《のしたがう》が編纂し、承平五年(九三五)に完成した「倭名類聚抄《わみょうるいじゅうしょう》」(和名抄)には二〇〇余種の当時の食品がとりあげられ、次のようなものがある。(1)穀類や豆類には、

秔米《うるしのよね》・糯《もちのよね》・大麦・小麦・葟子《みの》・穬麦《からすむぎ》・蕎麦《そばむぎ》・粟・黏粟《あわのもち》・黍《きび》・丹黍《あかききび》・秬黍《くろきび》・稷米《きびのもち》・大豆・烏豆《くろまめ》・大角豆《ささげ》・小豆《あかあずき》・野豆《のらまめ》(えんどう)・胡麻《ごま》・藊豆《あぢまめ》(藤の豆)

うるしのよねは普通の飯になる米である。そば麦は蕎麦《そば》である。もちのよね・あわのもち・きびのもちはねばりがあって餅などにする。

(2)蔬菜類には、

蔓菁《あおな》(蕪菁)・辛芥《たかな》・葍《おおね》(大根)・蘘荷《めが》(みょうが)・薑《はじかみ》・蒟蒻《こんにゃく》・萵苣《ちさ》・薊《あざみ》・蕗《ふき》・苜蓿《かほひ》・蜀椒《なるはじかみ》・薇蕨《わらび》・菌《たけ》・藜《あかざ》・菫菜《すみれ》・大蒜・小蒜・沢蒜《ねびる》・韮《こみら》・冬葱《ふゆき》・茄子《なす》・青瓜・斑瓜《まだらうり》・白瓜《しろうり》・熟瓜《ほそち》(真桑瓜《まくわうり》)・寒瓜《かづうり》・胡瓜《きうり》・薁《むべ》・蔔子《あけび》・菱子《ひし》・蓮子《はちすのみ》(はす)・覆盆子《いちご》・薯蕷《やまのいも》・零余子《むかご》・烏芋《くわい》・薢《ところ》・人参

これらの中には畑作のもの、野生のもの、水沢に生ずるもの、また蔓《つる》や根を利用するものがあった。

(3)果実には、

石榴《ざくろ》・梨子《なし》・檎子《やまなし》・獼猴桃《しらくち》・柑子《こうじ》・栗《くり》・椎子《しい》・榧子《かえ》（かや）・胡頽子《ぐみ》・杏子《からもも》（あんず）・棕子《からなし》・林檎子《りうごう》（りんご）・楊《やま》梅《もも》・桃子《もも》・冬桃《ふゆもも》・李子《すもも》・麦李《さもも》・李桃《つばきもも》・棗《なつめ》・橘・梅・柿・鹿心柿《やまかき》・枇杷《びわ》・杼《とち》

などがみられる。

(4)海藻類には、

昆布《ひろめ》・和布《にぎめ》・滑海藻《あらめ》・海松《みる》・陟厘《あおのり》・神位菜《あまのり》・紫苔《むらさきのり》・海蘿《ふのり》・於期菜《おごのり》・大凝菜《こころふと》・莫鳴菜《なのりそ》・鹿角菜《つのまた》・鹿尾菜《ひじきも》（ひじき）・水雲《もずく》

などがある。

(5)禽獣類には、

雉《きじ》・鳩《はと》・鶉《うずら》・鴨《かも》・雁《かり》・鷗《かもめ》・猪《いのしし》・鹿・兎《うさぎ》・豚

などを煮たり、焼いたりして食品とし、晴の食膳にはかくことのできないものもあった。

(6)魚貝類には、

鰹魚《かつお》・鮫《さめ》・鯛《たい》・鮪《まぐろ》・鰩《とびうお》・尨魚《くろたい》・鮸《いしもち》・王余魚《かれい》・鱏魚《えい》・鰕《えび》・鯖《さば》・鰯《いわし》・鯔《なよし》・鮭《さけ》・鱒《ます》・鱈《たら》・鯨《いさな》・鯰《なまず》・鯉魚《こい》・鮒《ふな》・鮎《あゆ》・鱸《すずき》・鯷魚《ひしこいわし》・鱧《はも》・蟹《かに》・海鼠《いりこ》(なまこ)・海月《くらげ》・烏賊《いか》・蛸魚《たこ》・鰒《あわび》・蠣《かき》・栄螺子《さざえ》・蚌蛤《はまぐり》・蜆《しじみ》・貽貝《いかい》

などを利用している。

(ハ)右の二書以外に(1)延喜年間にできた「本草和名」にも穀類が三〇余種、野菜類が六〇余種、果実五〇余種、鳥獣六〇余種、虫魚類一〇〇余種があげられている。(2)このように多種類の食品の中には、その名産地があらわれている。信濃の梨、山城の茄子、大和の瓜、近江の鮒《ふな》、越後の鮭《さけ》、周防の鯖《さば》、河内の味噌、飛驒の餅、尾張の粔《こめ》、鎮西《つくし》の米などはその代表的なものであった。（「新猿楽記」）。

(3)また延喜十一年（九一一）十二月二十日の官符には、九月から十一月にかけて近江国田上の網代から毎日氷魚《ひお》を、山城国宇治網代、葛野《かどの》川の供御所からは毎日鮎を、また、葛野川の鵜飼は冬は鮒、夏は鮎を献上することになっていた。そのほか若狭・紀伊・淡路の諸国からも雑魚を献上することになっていた。これらの地方産の食品は京都の東西市でも販売されるようになった。

飯と粥の調理　平安時代の飯は奈良時代と大きな相違はないが、食物の調理方法が大いに進歩した。米の種類には粳米《うるちごめ》にせよ糯米《もちごめ》にせよ、そのつき方によってマシラケノヨネ（白米）・シラケノヨネ・ヒラシラケノヨネ（玄米）などがあった。

(イ)米を煎《い》ったものには焔米《やきごめ》と糒《ほしい》がある。(1)モミのまま煎って穀をとったものが焼米であり、(2)糯米・粟・黍《きび》などを蒸して陽にほした糒（乾飯）があった。これを旅行にもっていくときには、餉《かれい》とよんだ（「栄華物語」）。餌袋《えぶくろ》に入れて塩・和《わ》布《め》をそえ、携行し、旅行さきでこれに湯水を入れてふやかしやわらかくして食べたのである。また兵士の携行食にしたり、飢饉のそなえにして貯えたこともあった。神事などには粳糒《うるちほしい》・粟糒・黍《き》子糒《びほしい》・葟《み》子《の》糒もつくった。

(ロ)米を蒸したものには、強飯《こわいい》がある。(1)強飯は、この時代になると、おこわと敬称するようになった。強飯は、粳米を蒸すこともあったが、糯米を用うるのが、普通であったと考えられる。宮中でも、民間でも強飯を正規のものとし、天皇の供御《くご》や節会《せちえ》などの宴に出すようになった。貴族の毎日の定まった食事には、強飯が正規のものであった。これに箸をたてることができた。改まったさいの強飯は、民間でも器に高く盛りあげるならわしとなった。(ハ)米をにたものに固粥《かたがゆ》と汁粥《しるがゆ》とがある。(2)平安時代後期にできた「江家次第《ごうけしだい》」によると、固粥は高く盛られて箸をたてることがみえている。固粥は姫飯《ひめいい》ともいわれ、後世の飯《いい》であると思われる。飯や粥には米だけのものではなく、粟飯《あわいい》・黍飯《きび》飯《い》もあった。貴族は汁粥を多く食べていたようであるが、平安末期になると正規の食事でも固粥(飯)を用いた。(2)固粥よりも水の量が多くやわらかくたいたものが粥《しるがゆ》でこれが後世の粥《かゆ》である。粥には白粥・いも粥・小豆粥・栗《くり》粥などがある。白粥は米だけで何も入れていない粥である。いも粥はやまいもをうすく切って米とともにたき、時には甘《あ》葛煎《まずら》を入れてたくこともある。大饗のときにそなえて貴族の食べるものである。小豆粥は米に小豆を入れ塩を加えて煮たもの。栗を入れてたいたものが栗粥である。さらに魚・貝・海藻などを入れてたく粥もあった。なお(ニ)飯に湯や水をかけて食べることも行われた。(1)冷たい水に飯をしたして食べる水飯(水漬)があった。これは夏の軽食としてこのまれた。また(2)飯に湯をかけて食べる湯漬がある。これは冬の夜食として好まれた。また宮中や貴族の饗宴にもだされている。(3)漿《こみず》というものもつくられた。これは後世の重湯《おもゆ》であろう。(4)後世の雑炊《ぞうすい》のような味噌水《みぞうすい》もつくられた。

(ホ)宮中では種々の催しのあるときは、大勢の下級の者には弁当のようなものを賜わった。これは屯食《とんじき》といって、強飯を丸くにぎりかためて、器に盛ったもので、今日の握り飯のようなものである。(ト)飲食物の調理には、かまど・釜・鍋・鼎《あしかなえ》・鍑《さかり》(かけなべ)・鐺子《ひらがなべ》・甑《こしき》を用いた。

副食の調理　米はまだこの時代は一般には主食物とはなっていないのであって、室町時代になってからである。穀は少く野菜が多くたべられていたのである。

(イ)副食物のことは「あわせ」といって飯に合わせて食うことからいうのである。(1)「古今著聞集」には「麦飯に鰯《いわし》あはせに、只今調進すべきよし」などとある。また副食のことは「な」ともいった。今日では「な」というと野菜をさすが、これは野菜が多く副食としてつかわれたためであり、古くは必ずしも野菜にかぎったものではなかった。魚類でも「な」と称し、酒をのむときの副食物という意味であって、「さけのな」すなわち「さかな」ということになったのである。この「さかな」という語も本来の名のおこりは魚類にかぎったものではなかったのである。(2)乳だけをのんでいた小児が生長して食物をたべ始める祝として、魚類を口に含ませるのを魚味《まな》の祝または真菜の祝といっている。これはすべての「な」のなかでとくに魚をほめて真菜ということからでた語である。(3)平安中期に成立し、空海とか三善清行の著とかいわれ、小野小町の生涯を記した「玉造小町壮衰書」や源順の「和名抄」によって当時の副食の調理の大要が知られる。今日いうところの副食については、生食・焼物・煮物・蒸物・茹物《ゆでもの》・羹《あつもの》・汁物・煮凝《にこごり》・甞物《なめもの》・醤《ひしお》・漬物・鮨《すし》・干物などの方法があった。

(ロ)生食したものには(1)蔬菜類があり、これには大根・瓜・茄子・慈姑《くわい》・葱《ねぎ》などがある。(2)膾《なます》として鳥獣魚貝の肉を切り身にしてそのまま食べた。膾の材料には鶴・鴨・鯉・鮒《ふな》・鯛・鱒《ます》・鱸《すずき》・鰒《あわび》などが多く用いられた。

(ハ)鳥獣魚肉・野菜は一般には焼いたり煮たりして食うことが多かった。筍《たけのこ》などは焼いている。包焼も行われ、大きな鮒などの腹のなかに昆布・串柿・胡桃《くるみ》や蒸した粟などを入れて縫いくるんで焼いた。また鰹節《かつおぶし》の汁にひたして焼くこともあった。

(ニ)茹物《ゆでもの》もある。野菜をゆでて調味料をつけて食べ、または油でゆでることもあった。

(ホ)豆などは蒸して醱酵させた。

(ヘ)羹《あつもの》には香辛料を使うことが多く、中世からいう吸物にあたるのである。若菜・茸《たけ》・小魚・鮎・鰒《あわび》・雉・鶴・鴨などが材料となった。

(ト)羹も汁物と称したが、とくに汁物とよんだものに(1)鯛の汁・鰒《あわび》の汁・鳥の汁・和布の汁がある。(2)薯蕷《やまいも》の汁はとろろとよんだ。(3)熱汁《あつじる》・冷汁というものもある。熱汁は普通の汁であり、冷汁は羹物《あえもの》にちかかった。

(チ)羹物には魚肉などが多く用いられ鮪《まぐろ》・たこ・鯉などが好まれている。

(リ)鳥獣魚肉を煮たものに煮凝《にこごり》がある。今日の佃煮《つくだに》のようなものである。魚の煮凝は諸国から朝廷に貢進している。

(ヌ)菜漬けも行われ、塩と楡《にれ》の粉を和したものに野菜をつけた。これを葅《にらぎ》と称した。また(ル)糟《かす》をもって揉《も》んだ䐿《かすもみ》もある。(ヲ)鮨《すし》は今日の握りすしとは違って肉だけに酸味をつけたものである。(ワ)醢《ししびしお》は鳥獣魚貝の肉を和した醬《ひしお》であって、後世の塩辛にあたる。海鼠腹《このわた》・雲丹《うに》等が材料となった。

(カ)乾物はいろいろあった。(1)鯔《ぼら》(なよし)・鰆《さわら》などの卵巣を塩漬して圧搾して乾して固めたからすみがあり、また乾し魚や乾し肉があって、(2)後に目刺《めざし》といわれる小挿《おさし》があった。なお魚肉をうすくきって乾かした楚割《すわり》(魚条)があり、鮭《さけ》のすわりが好まれた。(3)鳥肉を塩を入れないでそのまま乾し、これを削ってたべる雉脯《ほしとり》がある。乾肉のことを腊《きたい》と称していた。

(ヨ)調理に使う道具には俎《まないた》・庖丁《ほうちょう》・焼串・むぎ棒・ざるがある。「和名抄」には、「魚鳥ヲ料理スル者、之ヲ庖丁ト言フ」といって料理人を庖丁といったのである。その巧みなものを庖丁人と称し、中世から庖丁者・庖丁師といった。平安後期から魚鳥を割くのにも一刀を庖丁刀《ほうちょうかたな》とよび、それを略して庖丁というようになった。庖丁刀という い方は室町時代までも残ったのである。

餅　餅は餅飯《もちい》の略で食後長く腹にもたれる飯を意味する持飯《もちいい》や携帯に便利な飯という意味の携帯飯《もちいい》がつまって単にモチとなったといわれている。ところが室町時代一五世紀のはじめにできた「海人藻芥《あまのもくず》」には「内裏《だいり》仙洞《せんとう》ニハ一切ノ食物ニ異名ヲ付テ被召事也（中略）、飯ヲ供御《くご》、酒ハ九献、餅ハカチン《（家鎮）》」とよばれたと記している。この女房言葉の意味はよくわからないが、今日でも地方により「カチン」などと呼んでいるところもある。これは搗飯《かちいい》とよばれ、ついた餅であろう。餅には搗餅《つきもち》と粉餅とがある。

（イ）搗餅は糯米《もちまい》を蒸してついて作るのが普通のものである。「正倉院文書」には大豆餅《まめもち》・小豆《あずき》餅・呉麻餅、「延喜式」にはそれらとともに粢《しとぎ》・雑餅、「源氏物語」には椿餅《つばきもち》などがそれぞれみえている。したがって(1)糯米のほかに粳米・小麦・大豆・小豆・胡麻・粟・黍などを入れて、それぞれの名をつけた餅を作っていたことが考えられる。これらに、小豆の粉・粟の粉・胡麻などの色粉をふりかけたり、糖《あめ》で甘味をつけた米だけで作られたものもあった。(2)鏡餅として正月の元旦から三日間の歯固《はがため》の儀式に用いたものもある。歯にこたえる物をたべて齢をかためる祝い事としたのである。また(3)掻餅《かきもち》という語もこの時代にみえる。鏡餅（または餅鏡《もちかがみ》）に刃物を入れるのをきらって手でかいたので、かき餅といったといわれる。(4)草餅は三月三日にも五月五日にもつくっている。(5)粢《しとぎ》は水に浸して柔かにした米をひいて粉にし、いろいろな形に作り固めたもので、生のまたべるのが本来であったようだ。これは神に供えたもので、粉食の原始的な形態をそなえているものである。(6)椿餅は餅をつばきの葉で包んだもので蹴鞠《けまり》などの運動のときに携行された。

（ロ）粉餅には(1)粽《ちまき》がある。粽は糯米の粉を湯でこねて笹か真菰《まこも》でまいて、蒸したものである。内裏《だいり》の粽は粳米《うるちまい》を粉にして大きくかため、これを煮て水をのぞいて臼でつき、笹の葉でまき、また煮てつくった。また粳米を水でなんども洗い、粉にして絹ふるいでふるい、水でこねて少し堅めにし、すこしずつ取ってひらたく固め、蒸籠《せいろう》にならべ、よく蒸し、蒸しあげたらとりあげてよくつき、粽の形にまるめて笹の葉などで固くしめて巻いて作った。白米一升で粽

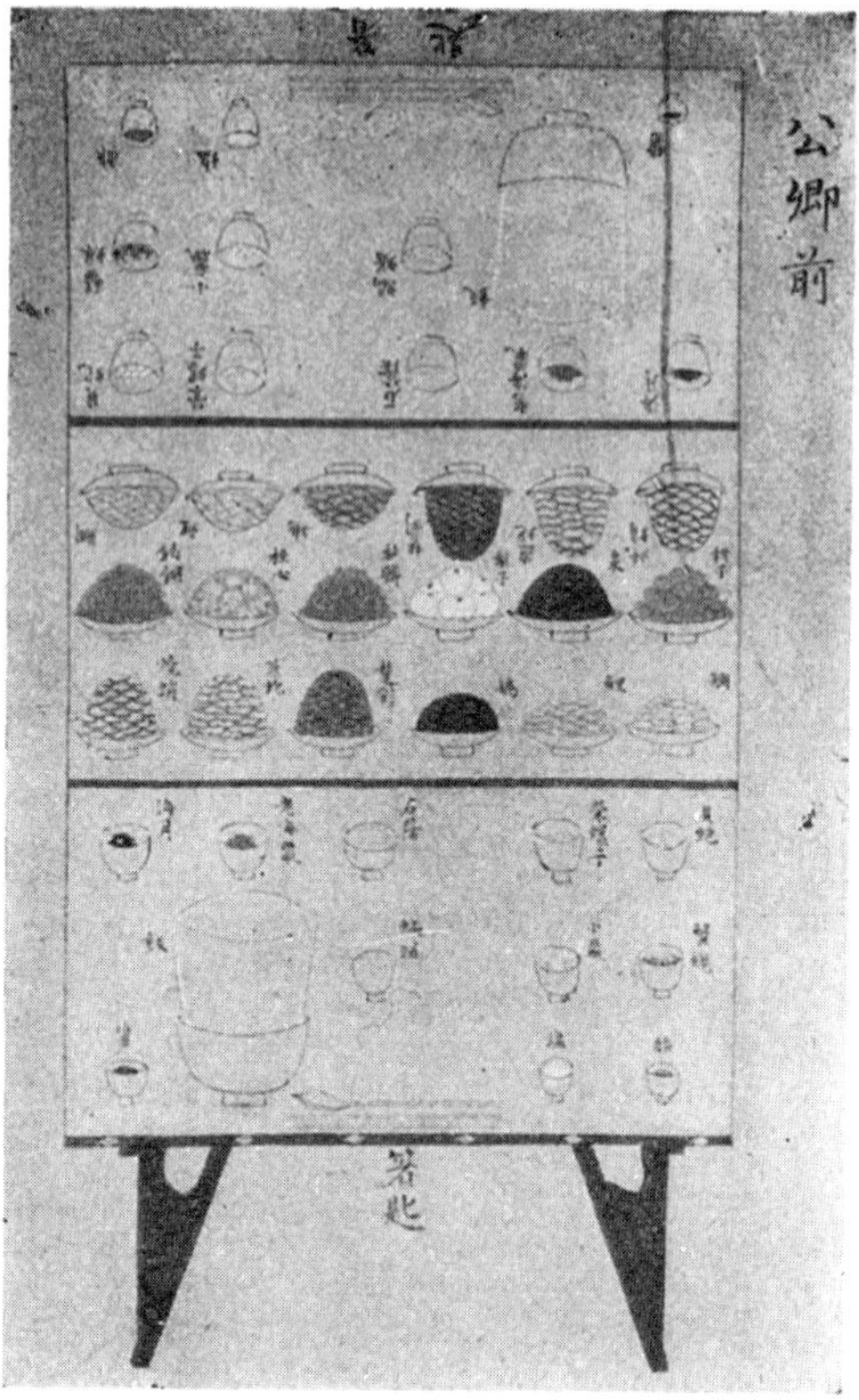

唐　菓　子（類聚雑要抄）　東京国立博物館

が四・五丁ほどできた（「名菓秘録」二編・内裏粽）。おそらく当時もこのような方法で宮中では粽をつくったのであろう。(2)草餅・椿餅なども粽のように粉から作ったものもつくられていたであろう。だが三月三日の草餅・五月五日の粽や柏餅は中世からであり、雑煮は近世に近づいてから民間で始められたものである。

唐菓子　菓子はもとは果実であり、これを木果子といったが、この時代になると、間食の品をクダモノとよんだ。とくに今日の菓子は唐菓子とよばれた。(イ)木菓子には橘《たちばな》・柚《ゆ》子《す》・搗《かち》栗・扁栗・焼栗・削栗・干柿・熟柿・梨・梅・桃・李《すもも》・石榴《ざくろ》・批把《びわ》・唐桃・蜜瓜《あまうり》（すいか・まくわうり）・覆盆子《いちご》・棗《なつめ》・椎《しい》・杼《とち》・柏ノ実・松ノ実・枝豆・蓮《はす》・芋《いも》・蒟蒻《こんにゃく》などがあって干菓子・木菓子として用いられた。当時木菓子が盛んに用いられ、ことに病人が食欲がなくなったときには、蜜柑の一種である柑子《こうじ》さえも食べられなくなったとたとえられるほど菓子は好まれたものであった。「源氏物語」には「この頃となりては、柑子などをだに、ふれさせ給はず」などとある。

(ロ)唐菓子《からがし》とか唐菓物《からくだもの》などともよばれた唐菓子は、植物の菓子ににせて、糯米《もちまい》の粉・小麦粉・大豆・小豆などで菓子をつくり、酢・塩・胡麻または甘葛《あまずら》汁を加えて中国の粉製の品にならって作り、油であげたもので、名も異国風の意匠をもつものである。「和名抄」によると、梅枝《ばいし》・桃枝《とうし》・餲餬《かつこ》・桂心《けいしん》・黏臍《てんせい》・饆饠《ひら》・鎚子《ついし》・団喜《だんき》の八種類は八種唐《やくさから》菓子《がし》とよばれ、このほかに餛飩《こんとん》・餅餤《べいだん》・餢飳《ふと》・環餅《まがりもち》・結果《かくなわ》・捻頭《むぎかた》・索餅《むぎなわ》・粉熟《ふんずく》などがある。

(ハ)八種唐菓子については(1)梅子や(2)桃子はその実に似せて、枝も粉で作って、そくい糊でとりつけた。(3)餲餬《かっこ》の餲は桑の虫、すなわち蚕《かいこ》のことで、麦粉を練って油であげたものである。(4)桂心は餅で樹木の枝のかたちを作り、その枝のさきへ花になぞらえて、肉桂の粉をつけたもの。(5)黏臍《てんせい》は油であげた餅で、その形は下はひらたくその中央がくぼんで、人の臍《へそ》の形をしているもの。(6)饆饠《ひら》は糯米の粉でせんべいのように平の形にして焼いたもので、大きいものは径一寸七、八分もあった。その形はあわびに似たものである。(7)鎚子《ついし》は餅の類で里芋の形をしたもの、(8)団喜は今日のだんごである。甘葛《あまずら》をぬって食べた。

(ニ)その他「和名抄」には次のものが見えている。(1)餛飩《こんとん》は麦の粉をだんごのようにして肉をはさんで煮たもので、肉饅頭《まんじゅう》のようなものである。餛飩は混沌に通じ、ぐるぐるとめぐってどこにも端のないということで名づけたもの。(2)餅餤《へいたん》は餅の中へ鳥の卵や野菜を入れて四角にきったもの、(3)餢飳《ふと》(伏兎)は油であげた餅である。(4)環餅《まがりもち》は糯米の粉をこねて細くひねって輪のようにし、胡麻の油であげたもので、その形が輪のようにまがるので、まがりといった。(5)結果《かくなわ》は緒《お》をむすんだ形にしたもので、油で揚げたもの、(6)捻頭《むぎかた》は小麦粉でつくり油であげたもので、頭の部分をひねってある。(7)索餅《むぎなわ》はさくべいともいい、麦の粉を固めてねじり、縄のようにしたもの、冷《ひや》そうめんの類である。これは広くもてはやされた。(8)粉熟《ふんずく》はふずくともいう。米・麦・大豆・胡麻の五穀を粉にして餅をつくり、ゆでてあまずらをかけてこねあわせて、細い竹の筒にいれておし出したもの。円筒形で、食べるときは切って小豆の摺《す》り汁を用いた。(9)餺飩《ほうとう》はやまいもをすりおろし、米の粉をまぜ、よく練ってめん棒で平たくし、幅を細く、長さ二寸ばかりに切って、豆の汁にひたして食べた。後のうどんの類である。ほうとうの名は今日も関東や中部に残っている。(10)煎餅《せんべい》は今日のせんべいとは異なり、小麦粉で平にかためたものを油であげたものである。(11)粔籹《あしごめ》は糯米を火でいって蜜でかため、竹の筒などにつき込んでおし出したもので、今日のおこしと同様なものである（藤井貞幹「集古図」巻九、本多忠憲「博桑果」一）。

この時代の(ホ)節会《せちえ》のときは、晴《はれ》の御膳《ごぜん》または威儀の御膳というのと、腋《わき》の御膳または次の御膳もしくは残りの御膳というのがある。その(1)晴の御膳には餛飩《こんとん》・索餅《むぎなわ》・餲餬《かっこ》・桂心《けいしん》の四種に、酢・酒・塩・醬《ひしお》の四種を盤《ばん》にもって、八《はち》盤として供えたものである。(2)腋の御膳には、䭔子《ついし》・黏臍《てんせい》・饆饠《ひら》・団喜《だんき》を供えたものであった。

酒と禁令　当時の酒には、後世のように清酒ではなかったが、ある程度澄んだ清酒があった。「延喜式」には清酒濁酒と併記している。

まず(イ)酔をもとめる酒については、醰酒《たむざけ》・醨《もそろ》（しる）・醇酒《かたざけ》（からさけ）・酎《ひとよざけ》（つくりかへせるさけ）・醪《もろみ》・醴《こざけ》など多種類があった。(1)醰酒《たむざけ》は甘酒とも記し、後世の甘口《あまぐち》の酒であって、味のよい上級のものであった。(2)醨《もそろ》はうすいもので、辛口《からくち》の酒である。(3)醇酒《かたざけ》は濃い酒であって水をわってのんだ。(4)酎酒《ひとよざけ》は三たび醸《かも》した酒である。(5)醪《もろみ》は今日の濁酒の一種で、こさない酒である。酒八斗を造るには米一石・麴《こうじ》四斗・水九斗を用いて造った。

(ロ)儀式には白酒と黒酒とが用いられた。「延喜式」によると米一石のうち、二斗八升六合を麴とし、七斗一升四合を飯とし、これに水五斗を入れて等分にして二つの甕におさめ醗酵後に、一方の甕だけに久佐木《くさぎ》灰三升を入れてこれを黒酒となし、他を白酒とした。

(ハ)甘酒についてみると、(1)醴《こざけ》がある。これは今日の甘酒であり、前代にも甘味料とされたように、この時代も宮中では造酒司が六・七月の両月に毎日造り、天皇や中宮に供する定めになっていて、氷でひやすこともあった。「公事根源」には「一夜酒とは、けふつくれば、あすは供するなり」とあって、いわゆる一夜酒である。醴六升の料には米四升・麹二升・酒三升を用いた。(2)白糟《しらかす》・甘糟《あまかす》などという甘酒もあった。糟のういた酒のためにそのようにいったのであろう。だが醴とほとんど同じものであったであろう。「延喜式」にははげしい労働をする者へ、間食の料として糟をつくるための米を給する規定をのせている。

(ニ)酒に対する禁令もしばしば出されている。(1)孝徳天皇のときは酒は農作の月には耕作の妨害になるので禁じたことがある。奈良時代になると、(2)孝謙天皇の天平宝字二年(七五八)二月には民間で宴会をひらいて酔って闘争することが多いので、禁令を出し、犯す者には五位以上は一年の封禄を停止することにした。(3)桓武天皇の大同元年(八〇六)九月には、米穀の不作によって、醸酒の制限を行い、左右の京をはじめ、山崎の津・難波の津の酒家の酒甕を封ぜしめたことがあった。(4)清和天皇の貞観八年(八六六)にも禁令を出した。しかしこれらの禁令は群集が相会して飲酒口論し、ひいては乱闘するに至ることを禁止したもので、飲むことを禁じたのではなく、ただ適当に飲むことは別に禁令があったのではなく、宮中の宮内省には造酒司があり、節会などには酒を飲むことは常に行われたのであった。

「源氏物語」の常夏の巻には、「いとあつき、東の釣殿に出て給て涼み給ふ……おほみきまゐり、氷水召して水飯など、とりどりにさうどきつつ食ふ」とあるように、(ホ)来客のあるときは暑熱のころは冷いものを供すると同時に飲酒するというのが極めて普通のことであったようである。(ヘ)宮中の節会などの宴席では、酒を飲むのに一献・二献

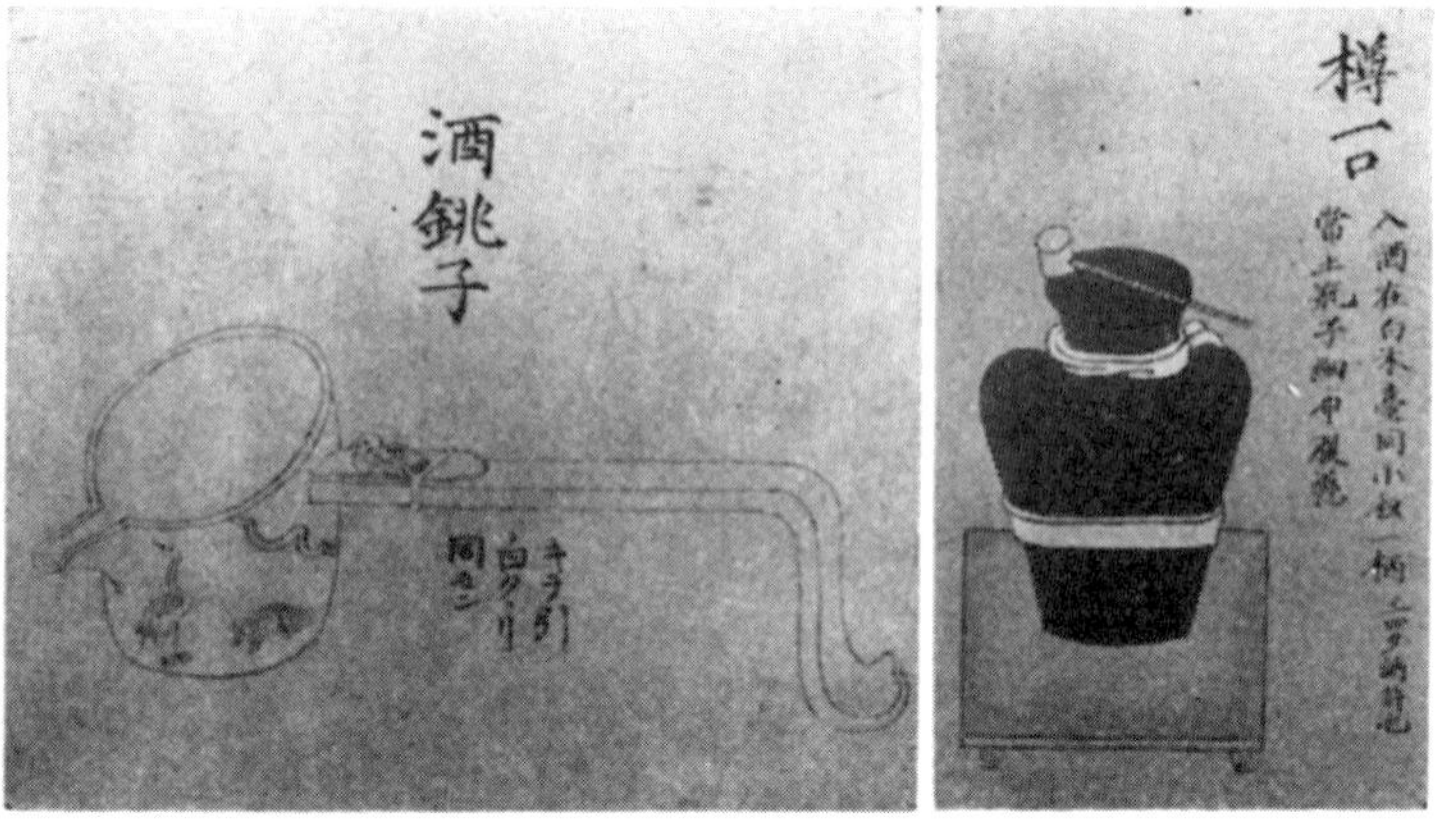

酒　銚　子・酒　樽　（類聚雑要抄）　東京国立博物館

ということがある。これは一盃・二盃ということではなく、宴席へ最初に汁物や食物などを出してから酒をすすめるのを一献といった。さらにあらためて汁物・食物を出して行きわたってからまた酒をすすめるのが二献である。正式は三献であるが、時によっては四献のときもあったのである。

飲み物　この時代の飲み物には酒のほかに氷と茶があげられる。(イ)「北山抄」には宮中の暑い日の膳には削氷《けずりひ》を献立の一つにあげていることがみえている。また「枕草子」にも「削氷《けずりひ》の甘葛《あまずら》煎に入りて、新しき鋺《かなまり》に入りたるを」とみえている。「明月記」の元久元年（一二〇四）七月二八日の条には、「寒氷あり刀を取って氷を削らる」とあって刀をとって氷を削って食べた様子をのべている。「延喜式」によると、四月から九月の間に常に御氷の用意のあったことが知られる。そして、山城国に五箇所、大和国・河内国・近江国・丹波国にそれぞれ一箇所ずつあって、大和のものが最大で、いずれも主水司《もんどのつかさ》の所管であった。(ロ)茶はすでに奈良時代に中国から輸入され、(1)その名は正倉院文書の中にみえている。平安時代に入って(2)嵯峨天皇の弘仁六年（八一五）四月に近江国滋賀の韓崎《からさき》の地に幸して、崇福寺におもむかれたときに、寺僧が天皇に

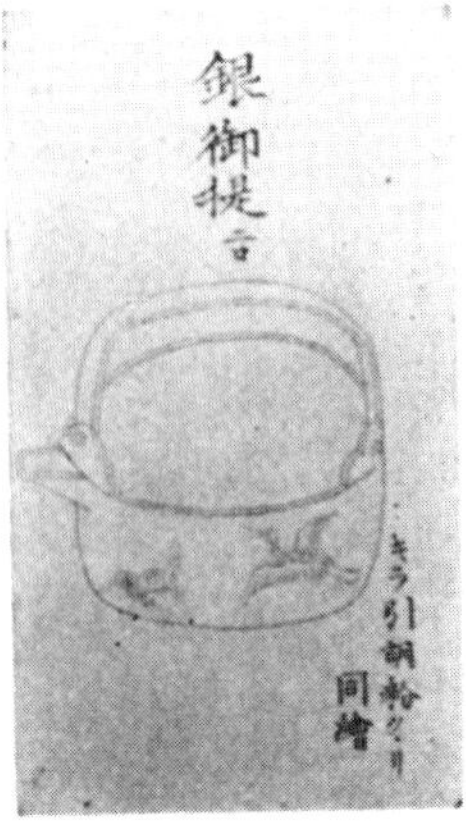

銀　御　提・

手ずから茶を煎じて献じたことがある（類聚国史）。また(3)最澄がその弟子の泰範にあたえた書にも、茶一〇斤を贈ったと伝えている。(4)「凌《りょう》雲集」「文華秀麗集」などにも茶の詩をのせている。したがって平安時代は貴族や文人の間には茶を飲むことが相当行われていたことがわかるが、いまだ一般的ではなく、薬のように珍重していたようである。

保存食　「延喜式」には当時の調庸の貢租物品や交易雑品とされた諸国物産が記されている。その中には多種類の保存食品があげられ、(イ)全国的に加工食品が増加したことを示している。そして大宝のころと延喜のころでは物の価もかわっている。「大宝令」では米六斗（今日の升《ます》で四斗）に対して鰹節三五斤（一斤は今日の一貫八〇〇匁）・鰒《あわび》一八斤であるが、二〇〇年後の「延喜式」によると、米六斗に対し鰹節一〇斤・鰒六斤である。平安時代は米が安くなり海産物の値は二倍・三倍と高くなっているのである。このようになった原因の(1)第一は、仏教の影響によって貴族階級が哺乳動物を食用とすることが少くなった結果、その代用として禽魚貝の肉を求めるようになったことである。また(2)京都は海から離れているため魚貝を入手することは容易ではなかった。(3)さらに彼等の奢侈生活は季節外の食品を常に求めたため、彼等の需用に応じて、ここに保存食の発達を促すこととなったのであろう。保存食の加工技術は前代と大差はない。

(ロ)干物《からもの》は削り物ともいい、これには(1)動物性のものに乾魚《ほしいお》・煮《に》乾魚《ほしいお》・火《ひ》乾魚《ほしいお》・乾鳥《ほしどり》などがある。乾魚は魚の肉を切って乾したもので脯《ほしいお》とも記した。鰹節は脯である。全身のまま乾したものが腊《きたい》である。また前代と同様に楚割《すわり》があった。「延喜式」には鰒《あわび》・煮乾の鮎《あゆ》・火乾の鮎・鯛の腊《きたい》・鯛の脯・鯛の楚割・乾いわし・鮫《さめ》の楚割・海蛸子《たこ》の腊・

乾蛸《だこ》・熬海鼠《いりこ》・蠣《かき》の腊・雉の腊・鹿の脯・猪《いのしし》の脯などがみえている。また比志古《ひしと》鰯・鮭の内子《こごもり》・烏賊《いか》・鰕《えび》・蟹《かに》・うになどもある。鮭の内子は筋《すじ》子に、烏賊《いか》はするめにした。(2)植物性のものには、果実・野菜・海草類がある。海草を乾したものには昆布《ひろめ》・和布《わかめ》・海松《みる》・於期菜《おごのり》・紫菜《のり》・凝海藻《こころふと》などもある。

(八)漬物のことも「延喜式」にみえている。その主なものには、(1)塩漬・未醤《みそ》漬・糟漬がある。材料は山野に多いものが用いられ、春と秋では自ら異なっていた。またすでにのべたようにこの時代も葅《にらぎ》や醤《ひしお》が作られていた。だが(2)この時代は漬物の種類が増加している。醤《ひしお》についても、「延喜式」には醤鮒・醤鯖・醤鯛・醤鰒《あわび》・老海鼠《ほや》醤・このわたなどがみえ多種類になっている。塩辛《しほから》の名は平安後期の「今昔物語集」にみえている。醤は宴会のときには窪《くぼ》んだ器に盛ったので窪器物ともいわれた。

(二)奈良時代から用いられていた牛乳・酥《そ》・醍醐《だいご》はこの時代になってからは宮廷貴族の間ではますます多く用いられるようになった。(1)朝廷では乳牛院や乳戸の官制を改正し、貢蘇の制を厳重にした。このころから酥は蘇と書かれるようになった。光孝天皇の仁和三年（八八七）には美濃・下野《しもつけ》・若狭《わかさ》・能登《のと》・越中・越後・丹波・但馬《たじま》・因幡《いなば》・伯《ほう》耆《き》・石見《いわみ》などの国司が貢蘇の期日をたがえたために位祿をうばわれている。(2)「延喜式」によると、全国には駿河・相模などの一八ヵ国に三九の牧があり、摂津・近江・丹波・播磨などに四牧があり、甲斐・武蔵・信濃などにも牧があって、主として牛を飼い、蘇を貢納していた。また御牧や貢馬の法や牛馬の飼育に関することが制定されている。

(3)平安時代に蘇の生産が多かったことは「延喜式」の巻三七「典薬寮」の部にある「諸国貢国の番次」によると、全国の貢蘇地域を六つの地区にわけ、第一番から順にはじめて第六番で終るようになっている。北は常陸《ひたち》国から南は周防《すおう》国にいたるあいだの四四ヵ国と大宰府に命じて貢進させるということが定められている。そして各地の貢納する蘇の壺《つぼ》の数が定まり、壺にも大一升・小一升の区別がある。たとえば第一番の地区では、伊勢（一八壺）、尾張（一五）、参河（一四）、遠江（一四）、駿河（一二）、伊豆（七）、甲斐（一〇）、相模（一六）であり、右の八ヵ国で丑《うし》と未《ひつじ》の年に貢納することになっている。第三番の地区は近江（一八）、美濃（一七）、信濃（一三）、上野（一三）、下野（一四）、若狭（八）、越前（一五）、加賀（一五）の八ヵ国で卯《う》と酉《とり》の年におさめた。第五番目の地区は大宰府で七〇壺で巳《み》と亥《い》の年におさめた。第六番目は播磨（一五）、美作（一二）以下一二ヵ国で子《ね》と午《うま》年に貢納した。すなわち、各地区では六年目ごとに納めたもので、各地区から毎年平均一〇〇壺ほどが貢納されていたのである。

牛乳には蘇のほかに酪《らく》や醍醐《だいご》という加工品が出来るようになった。「和名抄」には醍醐は酥の精液であり、酪は牛乳をあたためたものであるといっている。平田篤胤《ひらたあつたね》の「出定笑語」には「醍醐といふは、牛や羊の乳を段々と製法致したもので、乳を酪となし、酪を酥となし、酥を醍醐となすが、その醍醐は黄色にし餅に作って甚だ旨く、乳脯ともいう」とみえている。醍醐は固形物でヨーグルトのようなものであったであろう。

このような蘇や醍醐の増産は、たんに皇室だけではなく、貴族や僧侶の社会でも自由に入手することができたであろう。そしてこの栄養の下に宮廷文化が生れた一面もあったと考えられよう。だが貴族社会の衰微や宮廷の財政難、度々の戦乱武家勢力の台頭などにより各地の酪農施設は荒廃したために、貢蘇の制も自ら衰えることになった。このことは一方では肉食を禁止していたこととあいまって、その利用もなくなり、日本人の体格の発達をいちじるしく阻害する結果となったのである。

食器の種類　食物の形式化・儀式化にともなって食器も儀式の種類や身分などによって使い分けられるようになった。とくに宮中や貴族の使用する食器には新たに漆塗食器が加わり、外側は黒く内側は赤くぬったものが登場した。

また佐波理《さばり》(青銅)や銀器、まれには金器も使われ、瑠璃《るり》(ガラス)の酒杯、金の杯なども用いられた。食器の種類には

(イ)盌《まり》がある。盌は椀《わん》であって形によって大椀・中椀ともいわれ、飯や粥を盛った。(1)その材料によってわけると、金属製のものには銀・白銅・青銅などのものがあり、木製の椀には朱塗で美しいものもある。また陶椀や土椀があり、それに脚のついたものもあった。また、(2)用途によって水椀・冷椀・羹椀などがあって、水・酒・羹をそれぞれ盛った(「延喜式」)。湯を飲むのに茶椀がある。これは広く陶器とよぶようになり、さらに飲食器にかぎってよぶようになったのは後世である。(3)形状によって名称も異なり、椀に蓋のあるものは合子《ごうし》といい、蓋のないものは片椀《かたもい》といった。

(ロ)盤《さら》にもその材料によって(1)銀盤・銅盤・木盤・土盤・陶盤にわけられる。木製は朱塗盤が賞された。(2)盤には飯・粥・菓子・水物を容れ、また椀をのせる用にする場合もあった。(3)盤のうちとくに台のついた腰の高いものを楪《ちょう》子《ず》といった(「法隆寺資財帳」)。

(ハ)鉢は椀の大きいものである。金属製や陶製があって、穀物や水・齏《あえ》物などを入れた。

(ニ)坏《つき》は比較的椀よりも小さく浅い容器で一名土器《かわらけ》ともいった。(1)すべて土製である。その用途によって(2)汁漬坏・油坏・餅坏・齏坏《あえもの》・片坏・窪坏・間坏《はしつき》・酒坏《さかつき》・などがある。(3)大きな坏に台をつけたものが高坏である。坏にも朱塗のものもあった。

(ホ)現在の食卓にあたるものに台盤《だいばん》・春日卓《しょく》(二月圭卓《しょく》)・高坏・衝重《ついがさね》・懸盤《けんばん》がある。これらに食品をすえて貴族の食事に用いた。さらに折敷《おしき》や盤《ばん》をそえて用いた。台盤は清涼殿の殿上の間や台盤所におかれている食卓で、上は縁《へり》が高く中は低く足は八角形で中央にくびれがあり、机の上は赤く外は黒塗になっている。春日卓は黒塗で足は並行した板で中にくり形がある。高坏は中世前半まで上流の宴席で用い、懸盤と衝重は近世まで用いられた。衝重は折敷に四角

食器の種類

金銅蓋鋺と金銅皿

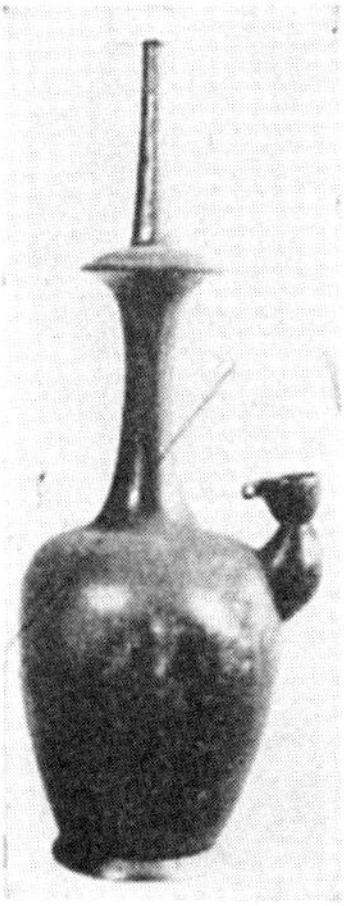

平　　瓶↗
愛知県愛知郡東郷村
黒笹第号窯出土
名古屋大学

鉢　愛知県西加茂郡
三好村出土→

坏　愛知県西加茂郡
三好村出土↘

←白銅水瓶
京都　教王護国寺

な台を衝き重ねたものである。後には孔《あな》のあいていないものを供饗《くぎょう》、孔の三つあるものを三方、四つのものを四方といった。折敷は食器をのせる台で、もと古い葉をしいて盤に利用した風俗の名残りで、白木の箱形の浅いものである。

(ヘ)箸は二本の唐箸が普通であった。(1)金箸・銀箸・白銅箸・銅箸・鉄箸・柳箸・松箸があった。(2)箸をいれる器には箸壺・箸箱があり、箸をのせるのに箸台があった。鶴などを飾りつけた箸台は祝儀に用いられた。(3)箸台で特に形の大きいものに馬頭盤があった。長さ八寸幅四、五寸のもので脚がついている。箸をのせてもその両端は外へはみでない。

これには銀製のものや朱塗の木製のものもあった。

(ト)匙《さじ》はカイともいわれ、箸とならべて食膳に用意され、汁物のほか主として飯をすくうのに使用した。これは奈良時代から用いられ、この時代には(1)銀製・佐波理製・銅製・木製・貝製がある。だが多くは佐波理や銅のものが多く、貴族は銅、庶民は貝製・木製がつかわれた。

(チ)酒を入れるものには瓶子《へいし》がある。今日の徳利にあたる。口が小さく下ほどふくれている土器である。また鍋《なべ》に口と水平の長柄のついた銅か真鍮の銚子《さしなべ》(さすなべ・てうし)があった。(リ)揚子《ひさげ》は銚子の長い柄を把子《とりて》に代えたようなもので、片口で蓋のない把手のついた真鍮の器で銚子に酒をついでたえず補っていく器である。(ヌ)食物の入れ物には折櫃《おりびつ》・外居《ほかい》がある。これをいくつも運ぶには大きな唐櫃をつかった。後世は唐櫃を円筒形にあらためた。

貴族の宴会には食器は銀器に銀の匙、銀の箸を用いる。箸と匙とは銀器の馬頭盤の上におく。銀器でないときは土《かわ》器《らけ》を用いた。もし一人膳にするならば懸盤か角の高坏を用いるが、略式ならば丸の高坏を用いた。右にのべた器は一器一種を入れることにきまっていた。一人膳のときは中央と四隅に一器ずつ、多いときには五個以上の器がのり、手元に箸が二本、箸台にのせておかれるのである。

調味料　平安時代の調味料には塩・醬《ひしお》・未醬《みそ》・酢《す》・甘葛煎《あまずら》・堅魚煎汁《かつおのいろり》・乳製品・香辛料が用いられていた。(イ)塩は前代と同様に藻《も》をやくという方法とともに、宮城県の塩釜神社の行事のように、今日の板条加式(そだ棚式)の製塩がこのころすでに行われていたことも推定されている。(ロ)酢は「延喜式」には米・糵《ひこばえ》《からさけ》・水を材料として作るとある。米酢・酒酢のほかに梅酢・菖蒲酢・雑果の酢もあったようである。米で作ったのが米酢であり、米酢と醇酒とをもって造ったのが酒酢といい、残酢に酒と水とを等分に加えるとまた酢が生ずる、そのため万年酢ともいう。梅の実から造るものが梅酢といい、菖蒲の茎を古酒・酢・水とともに甕の中に入れてつくったものが菖蒲酢である。

（ハ）固形状のものには⑴醤といわれた穀醤《こくびしお》がある。これは大豆に糯米《もちごめ》や小麦・酒・塩などを和してつくったもので、未醤《みそ》とやや似たなめ物であった。「延喜式」によると糯米は四升三合余、小麦と酒は各々が一斗五升、塩は一石五斗の割合で造っている。⑵また肉醤は獣肉・魚肉・貝肉などを食塩に和して造った。⑶さらに草醤は野菜・果実などを塩につけ、今日の漬物がこのころからはじめられている。㈡液体状のものには⑴荒醤がある。これは塩と水を加えて垂《た》れと汁をとったものである。⑵豉《くき》は大豆を原料とし、乾納豆《ほしなっとう》のようなものを煮だして汁にし、醤油に似たものである。⑶煎汁《いろり》は干魚などを煮とった汁である。干鰯《ほしいわし》・干堅魚《かつお》・干烏賊《いか》などに塩を和して使った。堅魚煎汁《かつおいろり》は鰯の煮出し汁で近世でも土佐のほか他の地方でも造り、「出し汁」と称していた。

（ホ）甘味料には飴《あめ》（糖）・蜜・甘葛煎《あまずら》などがあった。⑴飴は糯米一石と萠小麦《もやし》二斗で約三斗七升が造られた。これには特に汁糖とよばれる品もあった。近世の水飴と同じ造り方をしている。飴は調味料というよりも、近世にいたるまで菓子として用いた。⑵蜜は当時はミチと呼び、蜂蜜である。「延喜式」によると二〇ヵ国から朝廷へ貢進していることとが知られる。薬用にもした。⑶甘葛煎はすでにのべた通り、甘葛《あまずら》という草を煎じた汁であるがその草は明らかではない。後にいう蔓甘茶《つるあまちゃ》、甘茶の木であろうか。⑷干棗《なつめ》・干柿《がき》の粉を用いた。⑸砂糖は前代と同様に舶来物であり、調味料とすることはほとんどなく薬物としていた。

（ヘ）香辛料として酒・楡《にれ》の皮の粉・橘の皮の粉・芥子《からし》・椒《はじかみ》・濁椒《なるはじかみ》・生薑《しょうが》・爾礼《にれ》などが奈良朝のころから使用されている。芥子はからしの種子を粉にしたものである。椒は山椒《さんしょう》の古名であり、濁椒は蜀椒とも記し、但馬の国の朝倉村から産する山椒の一種の朝倉山椒のことであるといわれている。八世紀ころに記された「古事記」や「日本書紀」

にみえているはじかみは山椒か薑《はじかみ》か不明である。薑は生姜《しようが》（生薑）であって、記紀のつくられた八世紀ころにはすでに大陸から輸入され、呉《くれ》のはじかみとよばれ、常用されるようになって生姜がはじかみの名を専らにするようになった、という（「言海」）。爾礼は韮である。(ト)油には胡麻《ごま》の油・胡桃《くるみ》の油・栢《かや》の油があった。これらは唐菓子に使うことが多く、平安末期の「今昔物語集」には油を汁物にいれていることがみえている。

公家の宴会と食事の作法

(イ)宮中における宴会はすでにのべたように、元日の節会《せちえ》、正月七日の白馬節会《あおうまのせちえ》、十四・十六日の踏歌の節会などのほかに、任大臣の祝、六十・七十の賀、花の宴、日の宴など多種多様のものがあった。(1)その形式は一種特別な形である。この時代には多勢の客を招くときは、寝殿の奥まった中央の間の母屋や廂《ひさし》に御簾《みす》・壁代《かべしろ》をかけ、板間に畳や毯代《たんだい》をしいて食卓をおいた。ときには庭に赤白のだんだらの布張りテントの幄舎《あくしや》を建ててその下に俎《まないた》をおき、酒のお酣《かん》も客の見る前で行った。時には主人みずからも俎の前で坐って料理をつくって振舞った。(2)魚鳥を料理する者を庖丁といった（「和名抄」）。(3)俎は四角で四角の足がつき、板は中央についているので、俎の上下ともに使いわけができるものもあった。(4)台所という名は、台盤所《だいばんどころ》の略称であるといわれる。台盤所は清涼殿のうちの一室で女官の詰所である。台盤をおいてあって膳立をするところであるのでこのように称した。鎌倉・室町時代の武家では台所といった。平安時代には宮中の調理場を御厨子所《みずしどころ》といっている。厨子は扉のついた入れものであって、古くは食料などをここへ貯えておいた。

(ハ)当時の公卿の宴会の献立について、永久三年（一一一五）七月二一日の関白右大臣藤原忠実が東三条殿へ移転の時の御馳走を「類聚雑要抄」によると、次のようなものが順序よく出されている。(1)第一台には醬《ひしお》・酒・酢・塩が出されている。これは御馳走を出す前の前菜であって、台の中央に箸台があって、これに柳の箸と匙《きじ》をのせてある。(2)第二台は飯すなわち強飯で少し大きな器にまるく高くつみ上げて盛っている。このような高盛は当時の習慣であって、今日京都で行われている結婚の披露宴における鼻つき御飯もこのころの名残といえよう。(3)第三台には多くの魚が盛られ、鱸《すずき》・鯛《たい》・鯉《こい》の鱠《なます》・鯉の味噌・鯛の平焼・零余子《むかご》焼、蒲鉾・鰒《あわび》の熱汁・汁鱠などが出た。鱠は元来は魚肉を切ったもので、中世になるとこれに酢をかけた。鯉の味噌は鯉の切肉に味噌をつけたもの、鯛の平焼は鯛の身だけを焼いたもの。蒲鉾は蒲の花が茎の花の先で鉾のような形になっているので、これを蒲の花というが、食品では魚のスリ身を串の先に固めて蒲の鉾のような形に作ったものをいう。汁鱠は魚肉を汁にいれたものである。(4)第四台には焼蛸《だこ》・楚《す》割《わり》・蒸鮑《むしあわび》・千鳥が出された。千鳥は焼鳥である。(5)第五台には海月《くらげ》・老海鼠《なまこ》・鮑味噌《あわびみそ》・鯛醤《たいびしお》がある。海月は酒と塩でくらげを洗い、四角に切って、鰹を酒にひたしてそれに酢を入れて生生薑《なましょうが》を入れたもの。老海鼠《なまこ》は保夜《ほや》とも称し、なまこに醬をかけたものである。(6)第六台には酒坏である酒盞が出ている。(7)第七台には銚子が出た。酒は長柄の銚子から盃についでもらって飲むものであった。最後には水がでた。食後には菓子が出た。菓子はすでにのべたように木の実と唐菓子である。

(ニ)饗座には(1)第一献といって高坏が二台ぐらいずつ持ち出されて、客の前におかれ、そのつぎは酒をついで廻り、何か音楽や歌が奏せられる。(2)つぎに第二献または三献といって全部の御馳走の高坏が出される。ここでめでたく三献を終って余興が行われる。あとは無礼講となる。(ホ)宴会のあとで主人から客へ品物を送ることがある。これをカヅケモノといっている。品物には、大袿《うちぎ》という仮縫の女服や太刀や馬などがある。もし馬をもらうとなると、厩《うまや》を建て、馬秣《まぐさ》をあたえ、別当をおかねばならなかったので有難迷惑になることとさえあった。(ヘ)客はみな坐るのであるが、男はあぐら、女は立膝をする。当時の女は長い緋袴《ひばかま》をはいているので、膝も足もみえないので、少々行儀悪く坐って

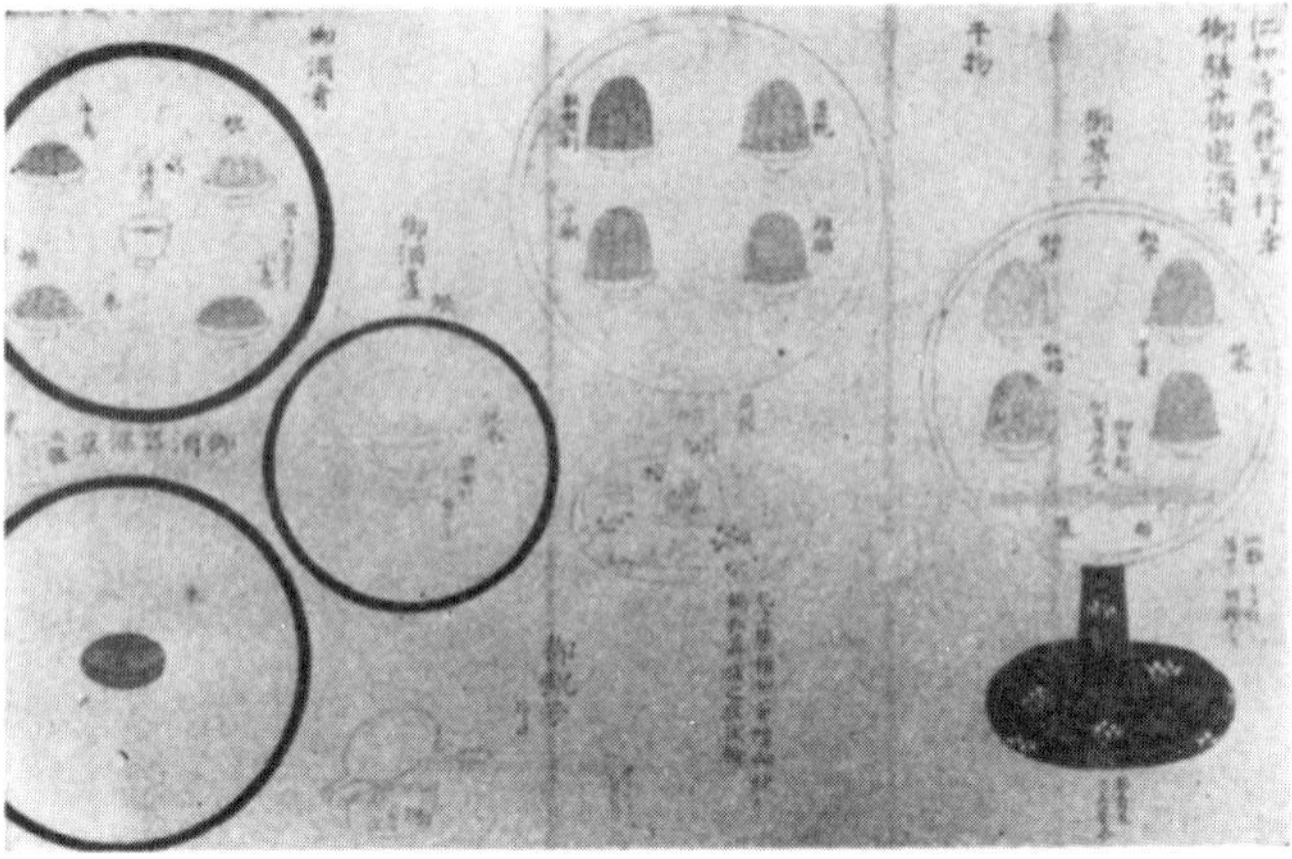

天皇行幸の御膳　（類聚雑要抄）　東京国立博物館

も無作法にみえなかった。日本では立膝は決して行儀の悪い姿と思われていなかったのである。百人一首のお姫様の姿はほとんど正座しているのはないことによってもその一端がわかるであろう。膝を折ってすわるようになるのは書院造りが発達し、小笠原流の礼法が行われるようになる室町時代からである。だが平安時代でも婦人が宴会に招かれることはきわめて少なかった。

酒部屋の幄（類聚雑要抄）　東京国立博物館

　このように当時の貴族階級の宴会は、食膳に並ぶ料理にも食べる順序が定まっていた。今日の宴会にみられるような始めから乱雑なことはなく、一定の作法によって行われていたのである。(ト)この食事作法は(1)奈良朝以来の仏教の隆昌にともない、多くの寺院で僧侶が起居を共にして修業し、食事も彼等の修業の重要分野となり、その食生活

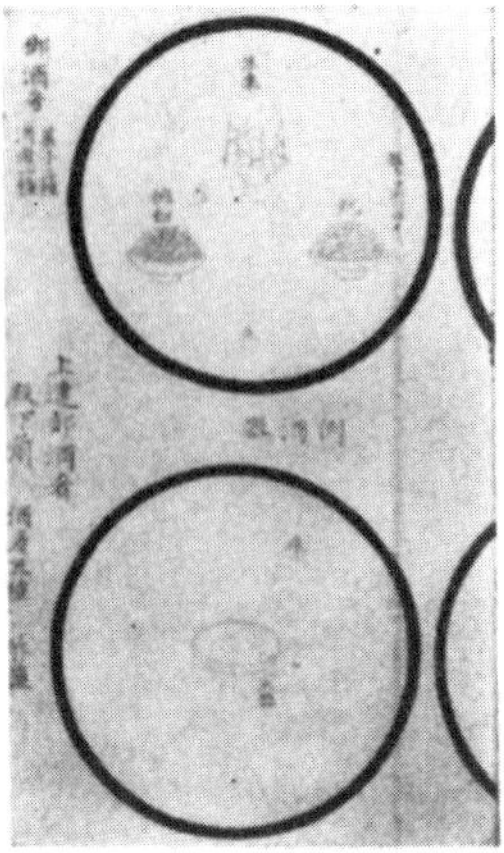

の影響をうけて貴族の食生活が形式化し、儀式化し、そこに食事作法が生まれる要因となったのである。(2)当時は料理を食べる順序だけではなく、食事を大量にとることや、食事の時刻を待ちかねて食べ始めることや、「食《しょく》上《じょう》語るをえず、語って食せば常に胸と背の痛みをやむ」（「衛生秘要抄」）というように食べながら話をすることなどを戒しめている。

迷信的食事の形成

天台・真宗の二つの祈禱宗教が平安前期から貴族に重んぜられて勢力をもちつづけたが、中期にはいるころから浄土教、末期には末法思想の影響もうけることによって悲観的・現実逃避的な傾向を強めた。こうした社会にあって獣肉を食する風は仏教尊信の傾向が強くなるにつれて制限され、生類をあわれみ殺生を罪悪視する観念はいよいよ強くなった。(イ)殺生禁断は狩猟や漁撈を禁ずることであるので、肉食の禁制や菜食をとって精進をすることが始まった。(1)貴族の家では日数を定めて精進することが流行し、食事のときや精進日には野菜や海藻類を材料とし、動物質のものはほとんど入れない精進物を使った。すでにのべたように宮中の行事においては魚や鳥の肉は大目にみて、獣肉だけをさけた。宮中に神事のあるときは、獣肉を食べると三日の間は参内することができなかった。(2)仏事には「延喜式」に獣も魚鳥も用いないが、神事には魚を用いても獣は供えないという規定がある。また正月の歯固《はがため》の天皇へ供える膳には大根《おおね》・未醬《みそ》漬瓜《づけうり》・糟漬瓜・鹿宍《しかのしし》・猪宍《いのしし》・押鮎《おしあゆ》・煮塩鮎《にしおあゆ》の七品をそえると定められている。ところが平安後期の歯固の食品は「江家次第」によると右の七品のうち鹿宍の代りに鴫《しぎ》を、猪宍の代りに雉子《きじ》を用いる例になっている。こうして宮中の行事や宴会などには鹿猪の肉は用いないようになるのである。このよ

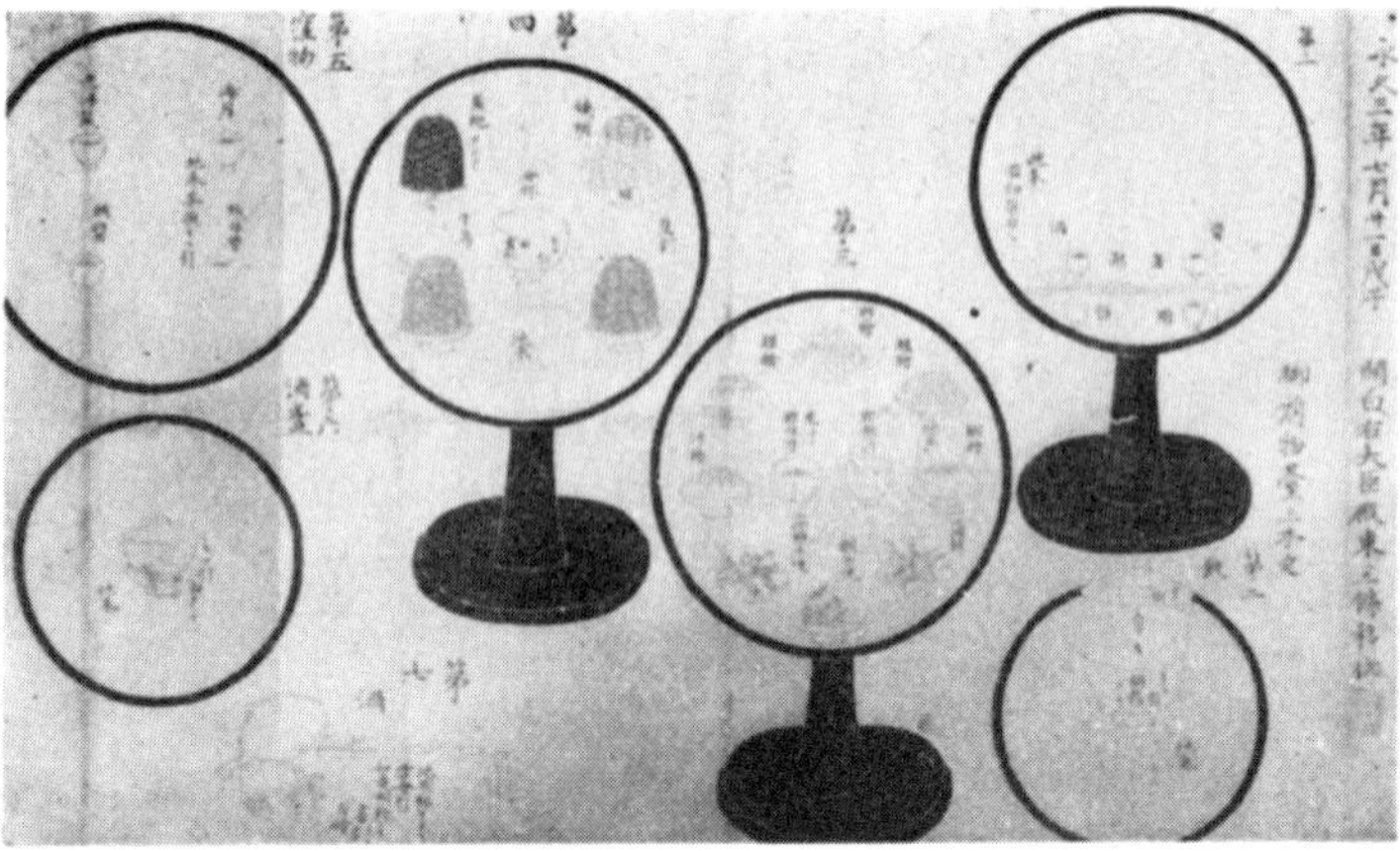

公家の食膳（類聚雑要抄）　東京国立博物館

うに貴族の食生活に肉食をいましめる思想に強く影響をあたえるのは陰陽道《おんみょうどう》と仏教とである。(ロ)陰陽道はもと中国の漢代に形成され、天文・暦・数の知識と陰陽五行説をもとにして自然現象を説明しようとしたものである。いわば初歩的な自然科学であったのであるが、実際には迷信的習俗が多くおりこまれていた。律令制度ではこれを採用して中務省《なかつかさしょう》の陰陽寮には天文博士・暦博士・陰陽博士・陰陽師がおかれた。陰陽師はとくに相地のことなどを掌ったが、平安時代になると、とくにその迷信的な面だけが発展した。(1)陰陽師はうらないのほかに、夢の吉凶を判じ、悪霊をしずめ、鬼神を目に見、式神を使って隠形の術で災をのがれ、呪文によって人を殺したり捕えたりできると考えた。また(2)歳・月・日・時・方位について吉凶が考えられ、こまかに禁忌《きんき》が定められていた。そのため冠婚葬祭・諸行事・造営・軍事から入浴や爪をきることまですべて吉凶が問題となり、日時の凶に対しては物忌み、方位の凶については方違《かたたがえ》などが行われた。(3)このほかに災厄を予防する方法として追儺《ついな》・祓除《はらい》その他の呪術などが行われた（斎藤励「王朝時代の陰陽道」）。

(ハ)平安貴族の生活ははなやかであった。しかし(1)彼等の大部分の生活は豊かではなかった。生産的なことは何一つせず、彼等は日夜の

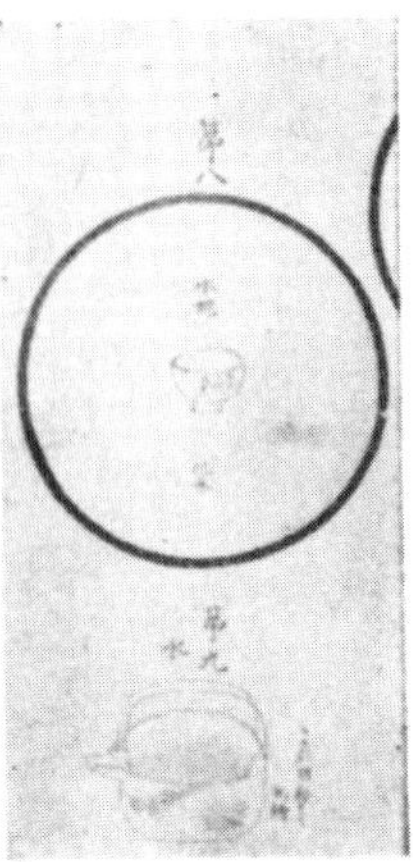

遊びにふけることが多かった。また(2)藤原氏一門は天皇の幼年のときはその摂政となり、成年になればその関白になって、独裁権をふるった。そのため藤原氏一族で兄弟や親子がたがいにその勢力をあらそうことになり、精神的にも安泰ではなかった。しかし(3)彼等の日常の生活は屋内が多く野外に出ることは稀で運動不足となり、新鮮なる日光と空気に接する機会は少かった。その上、彼等の食膳には獣肉などの蛋白質や脂肪分に富む食品は少くなり、形だけの美しい、見る食品だけに力の注がれたものが尊重されたため、栄養失調を招くこととなった。(4)宴会に出された栄養食品も、形式的におかれただけのものもあって、あじけない食事の連続であった。その上、彼等の食生活をしばったものは当時の(二)仏教思想であった。(1)阿弥陀信仰は、飛鳥・奈良時代にも多少行われたが、天台・真言の教団が成立したころから始まる。六波羅蜜寺には空也があらわれ、ついで藤原時代に源信が出てこの信仰は高調した。だがこの時代の浄土教は念仏に徹したのではなく、臨終にあたっては弥陀の摂引《しょういん》にあずかるために、来迎《らいごう》の阿弥陀仏の手により五色の糸をひいておのれが手にかけるという形式であった。造寺・造仏に金を投じ、極楽浄土をこの世にあらわそうとし、幻覚の中に陶《とう》

奏楽のときの食事　(餓鬼草紙)

酔《すい》して心中の不安を忘れようとするものであった。正法・像法がそれぞれ千年ずつとすると、永承七年（一〇五二）が二千一年すなわち末法第一年ということになる。末法の時代に入ると天災地変・戦乱・疫病が絶えなくなり、世の終りを示すとされた。当時は天変地異が多かったので、貴族はその到来を信じ、不安は深刻なものであった。

このような迷信にしばられた日常生活であったので、(ホ)食物でも栄養、保健上からみてよい物と悪い物との判定がつかず、非科学的となり、そこに迷信的食事が形成されるに至った。(1)「宇津保物語」には懐胎の姫が夏の暑さにたまりかねて、削り氷《ひ》をたべたいというと、典薬頭《てんやくのかみ》は熱いものや、冷たいものをお産の前後にのまれてはいけないと諌めている。これは現在でも医学上、妊婦がつめたいものを急に多く飲むことは諌められている。そしてこの本には、懐胎の姫が占《うらな》ってもらうと、女の子が生れるかも知れないというので、生れる子が美しく性質もよくなるといわれる食品ばかりをたべる話も記されている。これもすべて否定はできないが、妊婦の栄養などは度外視されていたのである。(2)さらに当時の医学書の「医心方」には、しし肉と魚肉とを食べ合わせると人に利がないことや乳酪と魚の膾と合わせて食べると腸の中に虫が生ずるということなどを記していることからも、食い合わせを忌む思想もこのころに生じたと考えられるのである。平安末か鎌倉初期のころに成った「簾中抄《れんちゆうしよう》」には粥《かゆ》と糖《あめ》、糖と蒜《ひる》、葱と雉《きじ》、生魚と稗《ひえ》などを食い合わせてはならないことがあげられている。多く食べてはならないものには、棗《なつめ》・柑子《こうじ》・李《すもも》・柚《ゆず》・生柿《なまがき》・杏《からもも》などであり、月によって食べてはならないものには、正月には蒜《ひる》・葱《ねぎ》・蓼《たで》、二月には蓼《たで》・兎など多くの食品があげられている。このような異状な食生活によって、当時の貴族は消化不良をおこし、結核・脚気・天然痘などの病気や疥癬《かいせん》などの皮膚病がひろまり、早死であるという結果に陥ったのであった。はなやかな平安文化は実はこのような貴族の不健全な体力低下の上に築かれた文化であったといっても過言ではないのである。

庶民の食生活　貴族の間には殺生の戒を守ることが広く流行したが、(イ)地方の庶民の多くはまだ仏教信仰による戒律は知らなかった。当時は山野には野獣の多くがかけまわっていたので、庶民はこれを見逃すはずはなく、彼等はこれを食用に供していたのである。しかもその生活は形の上では貴族とは格段の差をもって低いものであり、食器も前代とあまり大差はなかったのである。だが、実質的には彼等の食生活は貴族に比してめぐまれていた一面も多かったのである。

(ロ)平安京の市については、(1)「延喜式」をみると、関市令の規定するところにしたがって、こまかい規則をつくり、東西に市を設け、そこで米・麦・塩・醬・索餅・心天《ところてん》・海藻・菓子・蒜《にら》・干魚・生魚などを専売させた。(2)東市は一日から十五日で、これらの食品をふくめた五一種、西市は十六日から末日まで三三種であり、共通のものは一七種であった。開市は正午から日没までで、かなり雑踏した。ただ絹・染物・土器だけは通売を許した。

(ハ)地方にも市が多く、(1)大和の辰市・椿市・飛鳥市、三河のおふさの市、播磨の飾磨《しかま》市(「枕草子」)、摂津の難波市など諸国に市が散在していた。なかでも(2)椿市は長谷寺への参詣客がかならず足をとどめるところで、門前町のような形態が発生していた(「枕草子」「蜻蛉日記」)。なお(3)「今昔物語集」には宍《しし》肉を買いに行こうとしたとか、あるいは市を通ってとがめられたというような話が多く見え、庶民が市場を利用していることが知られる。

(ニ)行商人も京と田舎の間や、市と市との間を歩いている。(1)「今昔物語集」には京の水銀商が、伊勢の国に通い、馬百余匹を京都から伊勢へ、絹・綿・米を馬にのせて上下したという大行商の話もみえている。(2)「宇治拾遺物語」には越後から馬に鮭《さけ》をおわせて京に売りにくる話がある。(3)平安期の物語には行商の話がかなり多い。その歩く範囲も広くなっている。そういう事実が多かったからであろう。(4)馬の背に荷をつみ、また籠をかついだ行商人を販夫《ひさぎびと》または販女《ひさぎめ》といった。とくに販女の方が多かったといわれるが、遠方は無理であったろうが、近い範囲は彼女らが往来していたのであろう。

したがって(ホ)庶民の口には、主食・副食ともにかなり広い範囲の地方から生産される食品が入ったことが推定される。貴族の食事は朝夕二度で、菓子や果物を間食にしたが、庶民は昼食をなし、三食または四食をとっていた。

(ヘ)摂関時代になると、地方の豪族の中には経済力が向上し、食生活も豊かな者があらわれてきた。(1)「宇治拾遺物語」にある利仁芋粥《りじんいもかゆ》の事は「今昔物語集」とほぼ同じであるが、次のようなことがある。ある年の正月に左大臣の邸に大饗があった。五位（人名）も他の人にまじって、残肴《ざんこう》の席につらなった。五位は馳走の一つである芋粥をのんでしまった後に、舌打して「何時になったらこれに飽きることかのう」と、ひとりごとを言った。「お気の毒なことだ、お望みなら利仁がお飽かし申しましょう」という声の主は、同じ左大臣の恪勤《かくごん》になっていた藤原利仁であった。それから五位は利仁にともなわれて越前国敦賀の利仁の館《やかた》に行き、楽々と足をのばして、ぼんやりとして夜をむかえていた。すると外の広い庭で、「このあたりの下人どもよく聞け、明朝卯の刻（六時）までに切口三寸、長さ五尺の芋を各々一筋ずつ持つてまいれ」と、いう誰かの大声を耳にした。あけがた起きてみると、沢山の百姓がつぎつぎに切口三、四寸ばかりの芋を一筋ずつ運んできて、みの刻（一〇時）ころには軒下まで高くつみかさねた。そのうちに大きな五石入の釜が五つ六つすえられ、数十人の百姓の男女がつみかさねた芋を薄切にして芋粥をつくった。しばらくして一斗入りの提《ひさげ》三つ四つに盛って土器《かわらけ》をつけ、五位の前にはこばれた。五位は口をつけないのに「芋は飽きた」とことわったというのである。芋粥をつくる五石入の大釜が五つ六つあるというので、一時に数百人からの人びとの食事をまかなうことができたのである。この話はそのままをすべてをうけとれないにしても土豪の食糧の豊富であることを語っている。

　また(2)「宇津保物語」の「吹上」の巻には、紀伊国牟婁《むろ》郡神南備《かんなび》の長者の種松は春には一、二万町の田に植える苗代に種を蒔くことや、自らその財の多いことを誇っていることが記されている。そして、彼の邸内には食物の調理所があって、その「大炊《おおい》殿」には二〇石も入る鼎《あしがなえ》をたて、それほどの穀の入る甑《こしき》をたてて飯をたき、「酒殿」には一〇石入の瓶《かめ》を二〇ほどすえて酒を造り、酢・塩・漬物もみな同じようにしてある、とみえている。地方の庶民には貴族の食生活よりもはるかにめぐまれて飽食できる人々があり、貴族の形式にとらわれた食事にくらべてその健全性をうかがうことができよう。

長者のかまど（信貴山縁起絵巻）

平安文化と食物　(イ)藤原氏の栄華は一〇世紀後半から一一世紀前半へかけて極盛期に達し、華麗優美な和風文化が展開された。(ロ)このことは、食物文化の上にも反映し、(1)古来の食習慣に加えて日本料理の基本が形成されるに至った。(2)殺生禁断思想の通俗化は動物食品の禁忌《きんき》となって現われ、貴族の食膳から動物質蛋白と脂肪が追放される結果となったが、後世までこの食風は踏襲された。(3)寺院生活の影響をうけて貴族階級に生れた儀式的食事作法は、後世武士や庶民の食生活の規範となった。(4)彼等の生活は先例慣例の反復におわれ、生活の楽しみを食事の快楽や食品の味覚に求めることはできないで、食欲を性欲とともに低くみていやしむ風があった。(5)平安貴族には「もののあわれ」の思想が支配的であったが、これは現世否定の思想であり、精神生活の頽廃《たいはい》であった。だが、このような不健康な精神生沽は、実は彼等の不合理にして非科学的な日常の食生沽からもたらされた成果によるものであった。

第八章　簡素な食生活（和食発達時代）　鎌倉時代

時代の概観　(イ)源氏が一二世紀に京都の平家政権を倒し、鎌倉に幕府を開いてから一四世紀のはじめにいたる鎌倉時代は、古代からの荘園制のなかで、武家社会が形成され成長する時代である。(ロ)元来荘園制は古代の律令体制のもとに生まれた土地制度であり、公家や社寺はその領主であり、これに対して侵略をなすのが地方に台頭してきた武士であり、それとともに鎌倉の武家政治が京都の朝廷政治にかわっていくのがこの時代である。(ハ)源氏政権にかわって成立した北条政権は、京都朝廷に対しては承久の変で勝利をおさめ、文永・弘安の役では元の来寇を撃退するまでに実力は向上した。(ニ)その間に民衆的な簡明実行的な特色をもつ新仏教が興起した。そして京都の公家社会の間にあって活気ある動きを示した伝統の文化は、武家社会にうけつがれ、そこに武家支配による封建制社会にふさわしい健康的な鎌倉文化が育成された。(ホ)北条政権は元寇の戦で勝利を得たとはいえ、御家人の窮乏ははなはだしく、やがて北条政権にあきたらなくなった武士によって、建武中興（一三三四）は成功し、幕府は滅亡する。だが(ヘ)建武中興政治は完全に失敗し、つぎの武家政権の樹立をめざす足利尊氏の出現によって、南北朝時代の争乱の世となるのである。

鎌倉時代を支えていたのは武士階級であり、しかも彼等のその活動の原動力となったのは、簡素な食風ではあるが、玄米食と獣肉を自由に摂取し、その上に精進料理を加えた食生活であり、そこに和食の完成への第一歩をふみ出し、和食の発達時代を迎える素地をきずくに至るのである。公家階級は前代以来の形式的食生活を営み、副食物が主で米食が従であったが、食品の種類はかたより、武家階級に比して不健康な食風をつづけていった。

武士の食生活　平安時代にあっては、日常生活の事物はすべて形式的であり、飲食物やそれに関連する風習においても、見ることに重点がおかれていた。(イ)鎌倉時代にはこの傾向がなお一部に京風のものとして保存され、いよいよ洗錬されるものとなった。しかし、鎌倉時代は武家中心の時代であり、彼等の本来もっていた生活様相が食生活の分野にそのまま反映されているのである。

(ロ)武士の棟梁は旧貴族階級の地方貴族であったとはいえ、大部分の武士は地方の農民出身である。(1)武士となっているものは、武器をもって戦うだけではなく、土着して土地を耕作する食糧の直接的な生産者でもあった。この武力と経済力とを基盤とした、たくましい生活力をもつ生活形態こそ、平安貴族を倒し得た原動力であったともいえよう。(2)武士の日常生活は一般的に簡素であり、華美でなく質素であり、形式的ではなく、実際的であった。彼等はたえず武芸を練り、弓矢や馬術などの武芸にはげみ、狩・流鏑馬《やぶさめ》・笠懸《かさがけ》・犬追物《いぬおうもの》などの武芸が好まれた。そこに忠節・武勇・礼節・質素などを尊ぶ「もののふの道」が生れたのである。(3)その食生活は、狩によって得た獣鳥の肉は彼等の食膳に供せられたため、平安時代にみられたような獣肉の禁忌はなく、豊富に動物の蛋白質を摂取することができ、武士の活動エネルギーの重要な要素となり、食事をたのしむことができるようになったのである。公卿は肉食を忌むという考えを堅持し、殺生禁断の令はしばしば出されたが、武士はこれをあまり気にとめなかったようである。「百錬抄」の嘉禎二年(一二三六)六月二四日の条には、多勢の武士が洛中の寺院の境内で鹿の肉をたべて、心ある公卿をおこらせたことがみえている。武家の世となり、武士の間では肉食を公然と行うこともあったのであろう。

平安時代の食生活は浄土教や陰陽道などの影響をうけることが多かったが、(ハ)この時代に新たにおこった新仏教のうちの禅宗は、坐禅や断食などの苦行によって心身を鍛錬し、その信仰の熱烈さと精進のきびしさはこれまでの貴族仏教にはほとんどみられないものであり、武士への感化力も強かった。だが禅宗は彼等の食品選択に制圧的影響をあたえるものはほとんどなかったのである。なお(ニ)彼等の生活は野外での活動が多く、日光を浴び新鮮な空気を十分に呼吸する機会にめぐまれ、運動を十分にして身体を鍛錬したことと相まって、肉体的にも精神的にも健康な生活を営むことができ、簡素ではあるが、健康的な生活文化を育成させたのであった。

食糧の生産法　(イ)荘園を基礎として生れた武士が、鎌倉時代になって農業の経営に直接あたったので、農業生産はいちじるしく発達した。(1)農具には鎌・鍬・鋤・鏠《かんな》などが主として使われており、前代からの継続であった。(2)灌漑用としては竜骨車・水車・戽斗《なげつるべ》などが一般化した。(3)牛馬の使用もかなり多くなっている。一六世紀の半ばの永祿年間に成立した「清良記《せいりょうき》」は三〇巻で、伊予宇和島の城主の土居清良の軍中日記や軍談などを集めたものであるが、とくに注目すべきは、松村宗案がその清良の農耕に関する問に答えた第七章であり、これは日本最古の農業書として珍重されている（「続日本経済叢書」所収）。この書には田地一町を経営するには牛馬二匹はどうしても必要なものであると記している。牛馬は武家用としてまた運搬用・雑役用としてその需要も多かったのであろうが、それは農耕用としても利用されたことが多かった。(ロ)二毛作はこの時代からようやく行われている。幕府は文永元年（一二六四）に諸国の百姓が水田の稲を刈り取ったあとに麦を蒔いて田麦と号し、その麦は領主が年貢としてとってはならないことを規定している。(1)農作物の種類も多くなり稲には早稲《わせ》と晩稲《おくて》、糯《もちまい》と粳《うるちまい》の種類は前代などからもあったが、この時代に入ってからは新たに疾中稲《とくなかて》が早稲と晩稲との中間のものとしてあげられている。「清良記」には陸稲《おかぼ》を含めて九六種の稲をあげている。南暖系の植物である稲が南北に長い日本にひろく栽培されてゆくためには、稲の多種類が必要であったのである。また畠作物では麦と豆が最も重要な作物であり、「清良記」には大麦一二種、小麦一二種、豆類には大豆・小豆・大角豆《ささげ》など五〇数種をそれぞれあげ、米・大麦・小麦・大豆・小豆をまたは粟・稗・黍・麦・豆を五穀として記している。その他蔬菜類も多くなった。(2)耕地も広くなり、鎌倉幕府は文治五年（一一八九）には上総・下総の荒野に浪人をあつめて開墾せしめ、建永二年（一二〇七）には、地頭に命じて武蔵野の開発を行うなど、あいついで大規模な開発につとめたので、関東から東北地方に耕地が拡大され、食糧の生産が向上した。

(ハ)漁業は前代とほぼ同様な方法が行われ、一般的に進歩はおそかった。(ニ)製塩技術は大いに発達し、塩浜という名称が鎌倉時代の初期にはすでにあらわれ、建久四年（一一九三）の僧の顕昭の陳状のなかに「塩干のかたのすなどりをとりてすすぎあつめて其の塩竈にたれて焼く也」と伊勢の塩田の状況をのべている。今日の塩田法にちかいことが行われている。(ホ)牛馬の農業への普及によって前代の牛乳も多少は使用されたのであろうが、この時代は平安貴族の没落にともないその影をほとんど没している。そして牛馬の肉を食用にすることもいよいよ行われなくなった。(ヘ)武士は巻狩などを行って猪・鹿・兎などをはじめ野鳥を捕えて食用としていた。

食品材料の増加　(イ)穀類はすでにのべたように、多種類となっているが、加工されて食品となると、前代とあまり大きな変化はない。(ロ)野菜の種類は多く(1)「清良記」には芋類二四種、大根類九種、蕪菜《かぶらな》類一六種、瓜類一四種、茄子《なす》類一二種、牛蒡《ごぼう》類三種のほか豊富な品種がのっている。これら以外の食品については次のように「庭訓往来《ていきんおうらい》」によってうかがうことができる。(2)野菜類には茄子《なす》・瓜《うり》・大根・牛蒡《ごぼう》・芋・蕗《ふき》・茗荷《みようが》・薊《あざみ》・芹《せり》・茸《たけ》があり、(ハ)果物には、栗・柿・胡桃《くるみ》・梅・李《すもも》・桃・楊梅《やまもも》・枇杷《びわ》・杏子《あんず》・梨が栽培され、柑橘類には柑子《こうじ》・橘・蜜柑《みかん》・柚子《ゆず》・橙《だいだい》・香橙《くねんぼ》・金柑《きんかん》・はなゆずなどの種類がある。その他、石榴《ざくろ》・棗《なつめ》・苺《いちご》（覆盆子）・百合《ゆり》・椎《しい》・銀杏《ぎんなん》・樫《かし》などがあった。(ニ)海藻類には和布・青苔・甘苔・海苔・昆布・滑海藻《あらめ》・水雲《もずく》などがみえている。(ホ)獣禽魚貝類は前代とほとんど同様なものが食品の材料となっている。(1)魚類は鯛・鯉・鮒《ふな》・鰈《かれい》・鰹《かつお》・鮭《さけ》・鱒《ます》・鯵《あじ》・烏賊《いか》・鰩《とびうお》・鰧《いしもち》・鮑《あわび》・蛸《たこ》・栄螺《さざえ》・蛤《はまぐり》・海豚《いるか》(鮓)・海月《くらげ》・海胆《うに》・老海鼠《ほや》などが使われている。(2)鳥類には山鳥・鶫《つぐみ》・鶉《うずら》・雉子《きじ》があり、(3)獣類には兎・猪・鹿・熊・狸などが食べられた。このような食品材料にはその名産地があらわれ、筑前の米、若狭の椎、大宰府の栗、宇賀の昆布、近江の鮒、淀の鯉などは有名であり、京都の市で販売された。

調味料の変化　武家の世の中になっても調味料としては塩・酢・酒・醬・飴(糖)・甘葛《あまずら》・蜂蜜・果実粉などは平安時代と同様なものが用いられている。(イ)醬《ひしお》のうち(1)穀醬《こくびしお》系のものは、みそ(未醬)などといわれ嘗物《なめもの》につかわれた。このことは北条時頼が平宣時と味噌を酒の肴にしたという逸話からも明白であろう。禅僧の覚心が径山寺《きんざんじ》味噌の製法を中国から伝え、紀州の岩佐でその槽底に沈澱《ちんでん》した汁で食物を煮ると美味であることを発見したことから、たまり醬油のようなものを紀州の湯浅で売り出したといわれている。だが、この時代にはまだ醬油と味噌とが分離していないのであり、室町時代になって、醬油は完全に独立して使用されるのである。

(2)肉醬系のものは「庭訓往来」には鳥醬・蟹醬などがみえている。これらはそのものを食品としたもので調味料ではなく、調味料の補助的なものであった。

(3)草醬系のものには、ほした大根に糖や麴《こうじ》をまぜて塩漬にした沢庵漬《たくあんづけ》が行われるようになった。さらに梅・桃・あんずなどの塩漬も行われた。とくに梅干は「世俗立要集」によると、武士の出陣の肴には新たにつけ加えられ、また僧侶の精進料理として流行しはじめた。梅干に紫蘇《しそ》を入れることも行われ、紫蘇は毒けしの効能のあることから用いられた。

(ロ)酒も調味料とされたが、特にうり・あんずなどを一度塩漬にしにものを酒粕《さけかす》につけこんで作る粕漬がおこった。

調理法　(イ)穀物の調理法をみると、(1)飯・粥の類は前代からうけつがれた調理法であって、蒸《む》した強飯《こわいい》が多かった。(2)米を精白して使うことは公家階級のわずかの人々の間に行われた程度であった。それも今日の半白米ぐらいである。(3)玄米食は武家や庶民の間に用いられ、一般的であった。(4)今日の飯と粥にあたる姫飯(固粥)と(5)水粥(汁粥)とは僧侶が用い、これらは一般食としても粗食のものであった。ところが鎌倉の末期になり、禅宗の食風がひろまると強飯は少くなり晴の膳だけに用いられるようになり、今日の習慣のように姫飯を常食とする傾向になった。(6)焼米が使われた。これは水に漬けておいて籾《もみ》をいり、臼でついて籾殻をとって食べたものであることが「吾妻鏡」にみえている。(7)庶民は米のほかに、麦を用い、米と麦をまぜたり、または麦と稗《ひえ》・粟などの雑穀をとりまぜたり、あるいは稗・粟だけを食べた。だが麦以下の雑穀は一般に広く食べられていたにもかかわらず、この時代にはすでに下賤のものとして考えられていた。しかし米飯はあまり食べられず野菜が多く、室町時代に入って米飯は庶民の一部ではときに主食物としているのである。

(ロ)副食の調理法には生食・焼物・煮物・蒸物・茹物《ゆでもの》・羹《あつもの》・汁物・煮凝《にこごり》・嘗物《なめもの》・醤《ひしお》・漬物・干物・鮨《すし》などの方法があったことは前代とほとんど変っていない。だが禅宗の影響をうけて精進料理が造られるようになると、変化が生ずるけれども一般にはむしろ武士の習慣による簡素な調理法で処理される傾向が強くなった。(2)野菜を料理するには「庭訓往来」には、大根をこまかく切ったせんろほ(せんじふ)・にぞめごぼう、くろにのふき・酢漬のみょうが・ゆで茄子・きうりのあまづけ・納豆・煎豆《いりまめ》等がよろこばれ、茸類の料理には、ひらたけ雁煎《がんいり》・酒煮松茸《さけいりのまつたけ》がある。また、(3)果実や海草・獣・魚などの肉は煮たり楚割《すわり》・塩引・膾《なます》・黒作《くろづくり》・鮨などにして利用した。さらに(4)禅僧の精進料理には

すり鉢を使う童女（餓鬼草紙）

食事の調進（春日権現霊験記）

特殊な調理が行われた。

(ハ)保存食には種類が多くなり、(1)削物《けずりもの》といわれた干物には、干鰹・干鮑《ほしあわび》・丸鮑《まるあわび》などが特に好まれた。(2)塩魚には鮭・鱒などが多く利用された。(ニ)「庭訓往来」に見える珍味なものとしての熊掌《くまのたなごころ》・狸沢渡《たぬきのさわたり》・猿木取《さるのことり》はともに足のかたい肉であり、豕焼皮《いのこのやきがわ》は脂肪づきの猪の皮を焼いたものであり、野趣に富んだもので武士の趣好にあったものであった。

(ホ)餅には、かい餅・黍餅・松餅・油揚餅・葛餅・搗込《つきこみ》餅が普及した。かい餅というのは、「宇治拾遺物語」には「児のかい餅する空寝入したる事」と題して比叡山の雛《ち》僧が寝たふりをしてかいもちいが出来あがるのを待っていたところ、起されたが、一度で返事して起るのもさもしく思われようと、起きないで次の声を待っていると、僧たちはそのまま、かいもちいに舌鼓をうっているので、やむなく「えい」と返事して僧たちに笑われたという話がのっている。このことからかいもちいは美味で子供にもしたしまれたものであることがわかる。かいもちいはどういうものであるか明確ではないが、おそらく牡丹餅《ぼたもち》のことであろう。この餅は女の言葉ではおはぎという。これは当時は酒の肴にもされ、後には魚などをそえて出したようである。(ヘ)加工した菓子の餢飳《ぶと》・環餅《まがり》・煎餅《せんべい》・

焼餅・粢《しとぎ》・膏糫餅《おこしごめ》・索餅《さくべい》・粽《ちまき》が一般化した。(ト)料理を専門とする職人があらわれ、庖丁師といわれた職人は魚鳥調理の専門のものであった。なお料理は男性も庖丁をにぎってつくることが多かった。

食器の向上　この時代の食器具は(イ)一般庶民の間で用いられた食器には木製の盤・杯・椀があり、食器をのせるものには折《お》敷《しき》があった。木工の道具も前代よりも進歩し、鉋《かんな》・鑿《のみ》・槌《つち》・鋸《のこぎり》・斧・黒壺・曲金・轆轤《ろくろ》など非常に多種類のものが使われていたため、木製食器の製作も質・量ともに前代よりも向上し普及した。

(ロ)武士階級の使用した食器には(1)漆器碗や盆・茶の湯に用いる抹茶《まっちゃ》茶碗の一種で浅い摺鉢《すりばち》型である天目《てんもく》、天目の一種である建盞《けんざん》・茶碗・茶釜(茶瓢《ちゃひょう》)・茶桶《おけ》・茶杓《しゃく》・湯瓶《とうびん》・鑵子《かんす》などの類があり、これらが「庭訓往来」にみえ、いずれもそのまま武士にとり入られたものであった。(2)また従来の食器に禅宗の影響をうけた食器が用いられ、檜などのヘギを折り曲げて作った折櫃や、餅や強飯などを入れて人に送り、また他所にはこぶ食器である外居《ほかい》などもある。(3)高坏・折敷《おしき》・衝重《ついがさね》・懸盤などは前代と大差はなかった。

特にこの時代の食器には(ハ)有釉《ゆうゆう》陶器が使用されている。これは奈良朝時代に製作され、平安時代には尾張の常滑《とこなめ》などでわずかに作られた。(1)鎌倉時代になって宋の製陶技術の伝来により、青磁《せいじ》・白磁が流行し、国内で多く生産されるようになった。尾張の瀬戸が大産地として発展し、常滑・近江の信楽《しがらき》・丹波・備前・越後などでも作られた。(2)瀬戸においては宋に五年間いてこの地の製陶技術を学んだ加藤景正が業をひらいたのに始まり、はじめは茶褐色の釉《うわぐすり》をほどこし、その上に黒釉をほどこしたいわゆる鶉斑《うずらふ》というものであった。文永年中に第二代目の藤四郎が黄色の釉を発明し、その作品は茶器が主であった。陶器を総称してセトモノという名称の生れたのは、尾張の瀬戸からおこったのである。

鎌倉彫の飲食器　京都　南禅寺

(三)漆器にはその一種として木器の(1)鎌倉彫《ぼり》が鎌倉の特産としてこの時代にはじめてあらわれる。これは木器に花形・雲形などを浮彫し、黒漆を加え、さらにその上に朱塗で装飾したもので、運慶の孫の康円が、宋人の陳和卿《ちんなけい》とともに仏具をつくったことから始るという。鎌倉彫の食器も多くつくられ、その図柄は平安時代の金色燦爛たる蒔絵とくらべると素朴ではあるが、雅趣があって、時代精神をよく発揮している。(2)この時代末期には紀伊の根来寺《ねごろ》の僧が朱塗または黒塗の食器を製作し、これは根来塗とよばれ、鎌倉彫の食器とともに特色を発揮した。

武士の食膳と政道　「祇園精舎《ぎおんしょうじゃ》の鐘の声、諸行無常の響あり」、「奢《おご》れる者久しからず、唯春の夜の夢の如し」といった有名な「平家物語」の巻頭の言は、平家滅亡の真相をうたったものである。頼朝が彼の根拠地を京都をさけて鎌倉に定めた一つの理由には、再びおごれる平氏にならないということであった。そのため鎌倉幕府は衣食住、とくに食事について質素倹約を励行するためにあらゆる努力を払っている。鎌倉幕府の為政者はこの質素倹約が政治の大根幹であり、これを政道と考えていたのである。

(イ)日常の武士個人の食事については(1)「吾妻鏡」の建久元年（一一九〇）十月十三日の条には、遠江国の菊河宿において、佐々木二郎盛綱が、鮭《さけ》の楚割《すわやり》に小刀をそえ、折敷《おしき》にのせて、頼朝の宿へ送って、「只今これを削って食べたところ、気味がすこぶる懇切です。時をおかずに召上り下さい」という旨を申させると、頼朝は非常に賞味して、かつ折敷に自ら「待ちえたる人の情もすはやり（楚割）の、わりなく見ゆる心ざしかな」としたためてかえした。武士の食事の程度がわかる。(2)また「徒然草」には平宣時の老後の話として、最明寺入道時頼の質素であった逸話をしるし、時頼が夜半に宣時の来訪をうけたとき、台所の棚に小土器《こかわらけ》に少し残っていた味噌を肴にして心よく酒を飲んだことが伝えられている。(3)また同書には足利義氏が時頼の訪問をうけた時、のしあわび・かき餅などでことをすませていることがみえている。(4)「世俗立要集」には、承久から以後の武家の肴には梅干《うめぼし》・打鮑《うちあわび》・海月《くらげ》の三種に酢と塩をそなえたものが多かったことを指摘している。

(ロ)饗応や宴会についても同じ傾向がみえる。(1)「吾妻鏡」の治承五年の条には、正月の元日に頼朝は法華経供養聴聞のことがあってから後に、千葉常胤が垸飯《おうばん》を献じて将軍をもてなしている。この時に出されたものは一酒一肴である。将軍をもてなす場合でさえこのようであった。(2)垸飯《おうばん》というのは元来は釜で煮た飯を垸《わん》に盛りつけたものであるが、この時代は正月に宿将・老臣などが将軍を自分の家に招いて饗応することであった。「源氏物語」の「宿木」の巻には「屯食《とんじき》五十具」「垸飯など世の常のやうに」などとある。垸飯は平安時代からあったことであり、朝臣が参内したときに、多勢のものに殿上や台盤所や滝口などでもてなす食物であったのである。右の屯食というのも今日のむすびにあたるもので、垸飯と同様にたち働く役人にあたえた弁当の類である。武家は平安末期には宮中の公事や祝儀の日などにこの垸飯をあたえられていたのであるが、今や武家の時代になっても、垸飯で満足していたのである。(3)幕府が仁治二年（一二四一）一一月に酒宴には風流菓子を用いることをくり返して禁止している。建長四年（一二五二）九月には鎌倉をはじめ諸国の市において酒の売買を停止した。そして励行しない者には法をもって処断することも厳達している。建長四年の禁令のときには関東に旱魃《かんばつ》があったので、米を確保することも一つの理由であったらしいが、

遊宴（一遍上人絵伝）京都　歓喜光寺

旧醸の酒壺まで破壊させているのは勤倹質素の食生活が主なねらいであったようである。

（ハ）武家の食膳は、単に食品の数量の少いことだけではなく、経済的な立場からも減食を時には行っている。泰時の執権の時代には有名な寛喜年間に大飢饉がおこった。泰時は卒先して無駄と思われる経費を除き、極度の倹約をなし、食膳まで減じてこの難局の救済にあたったことは、「渋柿」の中にくわしく、「夜の燈なく昼の一食をとどめ、酒宴遊覧の儀なく」とみえている。また「明月記」寛喜二年（一二三〇）十月十六日の条には「万邦の飢饉、関東の権勢以下は常膳を減ずるの由」とある。将軍自らが一食をとらないでそれによって余財を得ようというのである。武家の食事の質素も、ときにはこのように徹底していたのである。だが、このような鎌倉武士の質素な食事は、幕府の存続と国家の繁栄に直結するという重要な政治思想のあらわれであり、これが励行されているかぎりは、幕府の存立は安泰であった。これが行われず、酒宴を日夜催す高時の時代になるにおよんで、ついに鎌倉武士の生活は終りをつげることになる。

公家の食風　鎌倉を根拠とする武家に対して、旧貴族は京都において伝統をうけつぎ、公家文化を保持し、独自の生活形態をとっていた。（イ）公家の食膳には前代以来の肉食をいむ風習がうけつがれていたがこれを厳守することは彼らにとっても困難となり、時には公然と肉食するものもあらわれている。(1)「明月記」の安貞元年（一二二七）十二月十日の条には、近代の公卿は多数集まって好んで鶴《つる》や鶉《うずら》を食べるということがみえている。さらに兎や狸を食べるという噂《うわさ》も記されている。なお(2)同書の寛喜二年（一二三〇）九月三十日の条にも、役人が勅使坊で魚鳥の料理を食べ、酒を飲んで告訴されたことがのっている。このようにこの時代は彼等も武士の食生活に影響されたのであろうか、肉食をおそれないものが多くなってきている。

(ロ)酒を飲むことも京都の貴族は多く、その弊害もあらわれ、短命でおわる者も少なくなかった。(1)「花園院御記」には正中二年（一三二五）十月に死亡した前の関白内経は酒をのみすぎて三五歳で没し、その先代も酒のために早世であったと記している。(2)「愚管記」の永和五年（一三七九）正月の条にも日野大納言忠光卿は体に水腫ができて苦しみ、四六歳で死亡したが、その死亡原因は大酒によるものであったことがみえている。(ハ)彼等の前代からうけつがれた形式的な食風はこの時代にも保持されていた。(1)食品に貴賤の区別をつけることが行われていた。「徒然草」には鯉は「やんごとなき魚なり」とあって尊重され、酒は「あやしき物」として軽視されていたことが見えている。また、「鳥は雉、さうなき物なり、雉・松茸などは御湯殿の上にかかりたるも苦しからず」とみえ、雉や松茸は尊重されている。鮎は尊重されたが、鯛や雁などは軽視されていた。このような貴賤の区別は味や栄養によるものではなく、先例を重んずる故実家の説をそのままうけいれたものである。(2)庖丁師が貴人の前でその腕前をみせるほかに高位高官の人が、その技術を誇りとすることもあった。「徒然草」にも権中納言基家の子の藤原基氏が百日の間鯉料理の練習をしたことがみえている。(3)「古今著聞集」によると、鯉や蜜柑などの食品についてもその切り方、食べ方に故実があったことがわかる。(5)食事の作法もことこまかな伝統があった。「世俗立要集」には貴人の前で酒をたまわるときは、肴は食べてはならない、ただし、「時の珍物などに手をかけぬは、かへりて法なし、手にとりて少は食べし」、すべて肴は箸にはさんで貴人の前では食事をしてはならない。だが「内々納涼の時は子細なし」ということが見えている。

喫茶の勃興　茶は(イ)奈良時代から貴族や僧侶の一部が飲んでいた。(ロ)平安時代になると、「延喜式」には尾張・長門の両国から茶椀を奉る規定や在京の隼人《はやと》に大きな茶籠を作らせることが記されている。さらに源高明の日記には大内裏のうちに茶園があり、造茶所や造茶使という役人のおかれていることがみえている。したがって平安貴族の一部では茶は薬として好まれていたようである。ところが、平安末期には貴族や僧侶の間にもほとんど喫茶は行われなくなった。

(ハ)鎌倉時代になると、喫茶はふたたび行われることとなる。これは(1)栄西が宋に二度留学し、そのいずれかの折に茶の実をもちかえって、筑前の背振山《せぶりやま》に植えた。その実のあまりを明恵《みようえ》(高弁)がもらって、山城国栂尾《とがのお》にうえた。これが栂尾の茶の起りであると伝えている。また宇治にも植えたので、宇治茶の起源となった、といわれている。(2)栄西は「喫茶養生記」をあらわし、中国の製茶の法も紹介し、茶の葉を朝つんで、これをあぶり、あぶる棚には紙をしき、その紙が焦げないように火であぶり、竹葉をもってかたく口を封じた瓶に入れてたくわえる、とのべている。当時はわが国でも、このようにして茶をつくったのである。(3)茶を喫する法として「喫茶養生記」には、一寸四方ほどの匙に二、三匙茶を入れて、極熱の湯で飲む、とくに濃いのが美味であるという意味のことを記している。おそらく今日の抹茶のようなものであったろう。

(4)茶の効能について、「喫茶養生記」には、「茶は養生の仙薬なり、延齢の妙術なり」と記し、茶は妙薬であるとのべている。そしてこれを飲めば酒を醒《さま》し、「人をして眠らざらしむ」とのべ、茶と酒・睡眠の関連性を強調しているが、これは今日われわれの経験と一致するところである。さらに腎臓病・中風・瘡病・脚気などには茶は効能があると指摘している。「吾妻鏡」には将軍実朝が宿酔になやんでいた時に、栄西は良薬であるといって茶をさしあげたところ、将軍によろこばれたということがみえている。喫茶がやがて上下一般に流行するようになるのは、右のような妙薬であるということが大いに人々にうけ入れられたものであろう。それがやがて風味を味わうことに重点がおかれるようになったものであろう。

(5)茶の会も鎌倉末期には行われている。だが室町時代の茶道とは相違し、さびも、わびもないものであった。「花園院御記」の元弘二年(一三三二)六月の条には、近臣らが飲茶の勝負をやるのに賭物《かけもの》を出して、茶の味を識別してある会を催していることがみえている。また「太平記」の「天竜寺建立の事」の条に、「食には八珍を尽し、茶の会酒宴に若干の費えを入れ」というように、茶の会と酒宴とを併称し、二つを同格のものとしている。したがって鎌倉時代末期から室町時代のはじめにかけての茶会は茶味の識別を争う集まりであり、その識別の精拙にスリルを求めたものであった。なかには七〇服茶とか、一〇〇服茶とかいって、七〇種もしくは一〇〇種の茶の識別とすることに興ずることもあり、その識別の名手もあったようである。(6)鎌倉時代の茶の産地としては、「庭訓往来」には栂尾《とがのお》を第一にあげ、仁和寺《にんな》・醍醐寺・宇治・葉室《はむろ》・般若寺《はんにゃじ》・神尾寺を第二とし、そのほかに大和の室尾・伊賀の八島・伊勢の河居・駿河の清見・武蔵の河越をあげている。このように、鎌倉末期には全国的に喫茶の風は僧侶・武家・公家だけでなく、庶民の間にも行われるようになっていたことが知られるのである。

精進料理の登場　鎌倉時代には、栄西や道元によってひろめられた禅宗をはじめ、新仏教が起るにおよんで、将軍や諸大名の間にはそれらを信仰するものが多くあらわれ、やがて寺院には肉食をさけて油を用いる精進料理が発達するに至った。のちには民間にもこの調理法がつたわり、仏事や日常の食膳にも用いるようになった。(イ)精進料理をみると、「庭訓往来」には、(1)斎《とき》の汁には豆腐汁・辛汁・豆腐糟・とろろ汁・竹の子汁をあげている。(2)またその他の料理に、大根を細かに切ったもの、黒煮の蕗《ふき》・煮染の牛蒡・昆布・青海苔・若布《わかめ》・酢漬の茗荷・ゆで茄子・胡瓜の甘漬・納豆《なっとう》・煎豆《いりまめ》・豌豆・薊《あざみ》・薺《なずな》・芹・酒煮の松茸などが用いられた。

(ロ)精進料理の一つに点心《てんじん》がある。これはてんしんともいい、寺院では茶子《ちゃのこ》とも称した。(1)点心とは禅僧のとる間食、またはその間食品を称したもので、少し腹にたまる物を食べて軽い空腹をおさえているのである。江戸時代の「貞丈雑記」には朝夕の飯の間にうどんまたは餅などを食べることを昔は点心といったが、今は中食とか「むねやすめ」などというように軽食をさしたとのべている。(2)鎌倉時代の「沙石集《しゃせきしゅう》」の得二仏教之宗旨一人事には、「武州ノ或寺ノ長老宋朝ニワタリテ彼等ノ行儀ヲウツシヲコナフ故ニ、十三人ノ僧ヲ十二人ハ寺官ニサシテ点心イトナミケル時、一人ノ僧ヲバ堂僧トテ点心ヲクワセズ、大ナル寺ニ堂僧オホカル故ニ官人バカリニ点心スルヲ、マホル格式オコガマシクコソ。此事ハ宋朝マデ聞タル勝事也」と記している。僧侶の間食の習慣は以前からあったのである。点心の語は鎌倉時代になり、禅僧によって輸入されたものであろう。(3)点心に木菓子と穀物を主体として加工した唐菓子の二種類がある。木菓子は柑子《こうじ》・ほそじ・栗・柿などすでにのべたような品々を利用した。唐菓子には前代からの餢飳《ぶと》・環餅《まがり》・煎餅・焼餅・粢《しとぎ》・膏糫餅・索餅・粽《ちまき》などのほかに、「庭訓往来」には水繊《すいせん》・温糟《うんそう》・糟雞《そうけい》・羊羹《ようかん》・砂糖羊羹・饅《まん》頭《じゅう》・索麪《そうめん》・碁子麵《きしめん》・温　餅《あたたかもち》などがみえている。水繊はその製法は明確ではないが、江戸時代の伊勢貞丈の説によると、葛粉《くずこ》を水に和し火で練り、ひらたい鋼の鍋の内に、練った葛をうちあげて湯気をさます、たいらに固まるとそれを細かく短冊に切って煎る。酒に浸して食べる。くちなしの汁で黄色にしたものと、つけないものとをまぜて盛ると、その黄白が美しいので、水仙羹とよばた。水繊とかくのはこまかく切るからである。温糟《うんそう》は甘酒の中に入れる飯である。糟鶏は蒟弱《こんにゃく》を切ってたれ味噌で煮たもの。羊羹は赤小豆のさし粉・砂糖・葛の粉・糯米の粉を練り合わせて蒸して切ったもの。砂糖羊羹は羊羹にあまずらを入れて作ったものである。饅頭は甘い餡《あん》の代りに、野菜や豆を入れて塩味にしたものを中に入れたものである。

(ハ)精進料理は動物性の食品をとらぬので、油料理を用い、食品を油であげることが多かった。菜種・大豆・胡麻・榧《かや》・椿などから油をとって、これを利用したのである。豆腐も油であげている。

戦陣食の形成　(イ)武士が戦場において合戦を行うためには、日常の食事とは異なったものを食べる必要があった。「吾妻鏡」には当時の戦事食がみえている。戦場で用うる(1)兵糧米は一二世紀末に平清盛が高倉院の院宣をうけて、諸国の公領荘園に課したのを初見としている。この時代には兵糧米とか単に兵糧と称するようになり、戦術には兵糧攻という法も考えられている。武士は兵糧米を分けあたえられて戦いにのぞんだ。(2)兵糧米は玄米であり、これでつくった飯は当時の史料には黒米飯とある。設備のない戦場では、夏には飯がすえてしまうので、時には米を手拭でつつみ、水に濡らして地に掘りうずめ、その上で火をたいて飯をつくったであろう。(3)さらに民家から飯を徴発したり(4)万策つきたときは生米を水にふやかす方法もとったのであろう。(ロ)兵糧食品には玄米のほかに(1)焼いた握り飯を竹の皮や木の葉などにつつみ、袋に入れたものをもっとも多く携帯したのであろう。これは屯食《とんじき》とよばれ、平安時代に客を多勢招待したとき従者に食べさせた握り飯に相当するものである。(2)また糒《ほしいい》・焼米・梅干・味噌・塩・胡麻・鰹節を携行した。梅干は息切れの薬にも使用され、消毒力が強いので特に夏期食品としては貴重なものであった。味噌は乾し、また焼いて丸め、塩は固形にした。(3)澱粉加工品では麦焦《むぎこがし》や餅類も利用された。(4)乾魚・塩魚・海藻・野菜類なども利用されている。

(ハ)武士の戦陣の門出には酒盛が行われた。(1)その形式は平安後期に宮中で催し事のある日に、その警固にあたる滝口《たきぐち》の武士に、三献を給したやり方とほぼ同様である。その三献のうちの初献の肴は高坏にすえて、打鰒《うちあわび》・搗栗《かちぐり》・海《くら》月《げ》などを出した。打鰒は鰒(鮑)を打ちのばして乾したもので、のし鰒ともよび、削って三筋か五筋かを盛った。鰒の貝は昔から百年の生を保つという長生の貝である。その身はたたきつけると、金箔のようにだんだん大きくのびひろがる。これがのしである。こののしを熨斗《のし》とかく。こうした縁起をかついだもので、これを白木の台の上に何枚ものせるとかさも大きく重いので、後にはのしを末広に切って何枚かをかさね、細い方を束ねて台にのせた。現在、人へ物を贈るときののしはこれが変化したもので、その品を水引で結んで、上に小さい折紙の飾りをつけているが、この折紙は主ではなく、中につつんである細長いのが主体であって、これがのしである。束ねてのしにすると高くなるので、このように贈り主は簡単にしているのである。武士の食事形式がこのように変形して今日にまでのこっているのである。(2)ところが鎌倉武士の出陣の酒宴には、言葉の縁起を尊び肴にはとくに打鰒と堅栗《かたくり》、さらに梅干を新たに加えて祝うようになった。敵を打ちほろぼして勝つという意味をもったものである。凱旋したときは、打鰒といわないで、のし鰒とよんでこれを用いている。のしは伸しの意で、威風をのばす意味であるという。

(ニ)このような戦陣食が形成されるにともない、日常の食品にも影響をあたえた。「徒然草」には、鎌倉方面の老人の思出話をのべている項で「鎌倉の海に出づ鰹という魚は、彼のさかひには更になきものにて、此頃もてなすものなり。それも鎌倉の年より申し侍りしは、此魚をわれ等若かりし世までは、はかばかしき人の前に出すこと侍らざりき」とみえている。鎌倉の上流人はもとは鰹を食べなかったのが、これが食膳にあがるようになったのも、カツオは勝男に通ずることから、下魚といわれたにもかかわらず、武士階級に用いられ始めたとも考えられる。縁起をかつぐ武士の出陣食は初鰹を賞美する風習を鎌倉に発祥せしめる結果ともなったのであろう。

一日三食制の発生　すでにのべたように、(イ)奈良時代は「正倉院文書」の税帳や写経所の報告によると、食事は一般に朝夕は二回であった。(ロ)平安時代には辺境の兵士や機織工などは間食料の米を支給される規定が「延喜式」には規定されている。この時代は労働する人々は昼食にあたる間食をとっていたが、一般の人々は二食であった。(ハ)鎌倉時代になると、(1)順徳天皇の「禁秘抄」には、御膳事として、「三度供之間」とみえ、朝廷の食事は三食となっている。したがって公卿もこれにならったのであろう。一五世紀のはじめの「海人藻芥《あまのもくず》」という書には、「毎日三度供御《くご》」と記している。しかし、三食といっても昼食は漬菜のような簡単なものですまし、あるいは夜食や間食をしたらしく、今日のような昼食とは内容が違っていたようである。また後醍醐天皇の「日中行事」には朝膳は午刻《うまのこく》で今日の正午であり、夕膳は申《さる》刻すなわち午後四時になっている。したがって鎌倉時代の宮中では二食が原則となっていたようである。

(2)僧侶の食事は前代まではたいてい朝食のみの一度であった。ところが、鎌倉時代になると非時《ひじ》と称して日中にも食べ、さらに夕食もとるようになった。明恵などは自分を犬侍者だといって、菓子などを多く食べたといわれている。「古今著聞集」によると、一二世紀の末には比叡山の山法師も、興福寺の奈良法師も三食で、山法師は未《ひつじ》申《さる》の刻、今日の午後三時に非時を食い、夕方には坂本辺に集まって夕食をとったことがみえている。

(3)武士は平時は朝夕の二食が普通であった。しかしその分量は三食分に当っていたようである。「室町殿日記」にも「何と朝夕の飯、他家に替りて少きをふしぎとせらるると見えたり」とみえている。だが戦場などで労働のはげしいときには、三食をとるようになった。この昼食をとる習慣は僧侶からの影響をうけたものであろうが、戦乱の打続く世となるにつれて、武士の慣習となり、平時でも三食制となり、やがて京都の公卿にも影響をあたえ、室町時代にいたって一般化するに至るのである。

保健食品の重視　体を強健にして、長寿を保とうとする人間の願いは古今東西を問わず、みな同じである。王朝時代は隋唐の医学が輸入されたとはいえ、医家自らでさえ陰陽道を重んじていた。(イ)ところが鎌倉時代になると、日常の生活には医学が必要であることを認識するようになったことは注目すべきことである。兼好法師の「徒然草」には「人の才能は文あきらかにして、聖の教へを知れるを第一とす。次には手かくこと。（中略）次に医術を習うべし。身を養ひ、人をたすけ、忠孝のつとめも医にあらずばあるべからず。次に弓射（中略）。必ずこれをうかがふべし。文武医の道まことに欠けてはあるべからず」とのべ、文武医の三者をおさめることの必要を強調しているのである。

(ロ)医学衛生書が多くなったことも医学を認識しはじめた証拠である。しかもこれらの書物はいずれも食物が健康に直接関連性をもつことをとらえているのが特色である。(1)栄西の「喫茶養生記」のことはすでにのべたように茶が諸種の病気に効能のあることを説いている。(2)梶原性全の「頓医抄《とんいしょう》」巻四〇には、灸《きゅう》や温泉で治療をするときや、頭痛・目病・鼻病・耳病・歯痛・喉腫《のどはれ》病・胸腹痛・腰痛・脚気・咳嗽《がいそう》（せき）・黄疸《おうだん》・霍乱《かくらん》・腹脹・腹病・飲水・消渇《ちょうかち》（婦人の淋病）・淋病・伝屍《でんし》病（肺病）・不食・吐血《とけつ》・髪落・寸白（こしけ）・天行時気・瘧《ぎゃく》（おこり）・金瘡《きんそう》（きり傷）・ハンセン病・長血《ながち》（子宮出血）・中風・傷寒《しょうかん》（チブス）・赤斑瘡（赤ぶち）・腹水《ふくすい》（腹に液のたまる疾患）・丁瘡・疱瘡《ほうそう》などのそれぞれの病気のときにとるべき食物と、とってはならない食物をあげている。

（ハ）また、食い合わせを忌むことも行われた。「簾中抄《れんちゆうしよう》」「庭訓往来《ていきんおうらい》」「拾芥抄《しゆうかいしよう》」などにみえている。(1)「簾中抄」には、粥《かゆ》と飴《あめ》、飴《あめ》と蒜《ひる》、なましき魚と稗《ひえ》。「立秋ののち氷水を飲まず」「酒によひて顔に水をそそぐべからず」などの食い合わせや保健上の注意をあたえている。また、多く食べてはならぬものには、棗《なつめ》・柑子《こうじ》・李《すもも》・柚子《ゆず》・なま柿・からももなどがあげられている。その他妊婦のとってはならない食品もあげている。なお季節によって食べてはならない食品をあげ、たとえば正月には鼠《ねずみ》の食べ残したさかなを食ってはならないとのべている。(2)「拾芥抄」には、一二ヵ月の食禁物をあげ、正月には生葱《なまねぎ》・宍《しし》・鼠の食べ残り、二月は菟《うさぎ》の肉、寅の日の魚、三月には小蒜《ひる》、四月には大蒜、五月には韮《にら》・雉《きじ》、六月には沢の中の水、芹菜《せり》、七月には生蜜、八月には生薑《しようが》、九月には猪肉、霜瓜、一〇月にはなるはじかみ・霜生菜、一二月には鼠の残物、麻・大豆・粟・韮《にら》などをあげている。

武士の健康と食物

（イ）鎌倉武士は、その主君である将軍と主従という相対的関係の下に存在していたので、生存のためには自己の自由意志を制して、主従関係からおこる種々の規範や道を守らねばならなかった。それが武士道であり、そこに強い精神力と肉体とが必然的に要求された。(1)重い甲冑《かつちゆう》を身にまとっての戦場での活躍は、彼等の体力の優れていたことを語る一面であろう。彼等が健康で体力がすぐれていたのは、一見粗食ではあるが、実質的で健康的な食物摂取を行っていたことにあることは見逃すことはできない。(2)江戸時代の中期、すなわち一八世紀末から一九世紀の中ごろに生存していた喜多村信節の書いた「瓦《が》礫《れき》雑考」には「二合半の食は武家に定まる所（中略）云々」とあり、「新武者物語に人の食物は朝夕二合五勺づつ然るべし」とみえ、武士の一日の食事は二食で、朝夕各二合半、一日五合が一般的であった。江戸時代の一人扶持の基礎単位もこれによって定まり、武士の俸禄が計算される根拠となった。

(ロ)鎌倉武士の食事は簡素であったが、玄米食であったので、玄米からとる栄養によって、カロリーやビタミンの不足を補うことができた。また彼等は公家のように肉食を忌むことは少く、動物蛋白質をとる機会が多かった。その上彼等は馬術・射術・水練・角力などの武芸や運動によって心身をきたえたので、強壮な体格を保持することが可能であったであろう。

(ハ)京都の公家階級はこの時代も、飲酒の害が多く、短命におわった者も少くなかった。とくに彼等の形式的な食風は肉食を忌む風習とともに質量や栄養の偏在を招き、屋内を主とした運動不足の生活と相まって、不健康な体格をつくる結果となった。

鎌倉文化と食物　(イ)この時代の文化全般の様相をみると、(1)武士はこの時代の主流を占めていた。(2)武士は公家と接触することにより、古典文化の上に大きな革新的運動をおこしたが、独自の文化を形成し発展せしめるまでにはいたらなかった。それには次の室町時代を待たねばならなかった。(3)宋との交通によって宋文化の影響がいちじるしく文化の様相に反映している。

(ロ)このようなことは鎌倉時代の食物文化の上にもあらわれている。(1)公家の形式的な偏食的傾向は依然として堅持され、不健康な生活が続けられた。(2)禅宗にともなって中国風の食品・調理法・食法が伝来し、それが禅寺で行われると、禅が武家に信奉されたため、必然的に武家が禅宗風の食風をとり入れる結果となった。菜種・大豆・胡麻・榧《かや》・椿などから各種の油をとり、食物を油で揚げる事が盛んに行われるようになった。宋から豆腐も輸入され油で揚げた。武士の食事は簡素ではあるが、食品の選択は自由であり、禅宗風の食事をとり入れ、さらに精進料理も加えて、和食の完成への基盤をつくることとなったのである。

第九章　禅風食の普及（和食発達時代）室町時代

時代の概観　鎌倉幕府は一四世紀の中ごろ滅亡し、建武中興の世となったが、(イ)足利尊氏の叛となって、南北朝時代となり、やがて足利義満の時代になって両皇統の合一が実現、世は足利氏の政権に委ねられて二三〇年間の室町時代となる。この時代の前半は足利将軍の威信ある時代であり、中ごろには応仁の大乱があり、その後半は戦国時代となり、群雄割拠・弱肉強食の世となって、世の秩序は乱れた。

(ロ)足利幕府は鎌倉幕府を手本としながらも、京都の室町に根拠をおいたので、公家生活の影響をうけることが多く、将軍自らも公家的生活を営み、武家本来の質実剛健さは消え去って次第に生活は奢侈的・消費的となり、政権は弱体化することとなった。

(ハ)足利幕府は成立の当初からその基礎は不安定であった。その一因は守護の勢力があまりにも強大であったからである。頼朝は自己の政権確立のためには、少しでも勢力のある家人はもとより兄弟さえも強圧を加えてこれを滅ぼした。だが尊氏は一族家人を遇することははなはだ厚かった。このことは多難ならちにも、彼を成功させた原因でもあったが、これと同時に恩賞過重となり、必然的に守護特に数国の守護をかねた三管領や四職の勢いを強大にさせ、ひいては幕府勢力の動揺となり内乱を生じさせ、遂に将軍継承問題に端を発する応仁の乱（一四六七）となった。この乱は一一年間もつづいたが、公家の没落ははなはだしく地方に離散して大寺や諸大名に頼るものが少くなかった。将軍義政は職を九歳の子にゆずって東山に別荘をいとなみ、趣味生活に日夜をおくった。その反面、東山山荘を中心とする逃避趣味が禅と茶を中心とする東山文化を形成した。

(ニ)室町時代の文化の特質をみると、(1)武家文化は鎌倉時代には政治・経済・社会に主体的役割を果して武家階級の意識を反映していたが、この時代に入って漸く主流を占めることとなった。(2)また宋元文化や禅宗文化の影響がいちじるしく入ったために文化の様相は複雑化して、「さび」・幽玄・枯淡をもつ文化が形成された。(3)一方庶民が台頭し、連歌・小唄・狂言・お伽草子《とぎぞうし》などを愛好し、享受する者が多くなった。

食糧の生産法　(イ)室町時代における農業は、農業技術の改善・農作物の改良などによって生産が向上した。(1)稲の栽培については、旱害・冷害・虫害を少範囲にするために成熟のちがった早稲・疾中稲《とくなかて》・晩稲の栽培が前代からひきつづいて行われた。そして稲の品種の改良もなされている。(2)この時代に農業生産の向上したことは、段当り収穫量の増大となってあらわれている。この時代の山城地方の段当り収穫量は上田一石三〜四斗、中田一石一〜二斗、下田八〜九斗(三〇〇歩一段、京枡による計算、京枡は現在の九合八勺)であり、これを奈良時代の上田八斗四升、中田六斗七升、下田五斗に比較すればいちじるしい増加を示している。(3)農業生産力の増大は農民の手に余剰生産物を蓄積せしめるとともに、農民が商品流通に介入し、商品市場をいちじるしく増大せしめ、地方的特産物の生産を可能とした。大山崎の油、山城や大和の茶などはその有名な例である。(4)この時代の耕地の拡大は幕府としての努力はあまりみられないが、大国大名によって新田開発が行われた。また(5)灌漑事業も諸大名の仕事として行われ、甲州の信玄堤のように、戦国の名君といわれるものは大ていその名を冠してその功を後世に伝える事績をのこしている。

(ロ)漁業については商業発展がいちじるしくなったことにともない、魚が商品として多く取引されるようになった。だが、(1)生魚を遠隔地に送ることは不可能であったので、塩ものか、乾物としなければ取引はできなかった。京都を背景とする淀の魚市などは鎌倉時代から栄えていたが、この時代に入ってからも塩物とえび・かに・貝・蛤などの乾物が主であった。しかも浅海性の漁獲物であった。(2)この時代の後半になると、造船技術の進歩にともなって、地獄網の発明、大謀網《だいぼう》の使用があり、曳網《ひきあみ》なども大きなものとなった。戦国末期の検地帳などには、紀伊方面では一村の鰹餌網が一五〇余帖と地獄網・まかせ網・磯掛網などがあって、沖取の網である細魚網も三〇余帖に及んでいる。このように沖取漁業が次第にあらわれてくるのである。

(ハ)塩の需要の増大にともなって製塩業は発展し、この時代になると不完全ながらも各地の塩田に防波堤が作られるようになる。広さは三反歩ぐらいのものが普通であったようだ。主要な産地は瀬戸内海沿岸であるが、この地域はその自然的条件と、京への輸送の便などによりいちじるしい発展をなしたのであるが、室町時代には、戦国大名の塩浜の開発などにより、諸地方にも普及するに至った。文安二年（一四四五）正月二日に兵庫北関を通過した商船六一隻の半数は塩船であって、他は米や材木などであった。このように室町時代は塩の生産が向上したので、塩問屋や塩商人が多くなり、淀の魚市も魚と塩の市場として繁栄するのである。

食品材料の向上　主要食品である(イ)米はすでにのべたように、室町時代はいちじるしく生産力が向上したため、主食として活用されることが多くなったことはいうまでもない。(ロ)雑穀としては、大豆・小豆《あずき》・大角豆《ささげ》・小角豆などの豆類や、粟《あわ》・稗《ひえ》・黍《きび》・蕎麦《そば》なども常食の一部として生産されている。

(ハ)野菜類も種類が多くなり、生産範囲が拡大した。(1)その一端を語るものは一四世紀ころに作られたといわれる「高山寺縁起」の絵巻に、街道沿いの小売店に隣接して、ささやかであるが菜園がみられる。この菜園で自分の家で消費する野菜をつくった。このようにこの時代には自家菜園は全国的なものとなった。都市の近傍でも菜畑や野菜畑が点在している。また(2)室町末期になると、野菜栽培は関東方面に普及したらしく、遠江国相良庄《さがらのしょう》では野菜運送の専用の船があったことが知られている。とくにこの時代の精進料理の発達にともないその消費量も多くなった。(3)野菜の主な種類として牛蒡《ごぼう》・蕗《ふき》・茗荷《みょうが》・芋・茄子《なす》・胡瓜《きうり》があげられる。特に瓜は西瓜《すいか》がなかったために、しきりに賞味され、大和瓜とか近江瓜が有名になり、京への土産にもよく用いられた。この時代の末期には美濃国真桑《まくわ》荘から真桑瓜があらわれはじめた。芋類には里芋・山いもがある。(4)果実類には柿・栗・梨・葡萄《ぶどう》・桃・蜜柑《みかん》・橘・柑子《こうじ》があった。甲州の葡萄、紀州・駿河の蜜柑などがその地方の名産物となったのも室町時代からである。

(ニ)茶は嗜好品として一般化し、その栽培も多くなった。この時代には茶園の売買や年貢に関連した史料が諸国に散見するので、その栽培が普及していることがわかる。宇治・伊賀・駿河の茶が名産地として知られていた。「清良記」も農家の茶栽培は自家消費用であるとともに、これを販売し得るものとして大切だと記している。

(ホ)水産物には(1)北九州の松浦の鰯《いわし》、宇賀の昆布、北海道の鮭《さけ》が有名である。鯛と鮪《まぐろ》の類は太平洋岸や瀬戸内海方面で、鮭と鱒《ます》は北海道から日本海方面でそれぞれ多くとれた。(2)淡水産のものには鮒《ふな》と鯉が多く、琵琶湖が最大の漁場であった。(3)水産加工はまだ当時はほとんど行われず、貯蔵運輸のために、鮭の塩引、鯖《さば》の塩物とか干物などがあった。

座・問と食品　(イ)座はほぼ平安末期にその起源があると考えられる。その語源は公家や社寺の法要儀式に設けられた特定の座席にあり、座席を占有する奉仕団の集団を座といったのがはじめである。(ロ)座は鎌倉中期から室町初期にその全盛期に達する。その最も発展したのは、商品経済の発達していた大和・山城・摂津・近江などの近畿地方であり、筑前博多の筥《はこ》崎八幡宮を本所とする油座や、相模鎌倉の材木座などのように、遠隔の土地にも発達した。これは当時の商業圏の拡大がそうした地方的特産物を全国的に流通せしめることになったのである。

（八）座はそれに加入している業者に種々の特権があたえられたが、(1)第一は独占の特権である。このうち最も大きな意味をもったのは、営業区域や産業部門の独占である。北野神社には西京の神人《じにん》という部落があって、酒麴を造る独占権をもっていた。神人というのは神社に奉仕する下級の神職をいうのである。特に大山崎の油商人は摂津・丹波・近江・和泉・河内をはじめ、遠くは美濃・尾張・阿波・肥後にまで独占販売の特権をもち、何人にも油の製造販売を許さなかった。彼等は石清水《いわしみず》八幡宮の末社である大山崎離宮八幡宮に属する神人で、神人として離宮八幡宮および石清水八幡宮に燈油献納以下の神事奉仕によって油商人としての特権をあたえられていた。室町幕府が石清水八幡宮を氏神とした関係からその特権を保障され、荏胡麻《えごま》を播磨・備前・阿波・伊予・肥後から優先的に大量に仕入を行い、海路または陸路大山崎に搬入して油を製造して消費者に小売するとともに、各地の油売に卸売し、諸社寺および武家にも配給していた。(2)特権の第二は、座衆が営業税・市場税・関税などを免除され、領主の保護をうけていたことである。近江粟津の魚商などは禁裏の供御人《くごにん》として月々いくらかの生魚と、わずか五〇疋余の公事銭《くじせん》を進納することによって京都への通路にある多くの関税と販売税とを免除され、巨大な利益をあげていた。

（二）室町時代には問《とい》・問丸《といまる》、または問屋などといわれる営業者が多くなり、陸上交通の要地や都市にもできた。問丸は本来荘園からとり立てた年貢の保管輸送に当ったもので、港に多く設けられ、津屋《つや》ともいわれたが、鎌倉時代になり商業の発達につれて荘園領主から独立し、一般の貨物の保管・輸送を引きうけ、さらに貨物の委託販売をやり、その手数料をとる専門的な運送業・倉庫業・仲介業をおこなっていた。室町時代になると外国貿易や為替業も行うようになった。そして行商人の商品を地方市場に散じ、地方の物資をあつめて商人に渡した。(1)室町初期に僧玄恵《げんえ》が、書簡文をもって世態を描いて家庭の読物とした「庭訓往来《ていきんおうらい》」には、室町のはじめ全国より京都に集まる主な商品をあげているが、そのうちの食品には越後の塩引、隠岐の鮑《あわび》、周防の鯖《さば》、近江の鮒、淀の鯉、備後の酒、和泉の酢《す》、若狭の椎、宇賀の昆布、松浦の鰯《いわし》などがみえている。これらは問屋や、駄賃をとって馬を往来さす馬借などによって、集散されたものである。⑵文明年間からは、京都には塩問屋・紙問屋・材木問屋があり、三条の米場にも米問屋があった。室町時代になって食品材料が豊富になった原因の一つは、座や問の発達によって遠隔地の食品でも比較的容易に集めることができるようになったからであろう。

食事作法の発達　室町時代は将軍家が都に住み、将軍自らが大きな邸宅を作り、四季の花はさきほころび、世に花の御所と呼ばれたほどの豪華さで、また北山に金閣の別荘さえ建てたほどの栄華を誇った。公私の生活の面でも公家をしのぐ威容をはったが、それには有職故実《ゆうそくこじつ》家の知識を活用した。

(イ)武家の有職故実家には内向《うちむき》すなわち室町の礼法には伊勢家、外向すなわち室外の弓馬の礼法には小笠原家のような流派があった。⑴伊勢氏は貞継にいたってあらわれ、専ら殿中の礼儀作法に関する故実を伝え足利義満のとき、政所執筆となって活躍している。⑵小笠原氏は源頼朝時代に遠光とその子の長清があらわれて小笠原流の祖といわれた。その子孫の貞宗は後醍醐天皇の時代に弓馬の師範として重んぜられた。⑶四条家は朝廷に出入し、⑷大草家・進《しん》士《し》家は将軍家に出入してそれぞれ饗宴を請負ったり、式日のものをこしらえた。室町末期には進士家は大草家に圧倒された。

(ロ)武家の故実に関する記録には、今川了俊の「今川大雙紙《だいぞうし》」・伊勢貞頼の「宗五《そうご》大雙紙」・伊勢貞陸の「簾中《れんちゅう》旧記」・伊勢貞久の「道照愚草」などがある。

(1)四条家と大草家の料理書には配膳、食べ方、箸の扱い方、庖丁・俎板《まないた》の扱い方、席上の礼儀などにも流儀があった。「四条流庖丁書」によると、俎板の大きさについては、長さ四尺三寸を大板、三尺三寸を中板、二尺八寸を小板とし、幅にも広狭があり、庖丁と箸を握ってからの所作にも流派によって故実があった。その家に相伝し、一般には秘していたのである。(2)「今川大雙紙」の「食物の式法の事」の項には、人の前で飯をくう時は、人より後に食い始め、「箸をば人より先に置也」とか、また汁の中の魚鳥の骨を、折敷《おしき》のすみへ取り出すことはよくないとある。飯を食べるには、「左先を一箸、右を一箸、向を一箸、三箸を一口に入て食ふ也、我が所にて向左右と喰ふ也」とある。「汁碗の上に箸を置事、努々《ゆめゆめ》有べからず、右に折敷に置べし」、「箸を持て汁を吸ふこと、饅頭に限りたる事也(中略)必ず必ず押し割って三分一喰なり、箸にて押入れて、餡《あん》をこぼさず喰也」とみえている。また、(3)料理をする人の心得として、右の書には魚鳥はあじわいのよい所は主人または上座の人へ出すこと、また股のところの身である別足と腸《わた》は、「あぢはいのよき故に、上方に参らすと言也、鯛の汁も首の身をば、上方に参らするゆへは、目と口との間、別してあぢはひのよき故也」とあって、美味な股肉・腸・頭などは品によっては主人や上座の人へだすべきものだといっている。

(4)また「宗五大草紙」には、公私の作法心得をのべているが、その中に「公私御かよひの事」として、配膳には昔は飯・点心・肴以下を目から上にあげて持つようにいわれてきたが、それも余りにことごとしくて足本《あしもと》がみえないので、「只我息のかからぬ程に指出して持たるがよく候。但、下様へは少しひくく候ても、苦しからず候」とのべ、膳をはこぶにも食物に息のかからぬようにせよというのである。だがこのような武家の食事作法は、室町時代になって形成されたものばかりではなく、鎌倉時代の武家作法や公家の伝統的な作法が総合されて発達したものである。

寺院台所の配膳（慕帰絵詞）

なお（八）室町時代の中期には「四条流庖丁書」があり、末期には「庖丁《ほうちょう》聞書《ききがき》」、「武家調味故実」などの書があらわれている。これらの書はその門流のうちだけでひそかに料理法を伝えようとしたものであって、今日の料理書とは違っている。「四条流庖丁書」にはどれが上品でどれが賤しいかということが指摘され、美物について上下の格づけをなし「美物上下之事、上ハ海ノ物、中ハ河ノ物、下ハ山ノ物、但《ただし》定リテ雉《きじ》定事也。河ノ物ヲ中ニ致タサレドモ、鯉ニ上ヲスル魚ナシ。乍レ去鯨ハ鯉ヨリモ先ニ出シテモ不レ苦、其外ハ鯉ヲ上ニ可レ置也」とみえ、山ノ物は下にぞくするものであるが、雉子はお定まりの品である。川の物は中であるが、魚では鯉が最上である。鯨も鯉と同格である、というのである。鯨はこの時代には喜ばれたのである。鯛は好まれたが、今日のようにめでたいものとなったのは、江戸時代からであろう。以上のように料理専門家のあいだに俎板・庖丁・箸のとり扱いや食事作法についての故実がとやかくいわれていたことは、室町時代の公家や武家社会が食物に非常に関心をもっていたことを語るものといいうるのである。

米の常食化　この時代は農業の発達によって米の収穫量は増大したため、米を常食とすることが多くなった。前代までは公家・僧侶・神官・武士などの階級が、主として米を常食としていたが、この時代になると、庶民でも貧困でないものは常食するようになったことは、わが国の食物史上画期的な時代となっている。(イ)米を材料としたものをみると、一六世紀の中ごろに公家の山科言継《やましなときつぐ》の日記である「言継卿記」には、強飯・赤飯・麦飯・豆の飯・蓮飯・白粥・赤粥・湯漬・雑炊・重湯《おもゆ》・飯汁などがあげられている。

(1)強飯には純白の精米も用いられたが、多くは黒米とよばれた半搗米または玄米であり、これを蒸《む》して作った。「海人藻芥」には、「公家御膳飯者強飯也。執柄家等如レ此。姫の飯全分略の儀也。但人々の依二好悪一用レ之。」とあって、京都の公家たちの食事は強飯であったのである。強飯の略式のものであったが、この時代になると最も多く用いられるようになり、上下に普及した。そして強飯は儀式行事のときだけに残ることとなった。小山田与清《おやまだともきよ》の「松屋筆記」巻一〇四には、「古代は強飯とて甑《こしき》にいく度も水をかけて蒸かへし、柔かにしてねばり飯なり、(中略)後には比目飯とて、今の世のタキホシの飯をくふ事となりてより、ねばりて筒にも土器にも、盛事能はざれば木ノ椀に盛し故、これを椀飯といふ。(中略)天子の供御の御料は内々にて比目飯を用し也」とみえ、強飯の代りにタキホシすなわち姫飯を用いることをのべている。なお姫飯のたき方として、貝原益軒の「大和本草」巻四には、

タキボシ飯ハ白米ヲ能洗テイカキニアゲ置キ、薪多クタキ、釜ニ熱湯ヲワカシテ米ヲ入、フタヲシテ、一沸シテ薪ヲ減ジ、火ヲヤワラカニタキ、能熟シタル時、フタヲ開ク、イマダ熟セザル内ニフタヲヒラク事ナカレ、水ノ分量ハ米ノ多少ニヨラズ、釜ノ中ニテ米ノ上ニ水一寸アガルホドナルベシ、又一説ニ凡米一斗ニ水一斗二升ヲ用ユ、初火ヲ盛ニ多クタキ、後ニ薪ヲ去モヨシ、初二三度ノ間飯ノ熟スルカゲンヲシラズシテタキソコナフ事アリ。此法米ノ多少ニヨラズ、炊キ習ヒテ後ハアヤマリナシ、タキボシハ脾胃壮実ノ人ニ宜シ。

とみえている。

(2)強飯を湯や水につけてたべる湯飯(湯漬)、水飯(水漬)も用いられた。湯飯は今日の茶漬飯にちかいものであり、饗応の際に用いられた。姫飯を前もって洗って椀にもって本膳にだし、二の膳にだされた湯をそれにかけてたべたものである。(3)汁飯もあった。これは強飯に汁をかけて食べるもので、汁かけ飯とも称した。さらに粥に汁をかけて食べることも行われた。(4)変り飯といって、麦・粟・稗・栗・杼《とち》・豆・野菜などを米にまぜてたいたものが用いられた。麦飯・赤飯・粟飯・菜飯・蓮飯などもあった。蓮飯は蓮の葉に糯米《もち》をつつんで蒸したもので、お盆に用いられた。飯の上に麸《ふ》・椎茸・野菜などを美しくのせて、その上に汁をかけて食べる芳飯《ほうはん》があった。これは僧侶のはじめたもので、中国の影響をうけたものである。(5)粥には普通の粥である白粥、小豆粥である赤粥、栃《とち》粥・五味粥、薄黒色に灰汁で着色した薄粥、七種《ななくさ》粥、雑炊である醤水《ぞうすい》・茶粥などがあった。(6)室町時代は戦乱が多かったので戦陣食としては強飯を握りかためて、鳥の子のように丸くした屯食《とんじき》があり(「貞丈雑記」)、これを餌袋に入れて携帯した。そのほか塩・乾魚・果実なども利用された。とくに兵粮として重要視された糒《ほしいい》があった。これはカレイイとも称し、平時は旅行や外国貿易船の糧として利用されている。(7)諸種の穀物をいろいろに調理したものも増加した。「言継卿記」には雑煮餅・餅・餅善哉《もちぜんざい》・砂糖餅・粟ノ餅・草餅・わらび餅・阿古屋などがあげられている。善哉もこの時代からあって、一五世紀中ごろ一条兼良の著わした「尺素《せきそ》往来《おうらい》」には「新年の善哉は修正の祝着也」とあって、年のはじめに祝われた餅であった。善哉は仏語の喜ぶという意味から名づけられたものであろう、といわれている(「嬉遊笑覧」)。阿古屋は小さな団子《だんご》である。平安時代の歓喜団という名は再びみえないが、団子はこの時代になると街道の名物として売られた。このほかに鏡餅・大豆餅・小豆餅・松餅・茶餅などが作られた。

料理法の進歩　(イ)室町時代の料理法については「四条流庖丁書」「大草家料理書」「庖丁聞書」などによると、副食物の料理法としては、生物・汁物・煮物・煎《い》り物・炙物《あぶりもの》(焼物)・蒸物・漬物などがあったことがわかる。生物には膾《なます》・刺身《さしみ》・和《あ》え物等があり、これらには明確な区別はなかったようである。(1)膾には鮒《ふな》を糸のようになるべく細く切って蓼酢《たでず》で食べるとよいとされた糸鱠・真魚鰹《まなかつお》の膾・王余魚《かれい》の子を煎ってあえた山吹膾・鮒の子鱠・筏《いかだ》膾・笹吹膾・雪膾・卯の花膾などがあった。筏膾は柳の葉を筏のように皿にならべ、その上に魚の身をおろして盛ったものである。笹吹膾というのは削大根の入った膾である。雪鱠は下に魚をもり、その上におろし大根をおいたものである。卯の花膾はぬた膾の上へゆでた魚をちらして盛ったものであり、おろし大根をおいても卯の花といった。(2)刺身は必ずしも生魚に限らず「四条流庖丁書」に雉・山鳥などを荒巻にしておいて、これを夏とり出して湯の中に入れ、湯から出してうすく切って食べたとある。そしてこれには鯉・鯛・鱸《はぜ》・鱶《ふか》・鰕《えび》・王余魚《かれい》などの魚の刺身もあり、鯉は山葵《わさび》酢、鯛は生姜《しょうが》酢、鱸は蓼《たで》酢、鱶《ふか》・鱏《えい》ならば実芥子《みからし》の酢、王余魚ならばぬた酢で食べることを記している。(3)あえ物には鮭の水あえ、海月《くらげ》の白あえ、鯉の白あえ、白鳥いそべあえ、のたあえ(ぬたあえ)などがあった。海月《くらげ》の白あえは豆腐・生生姜・酢であえたものである。

(ロ)汁物にも種々あったが、上流社会で好まれたものにはすまし・味噌汁・蕨《わらび》汁・筍《たけのこ》汁・松茸汁・とろろ汁・葛汁・菊の汁・蕗の汁・かきの汁・鯉汁・鱈の汁・鯨汁・鰌《どじょう》汁・雉の汁・鶴の汁・狸汁・むじな汁・集《あつめ》汁・納豆汁・昆布汁などがあった。集汁というのは、盛饌には必ず出されたもので、大根・牛蒡・芋・筍・椎茸・豆腐、その他のものをいくつか用いた煮物であって、集煮《あつめに》ともよばれた。

(ハ)煮物には太煮《ふとに》・黒煮・五菜煮・潮《うしお》煮・凝《こごり》・鯉の衣煮・鴨の茹《ゆで》鳥・煮染牛蒡などがあった。「四条流庖丁書」によると、凝《こごり》というのは、「小鮒、そのほか何魚でも用いる。垂《たれ》味噌で煮る。摺《すり》味噌で煮る。摺《すり》味噌で煮たのを白煮《しろに》のこごりといふ。飯の時こごりを出して、昼の肴のときは白煮こごりを重ねて出しても差支えない。五月の末から六月へかけての夏のコゴリこそ四条流の面目である」と、記している。(ニ)煎物《いりもの》には酒煎・酢煎・醬煎《ひしおいり》・皮煎《かわいり》などの方法があって鯉の腸煎《わたいり》・蛸《たこ》の桜煎・烏賊《いか》の卯の花煎などがあった。酢煎というのは、鯉でも鯛でも刺身のように作って、水・塩・酒を入れて、適当に煮たもので、酢をかけて食べた。皮煎というのは魚・鳥などの皮に椎茸・松茸など入れて煎ったものである。なにもいれないで魚や鳥の皮だけ煎ったものを素皮《すかわ》煎といった。魚や鳥を醬で煎ったものが醬煎ある。

(ホ)焼物には魚鳥などが材料として用いられ、魚や鳥の丸焼・包焼・串焼・杉焼・壺焼・浜焼などの方法があった。うなぎの蒲焼やまた蒲鉾《かまぼこ》も作られた。(1)包焼とは魚の鱗《うろこ》をとって腹の中の臓物を出してよく洗い、この中に結び昆布・胡桃《くるみ》・芥子《けし》のほかに栗を蒸して入れ、腹を縫いくるんで、適当に焼いたものである。これを薄い垂味噌に鰹を入れ塩や酒を加えた汁につけて食べたのである。(2)杉焼というのは、杉の板に塩を厚くぬって、それに魚をのせて焼くのである。(3)壺焼というのは漬け茄子の中をくりぬいてこの中に鴫《しぎ》などのような肉を入れ、柿の葉で蓋をしてからその上を藁《わら》で巻き、石鍋に酒を入れて煎るのである(「武家調味故実」)。(4)浜焼というのは鯛などの内臓をとり、皮をむかないで藁でまき、上に壁土をぬりつけ、火中にくべて焼き、口から竹をさし込んで竹から醬油をさすのである。笞《むち》焼ともいい、鯛の浜焼などがあった(「大草家料理書」)。(5)「四条流庖丁書」には鳥の焼物として「女にはひつたれを、男には別足《べつそく》を盛る」とある。鳥の焼物でも男女によって盛が区別され、陰には陽を、陽には陰だけを盛るのが正しいとされた。ヒッタレというのはひたれ(膵)の訛《なまり》であって、鳥の尾のところの脂肉であり、別足というのは雉子などの股を焼いて、多くの庖丁の切目を入れ、その先端を紙に包んだものである。鳥の引垂《ひたれ》焼をするときは、身の中に赤味の少しずつあるように焼き、水をかけ、塩を振って焼いた。鮎《あゆ》を串《くし》にさす時は「春より七月中旬までは頭を上にして差す、「その後は下り鮎であるから、頭を下にして差す」と右の書にはある。

（ヘ）漬物はこの時代から香《こう》の物とよばれるようになった。当時は湯漬の膳には必ずつけた。その材料は前代と同様に野菜・菓物などを味噌・醤・塩・糟・酢などでつけたのである。

（ト）なお、室町時代には豆腐が多くつくられている。あん豆腐・とや豆腐などがあった。(1)「大草家料理書」にはあん豆腐は「二寸許に切て湯にをして、皿に入れて其上にくずだまり（葛粉を煮固めたもの）を掛け、同芥子《からし》・山椒《さんしょう》の粉、くるみの実を上置にする也」とある。(2)とや豆腐は「火執て水出しにて煮る。則ち山椒の粉をふり出すなり」とある。

（チ）納豆も鎌倉時代からあらわれているが、この時代には公家・武家社会で好まれるに至った。豆腐と納豆は室町時代の精進料理のうちの代表的な食品であり、豆腐は汁物に入れたり、蒟蒻《こんにゃく》・麩《ふ》とともに油で揚げたりした。麩もこの時代から作られた。肉類を用いない精進料理は寺院や海からは遠隔の地にあった京都において後世にはいちじるしく発達をなした。

魚鳥肉の尊重　室町時代の食品の材料には前代とは大差はないが、公家や武家社会には魚や鳥の肉を上品な食物とする風習が生じた。「異制庭訓往来《いせいていきんおうらい》」や「尺素《せきそ》往来」などには、

（イ）野菜類としては大根・牛蒡《ごぼう》・苑豆《えんどう》・苣《ちしや》・辣芥《からし》・松茸・筍《たけのこ》・葱《ねぎ》・瓜・茄子《なす》・百合・覆盆子《いちご》

（ロ）海藻では昆布・海松《みる》・陟厘《あおのり》・海蘿《ふのり》・水雲《もずく》・紫菜《あまのり》

（ハ）魚類では、鯉・鮒《ふな》・沙魚《はぜ》・鮭《さけ》・鱒《ます》・鯰《なまず》・鯛・鰹・鯵《あじ》・海豚《いるか》・鯖《さば》・泥鰌《どじょう》・鯼《いしもち》・鮫《さめ》・鯨・王余魚《かれい》・鱧《はも》・鰤《ぶり》・鱣《うなぎ》・

魚鳥の料理　（酒飯論絵詞）

蝦《えび》・蟹《かに》・海鼠《なまこ》・海月《くらげ》・老海鼠《ほや》・蛸《たこ》・烏賊《いか》・鮑《あわび》などがあった。また魚肉をつぶして作った蒲鉾《かまぼこ》もつくられた。これは串の先にさした様子が蒲の穂のようで鉾の形にも似ていることからの名である。

(ニ)鳥獣では、山鳥・雁・菱喰《ひしくい》・雉《きじ》・鶫《つぐみ》・雀・鴫《しぎ》・鶴・鷺・雲雀《ひばり》・鷹・鹿・猪・狸・兎・熊などがあげられる。(1)「家中竹馬記」には「魚は前、鳥は後也。魚の中にも鯉は第一也。其次は鱸《すずき》なり。河魚は前、海魚は後なり。鷹の鳥は(中略)鷹を賞する故に鯉より前に書也」とある。魚を最上位としてつぎが鳥である。魚は鯉を第一としてつぎはハゼであって、川魚は海の魚よりも上位にあった。鳥の中にも上下があって鷹を第一位としている。なお(2)「海人藻芥《あまのもくず》」によると一五世紀のはじめの応永末期ごろは、宮中では、大鳥は白鳥・雁・雉子・鴨、小鳥は鶉《うずら》・鶴・雀・鴫《しぎ》だけに限定して供えることになっている。したがってこれらの鳥の肉はとくに上品な食品として尊重されていたものであろう。また野菜は鳥獣の肉にくらべると、軽くみられていた。

(ホ)この時代になっても獣肉の禁忌は、公家や僧侶の社会では守られていた。だが武家の社会にあっては前代と同様に獣肉は食べていた。(1)「尺素往来」には彼等が猪・鹿・羚《かもしか》・熊・兎・狸・獺《かわうそ》などをさがしだして食べていることを記している。したがって(2)公家も武家の影響をうけ、平安時代ほどは獣肉を忌む風は少くあったであろう。だが獣肉は魚や鳥の肉にくらべると下級なものであると考えられていたのである。このような魚鳥尊重の食風は、日本食の基本的性格をなす基盤となった。

調味料の一般化　今日調味料として必要欠くべからざる醬油と砂糖とは、この時代になって普及したことは特筆すべきことである。(イ)醬《ひしお》系の食品から進化した(1)醬油のよみ名は、室町時代の中期の文献にはまだみえていない。だが一五世紀のはじめころにあたる応永の末年の「海人藻芥」には「内裏仙洞には、一切の食物に異名を付て被召事也。(中略)餅はかちん、味噌をばむし、塩はしろもの、豆腐はかべ」などと禁中の女房言葉が多く見えているが、そのなかに醬油の異名はない。文安元年(一四四四)の「下学集」にも記されていない。ところが応仁から慶長の間に成立したといわれる「大草家料理書」には、「あふり貝は、醬油にて丸に煮て、少油でだす事も有。好次第に吉也」、とある。また「言継卿記」には永祿二年(一五五九)に山科言継が長橋局に醬油の小桶をおくっている。したがって室町時代の末期には一般に醬油は普及したといいうるであろう。(2)醬油という名称は醬の油という意味であって、味噌の製法から進化したものであろうか。その製法も明白ではない。おそらくまだ強く圧搾する方法は行われず、味噌に水を加えて煮たり、袋に入れてその汁をとったり、味噌桶に笊籠《ざる》を押し入れて汁をとる程度のものであったであろう。醬油の発達するまでには、溜《たまり》・味噌・垂《たれ》味噌・薄垂《うすたれ》などが使われていた。

(ロ)味噌はこの時代になって奈良から法論《ほろ》味噌というのが売出された。味噌を加工したものに、すまし味噌・すめ味噌というのがあって煮物につかわれた。また嘗物《なめもの》には練《ねり》味噌・焼味噌・柚《ゆず》味噌・山椒《さんしょう》味噌・かに味噌などもあった。なお、「太平記」の畠山関東下向の条には「何程の豆を蒔《まき》てか畠山、日本国をば味噌になすらん」とあって、物事に失敗したときには味噌をつけたという用語も、このころから行われているのである。

(ハ)酒はこの時代には調味料として広く用いられ、酒塩《さかしお》を煮物などに入れることが見えている。酒塩とはただの酒

寺院の調理所　（慕帰絵詞）

を塩のように調味のときに入れることである。

（ニ）甘味料にしては甘葛煎《あまずら》・飴・蜜・柿の粉・酒が古くから用いられた。(1)南北朝のころになると、僧侶や武士などの上流階級では、砂糖を用いるようになった。室町初期の「異制庭訓往来」には「砂糖飴・甘葛煎壺五十」とあって、砂糖の使用を語っている。砂糖はすでに唐僧鑑真の来朝とともにもたらされたと伝えられているが、その後も薬用としては輸入されたのであろうが、南北朝時代になると、薩摩の島津氏が琉球からこれを輸入した。砂糖は他の甘味料に比して甘味が強く、甘味の調味料としては最も優れていたため、うまい物と甘味とを同一にとりあつかうようになった。

（ホ）酢の調味料としての範囲も拡大され、酢味噌・山葵《わさび》酢・生姜《しょうが》味噌・山椒《さんしょう》味噌酢・胡桃《くるみ》酢・芥子《からし》酢・実芥子《みからし》酢・ぬた酢などがあり、嗜好品と酢とをつかった調味料がつくられた。酢の産地は和泉の国が有名であった。

（へ）薬味として、山葵《わさび》・芥子・生姜・胡椒《こしょう》・胡桃などが用いられた。胡椒は南海方面の特産物であって、欧州人の東洋貿易における最も貴重品の一つであった。わが国へは室町時代の末期に琉球から輸入された。

点心の普及　室町時代の公家や僧侶は今日の昼食にあたる中間食をとるようになり、この風俗が上下に普及し、日本人の三度食の基礎が形成されるに至った。当時の公家や僧侶は、間食品を点心・茶子《ちゃのこ》・菓子の三つに分けた。

（イ）点心は軽い空腹をみたすためのもので、食べる方に重きがおかれ、汁や煮物などの菜をそえて食べるものである。(1)「尺素往来《せきそおうらい》」には、点心の菜を数多くすることを元弘様と称して、当世では物笑いであるといっている。元弘は年号であって、南北朝のころは点心をたべることが流行していたことがわかる。(2)点心として好まれたものには、羊羹・饅頭・麺《めん》類・豆腐などである。点心のうちで羹《あつもの》には水繊羹・猪《ちょ》羹・海煮羹・白魚羹・鶏卵羹・竹葉羹・羊羹・砂糖羹などがある。これらのうち羊羹だけが今日までつづいている。これらは葛粉・小豆・米粉などを材料にし、肉をつかわない精進物である。饅頭には中国風に野菜などを中に入れた菜饅頭とあんを入れた砂糖饅頭とがあった。饅頭の食べ方について、「饅頭の食やう。一つ取て押しわりて、なから（中央）をば、残たる饅頭の上に置き、なからを食うべし。さて残たるを食いたくば食ふべし。苦しからず候。年寄たる人は、丸ながらも食ふべし」（「宗五大草紙」）とみえ、その作法を説いている。麺類には饂飩《うどん》・碁子《きし》麺・索麺《さうめん》・冷麺《ひやめん》・胡蝶《こてう》麺（「撮壌集」）などがある。饂飩はこの時代の中期からこのようにいわれた。こねたうどん粉を幅ひろく切ったものと、細く切ったものなどで名称が異なり、索麺は蒸麺や冷麺にもした。冷麺はひやして食べたものである。

（ロ）茶子というのは茶請《ちゃうけ》と同じで、唐菓子ではなく、点心のあとでたべる淡白な量の少いものを称し、喫茶の方に重きのおかれたもので、食事や点心の前後でも喫茶のときに食べたものである。「尺素往来」には、茶子について麩《ふ》指物《きしもの》・零余子《ぬかご》指《ざし》・炙麩《あぶりふ》・豆腐上物《あげもの》・油炙《いり》・唐納豆・干筍《ほしたけのこ》・搗栗《かちぐり》・干松茸・結昆布・炙昆布・泥和《ぬため》布・出雲苔・胡桃・串柿・干棗《ほしなつめ》・烏芋《くわい》・興米《おこしごめ》などがあげられている。

（ハ）菓子には古代からの品が用いられ、今日の水菓子であって、食後に出された。蜜柑《みかん》は室町時代の初期の書物か

茶臼でお茶をひく（酒飯論絵詞）

らあらわれ、ミツカンといっている。林檎・枇杷《びわ》・石榴《ざくろ》・桃・杏子《あんず》・柿・桃などをはじめ前代よりもその種類が増加している。

茶の湯　鎌倉時代に輸入された茶を当時どんな形で喫したかはっきりしないが、（イ）南北朝時代にはとりわけ新興大名層の間に茶寄合（闘茶会）という形で普及した。それは大がかりな賭事《かけごと》であり、茶会の後は酒宴に移るのが普通であった。

（ロ）東山時代はいわゆる現実世界の競争の最も激烈になって行く時であって、武士の生活は殺伐であまりにも野獣的であり、物質的であったので、静かにその日の行為を思い、自己の生涯をかえりみた時、必ずや現実の悲哀を感じたことであろう。将軍義政が東山の東求堂《とうぐどう》の四畳半に茶の湯を友としたというのも、「前代大乱打続き世の政務思召まゝならねば、人々のふるまいうとましくあじきなくおぼして」（「塵塚物語」）、の結果であろう。東山時代は茶の湯は書院で心静かに威儀をただして喫茶をするという風に簡素化され、精神的な深みが加えられた。

（ハ）この書院の茶のあとをうけて、茶道の基礎をつくったのが義政時代の村田珠光である。彼は一休宗純に参禅して体得した禅の精神と、「下々の茶」すなわち庶民の茶の風儀とを総合することによって、茶道をつくりあげたのである。珠光の茶は千利休の談話筆記と伝えられる「南坊録」に「四畳半座敷は珠光の作事なり、真の座敷とて鳥子紙の白張は杉板のふちなし天井、小板ぶき宝形造、一間床なり。（中略）書院の飾物は置かれ候へども、物数なども略ありしなり」と伝えられている。彼の茶道は書院の茶にくらべて自由で、簡素・縮小の新生面をひらいたものであった。

酒宴の献立　室町時代の饗宴においても、定まった形式があった。公家や武家階級の宴では(イ)まず主だった主客だけが式三献を行った。式三献は省くことも多かった。(1)これは平安後期から行われ、元服・祝言・武士の出陣などの祝いの儀礼のときに行う盃の取交しであり、やかましい式三献は室町時代からおこり、室町時代にはすでに種々の伝統に分れ、伊勢流・小笠原流などの諸家の流派があった。現在の婚礼の式の三三九度はこれにあたるもので、「宗五大草紙」には、盃の銚子を二度、そっとあてて、三度目に酒を入れる。盃三つともこのようにするので、三三九度ということになると説いている。(2)式三献の肴について、永禄四年(一五六一)三月に足利義輝が三好義長の邸に行ったときの献立をみると、初献には亀のから、二献にはのし鮑《あわび》・つべた貝・鯛、三献にはするめ・たこ・醤煎《ひしおいり》が出されている(「三好筑前守義長朝臣亭之御成之記」)。亀のからというのは亀の甲にするめ(青)、鰹(赤)、にし(黄)、鮑《あわび》(白)、熬海鼠《いりこ》(黒)の五色をしぼって盛ったものである。また初献には海月・梅干・甲立《こうたて》・生塩・辛味、二献には指身《さしみ》・鯉・甲立・塩・辛味、三献には腸煎《わたいり》・鯉・生塩などがあった。甲立は盛物のまわりに紙で折形をしてつけることであり、辛味は、生姜または山葵などをおろして丸く盛った。式三献の肴は食べてはならないことになっていた。(ロ)式三献が終ると、室をかえて酒宴が始まる。そして三献がすむと湯漬を出す。湯漬の飯は強飯である。湯漬とはその飯のことと、またはその膳組とをいうのである。式三献が終ると、別室で酒宴をひらくのは王朝時代の大饗ではすでに行われていた。一献ごとに配膳や酌には武家が交代であたり、酌には提持《ひきげもち》がつきそうのである。一献といっても盃一度ではなく、手交わりをして酒の注ぎ加えもあり、進物や能興業もあって時間をかけた。一献が終ると、盃と肴がとり下げられ、次の献に移る。献数には将軍を武将が招くときなどは一七献というような驕奢のものもあったが、一般的には三献目の献はずれに湯漬飯がでた。それは本膳から二の膳、三の膳から七の膳まであるのは驕奢な部類に入るものであった。式三献

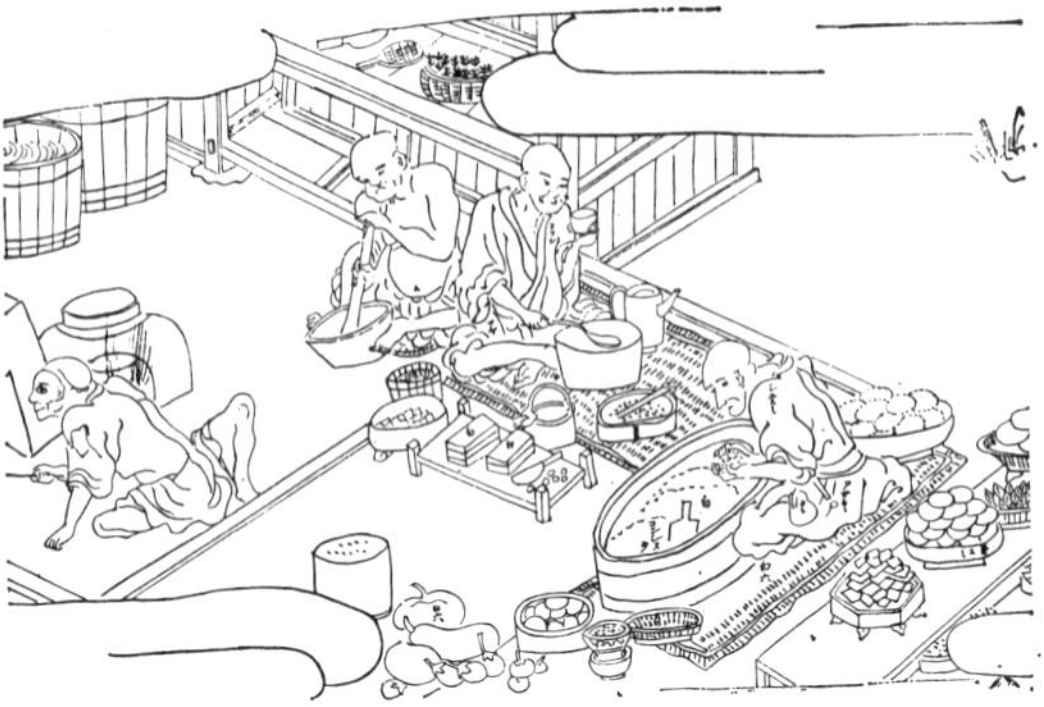

精　進　料　理　（酒飯論絵詞）

には変りはないが、献五つ、膳七つまで出すのを後には七五三膳といって最も普通の形式とした。湯漬の膳は膳三つ、または七つもでた。たとえば前述の足利義輝が義長の邸に参ったときの湯漬の膳はゆづけ（飯の膳）・塩引・香の物・あえ交《まぜ》・焼物・かまぼこ・ふくめ（干鯛などを擂《す》って作った料理）・くご（飯）であり、二の膳には、たこ・からすみ・えび・にし（螺）・くらげ汁・鯛・集《あつ》汁《み》がでている。

このような膳が七つまででると、そのあとに菓子がでる。菓子を食べることが終ると、別室へ退いて休息をする。しばらくしてから着座をする。さらに(ハ)四献目の肴が出され、銚子が参るというやり方であった。室町時代には将軍家はしきりに宮中へ鳥魚などを贈ったり、公家を招いて宴をはった。武家の食膳儀礼は将軍家とその周囲の大名によって整備され、平安貴族に劣らぬ内容のものとなった。

(ニ)「酒飯論絵詞」には室町時代の料理人の姿や武家邸における酒宴の様子が描かれている。酒樽や酒瓶から酒を出し、提子《ひさげ》に入れて座敷まではこび、銚子にうつされ、燗《かん》はつけなかったようである。盃は大きなものでこれを各人にまわして飲みまわしたらしい。各人の前には一皿の肴がおかれ、座の中央には盛物をおくだけであった。鼓・大鼓・笛で囃《はやし》を入れて一座は乱脈な興にのり上半身の裸の者もみられる。当時の日記などによると、公家・武家・僧侶はほとんど毎日宴会を開いて飲んでいたようである。(ホ)室町前期の「看聞御《かんもんぎょ》記《き》」には、儀式の準備に追われることを「経営馳走」と記している。そして貴人が明日くるという知らせをうけて、そのもてなしのために、夜中馳せまわることを「仰天、御もてなし等、夜仲馳走」と記している。今日の御馳走という意味も室町時代からいわれるようになったのであろう。

婚礼と食礼　婚礼は人間一生一度の儀式であって、昔から儀式としてはもっとも複雑なものであった。(イ)平安時代には婿が嫁の家へゆく婿入形式であったが、(ロ)嫁入り婚は鎌倉時代から武士の間で行われたが、室町時代になると、庶民の間にも行われるようになり、一夫一妻制が漸次奨励されてきた。もし妻を離縁して一ヵ月たたずしてまた後妻を娶るときは、前妻は同志をあつめて後妻を襲撃し、家財を破壊することがあった。これを後妻打《うわなりうち》という。

「庖丁聞書」や「大草家料理書」などによってこの時代の武家の婚礼とその食礼をみると、以下のようになる。

(ハ)結婚式は(1)婿の家では祝の間・調台・仮粧《けしょう》・御寝・御居間などの間を定め、祝の間の床に白い麻布をしきつめ、上の落し掛にも紋所を銀でおした白綾《しろあや》に円い鏡をかけ、床柱も同じ白綾を垂れた。(2)床には奈良蓬萊といって、亀甲を銀で描いた三方の上に、青海波を描いた洲浜台をのせ、その上に亀甲の形の台に作りものの亀甲をのせた上に蓬萊山を作る。山には岩に松竹梅・橘・椿・桃、岩にお札を入れた壺をおく。洲浜に鶴亀・岩・貝をおく。その向って右には二重台といって亀甲形の台を二重にかさね、白い蝶を立て、上に亀甲形の五色餅をのせ、さらにその上に若松をたて、橘・柑子・栗・長のし・えびを餅の四方に立てかける。また左側には手掛台というのがおかれる。これは二重台と同じ台の上に蒲鉾・焼鳥・結びのし・串鮑《くしあわび》・串海鼠《くしこ》・干魚をけずった削物の六種を六角に高く盛り、中心に竹、ところどころに枇杷の葉をさした。亀は万年も生きる長寿の動物と考えられたためでたい動物であり、鶴も千年も生きるとされたものである。蒲鉾は武器の名であるので武人がよろこび、串海鼠《くしこ》は串にさしたなまこの形が米俵のようであるので、縁起を祝ったのである。蝶を用いるのは蝶は夫婦が仲むつまじいものとされたからである。蓬萊の前左右には白い瓶子をおき、口には雄蝶・雌蝶をさした。また床の下には中央に三方に三盃をおき、左右に向って右に置鳥(雉子)左に置鯉をおいた。

(二)結婚式は(1)嫁が輿《こし》で到着すると、婿方は門火をたき、まず貝桶渡しをなし、(2)嫁は祝言の間に通され、婿と嫁とは床の前にさし向って対座する。(3)婿・嫁には介添があったが、後には嫁のみに待上臈《まちじょうろう》という女房がついた。(4)婿の姿は烏帽子《えぼし》に大紋《だいもん》か素襖《すおう》で、嫁は白綾《しろあや》の打掛に緋袴《ひばかま》、白綾の衣に被衣《かずき》をかぶせてお輿入をし、被衣を式場でとらせる。(5)三三九度の盃は瓶子から提《ひさげ》へ、提から銚子へ酒をつぎ、先ず婿・嫁が三つの盃の最上の盃で順に飲む。つぎに打躬《うちみ》の膳というのがでる。これは白木の三方の中央に鯛、四隅に生薑・塩・数の子・塩引、他の台には鯛・生薑・塩で、ここで嫁は中の盃で飲み婿へ渡す、婿が飲んで納める。つぎに腸煎《わたいり》の膳が出て、一台は中央に鯉・梅干・水月、他は鯣《するめ》・生薑・鯉・からすみであり、ここで下の盃で婿・嫁の順に飲んでめでたく納め終るのである。(6)これにつづいて宴となり初献は烹雑《ほうぞう》(雑煮)と鯉の吸物、次は饅頭と鶉《うずら》の羽盛、三献は鯉の羹《あつもの》、四献はよこんめ(蒸麦)と鮒の一こん煮、五献は羊羹・蒸鮑・湯づけなどがでて三日間これを反復した。(7)四日目から嫁も白い衣裳を色物に変えたので色直しということがここに起った。

農民と食事　室町時代は公家・武士・僧侶は酒宴を催すことが多く、食生活をたのしむ機会にめぐまれていた。だがこのような上層階級の生活を支えるために、種々の生産物を提供していた農民の食生活はたのしいものではなかった。室町時代には荘園制度の崩壊をみたため、地域ごとにまとまっている自然集落を中心とした独立自営農による郷や村の組織が発達してきた。これは田植や稲刈りなどの集中的な労働力投下を必要とする場合や、用水・採草など、自家の保有する労働力だけでは不十分であり、相互に共同する必要があったからである。

(イ)村民が寄合をひらいて共同の利益について話し合ってきめた自治規則を地下掟《じげおきて》・惣《そう》掟といった。文亀二年(一五〇二)に近江国今垣の郷村の地下掟では稲餅・そば餅の作製は禁止されていた。このような掟は神社の境内で行われ、村民は神前でそのきまりを守ることを誓いあって、供物を神と共に食した。酒の肴にはたたき牛蒡・ハゼ・カヤ・栗・柿・柑子《こうじ》・大角豆《ささげ》・蕨《わらび》・大根・ゴマメ・豆腐《とうふ》・鰯《いわし》・スシなどが用いられていた。農民の食生活は公家・武士にくらべると質素であり、農村にも精進料理が普及していることが知られる。

(ロ)なお、一向宗の高僧空善《くうぜん》が、その師の蓮如《れんによ》の言行録を記した「空善記」には、蓮如が奥州地方に下向し、農家でもてなしをうけたとき、「汝らがしよくす物こしらえてまいらせよ」と願って出されたのが、稗《ひえ》粥であったことがみえている。当時の農民はこのように稗粥を常食としていたのであって、彼等の食生活はめぐまれていたものではなかったのである。

根来塗の椀

飲食器　室町時代は茶の湯の流行によって(イ)陶磁器の製作は一段と進歩し、茶道の茶碗や食器にすぐれたものが使用されるようになった。特に(1)一六世紀初頭の永正年間には、伊勢の山田五郎大夫は東福寺の僧の桂悟にしたがって入明し、帰朝して肥前の今里《いまり》に窯を開いて陶磁器の今里(伊万里)焼の名品を作り出した。また(2)このころ尾張の瀬戸から分れて美濃焼が美濃の多治見《たじみ》でつくられるようになった。

(ロ)さらに釉薬《うわぐすり》も酸化鉄・酸化銅などを硅粉にまぜて黒・茶・黄・緑などの色をだした変化に富むものが作られ、黄瀬戸・瀬戸黒・織部《おりべ》・志野《しの》などの手法がうまれ、のちの陶磁器隆盛の素地をつくることとなった。(ハ)漆器は鎌倉時代から作り出されていた根来塗《ねごろ》がこの時代になると、ますます多く作られ、朱・朱黒・無地の食器には高坏・衝重《ついがさね》(三方や四方)・折敷・朱塗の椀・盆の類などがあり、酒器には太鼓樽といって太鼓の形をしたものや角樽が用いられた。だが、その多くは当時の武士や僧侶の実生活につながるものであったものである。なお、すでにのべたように、室町時代には料理の流派が生まれ、食事作法が形式化したために、食器はますます変化あるものとなった。

年中行事と食物　一条兼良は室町時代の後半に「公事根源」をあらわして、足利将軍のために宮廷の年中行事を説いている。これによると、平安時代ごろに行われていた行事はこの時代に入って一般化し庶民の間にも行われるものが多くなったことが知られる。

(イ)公家の年中行事は鎌倉時代と大差はないが、応仁の大乱後はすべて廃絶してしまった。(ロ)室町幕府においては(1)元旦は将軍が祝膳について昆布・勝栗・鮑《あわび》を食べ、対面所で参賀をうけ、管領以下に盃を賜わった。夜は大奥において祝宴をはった。二日は乗馬始が行われ、垸飯《おうばん》の儀も三日間行われた。四日は謡始《うたいはじめ》で観世大夫《かんぜたいう》が参賀し、七日は七草の雑炊強飯を食べ、十一日に評定始、十日または十三、四日ごろに松囃子《まつばやし》があって諸侯が風流《ふりゅう》を演じた。十四、五日には三毬杖《さぎちょう》で竹を三本立てて焼いた。十七日は弓始、十九日には連歌始、二十八日は鞠《まり》始(2)二月十五日には遺教経《ゆいきょうぎょう》の聴聞で千本教恩寺へ参った。遺教経は仏がまさ

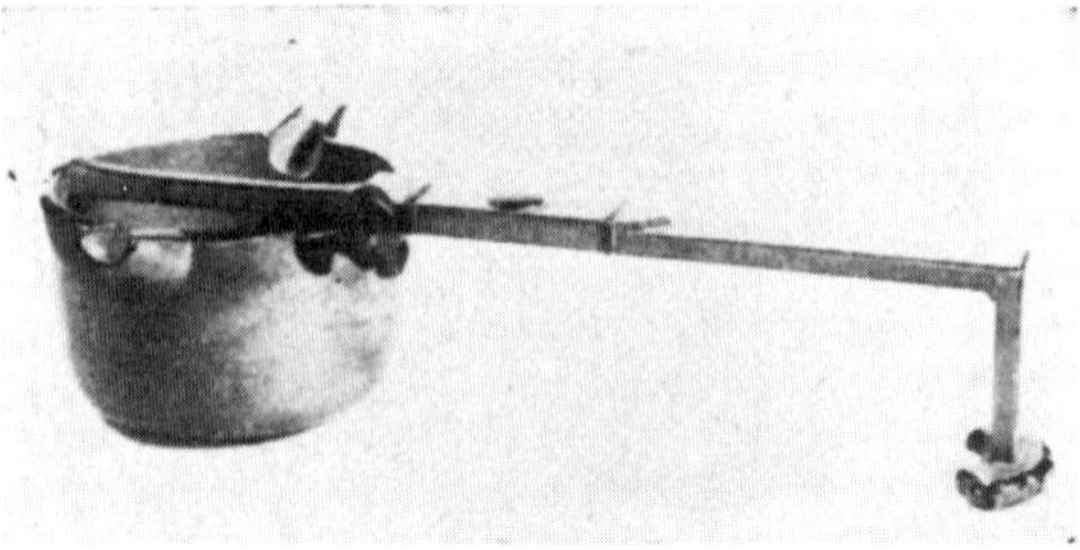

根来塗の銚子

に涅槃《ねはん》に入らんとして、弟子等のために説いた最後の遺教経を記した教典で、仏遺教経ともいう。京都の報恩寺の俗に千本の釈迦堂といわれる釈迦堂で、二月八日から十五日まで勤修《ごんしゅう》せられた法会《ほうえ》で、新義真言宗智山派の総本山東山智積院《ちしゃくいん》の僧徒が集まって遺教経を講じ、大念仏を修するのである。(3)三月三日は蓬《よもぎ》餅献上、花の御所や郊外で花見を行い、(4)四月八日は釈迦の誕生を祝う灌仏会《かんぶつえ》（仏生会・浴仏会・竜華会）、(5)五月五日の端午には菖蒲を葺き粽《ちまき》を献上、菖蒲湯の行水や薬玉《くすだま》の献上や下賜があり、(6)六月晦《つごもり》には六月の大祓《おおはらえ》が行われた。(7)七月七日は七種の遊が行われ、笠懸・犬追物・歌・連歌・鞠《まり》・揚弓《ようきゅう》などが行われた。(7)七月十五日の盆には将軍は寺院に参詣をなし、(8)八月一日は八《はっ》朔《さく》といって進物贈答があり、八月十五日には石清水《いわしみず》八幡宮の祭である八幡《はちまん》放生会に将軍が奉仕し、夜は中秋観月をせられた。(9)九月九日は重陽《ちょうよう》で将軍へ献上物があり、(10)十月の亥《い》の日には亥子餅《いのこもち》を賜わった。亥の日の亥の刻（午前九時—一一時）に餅を食し、無病のまじないとする中国の信仰にもとづいて、わが国でも平安時代の寛平ころから行われた行事である。(11)十二月八日は温臓粥があり、節分には搗栗《かちぐり》と豆をまいた。

（八）民間においては、(1)正月の若水をくむこと、門松に竹をそえ、屠蘇《とそ》や白散《びゃくさん》の酒を飲むこと、特に鏡餅は宮中の歯固《はがため》の儀式に関連して年の始に諸病諸厄を払うという信仰と結びついて、民間でもこれを供えて食べる風習が一般化した。七日には七種《ななくさ》の若菜の粥を食べた。七種は「公事根源」には「薺《なずな》・はこべら・芹・菁《あおな》・御形《ごぎょう》・すずしろ・仏座《ほとけのざ》」をあげ、南北朝時代の「祇園執行日記」の文和元年（一三五二）正月十六日の条には「芹・大根・なずな・くくだち・ごぼう・ひじき・あらめ」をあげている。室町時代の「壒嚢《あいのう》抄」では「芹・なずな・御形・仏の座・田平子《たびらこ》（かわらけ菜）・耳なし・あしな（大根のこととする説がある）」をあげている。七種といっても多少所によって内容が相違していた。(2)二月になると、初午《はつうま》には稲荷詣が行われ、五穀の豊かにみのることを祈った。十五日には寺では釈迦涅槃《ねはん》の像をかかげて説教をきき、餅花を煎って仏にそなえた。(3)三月三日には桃花酒を飲み、草餅を食べた。人形を贈り、これが雛人形のはじめである。(4)五月の端午には民間では菖蒲の根を酒に入れて飲み、または菖蒲湯を沸かして入り、粽《ちまき》を食べた。(5)七月七日には素麺《そうめん》を食し、竿の先に五色糸をつるし、二星に香花を供え書をつるした。家によっては台に硯箱・料紙・扇子・琵琶・和琴・笛をおき、他の台には燈火を九つ、反対側には衣桁《いこう》をおき、五色の裂《きれ》と糸をかけて盥《たらい》に水を盛った。(6)八月一日は田面《たのも》の節であって、米を贈答した。(7)九月九日の重陽節には、祝酒のなかに茶の花を入れた茶酒を飲んだ。十二月に入っての節分には鬼は外、福は内をとなえ、煎《い》り豆をまく。このような行事が民間でも盛んとなったのがこの時代であったのである。

味の識別　室町時代は中期以後は上下に大酒の風習がみなぎっていた。

(イ)十度飲・鶯飲・十種酒の遊戯が流行した。これは「両人がいでて、十ぱい、とく呑候を勝と申候」(「雑々聞集」)という方法であって、量の飲み競争をしたのである。十種酒とは酒の量の競争だけではなく、酒の味の識別を主とする競争でもあった。

(ロ)味覚の競技は酒ばかりでなく、料理や喫茶についても行われ、客を招いて同種類の料理を何品かならべ、その原料の出所をあてるのである。(1)鯉であれば、これでつくった五品ほどの同じ料理を出して、その鯉の産地をあてるのである。(2)さきにのべた茶の湯の場合でも、その水がどこからきたのかをあてる競技も行われた。

室町時代は今日の食品のほとんどが出揃った時代であるだけに、食品は豊富であるが、その裏を返すと当時の人々が味覚に鋭敏であったことを語るものである。だがこのような味覚競技は食生活の大本から逸脱したものであったことは他言を要しないところである。

室町文化と食物　政治や経済の変化と比べて、文化のそれは足並みがはるかにおそい。

(イ)室町文化の特色は(1)鎌倉時代の政治・経済・社会に主体的役割を果した武士階級の意識を反映した武家文化が漸く室町時代に入って主流を占め、武家文化としての強い面をもつに至った。(2)それと同時に宋・元文化や禅宗文化の影響がいちじるしく入ってきたために、室町文化は複雑な様相を呈している。(3)一方この時代は庶民性の台頭がいちじるしい。

(ロ)食物文化にもこの時代の文化要素が反映している。(1)貴族の食風は武家の食膳の影響をうけ、前代までの偏食的食事を改め、武士や庶民と同様に食品の選択が自由となった。だが酒を常飲する者は多く不健康であった。(2)武家の食風は貴族食の影響をうけ、食事の際の礼儀作法形式を尊ぶ風が生じ、武士の食事についての教養は高まり、暴飲暴食をいましめる風が現われ、一般に健康的であった。(3)その上に饅頭《まんじゅう》・羊羹《ようかん》・麵類・豆腐などの禅宗食品が普及し、民衆文化の台頭は庶民食を向上せしめるに至った。

時代の概観　（イ）一般に近世とは織田・豊臣両氏が全国統一の業を達成してから、一九世紀なかばすぎに江戸幕府が倒れるまでの約三〇〇年間をさすが、この時期をふつうに安土桃山時代と江戸時代に分けている。（ロ）安土桃山時代は、永禄一一年（一五六八）の信長の入京から慶長八年（一六〇三）の徳川幕府の創設に至る約三〇年間で、近世の揺《よう》籃《らん》期であり、信長・秀吉・家康の活躍の期間である。安土時代は信長が琵琶湖畔にきずいた安土城、桃山時代は秀吉が晩年に伏見の地に建てた伏見城をそれぞれ信長や秀吉の時代の文化の象徴としてつけた時代的呼称である。この時代は鎌倉・室町以来成長してきた封建制がほぼ確立に向う時期であり、同時に信長・秀吉が強大な大名を屈服させて統一政権を打ちたてた時期である。

（ハ）戦国末期からは対外貿易は盛んとなった。(1)このころから開始された南蛮貿易はポルトガル・イスパニア、さらにオランダ・イギリスの商船も加わって盛況を呈した。特にポルトガル船は長崎港を中心として、イスパニアは主として平戸を中心として貿易を営んだ。南蛮貿易には輸出品に銀が多く漆器・銅・刀剣があり、輸入品には鉄砲・鉛の軍需品をはじめとして、生糸・織物・陶磁器・薬種・砂糖等があった。これはわが海外貿易が奢侈品の交換の域を脱して、食品などのようなものまでも含むようになったことを示している。

(2)わが朱印船の活動も目ざましく、呂宋《ルソン》・インドシナ方面の南海諸国まで渡航して基地を獲得していた。また、(3)文禄慶長の役は失敗に終ったとはいえ、明《みん》や朝鮮との貿易は行われていた。

信長・秀吉と食風　身分は低くても実力さえあれば高位の者をしのぐといった下剋上《げこくじょう》の思想は、すでに南北朝時代の動乱のさなかにそのきざしをみせていたが、室町中期の応仁の乱以後は将軍の権威は地におち、その実権は下位の管領《かんりょう》・執事《しつじ》、さらにその被官のものへと移っていった。下剋上の思想は足軽・小者《こもの》にいたるまでしみわたり、槍ひと筋で一国一城のあるじを夢みるものも多かった。

(イ)戦国の争乱は早くも一六世紀後半になって統一の機運に向ったが、下剋上の世相の風潮に乗じ地方的土豪、または足軽階級から進出して一旗あげた成りあがり者であった織田信長の出現によって、ついに平和回復の基がひらけてきた。

(ロ)食物文化もこのような時代の推移によって、混乱を呈していたのがここに新たな形態をとった食物文化が形成される機運をむかえた。

(ハ)信長の人となりは(1)「信長公記」によってみると、青年時代から行動が徹底していた。町を通るときは人目もはばからずに、栗・柿などの果物は申すに及ばず、瓜をかぶり食ったり、まったく傍若無人であった。彼は酒は飲んだが大酒飲みではなかった。朝は馬の稽古、三月から九月までは水練、竹槍合戦の見物、市川大介について弓を、橋本一巴について鉄砲を、平田三位について兵法をそれぞれ学び、鷹狩にも熱中した。身なりは全く無頓着であった。胴着《どうぎ》の片袖をはずして、半袴《はんばかま》の腰には火打袋を沢山ぶらさげ、太刀を荒縄でしばり、柄には荒縄の腕抜《うでぬき》をまきつけていた。亡父の法会《ほうえ》には抹香を手づかみで位牌になげつけた。彼の教育掛の平手政秀は信長の振舞を苦にして自刃している。(2)そのころ京都に滞在していた宣教師のルイス＝フロイスの本国に送った書簡の中には「善き理解力と明晰なる判断力を有し、神仏その他、偶像を軽視し異教一切のトを信ぜず」とのべている(「日本耶蘇会士通信」)。(3)彼は知的であり、科学的であり、批判的であった。都風の料理であっても、口にあえばうまいとほめ、公家風の料理でも口に合わなければまずいと言う率直さがあった。だが、彼の食生活は必ずしも質素ではなく、また貧弱なものではなく、彼は南蛮品を愛用していたことからみても、南蛮渡来の食品にしても気に入った食品であれば何でも飲食するという、新時代の支配者にふさわしい積極性をそなえていた。

(二)信長のあとをついだ秀吉も格式故実に拘泥《こうでい》することはなかった。秀吉は信長のように武力に物をいわせて旧物を破壊し、中世的な権威を否定することはしないで、直接武力をつかわず説得力と政治力によって旧弊を打破したのである。(1)秀吉が高野山に参詣のときに、秀吉は細くひき割った米で煮た割粥を食べたいといったので、料理人がこしらえて参った。すると秀吉はよろこんで「高野山には臼無き所也、我が割粥を食はんことを知りて持来る料理人、才覚の至り也」とほめた。ところが実際は多勢で俎の上で米をきざみ割粥を作ったことを知った秀吉は、大いに怒って「無くばなしと言うて、常の粥を出さんに、何の仔細かあらん。我が力には一粒づつ削りて食ふも心の儘なれども、左様の奢りけることはせぬもの也」といって戒めたということである（「老人雑話」）。また、(2)秀吉が第一回の朝鮮征伐に成功して大坂に帰ると、彼の故郷の尾張の中村から御祝として越前綿を調《ととの》えて送ってきた。彼はこれを中村の百姓が奢るようになったとして喜ばないで、「牛蒡・大根は国の名物にてめづらしく存じ、内々相まち候ところに、仰せつけられ候儀をそむき、不届なることに候間」（「老人雑話」）といって、これまで年頭の祝儀として大根・牛蒡を献上させ、諸年貢を永代にわたって免じていたのをやめさせて、当年から年貢を納めさせることにした。身分不相応の贈り物を戒めたものである。それとともに、彼は実利的であり、庶民風の食事に愛着をもっていたのである。

(3)秀吉は平和を祝福し、享楽する気分にみち、彼自ら率先して吉野や醍醐の花見、北野の大茶湯、大遊園会を催した。聚楽第へ天皇の行幸を仰ぎ、さらに毛利・前田・徳川・長宗我部《ちようそかべ》など諸大名の邸宅における饗宴にもおもむき、前代以来の公家や武家の食生活の様式をもとり入れた。このように信長や秀吉の人生観・社会観・政治方針はこのように知的であり、素朴であり、実利的であり、「わが力には一粒づつ削りて食ふも心の儘」という気概と覇気によって張り切っていた。このことが、そのまま一般の風潮となり、武家社会は勿論公家社会に維持されてきた伝統的な制度・儀式・慣例なども、漸次改良を余儀なくされ、さらに食生活にも影響して公家風・禅林風・庶民風が武家風にいちじるしく簡略化されてしまった。

主食の海外依存　わが国の主食物は明治維新以前は海外から輸入されたことはほとんど稀であったといってよい。だが、それは絶対になかったというのではない。(イ)文明二年（一四七〇）八月に室町幕府の政所《まんどころ》の伊勢守政親は朝鮮に米五千石を依頼したところ、五百石を得ていることが、「李朝成宗実録」の巻七に記されている。これは幕府が応仁の乱に軍需米にあてるために一時的に米を輸入したものであった。(ロ)また倭寇は朝鮮や中国の沿岸で米を掠奪していることは周知の通りであるが、彼等の得た米は日本の米の不足を補うほど大量なものでなかったことはほぼ推定できることである。(ハ)西川如見の「華夷通商考」にはオランダ船がジャワの米を積んで長崎に来航することがあったが、「彼地ニテ百斤一匁五分ノ値ナリ、舟ノ足カタメニ積来レリ」と書いてある。船の足固めであって、輸入のための米でなかったのである。

(二)だが、対馬においては室町時代から朝鮮の米・豆を輸入して主食の不足を補っていたことは「李朝実録」によって明白である。対馬では江戸時代には毎年約一万石の朝鮮米を輸入していた。明治二年六月に厳原《いずはら》藩知事の宗義達《そうよしあき》内の大島友之允《じよう》から外国官宛にさしだした「朝鮮国公私貿易取入金穀ノ覚」が、「大日本外交文書」第二巻第二冊の二五五ページにのせられているが、これによると、公貿易取入高だけで、米が九四九二石七斗一合一勺三才となっている。

舶来の作物　中世時代においても外来文化の影響は色濃くみられるが、それは主として中国大陸の宋・元・明代の文化であった。(イ)しかし中世末期になると、ポルトガル人やイスパニア人すなわち南蛮人が来航して以来、南蛮の文化と、それに南蛮人を通じての華南および南方諸島の文化が急に渡来している。そのうちの最も代表的なものがキリスト教と鉄砲である。それにともなって、彼我の貿易が盛んとなり、彼の地の珍奇な物品や風俗が輸入されることとなった。

(ロ)特にこれまでわが国になかった作物が新たに伝来されることになり、江戸時代の享保のころにできた「近代世事談」によると、当時の作物には、西瓜《すいか》・南瓜《かぼちゃ》・玉蜀黍《なんばんきび》・番椒《とうがらし》・榲桲《まるめろ》・甘藷《かんしょ》などがあげられ、次のような説明が記されている。(1)西瓜は「寛永年中に琉球より薩摩へわたる」、「寛文延宝の間、長崎より大坂へつたへ、京江戸に広まり」とある。(2)南瓜は「天和年中に渡る。京都には延宝天和の頃より種をうゆる也」とある。(3)玉蜀黍は「天正のはじめ、蛮舶もち来たる。関東にては唐もろこしといふ」。(4)番椒《とうがらし》はナンバンのことで元来熱帯産のものであって、「秀吉朝鮮征伐の時、はじめて取来たる」という。また「武江年表」には「慶長十年たばこと同じく蛮国よりわたるともあり。南蛮胡椒と言ふ。中華には番椒と言ふ。番は南蛮の事なり。」とみえている。(5)榲桲《まるめろ》は Marmelo で、カリンのことであって、果実は黄色で円い。これは「寛永のころ、蛮国より渡る。此実、林檎のごとし。南蛮人、沙糖を以てこれを煮、加世伊太《かせいた》と呼ぶ。よく痰嗽《たんそう》を治す」と記している。

(6)甘藷は「元禄の末に琉球から薩摩へわたる。煖土《だんど》によろしし、寒土に植えれば生ぜず」と記している。右のうち、南瓜は天和年中に伝来したとしているが、同じく享保のころにできた「長崎夜話草」には天正年中に伝来したことを記している。カボチャは、アメリカや熱帯アジアを原産地としている。カボチャという称呼はカンボジア Camboja の港からきたカンボジア船がもってきたといわれたために名づけられた。四国や九州のある地方ではボウブラ Abobora とよんでいる。ボウブラという言葉は来船の船員の口にする言葉を耳にして使いだしたのであろう。今日カボチャをトウナスまたはナンバンなどという地方もある。甘藷の原産地は中央アメリカであるという。ルソンから中国に伝わり、中国から琉球に伝わり、琉球から日本へ伝わった。甘藷については、前掲の書には元祿の末ごろを伝来期としているが、鹿児島藩で編集した「成形図《せいけいず》説《せつ》」には唐芋の条に「慶長元和の頃ほひ、ルソンより鹿児島の唐港に互市せし時にもたらし来し由、いひ伝へぬ」と記しているので、すでに慶長・元和のころ伝来したのであろう。

平戸の英国の商館長であったリチャード＝コックスの日記一六一五年（元和元年）六月一日の条には、アダムズ（三浦按針）の一行をのせたシー・アドヴェンチャー号が琉球から帰航するときに、一袋の甘藷を平戸の英国商館長のところへ送りとどけたことが見えている。これは日本に甘藷の伝わったことの文献上の初見であろう。甘藷を薩摩では琉球芋、薩摩以外の内地では薩摩芋というところが多く、これによってわが国にそれが伝来した経路が知られる。しかし甘藷は日本全国に普及するようになるのは、後述するようにそれは江戸時代に入ってからである。

(7)ジャガイモ（馬鈴薯）も伝来した。これは南米が原産地でジャガタラという。ジャガタラ（ジャカトラ、いまのジャカルタ）を経由してきたのでこのように名づけられたのである。その栽培が全国的に普及するのは明治維新以降である。文政八年（一八二五）に幕府では天文台内の翻訳事業として、ショメルの「家庭百科辞書」をオランダ語から翻訳して「厚生新編」と題したが、その中にある馬鈴薯のオランダ語アアルドアッペレンの条の翻訳をよんでみると、訳した蘭学者も実物を知らなかったらしく、「爰《ここ》にいふものは全く甘藷なるべし、再考を期すべし」と記している。

(ニ)そのほかに鳳蓮草《ほうれんそう》・芥藍《かんらん》・トマト・仏手柑《ぶしゆかん》・蒲萄《ぶどう》・南京豆《なんきんまめ》・イチヂク・バナナなども伝来している。トマトの原産地はペルーの海岸地方か、メキシコであろうといわれている。トマトというのはペール語である。はじめは赤い実を鑑賞するために作られていたが、一九世紀になってから食品として栽培するようになったのだといわれている。

南蛮料理の渡来　南蛮人の渡来によって彼等の料理がわが国にも行われるようになった。(イ)西洋風の油揚の料理が行われるようになり、「大草家料理書」には、「南ばん焼は、油であぐる也。油は胡麻、又はぶたの油であぐるなり。後味噌汁を入候也」とある。

(1)南蛮料理の中で最も代表的なものにはテンプラがある。「慶長日記」の元和二年正月廿一日のところに、茶屋四郎次郎が京都から駿府の家康のところへ帰ってきて、いろいろと京の話をした。彼はこのころ京都では珍らしい料理をやっていて、鯛を胡麻の油で揚げて、蒜《ひる》のようなものを擂《す》って食うが、大変珍味であることを家康に申のべた。そこへちょうど大鯛と甘鯛とを献上した者があったので、家康が早速それを揚げさせて、いつもよりも沢山食べた。ところが四時間ほどたつと、腹痛をおこしてそれがもとでとうとう亡くなってしまった。「和蘭陀《オランダ》菓子製法」という延宝のころの写本には、

一、テンフラリノシヤウ、コセウノコ、ニツケイノコ、チヤウシノコ、シヤウガ、ヒトモヂ、ニンニク、コレモ、コマカニキザミトリテ、ツクリテ、ナベニアラヲ入、此六イロヲイリテ、トソヲイレ、マタイリ、ソノウヘ、クチナシ水モテソメテ、ソレニ、ダシヲイレ、ナマタリサシ、マタサカシヲサシ、ハンタイ候テ、ヨク候。

とみえている。これは鳥の料理のようであるが、とにかくテンプラということがでている。テンプラの語源は必ず

しも明白ではないが、イタリア語では tempora ポルトガル語の temporras からでたものであるという。キリスト教では金曜日の祭をテンポラといって、この日には鳥獣の肉を食べず、魚肉を食べるということから、当時わが国に渡来した宣教師が各地の教会で、金曜日の祭日にこの料理を食べたことから起ったと考えられている。

(2)牛肉を食べることも南蛮人から教えられた。クラッセの「日本西教史」には「日本人は牛肉・豚肉・羊肉を忌むこと我国人の馬肉に於るに同じ。又牛乳を飲むは生血を吸ふが如しとして敢て用ひず、牛馬極めて多しと雖も、牛は農事等に用ひ、馬は戦場に用ふるのみなり。日本人は猟獣の旬期に於て得たる野獣肉の外は食はず」とみえ、日本人は野獣肉だけしか食べていないことを指摘している。ところが、新しがりやの大名の間には牛肉を食べることが流行し、秀吉の小田原征伐のときは高山右近《たかやまうこん》が蒲生氏郷《がもううじさと》や細川忠興《ほそかわただおき》に牛肉を料理して食べさせた話がある(「細川家御家譜」)。

(3)「大草家料理書」には、南蛮料理で、油で揚げるものに豚の油をつかっていることが記されている。この油は今日のラードのように揚げ物にもつかった。豚は慶長以前の「節用集」やその他の辞書にものっていない。南蛮船の輸入した動物であり、このころから日本でも飼育されている。また豚肉は牛肉とともに多く食べられている。慶長十八年(一六一三)平戸に来航したイギリスの船長のジョン＝セーリスの日記や、リチャード＝コックスの日記などには、彼等が平戸の領主の松浦鎮信《しずのぶ》のもとめに応じて牛肉や豚肉の料理をこしらえている記事がある。

(4)ガンモドキ(雁擬)は関西ではヒリョウズ(飛竜頭)といっているが、これはポルトガル語の、Filhoses スペイン語の Fillos から出た南蛮菓子の名であった。元禄のころになると、精進料理の一つとして「男重宝記」には「非料魚《ひりようお》」としてあげられている。(5)漬物には、糠詰《ぬかずめ》鶏卵や蜜漬生姜《しようが》などがあった。

(ロ)酒にも新渡来のものが多く、南蛮酒の名がはやくからみえている。どういう酒であったのか明確ではないが、江戸時代になって享保十七年の「万金産業袋」によると、異国の酒として、アラキ・チンタ・アガヒイタ・ニッハ・ハアサ・マサキなどの名が記されている。(1)アラキは蒸溜法によって製する焼酎《しょうちゅう》であり、シナの元の時代から造られていたものである。(2)チンタは粗製の赤葡萄《ぶどう》酒である。(3)その他はブランデー・ウィスキーなどに類似したものであったと考えられる。(4)葡萄酒もはじめて伝わり、大名も茶会の後にはこれを飲み珍重していた。(5)泡盛《あわもり》は焼酎の一種であるが、慶長十三年（一六〇八）に琉球が島津氏の領分になったので、島津氏はこれを将軍への献上物にした。アルコールの濃度が高いので、薬用としても珍重された（「明良洪範」）。

南蛮菓子の普及　(イ)砂糖が一般庶民の間に知られるようになるのは室町中期であり、中国との交通の結果によるものであった。だがその量は僅少であった。ところが南蛮貿易が開始されると、その輸入量は増加している。「信長公記」によると天正八年（一五八〇）六月に、長宗我部氏が砂糖三千斤を信長に進上している。また慶長十三年（一六〇八）七月の島津氏の献上品には砂糖二千斤とみえている（「島津国史」）。砂糖に関する記事はかなり多い。とはいえ砂糖はまだ奢侈的な珍貴なもので、庶民が使用できるほどにはいたっていない。

(ロ)砂糖の用途をみると、(1)砂糖饅頭などにこれまでは使用されていたが、この時代になると、(2)カステラ・ボーロなどに用いられた。カステラは加須底羅・粕底羅・家主貞良・加寿天以羅などの文字があてはめられていた。カステラ Castella とはイスパニアのことをさして呼んだポルトガル語であって、その国名が菓子の名となったのである。(3)ボーロ Bolo はボロまたはボウルともいわれた。カステラボウルというものもあった。(4)糖蜜を結晶させたコンペイトウ Confestos またはコンヘイトーともいうものがあった。金平糖・金餅糖・金米糖・渾平糖などの文字をあてはめている。コンペイトウはわが国では江戸時代になってから製造されるようになった。「日本永代蔵」には、その製

造について、

胡麻より砂糖をかけて、次第にまろめければ第一胡麻の仕掛に大事あらんと思案しすまし、まづ胡麻を砂糖にて煎じ、幾日もほし、乾て後煮鍋へ蒔て、ぬくもりのゆくにしたがひ、ごまより砂糖を吹出し、自ら金餅糖となりぬ、胡麻一升を種にして金餅糖弐百斤になりける。一斤四分にて出来し物、五匁に売ける程に、年もかさぬ内に、是にて弐百貫目を仕出しぬ。

とある。胡麻や芥子《けし》の種などと砂糖で金餅糖をつくったのである。(5)アルヘイトーはアルヘイともいわれ、ポルトガル語の Alfeloa のなまったもので、有平糖・阿児赫乙糖の文字をあてはめていた。江戸時代になっても高級な贈物であった。(6)そのほか、ビスケット・カルメル・パンなども長崎へ輸入された。ビスケットはビスカウトといい、ポルトガル語では Biscauit で、英語の Biocuit である。カルメルはポルトガル語の Calamela でカルメラ・カルメイラ・カルメイルなどといわれ、浮名糖《かるめいろ》という字をあてていた。パンはポルトガル語の pao、スペイン語の pan である。江戸時代の「長崎夜話草」には南蛮菓子の「ハルテ・ゲジアト・カステラ・ボウル・花ボウル・コンペイト・アルヘル・カルメル・オベリヤ・バアスリ・ヒリョウス・オブダウス・玉子索麪《そうめん》・ビスカウト・パン」があげられている。この中には日本化したものもあれば伝来当時そのままのものもある。このような南蛮菓子の普及とともに、中国から輸入された菓子もあった。同書には唐菓子の色々として「香餅《ひょんばい》・大胡麻餅《おほごまもち》・砂糖鳥《さとうどり》・羅保衣《らほい》・香沙糕《こうさこう》・火縄餅《ひなわもち》・胡麻牛皮《ぎゅうひ》・玉露糕《ぎょくろこう》・賀饅頭《がまんじゅう》・此外猶《なか》多し。皆唐人の伝也」とみえている。

煙草の伝来　(イ)コロンブスはアメリカの発見と同時に煙草を発見した。一四九二年一一月に彼は西インド諸島において、原住民が燃えさしの木の棒のようなものを口にしていたのを見たという。多分、喫煙の土俗をさしたのであろう。喫煙の風習は西インド諸島のみならず、北米にも南米にも中米にも、広くアメリカ＝インディアンを通じて往古から存在していた土俗であった。(ロ)煙草という語源はタバコという島名からおこったという説をはじめ、諸説があって不明確である。タバコという名はスペインからヨーロッパに入り、ポルトガル語も同じで、独・仏・英などの語もやや同形の語を使っている。日本のタバコもポルトガル語かスペイン語かを採用したものであった。(ハ)タバコはわが国に最初に渡来した年代には諸説があるが、「落穂集追加」には天正年中と記している。相国寺鹿苑院の僧たちの日録には、飲食生活が詳記されているが、文祿二年（一五九三）の記事に煙草ということがみえている。したがって一六世紀末の天正のころに移植されたとみてよかろう。

(ニ)キセルには長さに大小があるが、(1)慶長のころのものは、一般に長いものを用いた。風俗画にはよく見るところである。長ギセルは金属製のもので長大なものであったので、外出のときにはこれを下男にかつがせてゆくという風があった。そのころ往々にして不良少年や無頼漢が、棒ぎれの様にして、長ギセルを携帯して人をなぐったりして喧嘩の道具に使ったことがあった。(2)継ギセルは長いキセルを短かくし懐中用にしたもので、後世になって使用されている。(3)竹筒のキセルも使われたが、それは下級の者が用いていたものである。(ホ)キセル（煙管）という語源はカンボジア語で管ということを意味するクセルということから出たものである。キセルに用いる竹管をラウというが、これはカンボジア国に近い羅宇《ラウ》国からこの竹を産するので、その地名を用いるようになったのである（渡辺修二郎「外交通商史談」通商事項）。カンボジア国とラオ国とは土地が南北に相近接している。北方のラオ国の土産の斑竹のことは日本でも知られ、貝原益軒の「大和本草」の附録巻一にはラウ竹のことがある。天野信景の「塩尻」巻十一にも羅宇《らう》のことがみえ、ともに宝永年間の記述となっている。煙草は南蛮船によって伝来されたが、これを吸う道具である煙管はその材料のラオ竹とともにカンボジアから輸入され、その名称もカンボジアの名前をとっていたのであった。インドシナ諸国の言語が、インドや南洋の言語とともに、ポルトガル・スペイン・オランダの言語とは別個に直接日本に輸入されていたことは注目に値することであろう。

(ヘ)煙草の伝来によって、強烈な香気を喫することによって、香をかぐ香道がすたれたといわれる。ヨーロッパにおける煙草の伝来は、わが国に比して早かったことはすでにのべた通りである。ところが、煙草を禁止したのは、ヨーロッパよりも日本の方が早かったのである。すなわち、わが国では慶長一四年(一六〇九)七月に江戸幕府は禁令を発した。その理由は火災の恐れがあり、また不経済だというのであった(「慶長年録」)。翌十五年十月にも駿府城の台所が煙草から失火したというので、禁令がでた。このときは喫煙だけではなく、耕作売買まで禁じ、罪を犯すと家財を没収することにした。英国では慶長十四年よりも十年後の一六一九年(元和五年)にジェームス一世によってはじめて禁令が出され、ローマ法王ウルバノ八世は十五年後の一六二四年(寛永元年)に出している(川島元次郎「煙草の伝来」(史林第二巻)、古好博士「古書の煙草のことなど」(新小説第二四年第一〇号))。このことはいかに煙草が日本においてその普及が急速であったかを物語る一面ではなかろうか。

茶の湯の流行　喫茶という舶来の趣味も、禅僧の行事から武士の手に移り、室町中期の東山時代には茶の湯と称する上流武家の生活文化として成長したことはすでにのべた通りである。(イ)奈良の僧侶の村田珠光がこれを庶民風に改革してからは、その主導権が町人の掌中に移った。(ロ)珠光のあとをつぐこの道の名人の鳥居引拙《いんせつ》・武野《たけの》紹鷗《じょうおう》などが堺の富商であったがために、茶の湯の本場は泉州の堺といわれることになった。三好一族や松永久秀は武家社会における下剋上の張本人といわれているが、彼等も紹鷗の門下であった。このような成りあがり大名の教養の伝統が、堺の茶人を案内者として、信長や秀吉をして、茶の趣味に向かわしめたのである。信長は今井宗久らを茶頭《さとう》として、安土城内の数寄屋《すきや》びらきをなした。(ハ)紹鷗についで茶の湯の名人としてうたわれた千利休も堺の町の出身であって、秀吉の茶頭となり、晩年になって珠光以来の茶の道を大成した。秀吉は千利休に命じて、大坂城内に山里の数寄屋を建てさせた。秀吉は利休に対し、側近の讒訴《ざんそ》を信じ、利休を罰したが、晩年の生活は利休の茶の趣味にかたむいていた。利休風の茶道は、茶室・茶器・茶会・料理・茶人の服装などが従来のように複雑な形式ではなく、新しい簡便な様式となり、大衆化されかつ日本化されたものであった。

(ニ)茶の湯は(1)富者閑人が心の閑雅を養うための遊びであるばかりでなく、(2)武将・公家・富商もこれを行うことによって互いに協和点を見出して、己に向って相手の歩みをさそうためのものでもあった。(3)さらに政治的に殺伐な人心を和げ、乱を好む覇気を消失させる目的をもって催す場合もあった。(ホ)このうち政治的な配慮によって、全く破格な催しをなしたのが、天正十五年(一五八七)十月に秀吉が行った北野の大茶の湯である。(1)この催しは九州征伐成功の祝賀会でもあったが、この会に京都の北野の大野原に茶湯座敷をかまえさせ、来る十月朔日に北野松原においいて茶の湯をひらくので、望みの者は貴賤貧富によらず来って一興を催せよ。秀吉が数十年間に求めておいた諸道具をかざる故に、望み次第に見物せよ、茶の湯に熱心な者は若党・町人・百姓以下によらず、釜一ツ・つるべ一ツ・呑物一ツ、茶はこがしにしても苦しくないからさげてやってこい。日本はもちろん、いやしくも数寄の心のある者は唐国人といえども参加せよ(「北野大茶湯之記」)、という意味の高札を大々的に京都・奈良・堺などにたてて興行したのである。百姓・町人以下誰でもよい、日本人は勿論、唐国の者でも参加してよいというのは極めて庶民的にして明朗な茶会である。今日の大遊園会ともいうべき催しであった。

(2)当日になると、秀吉はもちろん公卿・将士が各々意匠をこらして北野の松原に茶室をつくり、各々の所持する道具をかざり、茶室の数は千五百もあった。その茶室の様子は「北野方一里は更に空所もなかりしなり」（「太閤記」巻七・北野大茶湯之記）という状況であった。秀吉も自ら茶をたてて諸大名などをもてなし、それぞれの茶室をめぐって興をやった。利休・宗及・宗久の三人は主として茶の湯の斡旋奔走をしたので各三千石をあたえられた。(3)茶は中国・朝鮮にはあるが、茶の湯はなかった。この茶の湯こそは日本独得のものであり、静寂枯淡の趣をもつ禅的な人生観がこの趣味の中にとり入れられ、ついにわが国民の精神に伝えられ、今日もなお行われているのである。

(ヘ)天正十五年六月秀吉は九州征討の帰途博多に立寄り、箱崎の千代の松原で茶の湯を催し、林間にかりの数寄屋をもうけて、松葉などを燻《ふす》べて茶の湯を催した。茶人の間に野がけ、または燻べ茶の湯などということが起った。これは利休のはたらきによるものであり、これまでの茶の湯は将軍・諸大名・富豪などの間だけに行われ、その茶室も大広間が必要であったので、到底常人にはできないことであった。だが利休はこの自由な形式を案出し、これから心易く茶事をたのしむことができるようになったのは、文化の下剋上としても特筆すべきことであろう。

(ト)茶の湯には種々の流派があった。千利休の門人には古田織部正重勝・藪内紹智・細川忠興などが著名であり、重勝の流は織部《おりべ》流で、徳川秀忠の師範となり、藪内紹智の流れは藪内流である。利休の曾孫から武者小路流（長男）・表流（次男）・裏流（三男）の三派があらわれた。茶器をはじめとして、それぞれの法式を知らなければ、茶を飲むことができなかったのである。

懐石料理の登場　茶の湯は紹鷗を経て千利休によって完成されたが、(イ)この芸道にともなって懐石《かいせき》料理が起った。(1)懐石とは僧侶が空腹にたえるために温石をふところにして腹をあたためるということから起ったもので、一般には会席と書く。また会席膳・献立料理などともかく。宴会の料理とはちがって禅林風の簡単な料理をいうのである。(2)

「南坊録」に、懐石之法として、

小座敷の料理、汁一ッ・菜二ッ三ッ・酒も軽くすべし。わび座敷の料理だては不相応也。勿論取合ごくうすき事は釜の湯同前の心得なり。上方衆は盃事もする。是みな世間会の取交、草菴露地入抔にて、盃事の本意にて更に不レ可レ有。菜数出すさへ大に本意を忘たる事也。

と説いているように、一汁二菜か一汁三菜で酒を軽くするものである。だが簡単であるといってもその料理の質は粗末ではなかった。見て美しく、味わって奇なるものに食のたのしみを求めたのである。(3)片桐石見守貞昌は茶事にすぐれ、石州流の一派をひらいた人であったが、「明良洪範」には次のようなことがみえている。

片桐石見守も、茶事は衆に勝れし人也。会席も上手にて、軽き品を出されても風味至極宜し。諸人、片桐に倣《なら》ひて料理すれども、風味中々及ばず。或人、片桐に料理の仕方を問ふ、片桐答て、渾て料理は軽き料理にて、風味をよくせんと思はば、まづ重き料理を拵《こしら》へ、其重き内より出たる軽き風味宜き也。最初より軽く拵へては、麁末《そまつ》に成りて、客には出されずと言へり。

風味のあるよい料理をつくるには、まず重い料理をつくることが大切であることを説いている。

(ロ)では一体懐石料理にはどのようなものがあったであろうか。天正二十年(一五九二)秀吉は朝鮮出兵に際して、肥前の名護屋《なごや》に在陣中に、この年の十月晦日に博多の神屋《かみや》宗湛《そうたん》の邸に臨み、もてなしをうけたことがある。宗湛は海外貿易商の家に生れ、茶事を好み、利休や今井宗久と交際し、秀吉や家康の寵をうけた人である。このときの懐石料理は「宗湛茶会献立日記」によると、本膳には焼貝・味噌焼の独活《うど》の入った汁、ふねり味噌、御飯がつき、この膳には鱸《すずき》の焼物・鱚《きすご》・栄螺《さざえ》・鶉《うずら》やき、雁に芹を入れた汁、御菓子・松露・椎茸・きんとん等がついた。秀吉が招かれた当日は十月晦日であるので、今日の陽暦になおして考えれば十一月下旬である。そのころ独活を使っていることをみても、ぜいたくなものであることがわかる。

このように懐石料理は精進料理というだけではなく、魚鳥も使用し、品数は少いが高級な料理であったのである。元来この料理は禅宗風の食事であったが、茶道の発展にともなって安土桃山時代には特殊な発展をとげたのである。

茶器の愛玩　茶の湯の発達によって安土桃山時代は茶人に茶器が非常に珍重された。(イ)その多くが外国船載品で、中にはおどろくべき高価をもって売買されたものもあった。(1)その原因の第一は、外国品を珍重するという風潮が強かったことである。信長や秀吉は茶事を好むのあまり、天下の名器を収蔵して誇示したことや、将士もそれにならって、戦功の賞として名器をもらって誇りとしたり、家宝としたことによるものである。(2)第二は当時のわが国の製陶業が幼稚であって、当時の風尚である壺飾の用に供するに足るものがなかったことによるものであろう。安土城の瓦は明人によって造られたのをみても、わが国の製陶業は当時幼稚であったことが考えられるのである。江戸時代の初期に至るまでは専ら中国・朝鮮・南蛮等の舶来品の模造品だけしか、つくられなかったというのが大体の傾向であった。(ロ)朝鮮の役に従軍した諸将がこの国の陶工をつれてかえり、各領内で窯をひらかせたので、萩・平戸・高取・八代・薩摩焼などがあらわれた。第三は人の世の栄枯盛衰をその茶器においてみることを喜ぶ心が作用していたことである。水戸の徳川家の所蔵となった新田肩衝《かたつき》はもと新田義貞の所持といわれ、三好宗三（長政）の手を経て、信長にうつり、本能寺の変で光秀の手にうつり、安土城没落によって大友宗麟にわたり、宗麟から秀吉に献上され、大坂落城によって徳川家に帰し、家康を経て水戸家のものとなった。また加賀の前田家の富士茄子は足利義昭が所有していたものであったが、後藤祐乗の手にわたり、信長・秀吉を経て、前田利家の手にわたったのである。

(ハ)この時代の食器としてわが国で発明されたものに、点茶に用いる楽焼《らくやき》がある。これは、伝うるところによれば一六世紀のはじめの永正のころに、中国人（あるいは韓人）の宗慶という者が帰化して京都にすみ、陶窯をひらいたが、その子の長次郎長祐になって一種の陶器を発明した。後に秀吉は聚楽第をきずくとき彼をその邸内に居らしめて、茶器や瓦の製造を命じ、楽字を瓦に印せしめたことから楽焼というようになったといわれる（「工芸志料」）。楽焼はその釉薬《ゆうやく》がやわらかに唇にあたって茶味を和げるところから茶人に愛用されたのである。

(ニ)南蛮人の渡来によって、ガラス製品であるビードロの容器が伝わって珍重された。(ホ)木製の白木や漆の食器が多く用いられた。漆の食器は外側が黒塗で内側は朱塗のものや、梨子地《なしじ》蒔絵のものが上品のものとされた。白木や塗の足付折敷《おしき》に椀や陶器をおくこともようやく盛んとなった。

三度食の成立　この時代になると、朝夕食の二食から三食になってきたことは食生活史上特筆すべきことであろう。だが、社会のあらゆる階級全般がそうなったのではない。(イ)この時代になっても朝夕二食の食事は従来のように行われていたところもあった。(1)「甲斐国志」の中には慶長七年の控書として、「一、催促の人もらひの事、此方申付候ごとくなけわけ大こん計《ばかり》にて、一日に二度ツツたるべき事」とみえている。これは方々から兵を集める場合のことで、その集めてきた者には菜や大根を一日に二度の食事にあたえるというのである。(2)「慶長見聞集」には「一合の食物を朝五勺、是を……あなより此暗き地獄へなげ入る」と記されている。これは牢屋のことであるが、牢屋に入っている者に朝夕二度あたえているのである。(3)また伊達政宗のことを記した「命期集」には「御膳抔《など》も朝夕の外、御菓子の類にても昼程抔被二召上一例無レ之候」と記されている。政宗は昼食をとっていないのである。ところが(4)「慶長見聞集」には晩飯の振舞に客を案内して、八ツ時分（午後二時）に来てくれといったところ、一人は時刻通りにきたが、一人は七ツ下り（午後四時）にきたので、灯をつけて膳を出したということが書いてある。このことは当時晩飯の時刻が午後二時であったことがわかる。当時は朝飯は大体午前八時であったので、午後二時まではかなり時間があったのである。そこで、どうしてもそこに変化が生じてくる。すなわち三食ということが行われてくるのである。

（ロ）当時は右のように二食の場合もあったが、一般的には三食が行われるようになっていた。(1)「御湯殿上日記」の慶長九年（一六〇四）三月十九日の条には、「けふより御せんくはじまるか。月よりはじまる。御かゆまゐる。朝供御まゐる。昼折くもじ参る。夕方供御まゐる。七時分にはつる。」とあって、朝は粥、昼は漬菜の類のくもぢの軽食ではあるが、一日に三食をとっていることがわかる。(2)慶長元年（一五九六）閏八月に堺につき、滞在約一ヵ月であった朝鮮信使黄慎らの見聞記である「日本往還記」には、当時日本人が三度の食事をとっていることを次のように記している。

毎飯三合米、菜羹一杯、魚鱠《なます》・醬菁・数三品に過ざるのみ。鱠、亦た極めて麁硬《そこう》にして、小指大の如し。一楪《いっちょう》只だ五六条を盛り、醋《さく》を以て之に和す。飯後、例として酒を飲むこと両三杯、小倭稍や饒《おお》く喫着する者と雖ども則ち亦後に飯の酒を輟《や》めず、故に市上最も酒を酤《う》るを尚ぶ。一日に三吨《とん》の飯を用ふ。卒倭は則ち例として両吨を喫す。役作有りて然して後、三吨を喫す。

鱠《なます》は大きく切り醋（酢）であえ、食後には酒をのみ、一日には飯を三度食べているというのである。(3)慶長年中に書いた直江山城守の「四季農誡」の四月のところには、「女房娘は三食のめしをこしらへ、頭にあかき手巾をかぶり田の辺へ持行、老若共によごれたる男の前へ食をすゐべし」とみえている。また五月のところには「昼食には坐頭のあたま程なる食をするならべて喰ふべし、男はさる事ながら女房の腹には過たるやうに見え候間、女房の食には少かてに菜を入度候」と記している。農繁の期に三度食っている。大工や左官も三度とっていた。(ハ)右のように三食とるのが一般社会の傾向であったが、武士や労働する農民・職人などは三度のほかに硯水《けんすい》をとった。硯水とは間炊《けんすい》とも記し、間食のことである。元来禅宗の寺院では点心と称していたものであって、うどん・そうめん・もち類に、菜を二、三種そえて食べる軽い食事で、このうち茶子・茶請《うけ》と称して喫茶のつまみ物として果実類やその他の淡白な菓子類が好まれた。

饗宴の献立　この時代は中国料理や南蛮料理が輸入されたが、饗宴の献立は前代と大差はない。秀吉は平和を祝福し、享楽する気分にたけ、能楽・花見・茶の湯などを多く催したが、そのほか諸大名の邸の饗宴におもむいた。天正十六年(一五八八)四月十五日に秀吉は聚楽第へ後陽成天皇の行幸を仰いだが、そのときの二日間の献立は「行幸御献立記」にみえている。(1)その第一日目には初献はこざし(小串)・はむ・亀の甲、二献は、にし・鳥・鯉、三献は、きざみ物・のり・すいせん、余献は、からすみ・かいあわび・さしみ・白鳥、五献は、すり物・きざみ物・かたのわ、六献は、くま引・塩引・すし・酒びて・鯣《するめ》、七献は、のり・酢大根・饅頭、八献は、まき鯣・山椒鯉・鶴のあいもの、九献は、一川物・鮒などであった。

(2)第二日目には、一献は、塩引・かうの物・鱠付・すし・いもこみ・御飯、二献は、からすみ・はす・さしみ鯔《なよし》(ぼら・いな)・くらげ・鯛・鶴(汁か)、三献は、ひだら・山椒はむ・かんさう・鳥・かいあわび・こち、余献は、酒びて・にし・かまぼこ・鱸《すずき》、五献は、鴫《しぎ》羽盛・いけはく・いか・白鳥(汁か)、六献は、さざい・ふ・鳥・鯉、七献は鱠・くしあわび・鮒が出た。最後に御菓子として、ふ・ところ・こぶまき・くるみ・まつばこんぶ・きんかん・しいたけが出されている。

（ロ）文禄三年（一五六〇）に秀吉が前田利家の邸へおもむいたときの饗宴の献立は次の通りである（文禄三年卯四月八日加賀之中納言之御成之事）。

(1)初献は小串《こざし》・五種亀の甲・削物《けずりもの》であり、進物として長光の太刀・鹿毛《かげ》の馬・鞍置が出され、披露として能の高砂が行われ、鳥目《ちょうもく》の三万疋がだされた。

(2)二献はかずの子・かいあわび・刺身《さしみ》・鯛、三献は鮓《すし》・干鱈《ひだら》が出され、第一には、湯漬・塩引・焼物・鱒・桶・齏《あえ》雑《まぜ》・御飯・香の物・蒲穂子《かまぼこ》・ふくめ（鯛）、第二には、蛸《たこ》・蒲焼・鯛・辛螺《にし》・酒浸《さかびて》・鱧《はも》・集汁《あつめじる》、第三には、烏賊《いか》・海月《くらげ》・白鳥（汁か）・蚫《あわび》・からすみ・ばい・鯉（汁か）、第四には、削物・こち・鳴・鮓・ゑい、第五には、雲雀《ひばり》・かざめ・鯛の子・つみ煎《いり》が出された。ついで御引物として、栄螺《さざえ》・鯨（汁か）・海老《えび》・船盛《ふなもり》・串蚫《あわび》・小串・から花・姫胡桃《ひめくるみ》・麸《ふ》・松露《しょうろ》・雲月羹《うんげつかん》・楊皮《ようひ》・薄皮《うすかわ》・山の芋・みの柿・結花昆布・みかん・まめあめ（豆飴香）、が出されている。

花見の饗宴（花下群舞図屏風）

(3)四献には蒸麵《むしむぎ》、五献には鱧《はも》・鳥・鯉・からすみ、六献には饅頭・まな鰹、七献には一物・鮒・一献煮《こんに》、八献には三方膳・橘、九献には、削物・桜煎《さくらいり》・巻鯣《まきするめ》、十献には羊《よう》羹・鶯焼、十一献には蛸《たこ》・ひかき煎・干鱈、十二献には、ぎょかん・鶉《うずら》の床、十三献には雲雀《ひばり》・鱸《すずき》・のし、などであった。

（ハ）「文禄四年御成記」には右の献立にみえない料理があげられている。椎茸・鶏冠苔《とさかのり》・巻小蛸・山椒鱧《はも》・鵠《くぐい》汁・羹餅・蟹・浮煎・越河煎・蛤・牡蠣《かき》・ほたて貝・鯨汁・青貝・甘海苔・鱸《すずき》汁・橘焼・くず煮・結び昆布・花おこし・つり柿・きんかん・松昆布・生烏賊《いか》・菜草・盛こぼし・切蒲穂子《きりかまぼこ》・鮭焼もの・鴈《がん》汁・冷汁などがある。

これらの料理はどのようにして料理したのか、またどのような食品であるのか、今日もなお不明なものもある。貴族化した新興の武士階級のこのような豊かな饗応の献立は公式的であり、王朝時代からその変遷は極めておそいことを語っている。料理の一つ一つについてみれば、調味料の発達や、中国料理・南蛮料理の影響もあって、料理そのものには変化を生じ、質も向上しているものも多かったことも考えられるのである。

(ニ)当時の礼道は小笠原流が支配していたので、食礼もまた同流が支配していた。婚礼の盃には引渡といって昆布・勝栗・のしが一台、梅干・水母《くらげ》・生薑《しょうが》・塩が一台、つぎに打躬《うちみ》といって鯛・生姜・塩が一台、鯣《するめ》・生姜・数の子・塩・塩引が一台、さらに腸煎《わたいり》といって水母《くらげ》・梅干・鯉が一台、鯣・生姜・鯉・塩辛が一台で、これを式三献といった。

(ホ)平常の食物は飯・汁・漬物（香のもの）・煮物・焼物（鳥と魚）・蒲鉾《かまぼこ》・田楽《でんがく》・納豆・そば切・善哉《ぜんざい》などが主として用いられた。飯は湯漬として汁も清《すま》しと味噌汁で、温冷の二種があり雉子焼《きじやき》・鴫煮《しぎに》・鶉汁《うずらじる》などは珍味とされた。

公家・武士・町人・百姓の食事　(イ)戦国時代は武士も農業に従事していることが多かった。たとえば甲州の武田氏の家臣は多く地方に土着して相当の田畑をもち、百姓から年貢銭をとるほかに、薪・米・大豆・粟・酒・野菜・果実等まで納めさせることが多く、小身者は自ら手作をしなければならなかった。ところが秀吉の天下統一は政治によって兵農は明確に分離されることがはじまった。

(1)天正十六年（一五八八）七月に秀吉は刀狩りの令を出した。これは一揆を停止させるためのものであったが、これによって武士は百姓的でない明確な武士となり、農民は百姓として明確な地位になった。ついで(2)天正十八年七月、小田原陣を境として、それ以後は奉公人・侍などが百姓や町人になることを禁じた。すなわち、秀吉の天下統一事業の完成された天正十八年を境として、それ以後、百姓・町人の身分と居所とを釘づけして固定化するとともに、武士は農業経営から切りはなして、城下町に集結させ、単に土地を支配するにすぎない消費生活者とした。そして武士は大名制のもとに主従関係を釘づけにされ、固定化され、農民は土地にしばりつけられ人間の自由な活動を一切封じられ、食生活を自由にたのしむことはできなかったのであった。

(ロ)公家階級の日常食の材料は主として米であり、それは半白米、または黒米であって、今日のような白米は用いられていない。強飯が原則であって、このころから今日飯と称して鍋や釜でたく姫飯が普及した。長い戦乱によって禁裏や公家の食生活は意のごとくならなかったが、この時代に入って次第に回復した。天文四年(一五三五)の「後奈良院宸記《しんき》」には公家・寺院などからの献上物中に「黒豆・野菜・なっとう・ところ・白魚・きじ・白鳥・富士のり・くり・みかん・新菜・うめつけ・あわび・いちご・びわ・あんず・柑子《こうじ》・たけのこ・くしがき・まつだけ」などがみられ、宮中の食膳には山野の産物が供ぜられるようになった。また永禄十二年(一五六九)十二月、信長は禁裏に鮒《ふな》を献上したとき、わざわざ公家たちを招宴して、ふな汁をこしらえ酒宴を催して祝賀している。山科言継《やましなときつぐ》もその日記に「近々、日々美物進上云々、奇特之至也」(言継卿記)、とみえ、公家の食生活が回復したことを指摘している。だが公家の食生活は武家に比して貧困であった。山科言継の日記によると、彼等は零落しても交際を捨てることができず、たえず酒宴を催していることをのべている。酒の肴は餅・そうめん・うどん・干飯・でんがく・ちまき・善哉餅・すい物(そうめん汁)などを多く用いた。

(ハ)武士階級の日常食の材料も主として米であり、半白米・黒米を食べた。湯漬・粥・汁かけ飯も流行し、宴会には粥に汁をかけて食べている。武士の食生活は他の階級に比して最もめぐまれていたが、特に彼等は酒宴を多く催した。室町時代に行われた鶯飲・十度飲《じゅうど》・十種飲と称し、酒を多量に飲む競技や遊戯的に飲酒する風が盛んであった。そこで信長や秀吉や諸大名はしばしば部下の大酒を禁じたが、余り効果はなかった。

(ニ)商工業者は城下町にあつめられ、商農分離が行われた。町人は武士や百姓とは異なって家についた禄もなければ高もなかった。ただ自らの智と才覚とによって身一つで稼ぎ出し、ひたすら金銀貨幣を蓄積したのである。かくて武士の窮乏と農民との疲弊とを他所に、次第に社会的に実力を養い、食生活も豊かであった。なかでも貿易商人はこの時代の新勢力であって、大名にも劣らぬ奢侈な生活を送る者もあらわれた。たとえば⑴博多の貿易商人であって、茶道にすぐれていた神屋宗湛は、天正十五年（一五八七）六月二十五日の朝、朝鮮出兵にあたり、箱崎に在陣中の秀吉を自己の邸に招いた。このときの献立は次のように「宗湛献立日記」にみえている。本膳には麩《ふ》に白鳥をいれた汁、さんしょうをそえた香の物、白鳥・大根・しょうがを入れた膾《なます》・御飯・鮎の塩焼・細くきったしょうがをのせた生鮑《なまあわび》・ささぎと茄子の胡桃《くるみ》あへ・御酒・高麗物・御湯が出され、最後に菓子として胡桃・松の実・桃・たたき牛蒡《ごぼう》・麩煮《ふに》しめなどを出している。

また⑵天正二十年（一五九二）十月に秀吉が朝鮮出兵にあたり、西下して肥前の名護屋に在陣したときも、秀吉を宗湛の邸に招いている。そのときも右の日記には次の間に、小姓衆や大名衆の十人余がひかえており、宗湛の宅の座敷には、本膳五百膳余、そのほかに汁懸飯やこわ飯も数知らず用意され、料理は豊富で豪奢なものであった。

(ホ)農民は米のほかに麦・粟・稗を主として食し、また雑菜飯といって雑穀類に菜を炊き込んだものを常用とした。このような食事は一般の町人も同様であった。当時在京していた宣教師の書翰によると、永禄四年（一五六一）ごろには「この地（京都）は遠く北方にあり、雪が多く、また戦争のさい消耗したとみえて、まきが少ないため寒気がはなはだしい。また、食糧品が欠乏し、常食はかぶら・だいこん・なす・ちさ、および豆類である。」（「耶蘇会士日本通信」）。と訴え、永禄八年（一五六五）には「予および住院にあつたものはみな悪寒発熱の病にかかつた。（中略）当市（京都）では少しも肉や魚類を得ることができず、他に調味がなかつたため、水だけで煮た、ちさ少量および干だいこんの葉および米のほかはなかつたが、後に少しの塩魚を得ることができて回復し始めた」と報告をしている。これは宣教師の食生活の一面を語るものであるが、同時に主として当時の農民の食生活が貧困である状態を語っているものであろう。

胃腸障害と食事　(イ)この時代の武士は非常時と常時とにかかわらず、生命を軽んずることなくこれを大切にし、食生活においては暴飲暴食はつつしんでいた。(1)関ヶ原合戦の後に、石田三成は生捕りとなって京都で誅せられる時に、その途中で湯を飲みたいといったので、警固の者は、湯はないがのどがかわくならばここに干柿があるからこれを食べないかというと、三成はそれは痰《たん》の毒だから食べないといった。これをきいた人々は大笑いをしていうのに、すぐ首をはねられる人がそんなことを言うのは妙だといった。すると、三成は「汝等如き者の心には尤《もつとも》なり。大義を思ふ者はたとひ首を刎《は》ねらるる期までも命を大切にして、何卒本意を達せんと思ふ故」（「明良洪範」）であると申した。

(ロ)ところが平和回復とともに武士の食生活は偏食となり、砂糖の普及やこれまでの日本酒のほかに清酒・洋酒が登場し、飲酒の機会も多く、必要以上に飲食する結果となり、不健康なものが多くなった。(1)この時代の名医といわれた曲直瀬玄朔《まなせげんさく》の「玄朔道三配剤録」によると、小早川秀秋・加藤清正などをはじめとして多くの武将を診断したことを記しているが、これによると飲食の過多による胃腸障害が非常に多かったことがわかる。たとえば加藤清正は部下には「食は黒飯たるべし、衣類は木綿・紬《つむぎ》の間たるべし」と戒めていたが、玄朔の診断では清正は「過酒、心下痛吐二黄水一」という容態であった。(2)このように当時の武将・公家などに胃腸病の多かったのは、第一は酒の飲みすぎや料理の過食によるものであり、第二は、当時の食物が冷し物が多かったためであり、第三は武士は農業生産からはなれて新興貴族となり、運動不足からくる一面もあった。だが(3)百姓・町人は常に働かざるを得ない境遇にあり運動不足はなく、自由な食生活はかえって彼等なりにたのしみ、それが健康の原動力となった。特に町人の健康な体力はやがて経済・文化においては武士をしのぐに至るのである。

外人の見た日本食　南蛮人が在日中に記した本国への通信や日記が現存しているものが多いが、この中には安土桃山時代の日本人の食物・食事について記したものが散見する。

(イ)主食と副食物、食事の様子についてみると、(1)一五六五年（永祿八年）九月十五日附、堺発、パードレ・ガスパル・ビレラからポルトガルのアビスの僧院のパードレに贈った書翰（村上直次郎博士訳「耶蘇会士日本通信」上巻）には、

戦争絶ゆることなきを以て地は物を産せざれども、本来甚だ豊沃にして僅に耕作することに依り、多量の米を得、即ち当国の主要なる食糧なり、又麦・粟・大麦・蠶豆《そらまめ》・其他豆類数種、野菜は蕪《かぶら》・大根・茄子・萵苣《ちしゃ》のみ、又果物は梨・柘榴《ざくろ》・栗等あれども甚だ少し。肉は甚だ少く、全国民は肉よりも魚類を好み、其量多く又甚だ美味にして佳良なり（中略）、彼等は我等の如く悉《ことごと》く一卓にて食することなく、各人約一パルモ半（一パルモは二二センチ）の甚だ清潔なる机に着き、美味一切を之に載せ、若し数多くして此机に載する能はざる時は他の小さき机に載せ之を左右に据《す》う

とある。米が多量に収穫されるが、果物や肉が少く、清潔な膳を各人が用いていることを指摘している。(2)一六〇九年九月三十日（慶長十四年九月三日）にフィリッピン諸島長官の任満ちてメキシコに帰る途中、上総国の夷隅《いすみ》郡岩和田に避難したドン・ロドリゴ・デ・ビベロ・イ・ベラスコの「日本見聞録」（村上直次郎博士訳）には、

其常食は米及び大根・茄子等の野菜と稀には魚類なり。蓋《けだ》し此海岸に於ては漁獲は容易なればなり。（中略）此市（江戸）に於て造るパンは世界中最良なる物なりと言うも過言にあらず、而して之を買ふ者少きが故に殆んど無料に等し（中略）、日常の食料は米なり。パンは果物の如く小量に食し、肉は狩猟に依りて殺したるものゝ肉の外は食せず。狩猟及び漁業の獲物は鹿・兎・鶉《うずら》・鴨その他川又は湖上の鳥獣等我等よりも多く有せり。

と報告している。

（ロ）また調味料についてみると、一五八四年一月六日（天正十二年十一月十四日）附、パードレ・ロレンソ・メシヤがアマカオ（マカオ）からコインブラのコレジヨの長パードレ、ミゲル・デ・ソウザに贈った書翰（村上直次郎博士訳「耶蘇会士日本通信」第二輯）には、

其食物は他の諸国民と全く異り、果物も甘い物も食はぬ。又油・酢又は香料の加はつた物は食はぬ。牛乳と乾酪は有毒なるものとして嫌ひ、只塩のみで味を附け、或地方では塩が食料品である。大多数の人は米と各種野の草や貝類を沢山に食ひ、野の食と貝類及び塩を以て養を取る者が多い。皆如何に暑い時でも堪へられるだけの熱度の湯を呑む。又冬に同じやうにして酒を呑む。

とある。油・酢などを使った物は食べないで、乳製品はきらい、塩を多く用い、野草・貝類を多く食べているというのである。

（ハ）日本人の食膳や箸については、クラッセの「日本西教史」（太政官訳）には、

日本人の食膳は常に清潔にして且つ美を尽せり。（中略）食卓は方形にして低き一つの脚ありて一人一卓なり。食膳の変る毎に器を改む。（中略）食卓は甚だ美にして、（中略）松杉の板を以てし、描きたるもの、漆したるもの、金銀を鏤《ちりば》めたる蒔絵のものあり（中略）。箸を用ゆること、又た尤も順便にして、肉を脱落することなく、又た手

を汚すこととなし。箸は象牙・杉木、或は其の他の香木を用ひ、長さ尺ばかりなり。

と記されている。彼等には日本人の食膳や匙《さじ》や小刀を使わないで箸を用いる食事が異様に感ぜられたのであろう。

(二)日本人の食事作法についても記録されている。一五六五年（永祿八年）にフロイスは京都と堺の間を往来したが、その二月に京都において記した書簡（「耶蘇会士日本通信」）には、

食事は節制し、常食は米及び野菜にして、海辺に住む者は魚を食す。彼等は互に饗応するを常とし、（中略）饗宴の儀礼に多くの時間を費し、貴族の間には又饗宴の際、過失無からん為め礼儀の書を作り之を研究す。

とみえている。日本人が食事にあたって礼儀正しく行っていることについては、他にも多く記されている。われわれ日本人自身にとっては、長い間の普通の慣習と思っていることでさえ、外人からみると奇異に等しく感ぜられたことの多かったことが知られるのである。

安土・桃山文化と食物

後期封建時代の初頭にあたる安土桃山時代の文化は、(イ)世俗的であり、仏教的要素が全く姿をひそめた。この点で桃山文化を日本におけるルネッサンスとする説もある。だが、ヨーロッパのルネッサンス期の文化は、近代的人間性が発見されているのに、桃山文化は封建的文化である点で問題にならない。「信長は来世なく、また見るべき物のほか存せざることを主張し、地上の天国をおのれのために造らんと決心した」というルイス＝フロイスの手紙は、よく当時の風潮を語っている。(ロ)食物文化においては、室町末期からこの時代にわたって中国・朝鮮・東南アジアおよび南蛮から作物・食品・調理法などが輸入されて、これが集大成されたところにこの時代の特色がある。やがてこれが基盤となって、江戸時代の和食完成時代の実現をみることになるのである。

(ハ)なおこの時代は全国の各地に城下町の成立を多くみたことは、わが国の歴史上いまだかつてなかったことであ

る。慶長十四年（一六〇九）の一ヵ年だけでも全国で天守閣は二五も建立されている。その地域の城下町に居住を許された町人は経済的に生長し、彼等の食生活は自由にして豊かとなった。これに対して支配者たる武士は次第にその食生活も貴族化し、形式化し、新鮮味を失い、町人の食物文化が実質的には指導的役割を果すこととなった。

第十一章　日本料理の完成（和食完成時代）江戸時代

時代の概観　(イ)徳川家康は慶長五年（一六〇〇）美濃の関ヶ原の合戦に圧倒的な勝利をおさめ、徳川氏の覇業を確立して、慶長八年（一六〇三）に征夷大将軍に任ぜられ、江戸幕府を開いた。これより、慶応三年（一八六七）幕府の滅亡まで二六〇余年間が江戸時代である。

(ロ)江戸幕府の支配機構と実力とは、はるかに鎌倉幕府にまさっていた。鎌倉時代はなお公家政治が相当な力をもち、幕府の支配は公家・寺社に十分およばなかったが、江戸幕府は全国を一元的に支配し、譜代・外様の諸藩を完全に自己の傘下に入れ、強固な武家政権を確立した。

(ハ)鎖国によって海外交通は長崎を通して、清・蘭両国のみと交易することになり、世界の大勢におくれた。だがその反面(1)泰平の世となり、諸産業が起り、経済が発達し、文化は国民の各層にひろまった。元禄年間には上方《かみがた》を中心とする元祿文化が開花して、文学・演劇・風俗画などに民衆的な文化がおこり、文化文政期には生産も高まり、国民に学問・芸術をたのしむ余裕が生れ、とりわけ町人が文化を求め、町人文化が栄えた。さらに(2)この時代は外来文化の移植はなく、外来文化を消化した純日本式文化が展開し、平安時代につぐ第二の国風文化の成熟時代をつくった。

(ニ)一九世紀の中葉の天保期になると、幕府の権威はかたむいて、国内統制の実力をうしない、封建制度の崩壊のきざしが濃厚になってくる。封建制の動揺、尊王思想の発達という内的二要因で新時代が招来される気配が高まりつつあったときに、はしなくも欧米諸勢力の圧迫という外的要因に直面することになった。尊王論は攘夷論と結合し、余命いくばくもない封建国家を打破して、欧米諸国と拮抗するにたる近代日本を形成する方策が講ぜられ、ついに江戸幕府は、慶応三年に政権を奉還するに至ったのであった。

(ホ)江戸時代の食物は貴族的な宮廷風の料理、寺院風の懐石料理、南蛮料理・中国料理などが取捨選択され、前代よりも一層集大成され、和食が完成されたことが第一の特色であろう。また幕府や諸藩における殖産興業政策によって、耕地の拡大、農耕技術の改良、作物の品種の改良、漁業技術の発展、食品加工の進歩などにともなって食物の生産が増大し、国民の一般の食生活は質量ともに豊富となったことがこれまでの時代にみられなかった大きな傾向である。

穀類・野菜の増大　中世の農作物の様相は、永祿年間に松浦宗案が著わした「清良記」によって、近世のそれは宮崎安貞が元祿のころに著わした「農業全書」によって知られる。

(イ)「清良記」は農作物から山野の食物までを含めて四五〇種をあげ、「農業全書」は家畜類もふくめて一五〇種ほどを記しているが、分類は後者の方がはるかに大きいので、種類が減じたのではない。それどころか「農業全書」には、人参をはじめ新しい作物や在来種の栽培法まで詳記され、農作物が江戸時代になって増大していることが判明する。

(ロ)農作物には地域によって種々あるが、(1)一般的にいって稲が第一であり、その他麦類・豆類・稗・そば等がある。また(2)西洋麦・煙草・人参・甘藷・甘蔗のように新しく入って大いに普及したものもある。(3)菜種は寛永のころ本田畑に作ることを禁じられたが、次第に発達した。(4)新種とされているものに、馬鈴薯・玉蜀黍・蕃椒《とうがらし》・南瓜《かぼちゃ》・西《すい》瓜《か》・隠元豆・萵《ち》苣《しゃ》・菠薐草《ほうれんそう》などがあり、栽培がいよいよ盛んとなり、後期には落花生・孟宗竹なども入った。ここで注意すべきは、煙草・菜種・甘蔗などを栽培するにも本田畑をつぶして行うことは禁止されていたということである。これは米作を中心としていたので、米の生産に障害を及ぼすために制限を加えていたのである。

(ハ)農具は前代のものに改良を加え、その普及がいちじるしく、発明もいくつかある。(1)地方名をつけた鍬や鎌の名が多くでてくる。たとえば、備中・備後のへんで田畑に使った熊手鍬が、関東そのほかで備中鍬として田地耕作に用いられ、牛馬のないとき普通の鍬で耕すより備中鍬の使用で労力が少なくてすむようになった。(2)はがね製の千歯《せんば》が元禄のころに発明され、脱穀の能率があがりこれまでの稲こきは女の仕事で、未亡人の雇われ仕事であったのが、不用になったとして後家倒《ごけだお》しの異名さえつけられた。(3)唐箕《とうみ》・千石簁《とおし》などの調整の器具や唐弓が発明され、農民生活に時間的にも余裕が生じた。

(ニ)肥料は人糞尿・牛馬糞・蚕糞・魚肥・油槽・穀肥・草肥・灰肥・泥肥・石灰・硫黄などが、土性や作物などにしたがって使用の方法が工夫されるほどに進歩した。とくに干鰯と油槽の類が多く用いられたことは、自給肥だけではなく、買う肥料の増加していることがわかる。

(ホ)灌漑には(1)水車・竜骨車《りゅうこつしゃ》や戽斗《こと》のようなものの改良使用があったが、一七世紀の中ごろの寛文年間に踏車が工夫され、一〇〇年後の安永ごろには全国に普及するに至った。(2)後期には竜吐水《りゅうどすい》もあらわれ、西洋流のポンプの原理も加えられてきた。

(ヘ)害虫を除く方法も進歩し、享保十七年(一七三二)にはイナゴの幼虫を殺すために鯨油を田にまくことが考え出され、この年西日本における大規模な害虫を最後とすることとなった。

(ト)新田の開発は前期においていちじるしかった。慶長から元禄期には四割の増加をみ、元禄から天保期には蝦夷の開拓も加わって二割の増加を見たが、地域的にみた増加率は関東・東北・四国が大であって、近畿・中国・九州は少い。耕地面積は慶長三年（一五九八）の一五〇万町歩で、これより約一世紀半後の享保年間には二九〇万町歩に増加している（古島敏雄「近世日本農業の構造」）。

魚類と塩　(イ)漁業は技術的にも、漁場地域の増加についてもいちじるしく進歩している。(1)漁場は関東・三陸・北海道・南海・西海などの各地に新興の漁場が発達し、沿岸漁場はこの時代にほぼ開発されつくした観がある。(2)漁撈法として曳網類・刺網類などの漁網法が躍進し、漁網材料としての麻苧《あさちょま》の使用が一般的となった。釣法にも延縄・曳縄が発達した。「経済要録」には「極盛期の九十九里浜地曳網は日本総国の第一で、漁猟を以て糊口する者四万余戸、その首領たる地曳網主は三百余家に及び、各々配下の漁夫を養い、網主たるもの箇々毎年千金以上の獲物あるに非ざれば部下を衣食せしむるに足らず」と記している。鰯《いわし》漁業は漁業の首位をしめ、全国各地の沿岸に発達していた。干鰯・鰯粕が魚肥として大量に利用されるに至ったことが、鰯漁を盛大にさせた。(3)捕鯨業は戦国末期から行われ、阿波藩などでは蜂須賀蓬庵の鯨漁申付状などにみられて、かなり古いけれども、紀州で捕鯨業が専業となったのは元禄年間といわれる。そして漁法は突捕法が古来の方法であった。延宝六年（一六七八）に熊野で捕鯨網が創始され、土佐・肥前に伝えられたらしい。後期には漁業中重要な地歩を獲得した。西海では慶安から寛文ごろまで鯨組は十数箇に達し、一ヵ年鯨百数十頭、鯨油三－四万樽を収益したと考えられている。(4)鰹漁は古代から行われたがこの時代に入って、土佐・阿波・紀伊・伊勢を主として、駿河・相模・房総・東北まで盛大となった。土佐では延宝のころに煮熟後に燻乾する鰹節の製法が発明され、長期の保存にたえられるようになった。(5)鰊《にしん》漁は北海道漁場の開発をまって近世に新しく登場したもので、慶長のころに松前に鰊建網が起り、一七世紀の中ごろの寛文から一八世紀の中ごろの明

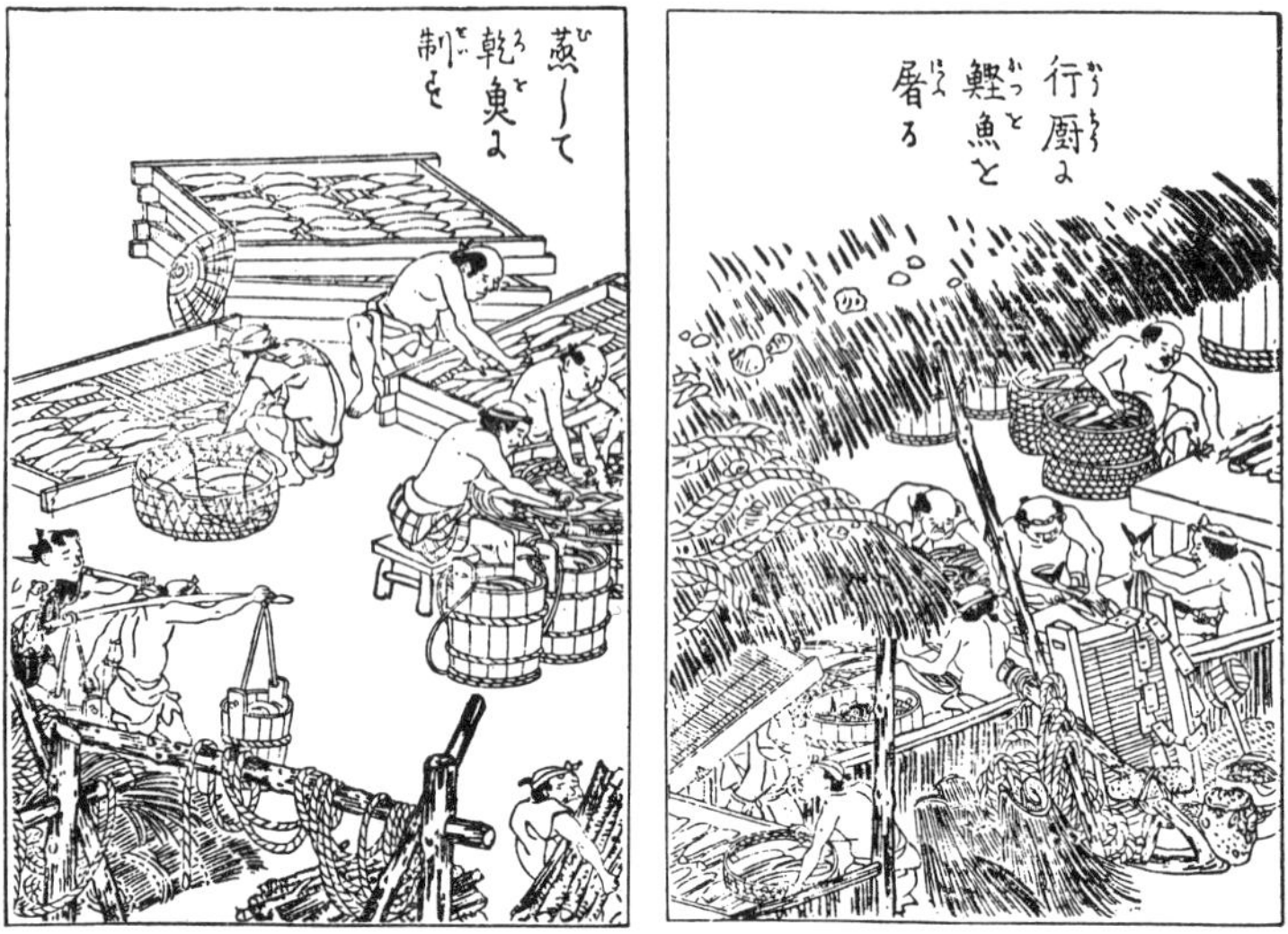

鰹節造り　(日本山海名産図会)

和にかけて隆盛となった。食用の身欠鰊《みかきにしん》・かずの子、肥料用の干鰊なども各地に販売された。(6)鮪《まぐろ》漁は陸前・陸中を中心とした東北系の大網漁業や、長門・肥前を中心とする西南系大敷網漁業とがあった。特に肥前の五島は本格的な発展をなしている。(7)鯛漁は太平洋岸・肥前・若狭に発展した。幕府は祝日や祝宴などには多量の鯛を使い、特に活鯛の納入が行われ、駿豆・相武地方には幕府上納を目的とした鯛籞《たいいけす》が設けられた。(8)鮭《さけ》と鱒《ます》の漁業は北海道では寛文のころから盛んとなった。越後の諸川、奥羽の最上川・北上川、関東の利根川の鮭も有名となった。越後三面川では鮭の産卵繁殖を保護する種川制が工夫された。海草類も多く採取され、伊豆白浜村の天草《てんぐさ》のように慶長のころには田畑の肥料用とされていたのが、文政のころから寒天の材料として活用されるようになり、大坂方面に多く売られた。そして採藻期間の限定とか、共同の採藻販売をするという形態が多くなった。(10)漁獲物の増大にともない、鮮魚・塩魚・干魚などが、大小の都市に発達した魚市場・魚町・魚問屋・仲買などの手を経て奥地の農山村まで流入するようになり、獣肉のかわりに魚を多く食べる和食をいよいよ特色づける結果となった。

(ロ)製塩業も本格的なものに進み、規模も大きくなった。産地もほぼ全国化し、(1)特に従前から発達していた瀬戸内海を中心とする播磨・阿波・讃岐・伊予・備前・備中・備後・安芸・長門・周防の一〇州が主要な生産地たる地位にあった。中期以降は一〇州塩は全国の九割を占め、年産四五〇万石に達し、自給自足しうる国は僅少であり、他は多かれ少かれ一〇州塩により補給されることとなった（吉村宮男「近世塩業史序論」（歴史地理）六八の三）。

(2)幕府も諸藩もその生産の増加に大いに努力し、幕府は下総の行徳《ぎょうとく》の塩田に保護を加えた。各藩も堤防構築や燃料供給を藩の費用で行ったり、資金を貸付けることなどになって、塩田の開発や保護をなし、増産を奨励した。(3)製塩法には原始的な素水焚法や、塩田法などがある。塩田法には中世において瀬戸内海や伊勢湾で行われていた揚浜法があったが、江戸時代に入り、赤穂において新たに入浜法が採用され、生産度を高めるに至った。これは人工にて塩堤をきずき溝を掘り、海水の干満を利用して導入する方法である。(4)塩を作ることは、利益も大きかったので、専売制をとったところが多く、岡山・加賀・仙台・相馬・南部・八戸《はちのへ》・松山・大村・熊本の諸藩では専売または類似の制度があった。塩を私的に売買したり、輸出入することを禁じ、一定の価格で買いあげ、指定問屋をして販売せしめたのである。

鯨　　とり　（日本山海名産図会）

食品市場の拡大　(イ)江戸時代の商工業の展開は、幕藩の徴集する多大な貢租の貨幣化と、武士階級の消費生活に対応する諸機構を中心として都市において発達する。その結果は商品の流通、都市の発展、国内市場の拡大となった。

(ロ)諸都市に集散される諸物資には米・酒・醬油・塩・油・魚・野菜などの食糧が主なものであり、これらの食糧や商品は諸侯が徴集した貢租や領民から強制的に買い上げた国産品が多かった。特に(1)江戸と大坂とは諸物資の集散される市場として全国の二大中心となった。そこでは幕府や諸藩の徴収した貢租とくに貢租米が集散された。大坂は米の全国的集散地であり、貢租米を第一とし、大坂に集まる米四三〇―四四〇万俵のうち、諸侯が蔵屋敷をとおして売る米は三五〇万俵、大坂に蔵屋敷をもたない諸侯藩士の武家米および百姓百人米(納屋米)は八〇―九〇万俵であった(鈴木直二「徳川時代の米穀配給組織」)。また(2)江戸日本橋の魚市と大坂の雑喉《ざこ》場とにはそれぞれ東日本・西日本の魚荷が集中した。大坂天満《てんま》の青物市場には畿内やその近傍の野菜が、また江戸の神田の青物市場にも附近の野菜がそれぞれ集中した。さらに(3)各都市には、交通の発達によって全国の市場に連結されていた。菱垣《ひがき》廻船と樽《たる》廻船とは大坂と江戸をつなぎ、北国廻船や奥羽廻船などの定期船は、全国の食糧や物資の交流に大いに役立った。たとえば松前の昆布が江戸で売られ、摂津・和泉の酒は江戸の地に下関を通じ、日本海沿岸地方や九州方面にまで販売された。また食器の材料となる尾張の瀬戸焼の九割は領外で売られたのである。かくして国内市場の拡大にともなって、広い地域にわたって食糧や物資はますます広域に流通をみるに至ったのである。(4)農村においても米やその他の食糧など、商品化が活潑となり、百姓は食糧などを売って貨幣にする傾向が強くなった。たとえば、山城の国からは京都の町へ持ち出して売る物には、きうり・ほそね・白瓜・茄子・かもうり・ほたうり・唐瓜・ひめうり・大根・蕪・ふき・山芋・里芋・わらび・つくし・すぎな・くくだちなどであり、六角町に売る物には鯉・鮒・鯛・すすき・うぐい・かれい・なまず・なよし・さざえ・ぼらの子・あわび・かつお・するめなどがあった。そして坊門町に売るものには、山鳥・山しぎ・田しぎ・うずら・雁・ひしくい・鴨・雀（遊京漫録ニ所収「蓮如上人子守歌」）などがみえ、野菜・魚・鳥などを金にかえているのである。これは京都の郊外の実態であるが、都市周辺の農村では大なり小なりこのようなことが行われ、食糧の交流が活潑化したと考えられる。(5)地方の特産物も諸侯の参府のときに献上品となったり、旅行者にもてはやされるものが多くなった。「日本諸国名物尽」にあげられているもののうち、主なもの

行徳の汐浜（江戸名所図会）

だけをあげると次のようになる。

山城の宇治茶・松茸、栂尾《とがのお》の茶、鞍馬の木芽漬、淀の鯉、大和の五所柿・諸白酒・釣瓶鮓《つくべ》・三輪そうめん・鮎、河内の道明寺の糒《ほしい》、守口漬香物・干瓢、摂津の伊丹酒、須磨の濁酒、和泉の新田煙草、伊勢の海老・のし鮑《あわび》、桑名の蛤、志摩の塩鯨、尾張の宮重大根、三河のわかめ・このわた、遠江の菊川酒・荒井鰻・浜名納豆、駿河の安部川・久野蜜柑、甲斐のぶどう・林檎、伊豆の椎茸、相模の海老、武蔵の品川苔《のり》・ねりま大根・浅草鯉、安房の目黒鰹、上総の鮑《あわび》、下総の行徳塩、常陸の鯉、近江の鮒・瀬田鰻、美濃の岐阜鮎・釣柿、飛驒の栗、信濃のそば・湖鯉・湖鰻、上野のたばこ、沼田の串柿、利根川の鮎と鰻、下野の岩茸、陸奥の松前昆布・塩引鮭・仙台糒《ほしい》・氷餅、出羽のいりこ・昆布・はたはた鮓、若狭の小浜酒・海そうめん、越前の鱈・大蛸、加賀の菊酒、能登の刺鯖・和島そうめん、越中の鰤鮓《ぶりすし》、越後の塩引鮭・八目鰻、丹波の朝倉山椒、丹波の鰤・鰯、但馬の山椒、因幡の海そうめん、伯耆ののし鮑、出雲のわかめ、隠岐の串鮑・わかめ、播磨の赤穂塩、備前のくらげ・そうめん・のり・白魚、安芸の塩辛・煎餅、長門のそうめん・いか、紀伊の蜜柑、熊野鯨・熊野鰹節・松茸・あらめ、淡路の煎餅飴、阿波の蛤、讃岐のいりこ・石蛤、伊予のそうめん、土佐の鰹節・からすみ、筑前の博多煉酒、筑後の塩鴨、豊後の梅、肥前の塩鯨・鯣《するめ》、肥後の八代蜜柑・百足苔《のり》、薩摩の人参・雲丹《うに》塩辛、壱岐の鰤・雲丹塩辛、対馬の朝鮮人参・こんぶ・のし鮑。

各地の名物も多種多様となり、食生活が著しく向上したことを物語っている。

飯の炊き方　江戸時代には飯を炊くのに、その水や火の加減まで記した書物が多くあらわれている。(イ)飯の主要材料たる米は精米で、精《しら》げた程度は今日と変らないようになった。籾《もみ》から米にしたものを臼にいれて木杵《きぎね》をふんでつき、篩《ふるい》にかけて糠と米を分け、それから箕《み》でふって粃《しいな》と塵とを除くのである。これは簡単な方法である。米を白くする方法はこの時代にはかなり進歩していた。嘉永のころ江戸で砂をまぜて舂《つ》いて白さを増す方法が考え出され、その米と糠が人と馬とに害をあたえたので、考案者が処罰されるということもあった（喜多村信節「きのまにまに」）。

(ロ)飯の炊き方には湯立・炊乾《たきほし》・三度飯・蒸し飯などがあった。湯立は湯を沸してから米を入れて炊くものであり、炊乾とは普通行われている炊き方で米を最初から水に入れておいて火にかけるやり方である。

(ハ)飯の種類は多種類となり、(1)米に麦・稗・粟をまぜた麦飯・稗飯・粟飯などがあり、または麦だけもしくは麦と粟とをまぜたり、あるいは粟だけを飯にした。貧しい程米は少かった。(2)豆類を使った飯には、粳米《うるち》に小豆をまぜて炊く赤小豆飯があり、これは美物にされなかった。小豆に糯米《もち》をまぜて蒸したものを赤飯といい、吉事や祝儀に用い、南天の葉をしくのが慣《なら》わしであった。小豆を入れないで白いのが強飯《こわいい》である。その他大豆飯・蚕豆《そらまめ》飯・豌豆《えんどう》飯・大角豆《ささげ》飯・刀豆《なたまめ》飯などがある。

(3)野菜を飯に炊きこむ野菜飯があった。菜飯というのは享保一五年に刊行された「料理網目味抄」には、「常の如く飯を炊き、器物にうつす時、菜の細たるを塩ひみにして振りまぜ、暫《しば》し蒸《うま》しむ。菜飯もどきは、わかめをあぶり粉にして、飯に振りまぜ、暫し蒸《うま》しむ。外に塩を用ひず」という方法で作られた。今日の五目飯のこしらえ方と類似している。葱《ねぎ》飯というのは葱の白根だけを細くせんにして茹《ゆ》でておき、飯のふき

水　車　(拾遺都名所図会)

あがるころにその上にのせて蓋をして熟《む》しあげるか、もしくは白根を細々にしてはじめから米にまぜて炊くか、または白根を細くさき、湯煮をして適当な長さに程よく切って蒸して、椀に飯を盛った上にのせて出すものであった。竹の子飯・干菜飯・里芋飯・薩摩芋飯・薯蕷《やまいも》飯・栗飯・大根飯・蕪《かぶら》飯などがある。特に茄子《なす》飯は生茄子を炭火でよく焼き、水に浸して皮をむき、細かにさいて椀に入れ、上に飯を盛って出す。薄醤油で作った汁をそえ、薬味には胡椒の粉などを用いた。これらの野菜飯は主として農民の食事に多くみられるもので、米の節約になった。(4)鳥肉や魚肉をまぜて炊いたものに、鰻丼・鯛の浜焼飯・鶏飯などがあり、鱧《はも》・蠣《かき》・海老《えび》・蟹《かに》・海鼠《なまこ》・鱈子《たらこ》飯などもあった。(5)五目飯も作られ、玉子・人参・椎茸《しいたけ》・きくらげ・竹の子・蒟蒻《こんにゃく》・ほろほろ豆腐・鮑《あわび》・海老・青昆布などを飯に入れたり、飯の上に盛ったりした。(6)茶飯というのは、茶を程よく焙じて細かにもんで、熟れる前に飯の上に振りかけ、熟れてから軽くまぜ、また飯を釜から少しずつ移しながら茶を軽く振って作った。(7)黄枯《きがら》茶飯は醤油または酒を淡く入れたもので、江戸で多く作られ、これに牛蒡《ごぼう》や蒟蒻を炊きこんだ加薬《かやく》飯は大坂で多く作られた。(8)なお、豆腐飯は豆腐をこまかく切り、胡麻油であげ、炒《い》った飯を水で洗ったのにまぜて甑《こしき》で蒸したものである。木の葉飯は山椒芽と椎茸を飯に和したもの。ほたる飯は黒豆を煮て塩飯の上にのせて熟《う》ましたもの。吹寄飯は薄焼卵・油揚麩・菜などを使って五目飯のようにして作ったものであった。(9)粥や雑炊《おじや》にも各種があり、上方では茶粥が常用された。茶粥は京都や大坂では上下一般に用いた。大坂では「富豪の家にても朝は新《あら》に茶粥を焚《たい》て食ふと言ふ。味噌汁を食ふことは中食のこととす。此故に土地のものは朝飯を炊き、汁を煮ることを聞いて笑ふもの多し」(「浪花の風」)という風でかえって朝飯をたくことを冷笑している。また江戸から京都へ遊んだものは、この茶粥は倹約のために食べるものだと考える者もあった。たとえば元治元年の石川明徳著の「京都土産」には「粥を食すれば米は過半し益あり」とのべている。だが淀屋

鳥羽からの禁裏調進の魚　(拾遺都名所図会)

辰五郎の好みの食物は茶粥であって、米は摂津米の上等、茶は宇治の上等の煎茶、奈良特製の奈良漬をそえたものであった。茶粥は京坂の料理屋の特製のものもあった。

⑽なお、携帯食としておむすび・糒などが利用された。飯を握ってかためたものを屯食《とんじき》といい、江戸時代にはおむすびといった。手に塩をつけて握るが、上方では俵形にして黒胡麻をふりかけ、江戸では円か三角にするだけでこれを少し焼くこともある。芝居を見に行くときは、握り飯に胡麻をかけ、焼豆腐・玉子焼・蒟蒻などを加えて、重箱《じゅうばこ》にいれて持っていった。この時代の芝居の席は六人詰の桟敷《さじき》か四人詰の場で坐ったので、食事は食堂がないためその席で幕の間に食べた。それでこの弁当を幕の内といった。糒は江戸時代には旅人が持って行き、旅館に泊ればそれを煮て飯にしてもらい、お菜を持参した。したがって薪代だけを払えば飯代はそれですむのであった。乞食などは飯を物相《もっそう》という器か、または面桶《めんつう》という桶のようなものに入れて歩いた。⑾食器は民間では普通一人が一膳で共同食卓はなかった。春慶塗《しゅんけいぬり》の折敷《おしき》か、それに

足のついた足折折敷を使い、陶器の茶碗に飯を盛り同質の皿・杯などを用い、漆器に汁をもることが多かった。

調味料のつくり方

(イ)調味料には従来の塩・味噌・酢のほかに新たに醤油・味噌・砂糖・こんぶ・かつをぶしが加わった。(1)塩は当代もっとも広まったのは播州赤穂の塩である。江戸では下総の行徳の塩が多く使われた。焼塩は京都の藤太郎という者が和泉湊村にすみ、紀州雑賀《さいが》の塩を土壺にいれて焼いて売り出したので、女院御所から天下一の号を賜わり、伊織と号したといわれている。(2)醤油は大豆一斗・大麦一斗を煎《い》ってついて粉にしたものを合わせ、これを板の上におき、ニワトコの葉を蓋にしてねさせ、麹にして桶に入れ、ついで塩一斗・水一斗五、六升を加えて毎日かきまぜ、七五日すぎて、桶の中に簀《すのこ》を円く、中を空にして立てる。醤油は簀の中にたまるのでこれを汲む。これが一番醤油である（「本朝食鑑」）。(3)その渣《かす》にまた塩を一斗、水一斗四、五升を入れて煮て冷《さ》まし、さらに塩四、五升を入れ、かきまぜて三、四〇日たって簀をたててくみとったのが二番醤油である。(4)渣には大根・茄子・瓜・生姜などを生乾にしたものを漬けたりした。(5)大麦よりも小麦の粉を用いた醤油のほうが味がよく、今日もこれを用いている。

(ロ)醤《ひしお》系のものにはこの時代になると、なめ物の一種である醤と、醤油とが明確に区分されて使われている。(1)なめものである醤は、大麦をにて、それを甑《こしき》で蒸し、大豆を煎って割ったものとともに蒸し、これを厚さ五分ほどにむしろにひろげ、上下にうどん粉をふってねかせ、花がよくつき麹になると起し、それをくだいて少し日にほし、花の散らぬように紙袋に入れておく。いつでも五日前に麴四合・塩二合五勺・水一升をわかして冷まして入れて作り、冬は一〇日から一五日前がよいと、寛永二十年（一六四三）の「料理物語」に記されている。(2)醤油は江戸時代には関西各地で造られ、備前の八浜《やつはま》や伊勢の白子《しろこ》が有名であり、江戸へ廻送された。関東では下総の野田、常陸の土浦、相模の小田原などで造られ、江戸へ多く送られた。

(ハ)味噌は白味噌・赤味噌などがあり、これらに大豆・茄子・胡麻・辛子《からし》・山葵《わさび》・生姜《しょうが》・唐辛子《とうがらし》・芥子《けし》・鰹・鯛・蟹《かに》などを入れた味噌が作られた。特に金山寺味噌は納豆の類であって、大豆を煎って引きわり、これに煮た麦を合わせ、ねさせて麴《こうじ》にし、瓜または茄子・豆・麦などを入れ、塩・越瓜《しろうり》の汁を入れて圧し、生姜・紫蘇《しそ》・麻の実などを加えたものである(「和漢三才図会」)。これは中国から渡り、この時代に紀州の金山寺ではじめ、それが享保のころに普及した。

(ニ)砂糖は甘蔗からとった。甘蔗はかんしゃ・さとうきび・さとうの木・さとう竹などといわれた。(1)砂糖には黒砂糖・白砂糖・氷砂糖があった。(2)砂糖は甘蔗の茎から汁をしぼり、これを釜で強い火で熱し、この中に牡蠣粉《かきがらはい》または蚶殻灰《あかがらはい》を入れて、煮つめるのであった。黒砂糖は外国から輸入されるほかに、薩摩や四国・東海地方・近畿の一部でこのような方法によって製造されていた。

(ホ)酢は米からとる米酢と酒酢・橙酢などがあった。米酢は秋、早粳《わせ》を籾《もみ》のまま甑《こしき》で蒸し、乾そうさせてつき、ふるいにかけて上白米とする。この一斗をやや硬い飯にたき、温かいうちに甕《かめ》に入れて、たたきかためて水に浮かばないようにする。ついで水一斗八升を入れ、さらに麴六升を入れる。厚紙で内蓋《うちぶた》をして、その上に木の外蓋をする。その外側を柿渋紙で封じて縄で七、八回ほどまわりをしばる。これを日のあたるところにおいて雨露にかける。七、八日たってから天気快晴のときに蓋をとるが、内側の紙蓋は開かないで気を漏らし、夕方になって外蓋をなし、渋紙で封ずる。翌日の午前も同様なことをする。雨天はやめる。このようにして二〇、三十日すると、内蓋がしずみ、酸味が生ずる。来春二、三月に酢が熟するので、布袋で漉《こ》す。五、六月に滓《かす》が生ずるので瓶に入れ、とろ火で煮て、一、二回沸騰させ、滓《かす》をとって甕に入れて屋内の涼しい場所に移し、半ばを土に埋める。このようにすると秋の彼岸ごろになると全く熟してできあがるのである。酢も味噌や醤油と同じように家々で作った。(2)酒酢は酒を材料にしてつくり、

(3)橙酢は中国から製法が伝わり、(4)梅の実で造る梅酢もつくられた。(ヘ)酒・味醂《みりん》・鰹節も調味料とされた。鰹節は勝男に通ずることから正月・出産・結婚・年祝などの贈答品として用いられた。

副食物の調理法　副食物の調理法も種々変化した。(イ)汁は熱いものだけになり、冷汁はなくなった。「料理物語」には、鱸《すずき》・鱈《たら》・鯨《くじら》・河豚《ふぐ》・鯉・鮒《ふな》・鰌《どじょう》・雑喉《ざこ》・鶴・白鳥・狸・鹿・人参・菜・葱・蓬《よもぎ》・はこべ・納豆・とろろなどの汁がみえている。(1)河豚汁というのは、河豚を材料にしたものであるが、その毒は昔から恐れられていた。寛永の「傾城大々神楽」には、「ふぐくふて命を失ふたる侍の跡はたゝぬ」と書いてある。安永八年(一七七九)七月には「時節をも相考、性合は勿論、新古の儀は篤と相改可レ致二売買一候」という法令が出され、河豚の売買について警告を発している。だが、売買を禁止してはいない。文化六年の「見立料理」にはふぐの吸物というのがあるが、上方でいうチリというのは江戸にはなかったので、河豚汁であったのであろう。(2)鰌《どじょう》汁はこの時代は大衆的で相当流行した。この汁は味噌に濁酒を加えて煮たものである。鰌の骨をぬいて開き、きざみごぼうを加え、土鍋で玉子とじにしたのを今日では柳川といっている。柳川というのは、本来は店の名であり、柳川という店で今日のような柳川料理をしたものが珍らしくなり、その特殊料理が店の名でよばれたものであろう。江戸時代の鰌の料理は骨抜といわれていた。(3)狸汁はもとは狸をつかったが、この時代になると、蒟蒻を油でいためて、牛蒡、大根とまぜて煮たものであった。(4)とろろ汁は味噌一升に水三升をいれてもみ、これを袋でこした生垂《なまだれ》に鰹節を入れて煎じこれを山の芋をすったものに入れ、青のりを細かくして加えて食べた。

(ロ)吸物には味噌の吸物と、すましの吸物とがあった。(1)文政ころの八百善著「江戸流行料理大全」には、吸物の種物として、春は味噌・小鯛・しめぢ・わかめ・芽うど、夏は白みそ・うづら小鯛・いわたり・薬いも、秋は南部みそ・鮎かた身おろし・茄子・ひもかわ、冬はみそ・鯛・ゑのき茸・糸海苔などがあり、すまし吸物には春はいか・柚練《ゆずねり》・つくばね、夏は鰕《えび》・じゆんさい・露生姜《つゆしようが》、秋は白髪鶏魚《しらがきす》・もずく・青柚《あおゆず》、冬はみる貝・海苔などがみえている。(2)このほかに以前から行われていた鯛・えび・蠣《かき》・蛤・このわた・なまこ・兎・松茸などの吸物があった。だが(3)これらの吸物は同じ名称のものであっても料理の方法はかなり相違したりしていたようである。同じ材料であっても名称が異なっているものもあった。たとえば潮煮《うしおに》という吸物は鯛を種物として時代によってかなり料理法がちがっている。

(ハ)生物には室町時代から盛んになった膾《なます》と刺身《さしみ》があった。(1)膾(鱠)には、新たに沖鱠・かんぞう鱠・ぬた鱠・料理鱠・鳥鱠などが加わり、魚・鳥を酢で和えたものが作られた。今日では大根・人参を細く刻んで塩でころしてから酢をかけたものをいうが、これは略式で元来の酢は酢を入れた魚のことをいうのである。「料理物語」によると、沖鱠は、鯛・いな・鯖・鯵《あじ》などのいずれかを丸作にして、蓼《たで》を大きく切って入れたもの。料理鱠は鯛・さざえ・きすご・かれい・小えびなどをいろいろいれ、おろしを加えたもの。ぬた鱠は芥子《からし》をよくすり、酒の糟《かす》をよくすり、鮎でも鰯でもまず酢につけ、その酢を捨て、後にぬたを酢でのばし、塩加減をして和えたもの。魚鱠は雁・鴨・雉子《きじ》などの身を二つ三つに切りそいで、油皮をとって出来るだけ細く作り、温めた酒で洗い、酒を捨てる。鳥の胴殻に酢を入れて煎じて冷やしたものを右の鳥の身にかけてあえたもので、山葵《わさび》・花鰹を入れ、魚は何でも少しまぜてよいのであった。(2)和物《あえもの》には白あえ・青あえ・水あえ・かぜちあえ・羽節あえなどがあった。白あえは豆腐・生姜酢などで和え、青あえは青大豆のすったので和えた。水あえは煎《いり》酒に酢を加えて、田作《たつくり》・するめ・いりこ・焼鳥・塩鮭・青瓜・木くらげ・

ごぼうなどを取合わせて和えた。煎酒は鰹節一升に梅干を一五か二〇ほど入れ、古酒二升、たまり、水をすこし入れて一升になるほどに煎じ、こして冷やしたものである。かぜちあえは小鳥を醬油につけて炙《あぶ》り、切り、辛子酢で和えた。

(3)刺身は、よい醬油が普及していなかったので、生姜酢・煎酒・辛子酢・生山葵《わさび》味噌酢・生姜味噌酢などが使われた。江戸の初期には鳥・魚・貝類・野菜を刺身にしたが、のちには専ら魚肉だけを用いるようになった。刺身には水作り・細作り・小だたみ・雪降・小川たたき・篠掻《ささがき》などがあった。幕末の「守貞漫稿」には刺身についてつぎのような江戸と上方の相異をあげている。(1)京坂では鮒《ふな》などを鮒の差身といい、鯛などは作り身といっている。しかも一年中料理の精粗をえらばずに専ら鯛を使い、他の魚を使うのは簡略のときである。作り身はすべて切り目が正しくなく、「斬肉を乱に盛る」、また鯛であるので酢味噌か山葵醬油を専ら用いる、とのべている。また(2)江戸では大礼のときに鯛を用い、平常用いるのは稀である。平常は鮪《まぐろ》を専ら使う。鮪は種類が多く、四季によってその用い方がちがう。冬は鮃《ひらめ》を用い、鯛・鮃は肉は白く、鮪の類は赤肉である。「此赤白二種を並べて盛るを、作り合せと言ふ。庖丁甚だ精工にして、斬目正しく、斬目の正列に盛るを良とす」とある。(3)洗い、というのが、江戸・京都・大坂の三都では行われた。これは作身・刺身の類を塩を入れた冷たい清水で身のはぜる程洗い、水気をしぼり、身の縮むようにして、煎酒に酢を加えたもの、または味噌酢でたべるのである。これには鱸《すずき》・鯛などが好まれた。「その他新鮮なるは洗ひて可也。蓋し洗ひは夏の用なり。」とみえている。川の上に台をおき、そこに席を設け、流水で食品を洗って酒盛をしている風景や、室内の井戸から水をくみながら板の間で食品を洗い、その隣で料理をしている料理屋風景などは江戸の夏の風俗のひとこまであった。

(ニ)煮物には、駿河煮・鍋焼・柔《やわ》らか煮・煮浸《にびたし》・従弟《いとこ》煮・かうらい煮・五菜煮・定家煮などがあった。(1)「料理物語」によると、鯛の駿河煮は、鯛を白焼にしてだしたまりに酢を少し加え、よく煮出したもので、焼いて豚のあぶらで揚げて煮れば一層美味なもので、南蛮料理ともいった。(2)鍋焼は同書によると、鯛・ぼら・こちなどを取合わせて、味噌汁で鍋でそのまま煮たものである。(3)従弟煮は、文政のころに八百膳のつくった「料理通」には小豆・大根・牛《ご》蒡《ぼう》・大豆・豆腐・焼栗・慈姑《くわい》などをとりまぜて、味噌を入れて「おひ〳〵煮申すにより従弟煮か」とのべている。(4)定家煮というのは、焼酎と焼塩で味をつけて煮たものをいう（「江戸流行料理大全」）。

(ホ)熬物《いりもの》はこの時代になって煎鯛《いりたい》・煎鯉・煎鳥などが行われた。これらは醬油・酒・酢・塩などで味をつけた。

(ヘ)焼物にも焼き方が種々あった。炮烙焼《ほうろくやき》・鋤焼《すきやき》・かすてら焼・慈姑焼《くわいやき》・蒲焼《かばやき》・土蔵焼・鉄砲焼・煎《いり》焼・油焼・塩焼などが行われた。(1)炮烙焼というのは、炮烙へ塩を盛り、魚を塩の上にならべ、また炮烙を蓋にして上下に火を置いて焼くのである。(2)鋤焼は雁・鴨・かもしかなどの肉をたまりにつけておいて、古く使った唐鋤《からすき》を火の上におき、「柚《ゆず》の輪を跡先におき」、鋤の上で右の鳥類を焼き、色が変るまで焼くのである（「料理談合集」）。(3)かすてら焼というのは、すり身に玉子を入れて鍋に入れ、上下から火をおいて焼き、塩加減をよくするものである（同右）。(4)慈姑焼は慈姑をすりおろし、うどん粉を少し入れて、浅草海苔《のり》にのべ、油で揚げ、串を通して蒲焼にする（「江戸流行料理大全」）やり方である。(5)蒲焼の語源には諸説がある。その起源は一一世紀の中ごろといわれ、藤原明衡の「新猿楽記」には平安中期の中下層民の生活様式を描き出しているが、この書に「香疾《かばやき》大根」という言葉がみえている。これは鰻《うなぎ》の蒲焼は香疾からきたもので、香しい匂が早く鼻の孔に入ることからきたのであろうというのである。文化十年ごろの山東京伝の「骨董《こっとう》集」には、焼いたところが紅黒くて、樺の皮に似ているから樺焼だというのである。またあるものは鰻を丸のまま串にさして焼き、

焼　米　売　り（江戸名所図会）

その形が蒲の穂ににているので蒲焼というのだという説があり、これが無難の説であろう。ところが元禄版の「江戸鹿子」には江戸の蒲焼のことはないが、享保十七年（一七三二）の正編の「江戸砂子」にもなく、享保二十年の「続江戸砂子」になってはじめて「深川鰻、大なるは稀也、中小の内多し、甚好味也、池ノ端鰻、不忍の池にてとるにあらず、千住尾久の辺よりもて来るよし、すぐれて大きく佳味也」とある。したがって江戸では鰻の蒲焼は元禄のころはほとんどなく、鰻屋というものはなかったらしい。宝暦十三年（一七六三）の「志道軒伝」には「厭離江戸前大樺焼」と記している。大の字のあるのは、大きい蒲焼が歓迎されていたようであり、これは前述の池の端や千住尾久方面でとれたものであろう。天明七年（一七八七）に広告ばかり集めた「七十五日」という本が出ているが、その中に「鱣《うなぎ》御樺焼、尾張町すゝき」というのがある。なお、このほかにも江戸大樺焼として、牛込赤城前木村屋、同所の裏門前神田屋、など数軒がみえている。このように天明のころになると江戸では鰻屋があらわれているのである。

(ト)揚物も多様となり、(1)けんちんといって、大根・牛蒡・椎茸・青菜・豆腐などを細かくきり、油で煎り揚げ醤油で味をつけ、それを豆腐の皮《うば》（ゆば）の中に長くまき込んで留口《とめくち》に葛粉《くずこ》をといてぬり、また油で揚げて六、七分ほどに切り、これを醤油と酢を合わせて生姜をおろして入れてこしたものにつけて食べた（「和漢精進料理抄」）。(2)この時代の初期には昆布の油揚があったが、さらに豆腐を油揚にしたものは揚豆腐、または豆腐あぶらげ、もしくはあぶらあげともよばれこの時代に作られるようになった。また天ぷら・金ぷら・つけ揚げ・胡麻揚げなども流行しはじめた。

保存食の多様化　この時代になって保存食も干物・塩引・鰹節・塩辛・豆腐・漬物などがあり、いずれも多種多様となった。(イ)干物にされたものは鯛・鱈《たら》・鮭《さけ》・鮎《あゆ》・きす・鯖《さば》・鰤《ぶり》・鰯《いわし》・烏賊《いか》・蛸《たこ》・河豚《ふぐ》・海老《えび》・鰒《あわび》・浅蜊《あさり》などを材料として、生乾《なまぼし》・ひらき乾・串貫《くしぬき》などが利用された。(1)乾鮭《からさけ》は松前・秋田・越前・越後にもっとも多く作られた。(2)正月や婚礼のときに使われるゴマメは鯷《ひしこ》(小鰯)を乾したもので、小さいものはつらねて乾し、畳鰯といわれ、酒肴にされた。(3)蒸鰈《むしかれい》は、子もちの鰈を塩水に浸して、それを蔭乾にしたもので、越後・越前・若狭のものが品がよかった。(4)目刺《めざし》は古代ではオサシなどといわれたが、この時代になって目刺といわれるようになった。白魚・白砂《しらす》・鰷《はえ》(はや)・鮒《ふな》などの目を竹中に刺しつらねて乾したもので、三河・遠江が名産である。

(ロ)鰹節は鰹の肉を乾燥したもので、古代からあった。これは鰹の頭と尾を切り、腹をぬき、骨をのぞき、二枚の切肉にしたのをさらに二つか三つに切り、それを大釜で煮てとり出し、三十日ほど乾し、鮫《さめ》皮をもって削り、なわで磨いて仕上げるのである。土佐・紀伊(熊野)・阿波・伊勢・志摩など各地から産し、なまりぶしというのを常陸で作った。

(ハ)塩引は鳥獣魚貝を塩に漬けたものである。「本朝食鑑」によると、塩引の方法には、(1)魚を海からあげ、腸をとって潮水であらって塩づけにしたのを浜塩といい、塩をまぶして竹籠の中におき腥《なまぐさ》い汁を滴《たら》すのを籠塩といい、塩をまぶして石か板で圧して腥い汁を出すのを塩圧《しおおし》といっている。このように三つのやり方があった。(2)塩引として代表的なものは、越後の鮭の塩引、尾張・美濃の鮎の籠塩引がある。その他、鰤《ぶり》・鱈《たら》・鰯・鱒《ます》・雁・鴨・鶴・雉子などを塩引にしたものもあって、諸大名から幕府へ献上している。

(ニ)塩辛は主として魚と貝を用いた。鮎《あゆ》・鮭《さけ》・かます・はぜなどの腸や鯷《ひしこ》、海老・あみ・鰒《あわび》・烏賊などを塩づけにした。(1)鮎の腸を塩蔵したものをウルカとよんだ。これは卵をまぜたのが上品とされた。鮎の卵だけでつくったものを子ウルカとよんだ。(2)腸塩辛《わたしおから》またシブウルカというのは塩辛やウルカの一種である。尾張・伊予の鯛の腸塩辛、伊予・播磨の鯛子の塩辛、伊勢の鯷《ひしこ》塩辛、蝦夷の鮭塩辛が名高い。(3)雲丹《うに》の腸でつくったものがウニである。肥前・長門・薩摩などで作られた。

(ホ)豆腐は錦豆腐・氷豆腐・六条《ろくじょう》・田楽《でんがく》・胡麻豆腐・胡桃豆腐などがあり、天明二年にできた「豆腐百珍」には豆腐関係の料理は二三〇余品に及んでいる。江戸時代は豆腐は堺でもっとも優秀なものが作られた。上方の豆腐は形は小さく色が白く軟かく、味はよかった。江戸のものは大きくかたくて色も白くなく味もよくなかったといわれている。上方は水に浮べて運ぶが、江戸は水にいれなくてもくずれなかった。上方では絹ごしというのが特に美しく軟らかであり、江戸では汲豆腐というのが軟らかかった。(2)奴《やっこ》というのは奴の紋の四角からついた名である。(3)京都では祇園の湯豆腐が名物で、今日でも京都の南禅寺では営業をしている。(4)錦豆腐は色紙豆腐ともいい、紅・紫・黄・青・白の色をまぜて染めたもので京都で考案された。(5)江戸では浅草の華蔵院《けぞういん》門前でつくられた華蔵院豆腐が上等であった。(6)氷豆腐はこの時代の初期にすでにあって、紀州の高野山でつくったものが有名で、高野豆腐ともいわれた。上方では流行したが、江戸では流行しなかった。この豆腐は寒中に豆腐の切片を籠に入れ、湯をかけて夜外でさらし、翌朝それを煮てやわらかにし、少し押をかけ、また乾かしたものである。(7)六条も江戸時代のはじめにあらわれた。これは夏の土用に豆腐の切片に塩をまぶして乾かしたもので硬く木片のようになっている。寺院ではこれを削って花鰹になぞらえて肴にした(「本朝食鑑」「和漢三才図会」)。(8)田楽は豆腐を串にさし、少し焼き醤油または味噌などをつけて食べるものであり、室町時代からあらわれている。山椒《さんしょう》の若芽を味噌にすりこんだものをつけて食べるのが木の芽田楽であり、狐色に焼い

田楽を売る店（伊勢参宮名所図会）

京都の水菜漬（拾遺都名所図会）

て醤油・すり柚《ゆず》をそえたのを雉子やき田楽とよんだ。上方では田楽の串は股のあるものを二本用い、砂糖を入れた白味噌をつけた。江戸では股のない一本の串を用い、赤味噌をつけた。田楽の名は田楽の曲芸の高足《たかあし》という七尺位の棒の下から一尺位のところに貫棒《ぬきぼう》をいれて、足の台とし、田楽法師が両足をのせて歩くことがある。この高足の形によく似ているところから田楽の名が生れ、転じて串にさしたものを田楽ということになった。東京の「おでん」もこれから起ったのであろう。(9)ゆばは江戸時代以前から作られていた。これはもとは姥《うば》または皮の字をあてたもので、後になって湯波・湯婆の字をあてた。天明のころには巻湯波・絞湯波・茶巾湯波・糸巻湯波などがつくられた。

(ヘ)漬物は室町時代には香の物と呼んでいた。江戸時代には塩漬・味噌漬・糟漬・糠漬・山椒漬・紫蘇《しそ》漬・麹漬・辛子漬・味噌漬・奈良漬などが行われた。特に(1)沢庵《たくわん》漬は、乾した大根を塩と糠でつけたもので上方では香々《こうこう》とよんだ。(2)くさというのは上方で蕪菜《かぶらな》や大根などを塩漬にしたものを総称したものであり、長漬とは大根の長いままを漬けたものである。(3)塩押は江戸では蕪・茄子・大根など塩でつけたものを総称したものである。(4)浅漬とは上方・江戸とも生大根・生茄子・瓜などを塩と糠でつけたものをよんだ。(5)糠味噌は塩と糠とに長期間つけたもので、上方はどぶ漬ともよんだ（「守貞漫稿」）。(6)味醂糠味噌漬の古い茄子を味醂につけたものを亀甲漬とよんだ。(7)阿《あ》茶《ちゃ》羅《ら》漬とは、昆布・生姜・みょうがの子・塩押茄子・魚などを酢につけたものである。(8)漬物の方法も工夫され、茄子を色よく漬けるには、塩に川の砂をまぜて漬ければ艶がよくなるとか、また明礬《みょうばん》を少し入れてもよかった（「漬物早指南」）。沢庵漬は、大根を二十日ほど干して「糠一升・塩三升・麹三斗に漬く。押かくる。辛漬《からづけ》也。水出れば取る」（「料理綱目調味抄」）とある。(9)漬物屋は上方では茎《くき》屋、江戸では漬物屋といった。

居酒屋・飯屋の出現　江戸では宝永のころまでは、街道に沿ったところ以外は飯を食うところはほとんどなかったが、宝暦前後になると、中橋広小路の南側の方へ餅・田楽・煮《に》染《しめ》を売る店があらわれた。東海道の最初の駅である品川は江戸の入口であるが、そこにはこのころでも飯屋や居酒屋はなかった。

(イ)居酒屋と飯屋は、はじめのころはほとんど同じようである。居酒屋は酒を、飯屋は飯を売るのが本来であるが、はじめのころは両者とも酒も飯も売った。からになった醬油樽を土間にならべ、その上に板をわたして、それに腰をかけて皆土足のままで飲食した。鎌倉河岸の豊島屋は居酒屋ではないが、一八世紀の半ごろ、宝暦のころは一杯酒を売っている。そして田楽も売っている。煮売居酒屋が繁昌するのは一八世紀末の寛政のころからである。

(ロ)屋台店も江戸時代は発達している。これは辻売や大道売が盛んになった結果であろう。屋台店が出はじめたのは、天明五年（一七八五）の飢饉からであろうといわれている。文久二年（一八六二）の「大津絵落葉籠」には、

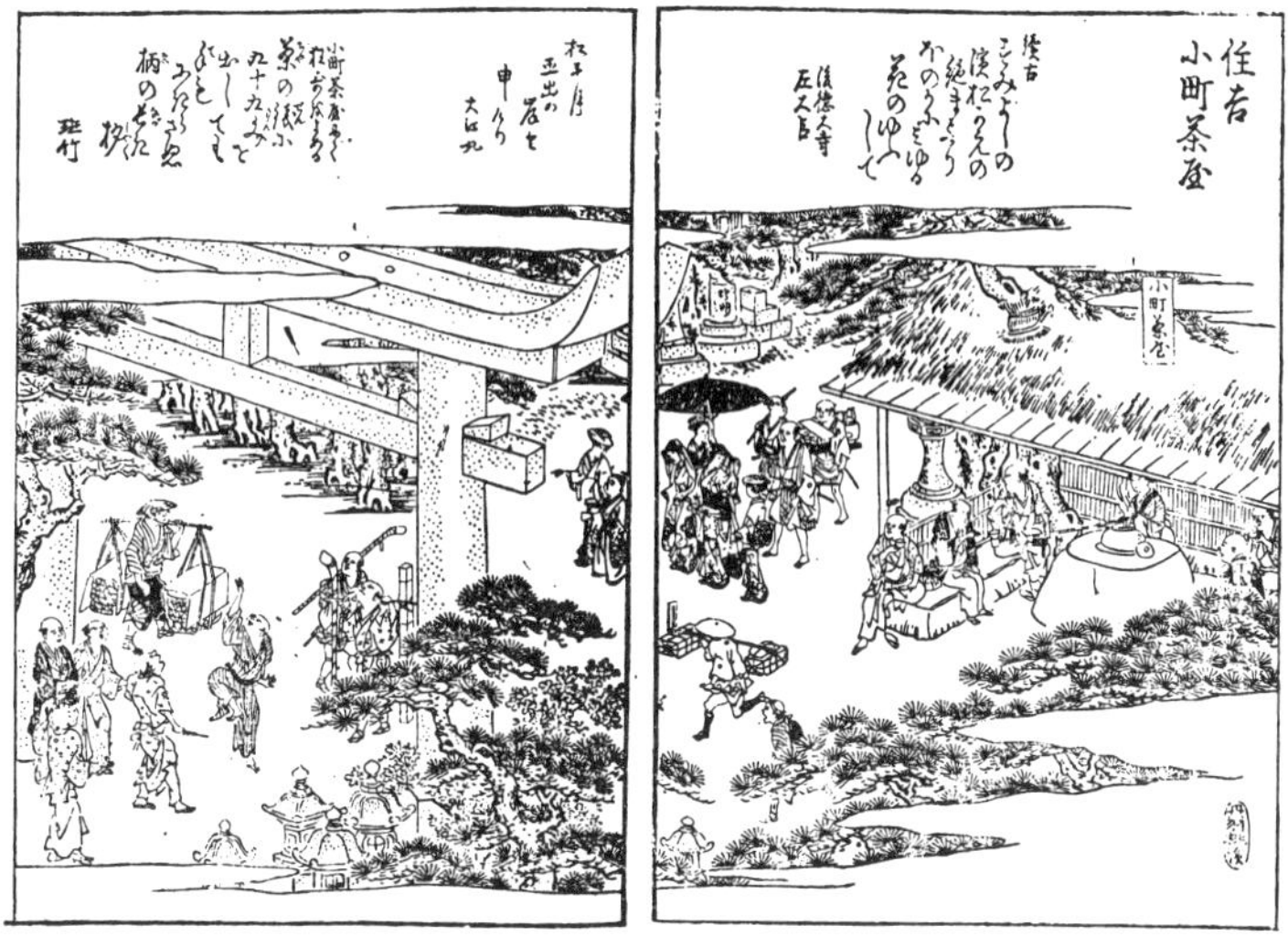

茶　屋　（摂津名所図会）

いぢきたな立喰しよ。夜見世は煮〆《にしめ》や焼団子、天ぷらのあげたては、こりや何だ、ありやなんだ。直《ね》はいくら、蛤むきみに貝柱、あなごにこはだにするめいか、坐がしらは海老であろ、焼いも・牡丹餅・はじけ豆・すし・麦湯・鰻の安売・ゆで玉子・水菓子・大福・麦めし・餡《あん》かけ・お伝に癇《かん》酒に塩梅《あんばい》よし、夜たかそば、

とみえ、このような多種類の食物が売られている。

（八）茶漬屋では茶漬を食わせた。奈良茶見世というのが早くから発達し、茶飯に豆腐汁、煮染《にしめ》に煮豆といったもので飯を食わせた。茶漬は山吹・五色・源氏などともいった。これらは奈良茶の異名である。明暦の大火の後に奈良茶見世があらわれている。西鶴の「置土産」には「近き頃金竜山の茶屋に、一人五分宛奈良茶を仕出しけるに、器物の奇麗さ色々調《ととの》へ、さりとは末々のものゝ勝手の好き事となり、中々上方にも斯る自由なかりき」と、浅草の茶漬屋のことをとりあげている。文化三年（一八〇六）に振鷺亭のかいた「日《ひ》待噺《まちばなし》」には、「ことしのよふに、ちゃづけやのはやるとしもねい、卯の花

だの山吹だのと、いろいろ看板が出してある」とあって、文化のころには茶漬屋が繁昌していることがわかる。文化二年にできた「茶漬原御膳合戦」には茶漬見世は、花の御江戸ではなく、大森の里人の思いつきで、上白米を飯にたき、茶もいいのをえらんで、しがらきや葦久保《あしくぼ》などに縁のある海道茶漬の見世をひらいた。最初は一軒だったのが次第にふえて二〇何軒かになった。そのうちにお茶だけではなく、奈良漬・坐禅豆・梅干などをつけて食わせるようになったが、そのようになったら盛《もり》が悪くなった、と記している。茶漬屋というのは大森から発生し、もとは一膳飯屋であったことがわかる。これが次第に発展して多くの料理を食べさせるようになったのであろう。

(ニ)饂飩《うどん》屋は一八世紀の中ごろの延享・寛延のころから多くできた。これは蕎麦《そば》屋よりもおそくあらわれたのである。

(ホ)鰻屋は大坂では早くから発達し、割売《さきうり》といって市中で売る店もあったが、一八世紀の中ごろの宝暦・明和のころから道頓堀大正の鰻が上等の蒲焼を売りはじめて繁昌している。江戸では天明から文化のころに浅草田原町の奴鰻、神田昌平坂下筋違《すじかい》見附の森山、日本橋田所町の和田平などが起った。京都では元治元年(一八六四)のころには先斗《ぽんと》町の沢甚、三条橋東の三己楼《さんきろう》などが江戸風で背割にして名をあげ、三条通の佐野屋は京風で腹割であった(「京都土産」)。鰻の蒲焼のことを大蒲焼ととなえたのは、黄表紙のうちに十返舎一九《じっぺんしゃいっく》が書いた「文福」の挿絵には、葦簀《よしず》をたて掛けた縄暖簾《のれん》の鰻飯屋があるが、そこの表に出してある腰付の大行燈には、「江戸まへ、大蒲焼、附めし」と記した看板になっている。この本ができたのが寛政のころであるので、このころにはとくに蒲焼に大の字をつけたものであろう。

江戸へもってくる鰻の大部分は常陸であり、あとは上総・下総・房州・武蔵という順序であり、下総からは品は少いが好いものがとれた。「江戸前」というのは土用の中に使うものに限ったものであった(大谷儀兵衛「江戸前の大蒲焼」(江戸研究会編「趣味研究大江戸」))。幕末に江戸で有名であったのは奴鰻、筋違見附外の深川屋、駒形の中村屋、霊岸島の大黒屋、尾張町の鈴木、親仁橋の大和田などがあった。

(ヘ)天保八年(一八三七)三月の「安売番附」には相撲の番付に似せて東と西にわけて食物屋をあげている。それによると、東には、六間堀下の橋阿倍川、万町笹岡の茶漬、四ッ目橋の濁酒、麻布の百足屋《むかでや》団子《だんご》、京橋山崎居酒屋、本芝の粟餅、新橋の赤羽団子、板橋の剛《こわ》めしなどがあげられている。そして西には鎌倉河岸豊島屋の酒、人形町の源氏茶漬、室《むろ》町の甘飯、三枚橋の石焼茶漬、数寄屋河岸の淡雪、日本橋の麦飯、鍛冶町の汁粉、下谷の川村蕎麦《そば》、八丁堀の甘飯などがみえている。

これらは値段が安く、分量も多いので評判になっていた。

右の麦飯というのは麦トロのことであろう。淡雪とは餡《あん》かけ豆腐のことである。上野の浜田屋、浅草の亀屋などが有名であった。豆腐料理の笹の雪というのは文政のころにあらわれ、根岸新田二軒茶屋が有名であった。豆腐料理で笹の雪という店の名で、今日でも東京都上野の根岸では営業し繁昌している一軒がある。

(ト)蕎麦《そば》屋は江戸時代には特に多く発達した。そばは元来甲州から江戸へ入ってきたものだといわれているが、また本場は信濃だともいわれている。そばは養老六年に国司に命じて植えさせたことが「続日本紀」に見える。それ以前から食用にされていたのである。だが、今日のように、いわゆる「そばきり」として親しまれるようになったのは、江戸時代である。(1)寛文元年(一六六一)十二月には夜町中を荷売してはならないという禁令が出て、さらに寛文十年七月にも、暮六ッ以後には荷売することを禁じ、(2)貞享三年(一六八六)十一月には饂飩《うどん》蕎麦《そば》切《きり》の荷売は火をもって歩くという理由で禁じた。(3)一八世紀のはじめの享保のころには蕎麦店が江戸の各所にあらわれている。(4)文化五年(一八〇八)の小石川の蕎麦屋の引札をみると、御膳卵切四十八銅、同あく抜二十四銅、同花巻二十四銅、同新蕎麦長生三十三銅などと記している。銅というのは文というのをひねくって記したものであり、いちいち「御膳」とことわり、卵切を最初にあげている。これにより小石川に蕎麦屋のあったことがわかる。(5)大坂は蕎麦屋の発達は顕著ではないが、幕末の京都には武者小路丁字屋の忠義そば、新町通の井筒屋などが有名であった。

(チ)鮓(鮨)屋は元禄のころに上野の黒門前にできたのが古い方であろう。菓子と鮓と蕎麦の三つは軽便な食物として好まれた。(1)鮓は、魚肉の保存法として発達したもので、魚肉だけを食べ、飯はすてたのである。これを古鮓といっている。だがこれは今日のようなにぎりではなく、飯鮓である。大坂では元禄のころ鮒の小さいものを背割にし、飯を入れ、その形が雀に似ていたので雀鮓というのがあった。安永のころには道頓堀には淀川・杉山・蟹七などの鮓屋が多くあらわれた。鮓は江戸では一七世紀末の貞享のころ、二軒ほどがあらわれて独立して営業していた。一八世紀の中ごろの宝暦のころまでは料理屋にあつらえてつくったものであり、貞享のころからすし屋が二軒ほど独立して営業している。このころに大坂には釣瓶《つるべ》鮓が出店を出した。これは酢を混ぜた飯の上に魚をのせたものを小形の桶にいれて一晩ほど圧して作った早鮓であり、飯とともに食べた。(4)こはだの鮓は早くから賞味されていた。弘化のころになって十軒店《じつけんてん》の篠田鮓があらわれた。これは油揚の鮓で「お稲荷さん」というものである。また(5)天保七年ころには鰮《いわし》の腹におからを詰めて焼いた焼鮓というのがつくられるようになった。江戸では天明の飢饉から屋台店があらわれ、そこで油揚・焼肴・餅菓子・唐菓子・一夜鮓などを次第に多く売る風潮になったため、鮓の立食もはじまったものであろう。江戸時代には鮓屋は蕎麦屋の倍数ぐらいはあったといわれている。このような居酒屋や種々の飯屋は江戸を中心とする五街道をはじめ、地方の諸街道の宿駅や、峠の茶屋でも茶菓子の他に簡易な食物を売るものが多くあらわれた。京都でも幕末には江戸風の握鮓があらわれ、松島中島の宮川鮓、松原宮川町東の淀川鮓などが有名であった。

江戸の飲食店　（イ）江戸には飲食店は多かった。特に幕末になると鮓屋・蕎麦屋は各所に多かった。(1)「守貞漫稿」には「鮓店甚だ多く毎町一二戸蕎麦屋一二丁に一戸あり、鮓屋名あるは屋体見世を置ず、普通の見世は専ら置」之、又屋たいみせのみにて売も多し。」とある。また(2)万延元年（一八六〇）に紀州家の附家老水野家の侍医の原田某が江戸にきての観察記録ともいうべき「江戸自慢」（「未刊随筆百種」第十四）には、

　いかなる端々にしても、膳めし・蕎麦屋・しるこ餅・腰掛茶屋のなき所はなし、大抵茶代十六銭を定とす、浅草寺内、吉原土手の茶屋は妄に立寄る事なかれ、百文以下の茶代ニ而は一言の挨拶なく捨るに同じ。町内ニ而春日野四十八銭、奈良茶六十四文と記し有るハ多くは謀計なり。うかと入るべからず。

とのべている。膳めし・そば屋・しるこ餅・腰掛茶屋の多いことをあげ、そして高いものを食べさせる料理屋の仕打ちをあげている。こうした仕打は上方にもあったようだが、とくに江戸では浅草寺内や吉原付近ははなはだしかったのであろう。(3)嘉永元年に東都蒼光堂が作った「江戸名所酒飯手引」の序文には、江戸は諸国の人々が大勢入り込むので、不案内の人はどこで飲食してよいのか判断に困るであろう。そこで「当地不案内の人々物を調ひ酒食なす時は心の儘人に尋るも不及、思う所に行其自由なる事、此小冊にて何町何丁目某と独り案内ニて足をとどめ」ることができるように作ったのだといっている。これにより江戸に飲食店が多いので、その取捨選択に困る者も多かったことが知られる。そしてこの書には当時の江戸で料理を売る店について、懐石即席貸座鋪御料理、会席即席貸座鋪御料理、会席即席御料理、即席御料理、御料理御茶漬、江戸前御蒲焼、名物どぜう、名物ほねぬき・どぜう、浜川あなご、名物あなご・どぜう・なまず、すし、そば、御膳生そばに区分して種類をあげている。

(ロ)この本にのっている店の総数は五九五軒であって、そのうち(1)懐石即席貸座鋪御料理は、本町三丁目裏河岸の百川茂左衛門の店と、下谷竜泉寺、駐春亭幸治郎の店、隅田川向島武蔵屋権三郎店の三軒だけである。(2)会席即席貸座鋪御料理は、浅草新鳥越の八百善、向島の平岩、深川八幡前の平清などの九軒がある。(3)会席即席御料理には本町の常盤屋寅右衛門、浅草の新鳥越の八百半、馬喰町の松の尾など一〇八軒がある。(4)即席御料理は芝の万屋清八、赤坂御門前の梅本久蔵など一〇八軒がある。(5)御料理御茶漬には通三丁目の山吹徳兵衛など四八軒があげられている。(6)江戸前御蒲焼は室町の浮世小路大全など九〇軒がある。

(7)どじょう屋関係のものは最も少数である。どじょう屋の元祖は神田旗籠町の三河屋覚太郎の店であったようだ。「元祖、どぜう」とあるのはこの家だけである。名物どじょうは浅草の並木町の山城屋十兵衛など四軒である。特に「ほねぬきどぜう」というのは浅草片町代地の玉屋甚八の店と浅草花川戸の板倉屋の二軒だけになっている。あなご・どじょう・なまずは浅草諏訪町の柳川と、堺町の布奈屋兼吉の二軒だけである。「浜川・あなご」というのは、新橋通角の内田屋惣兵衛など三軒がある。どじょう・あなご・なまずは特別の料理法を行っても余り大衆性はなく、しかもこの種の店は浅草付近に多かった。

(8)すし屋は南伝馬町の富士屋利八の毛ぬきすしなどをはじめ、「お六すし」「茗荷すし」など、その看板は千差万別であるが、すしそのものは大体にぎりであって、大差はなかったようである。九七軒のすし屋があがっている。(9)そば屋は新生そば、手打そば、あなご・鴨なんそば、白菊そば、砂場そば、更科そば、福寿そば、ざるそばなど多様な看板がかかげられ、三〇軒がのっている。「御膳生蕎麦」は九〇軒がみえている。

この書は今日のような周到な学的調査によって記載されたものではないから記載もれもかなりあるであろうが、一応幕末の江戸の飲食店の大勢を知ることができよう。五九五軒のうち最も多いのは会席即席料理と即席料理とであり、両者は同数となっている。両者を合した料理の店は江戸の全飲食店の約三分の一であり、すし屋とそば屋を合した軒数も同じく約三分の一を占めていることになる。そして前者は中級料理店であり、後者は大衆飲食店であり、町人をはじめ多くの庶民階級に親しまれていたのである。

(八)だが、このような江戸の飲食店の料理はどのような味であったであろうか。「江戸自慢」には(1)「料理ハ至極手際ニテ、庖丁利たる事感ずるに余りあり。塩梅《あんばい》ハ砂糖味醂酒仕立故、菓子の如くに甘く、酒の肴ニなりがたし、大名寄りたる土地なれバ、上品の調和おのづから下へ推移しにや有らん」とみえている。飲食店が多かったので、互いの料理の競争も行われたため、美味なものが作られたのであろう。(2)鮓のことは次の項に譲ることにして、そばについては同書に、

蕎麦ハ鶏卵を用ず、小麦粉ニてつなぐ故ニ、口ざわり剛く、胸につかへ、三盃とハ食ひがたし。汁の味ハ至極美ニして、若山(和歌山)の蕎麦を江戸汁ニて食ば、両美調合して腹の裂るを知らず。食にや有らん。鉢に入汁をかけしを掛《かけ》と言。小サキ蒸籠ニ盛リ、素麵の如くに食ふを盛《もり》という。蕎麦屋ニ入と、盛か掛かと問ふ事極なり。己が好ミに任せ、早く答をする事なり。器はいづれも奇麗ニて必蕎麦屋には酒あり。しかも上酒なり。蕎麦箱なく、湯盆の如き物ニ、何十人前も積重ね、手に据へ、肩にかけて持運ぶ、甚ひやいなる仕方なり。

とある。そばの汁の美味であること、掛《かけ》や盛《もり》のことは今日とほぼ同様であるが、そば屋には必ず酒がおいてあることは今日とちがうことである。だが、そば屋が当時鮓屋と並んで繁昌したのも、酒を売っていたことにもよるものであろう。

江戸のすし　(イ)鮓は上方でつくり始めたものである。天保のころから慶応のころにかけて執筆された喜田川季《き》荘《そう》の「守貞漫稿」（「類聚近世風俗志」）によると次のようにみえている。

　京坂にては方四寸許の箱の押ずしのみ。一筥四十八文は鳥貝のすし也。又こけらずしと言は鶏卵・やき鮑《あわび》・鯛と並に薄片にして飯上に置を云。価六十四文一筥凡十二に斬て四文に売る。又筥《はこ》ずし飯中椎茸を入る、飯二段になりたり。又浅草海苔巻あり、巻ずしと言、飯中椎茸と独活《うど》を入る。京坂の鮨普通以上三品を専とす。而も異制をなす店も稀に有レ之、又鮨には梅酢漬の生姜《しょうが》一種を添る。

すなわち、(1)京坂の鮓は押鮓であって、これには鳥貝鮓がある。鶏卵・やき鮑《あわび》・鯛の薄肉を飯の上にならべた今日のちらし風のこけら鮓、巻ずしの三種類があるというのである。そして(2)紅生姜《べにしょうが》も使っていることを指摘しているのである。このような上方の鮓は江戸にもそのまま伝わっている。

(ロ)江戸で鮓屋が独立して営業をはじめたのは貞享のころと考えられる。(1)貞享四年（一六八七）にできた「江戸鹿《かの》子《こ》」という本には、鮓ならびに食ずしとして四ッ谷の近江屋と同所の駿河屋の二軒の名がみえている。その後、三、四年を経て元祿三年に出た「江戸惣鹿子」と、同十年に出た「国家万葉記」などにも二軒だけがみえている。(2)一八世紀の中ごろの寛延四年（一七五一）版の「増補江戸惣鹿子」には、「酒川鮓、深川富吉町柏屋、御膳箱鮓、本石町二丁目南側伊勢屋八兵衛、交《ま》ぜ鮓、早漬、切漬其外御望次第」と見え、これまでの二軒のほかに新たに柏屋と伊勢屋が加わって四軒となっている。交ぜ鮓というのは起し鮓のことで、今日の五もくのような鮓であり、早漬というのは、一夜鮓の変化したものである。切漬は魚の切身を漬けたものを材料とした鮓である。

(3)安永のころになると「笹巻」が名物としてあらわれる。これは同六年版の「土地万両」（見笑《みしょう》編）に深川の二軒茶

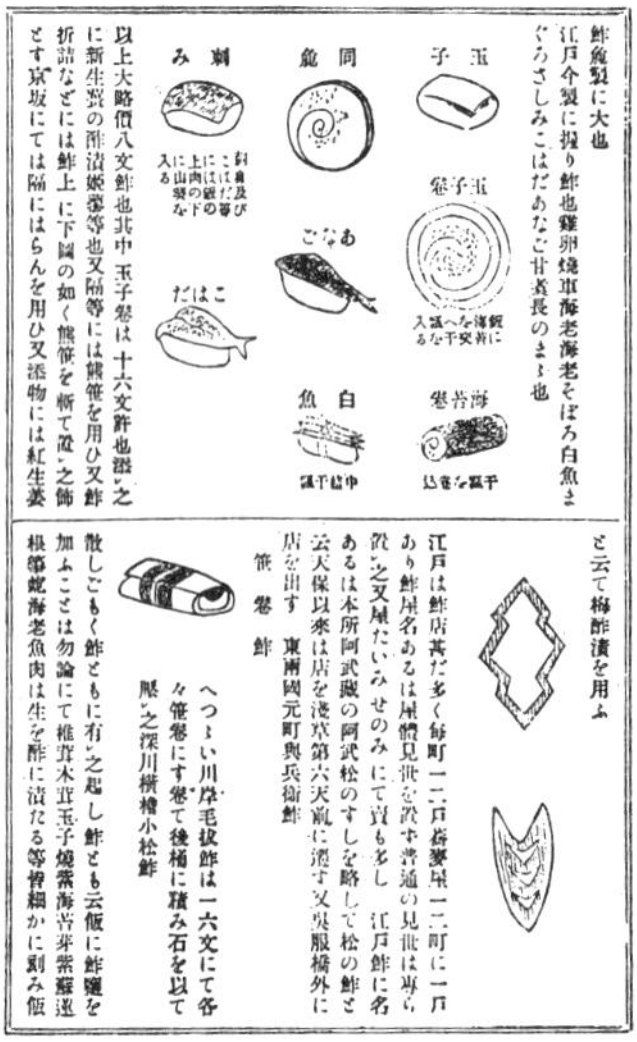

筥　　鮓（類聚近世風俗志）

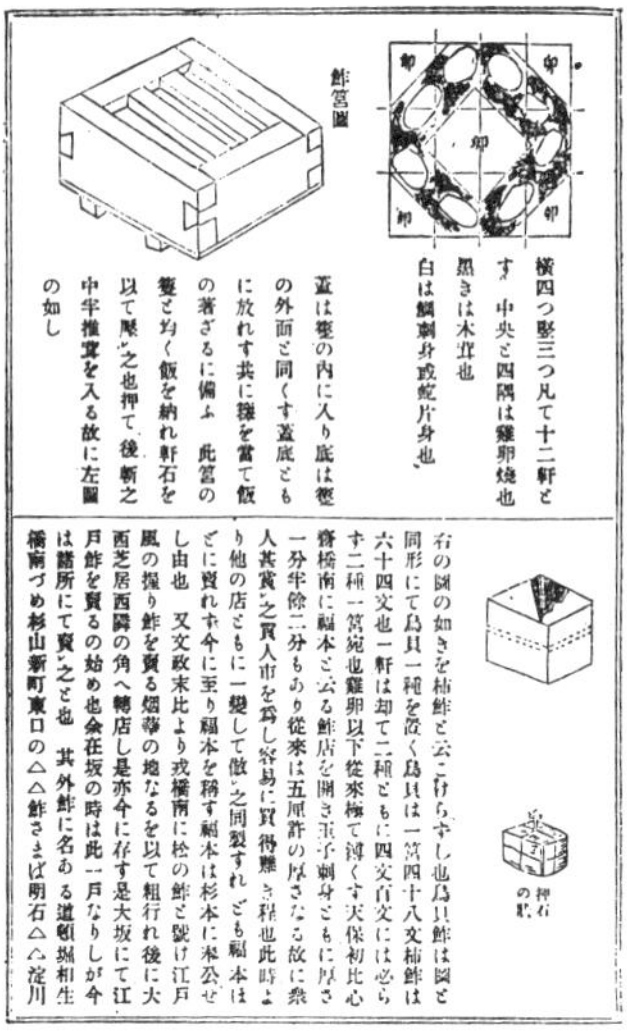

江戸の握り鮓（同右）

屋、三囲《みめぐり》の葛西《かさい》太郎、浮世小路の百川などの料理屋とならんで、

笹巻すし　品川町、　一家おまん　中橋、　深川鮓　富吉町

の三軒がみえている。笹巻ずしというのは、切鮓を笹の葉にぐるぐるとまいておした鮓であり、長くおいても飯がかたくならないで、魚が変色しないという特長があった。そのため御屋敷方へ献物に多く使われた。日本橋品川町の西村屋、同北鞘《きたざや》町の伊豆屋、同田所町の鮓屋六右衛門のほか、竈河岸《かまがし》の毛抜鮓などでおもに作られた。毛抜鮓というのは、魚の骨を毛抜で抜くからだというが、文政七年（一八二四）に出た「江戸買物独案内」によると、けぬきを描いたものを商標とした鮓屋のあったことを記している。また、西沢一鳳の「皇都午睡」に竈河岸に笹巻鮓といって一つずつ笹の葉にまいて売る家があって、この名を毛抜鮓と呼ぶ、上方者の口に合えば毎度求めながら「毛抜鮓とは魚の骨をよく抜きたる故、呼ぶかと思ひしに、よく考へればよう喰ふとの謎なるべしと悟り

ぬ」とみえている。毛抜鮓はよく喰うという謎から出た名であって、特に作り方が違ったものでもなく、洒落《しゃれ》を好む当時の風潮が反映している。

(4)天明時代になると、江戸鮓の勃興期であり、鮓屋の数も非常に増加し、その看板もこれまでのような飯鮓や交ぜ鮓などというものが姿を消している。天明七年（一七八七）に出た商標を集めた「七十五日」には、当時の有名な鮓屋二十四軒が列記され、「折ずし」「蛇の目ずし」「江戸前ずし」「きんとん鮓」「にしきずし」などの名が出されている。海苔《のり》巻・玉子巻もこの時代から不完全なものではあったが作りはじめられている。このころ江戸では釣瓶《つるべ》鮓が横山町・日本橋通・浅草茅町の三ヵ所に前後して店を出しはじめた。これは鮓を混ぜた飯の上に魚をのせたものを小形の桶にいれて一晩ほど圧してつくった早鮓である。元禄のころには大坂ではすでにつくられていた。さらに、鮓屋で鮒の昆布巻をあわせて売るようになったのもこのころである。

(5)文化のころになると、名物の「松の鮓」が開業する。「嬉遊笑覧」には「文化の始深川六間堀に松のすし出来て世上すしの風変じ」とみえ、他の同業者よりも名声が高かったことがわかる。「松の鮓」の名は当時の居処が深川安宅町（六間堀横町）であって、主人の名が松五郎であったので、省略して安宅とか松のすしとか呼んだ。その後浅草平右衛門町（第六天横町）に移転した後もなおその暖簾《のれん》や商標に安宅松の寿司とつけていた。以上のべた江戸のすしはすべて押鮓であって、上方から伝わったものであり、まだこれまでは握鮓というのはなかったのである。

(6)文政年間のはじめには本所元町の鮓屋与兵衛は当時早漬というものはなかったので、早鮓を改良して山葵《わさび》をはさみ、海老《えび》やこはだを主とする握り鮓をはじめた。このことは鮓の普及に大いに役立つとともに、江戸鮓の名をあげるきっかけともなった。

与兵衛は寛政のころ江戸の霊岸島の八百屋に生れた。九歳のころから浅草の茅町の札差業の雇人となって一〇余年間つとめ、その後道具商となり、かたわら茶道を修めたが、負債を生じ、一物もないようになった。やむなく菓子商となって芝の増上寺などへ売りに行ったが、これも損失となった。そこで本所横網町の裏家をかりて、早鮓を改良して売りあるき、後に本所の元町に転住し、毎日屋台店を出していた。当時松井町に妓楼があって、両国辺は毎夜おそくまで賑わしく、にぎり鮓の売行は予想以上によく、ついて隣家の一戸を求めて店を張るようになり、彼の鮓が多くの人々に賞味された。山葵《わさび》を使用することは文化のころから行われていたようである。山葵は解毒のためであって、風味を一層ひきたたせたものである。当時芝海老はあまり使われないで、至って安価であったので彼はそれに着目して、これを利用したことは、その売行を一層多くする原因の一つであった。さらにかつて茶道を修めた体験から屋台でも風味のよい茶を特に選んですすめたことは、江戸の趣味に合致して人気をよぶこととなった。「守貞漫稿」には「文政末比《ごろ》より、戎《えびす》橋南に松の鮓と号《なづ》け江戸風の握り鮓を売る。烟華《えんか》の地なるを以て粗行《あらおこなわ》れ、後に大西芝居西隣の角へ転店し、是亦《これまた》今に存す。是《これ》大坂にて江戸鮓を売るの始め也」とある。江戸風の握鮓は文政の末には大坂に及んでいるのである。

ところが(7)天保改革のころとなり、諸事節約の時代となると、両国元町の与兵衛の鮓は、大橋安宅の松の鮓とともににぜいたくな鮓ということになり、彼は天保十三年四月に召捕られている（喜多村信節「聞のまに〱」）。だが彼のはじめた握鮓は江戸ばかりでなく上方にも次第に普及したとはいえ、上方の鮓は到底江戸には及ばなかったのである。

(ハ)江戸の握り鮓は天保から慶応に至るころには、その種類は多種多様なものがつくられていた。「守貞漫稿」によると、江戸今製に握り鮓也、鶏卵焼・車海老・そぼろ・白魚・まぐろさしみ・こはだ・あなご甘煮長のまゝ也、以上大略価八文鮓也、其中玉子巻は十六文許、添レ之に新生薑の鮓漬姫蓼《ひめたで》等也、又隔《へだて》等には熊笹を用い、又鮓折詰などには鮓上に下図の如く熊笹を斬て置レ之飾とす、京坂にては隔にはらんを用ひ、又添物には紅生姜と言て梅鮓漬を用ふ。

玉子・玉子巻・海苔巻・白鮑・あなご・白魚・刺み・こはだの鮓と熊笹とが描かれている。玉子巻には、飯に海苔を交え干瓢《かんぴょう》を入れる。海苔巻には干瓢を巻きこむ、刺みこはだには飯の上と肉の下に山葵を入れること、白魚には白魚がおちないように鮓の中程を干瓢で結んであることが図示されている。さらに同書によると、右のような鮓のほかに、(2)江戸では鮓は冬食べることは平常より少なくなるので、十月以降は鮓店で専ら鮒の昆布巻を一流ではない普通の鮓屋で必ず売っていた。ところが京坂では別の店で売り鮓屋では売らなかったことがみえている。(3)著名な鮓屋には、松の鮓があり、これは天保以来店が浅草第六天前にうつり、呉服橋にも店を出していた。与兵衛鮓は東両国元町に店があった。

(三)「江戸自漫」には「江戸の鮓は握りて押したるは一切なし、調味よし、上方の及ぶ所にあらず、価も賤《やす》し」とみえている。江戸のすしのうまいことをのべている。

料理屋の発生　(イ)町人生活が向上するにともなって、居酒屋・屋台店・うどん屋・そば屋・鰻屋など庶民的な各種の飲食店が増加していくと、高級な料理を出す料理屋も多くなった。(1)とくに文化・文政ごろは江戸では飲食商売が繁昌して、「五歩に一楼、十歩に一閣、皆飲食の店ならすといふことなし」(「一話一言」)という状況であった。化政のころ有名な料理屋には、深川の平清《ひらせい》、二軒茶屋、浮世小路の百川《ももかわ》、秋葉の大黒、浅草山谷の八百膳、葛飾の葛西太郎など

料　理　屋　（摂津名所図会）

があった。これらの店は味の割烹《かっぽう》をやっていた高級な料理屋である。嘉永三年（一八五〇）の「東都五光商群」には、料理屋として八百善・百川・平清・清水楼・川口の五軒をえらんでいる。五光というのは花札でいう四光とか五光とかいうもので、五つの優れたものということであろう。各職業について五つの優れた業者をえらんで、食類名物・名品芸能の二群にわけ、それを相撲番付のような形で大関とか関脇といったように番付のような形式で一枚刷りで発表したものである。百川はペリー来航のときに料理を担当した。(3)嘉永年間に江戸へ来た大坂の西沢一鳳は「一町内に半分の余は喰物屋なり。予が三都の見立に、食の第一に見立てしが、中々食物是程に自在なる所は見ぬ。唐土にもあるまじく思はる也」（「皇都午睡」）と記している。江戸における料理屋は幕末においても繁栄していることが知られるのである。

（ロ）当時の有名料理屋の料理は高級であったことは、料理屋で著作した本などによって知られる。(1)江戸時代は食物調理に関する書物が多くあらわれ、中でも元禄のころの「本朝食鑑」は最もすぐれているが、料理屋でも料理に関する書物を作ったのは特筆すべきことであろう。(2)文政のころに八百膳は「料理通」という書をつくり、亀田鵬斎の序文をのせているが、いずれも高尚の料理方をのせている。またその後に、「江戸流行料理大全」を著作している。この書の中には「会席は料理にあらず、依て庖丁の花美を好まず、食するものの味を本意とする」とのべている。これまでの料理は庖丁が主であったが、この書では味に重点をおくようになったことがわかる。そして長崎料理の食べ方などをのべているのをみると、今日の婦人雑誌で西洋料理の食べ方を記しているようなものであり、江戸時代の料理屋の料理が一段と高級化したことの一端を物語っているものであろう。

宮廷・公家の食膳　江戸時代も京都に公卿がおり、武士は上に将軍家、その下に三百諸侯があって、各々領国を統治していた。百姓や町人階級もあったが、この中で一きわちがっていたのは、宮廷と公卿の生活であろう。宮廷は雲の上といわれ、天皇の御日常についてはくわしく知ることができないが、供御《くご》（御食事）については、江戸時代でも平安時代から桃山時代のころの品目とは大きな変化はなかったようである。もともと宮廷公卿は食べることは賤しいとして、なるべく口に出すことを遠慮し、やむを得ぬときはその品目の名だけをいわないで、簡略語を使っていた。(2)たとえば、鮓をおすもじ、するめをするする、たこをたもじ、ねぎをねもじ、ごぼうをごん、天皇の御飯をごぜん・供御《くご》、おかゆをおゆに（湯煮）、餅をおかちん（搗飯）、団子をいしいし、豆腐をおかべ、酒をおこん（お献）、肴をおまな（真魚）、漬物をくもじ、浅漬をあさあさ、味噌をおもし、お茶をおまわり（お廻り）、おからを卯の花、鯖をさもじ、数の子をかずかず、蛤《はまぐり》をおはき、海老《えび》をえもじ、蒲鉾《かまぼこ》をおいた（お板）、大根をからもの（唐物）、刺身をおつくり（お作り）、蒟蒻《こんにゃく》をにやく、杓子《しゃくし》をしゃもじ・たもじ・ねもじ・すもじなどといった。人の前で食べることは下品なことであって、行儀の悪いこととされていたので、食品名をはばかってこのような隠語が用いられたのであろう。

将軍の食膳　(イ)江戸時代は武士が戦時を本体として将軍・大名の下に番・組による整然たる軍隊組織があって、上下の階級がはっきりと定められて、統一ある秩序を作っていた。山鹿素行は「大農・大工・大商を天下の三宝とす、士は農工商の業なくして三民の長たる所以は他なし。能く身を修め心を正して国を治め天下を平にすればなり」（「武教小学」の序）とのべているように、武士は天下の治安を確立し、道徳を正す指導者としての模範的な人物とされていたので、その食生活は他の階級に比して最もめぐまれていた。

(ロ)江戸幕府の創始者家康は、飲食物を保健と財政の二つの面から常に考えていた。彼は元来強健な体質ではなかったといわれるが、七五歳まで生きたことは当時としては長命である。その原因の一つは、彼が食生活に注意していたことによるものであろう。「駿河土産」によると、駿府城において、ある日彼は「気分もよく、第一食事がすすむ」と御師衆に語ったところ、「それは御一段の御事、命は食にあると申しまするから、何より以てめでたき御事」と喜び申上げた。家康はこれをきいて、「命は食にありといふ事を、其方共はいかが心得ているか。例えば当歳の子に乳をのませよ。過不足なきやうに親共の心得なくては叶はず。惣じて人は飲み食ひが大事ぞといふ意味にして、徒らに食せよといふのではあるまい」と諭《さと》した、ということがみえている。彼の「人の一生は云々《うんぬん》」の人生訓からみても、その日常の食生活が律義的であって美食主義でなかったことも想像されるところである。彼は倹約奨励のために麦飯をよく食べた。「食物もいつも美味ばかり喰べていてはうまいものではない。平日の食物は随分と軽味のものがよく、美味は月に二、三度でよい」（「神祖御文」）と戒しめている。彼のこのような質素な食生活は、一般武士の食生活にも影響をあたえたのであろうが、幕府の基礎が強固となり、世が太平になるにつれて、粗食的傾向は次第に影をひそめて行くのである。

二代将軍秀忠が寛永三年（一六二六）九月に二条城に行ったときの饗応には次のようなものがでた。

本膳は膾《なます》・海鼠《なまこ》・山葵《わさび》・うで鴨・香物・御汁・鶴・松茸。

二膳は焼物・生鰹・すずき焼・（鯛・赤貝・小鳥）・ずいき和《あえ》・御汁・鱸《すずき》塩煮。

三膳、杉地紙・蛸《たこ》・細螺《さざえ》・車海老・蒲穂《かまぼこ》

御引物一、焼物　一、鳴　一、鮓鰻　一、蒸貝（中略）御吸物　小海老・木の子・御肴・慈姑《くわい》・唐墨・堅海苔・畳鰯・煮貝・水栗（以下略）。

（ハ）幕府においては、若年寄のもとに膳奉行があり、その下に賄《まかない》方見廻役・賄《まかない》頭《がしら》・賄組頭・御膳所台所頭・御膳所台所組頭・表台所頭・表台所組頭・御膳所小間使頭・表台所小間使頭・台所詰などの諸役があった。

（ニ）将軍は朝六時ごろに起床する。その時刻になると小姓や小納戸《こなんど》などの人々が洗面用具の準備や掃除をはじめる。それを「入込《いりこみ》」または「もうを申す」といっていた。もしまだ目覚めていなければ入りこんでめをさましていただくのである。だが、これは将軍の居所である中奥に寝た場合のことであって、御台所の居所の大奥に寝た時は小姓たちの手から離れる。洗面ののちに大奥に入って仏壇を拝し、御小座敷にもどって月代《さかやき》や髭《ひげ》をそり、髪を結うのである。六、七人の御髪番というのが小姓や小納戸から選ばれてこれにあたるのである。

（ホ）将軍の食膳はすべて御広敷《ひろしき》・御膳所でつくられた。調理がおわると御膳所の御台所頭から御広敷番頭に通知する。番頭は御用達添番《そえばん》をともなって御膳所にでかけていって調理の品を毒味をする。異状がなければ汁は鍋にいれ、煮物や汁の種物は紋のついた塗物の重《じゅう》に盛り、これらを形は舟のごとくにして前後の両側に提手をつくった御舟につみ、奥御膳所へおくる。はじめは一〇人前の料理であるが、御広敷番頭たちが毒味したので、一人前が減って九人前となる。奥御膳所では舟をうけとって、これから以後は女中の手にうつる。汁は鍋のまま箱火鉢であたためて料理を懸盤へ盛りならべる。これを当番の御中年寄が御膳所に出張して料理を味わう。ここで料理は一人分が減って八人分となる。異状がなければ、お仲居が料理を懸盤に並べ、これに服紗《ふくさ》をかけ、次の女中の控所まで持っていく。つぎのものがこれを受とって御休息の入口まではこぶ。御中臈が御前にすえるのである。御休息の内へもちはこぶのは一人前の御膳部である。ほかにおかわりの用意のために奥御膳部にのこしてあるものには、朱緞子《どんす》の大風呂敷をかけておく（『千代田城大奥』）。というような手順で将軍の食膳は用意されていたのである。

（ト）将軍は通常は中奥で食事をとり、大奥で食べるのは変則であった。御飯は蒸飯であって、米を笊《ざる》にとって沸とうする湯の中に入れて煮あげ、さらにそれを釜でしばらく蒸したものである。御飯は三度とも飯櫃にもった目方が六〇〇目であった。将軍の食膳には入れてはならない食品があった。それは野菜類のねぎ・にら・にんにく・らっきょう・ふじ豆・さやえんどう・わかめ・あらめ・ひじき、魚類では、このしろ・さんま・いわし・さめ・ふぐ・いな・なまず・ふな、干物類、貝類では、あさり・かき・赤貝などであった。そして鳥は鶴・雁・鴨のほかは一切用いなかった。獣では兎を用いるだけである。水菓子でも瓜・桃・林檎・李《すもも》などは見るだけで食べない。てんぷら・油揚・納豆などは使わなかった（前同）。

このように将軍の食膳には今日われわれが栄養価の高い食品として好んでいる野菜・海草・果物などの類が献立からはずされているのは、将軍の栄養を失調させる結果ともなったことであろう。

（チ）将軍の平常食は八時ごろから始められ、一汁に煮物と焼肴の二菜の質素なものであった。食事のときは小姓二人が座敷の隅で先に箸をつけはじめてから将軍が箸をとる。将軍が長く食べれば相伴《しょうばん》も長い時間をかけて食べるし、一膳でやめればまた一膳で箸をおく、という工合で、その役に当った者は骨の折れることであった。将軍の食事は髪を結びながら食べることが普通であった。将軍の食生活は形式主義にしばられ、きわめて不自然なものであったことが知られるのである。

幕府の御用商人　(イ)江戸幕府の台所の食糧の入手については御賄所がこれを担当していた。そこの長が御賄頭であり、外部との御用をつとめていたのが御賄方下役である。(ロ)幕府の城中では勤務の役人には毎日昼食を出すことになっていたので、毎日幾千の膳部を用意する必要があった。また式日や祝日には特別な食品を出すのみならず、支給される人数は平常よりも一層多かった。そのため多量な食糧を正確に入手するため御用商人を指定しておかねばならなかった。特に(1)魚類や野菜は、生物《なまもの》が尊重されるとともに、季節や時期に左右される度合の強いものであり、その種類も多種多様であり、副食の主要食品で多量に必要であるという諸条件をそなえている通俗的食品である。そのために、ある特定の個人に依託して入手するよりも多人数の手を煩わす方が適切であった。そこで、魚類と野菜は江戸時代の中期以後は後述のように御納屋《おなや》を設立して魚市場や青物市場を掌握させてそこから納めさせる方法をとった。ところが(2)調味料・酒・菓子などは魚や野菜にくらべるとその消費量は少く、保存は長期にできるものが多く、季節や時期に左右されることは少く、特定の個人的技術が尊重されることの多いいわば秘伝的食品である。そのためにこの系統に属する食品には御用商人が指定されていた。

(ハ)当時の御用商人について、橋本博編の「大武鑑」によって調べてみよう。この記録は年毎に記載していないが、大勢を知る手がかりとなるものである。まず(1)酒は天和元年（一六八一）には呉服町の伊勢屋作兵衛の家が一軒だけ指定されている。これより五〇余年後の享保十七年（一七三二）には茶屋治左衛門・正法院八左衛門の二軒が加わって三軒となっている。寛延三年（一七五〇）には御酒屋と御膳御酒所とに区別され、伊勢屋は作兵衛ではなく弥兵衛の名義となって酒屋として記載され、御膳御酒所として茶屋治左衛門・正法院八左衛門のほかに、京屋忠助が新たに加わって三軒となり、計四軒になっている。明和四年（一七六七）には御酒所として正法院・茶屋・京屋・伊勢屋の四軒がのっている。寛政三年（一七九一）には多年の間、御用をつとめていた伊勢屋はなくなり、御膳御酒所として正法院八左衛門と茶屋次左衛門の二軒があげられ、御酒所として高島弥兵衛・木津屋理兵衛の二軒が指定され、このままの状態で幕府滅亡までつづけられた。

したがって、酒の御用商人ははじめは一軒であったのが、一八世紀はじめの享保のころから三軒となり、それより約二〇年後の寛延のころには四軒となってそのまま幕末まで続いていることがわかるのである。江戸時代の二六〇余年間を通じ、幕府の御用酒屋は四軒の時代が最も長く、全期の半分以上の期間をしめ、これについで一軒の時代であり、二軒の時代というのが約五〇年間であった。伊勢屋は最も長く続いた家であるが、寛政のころから姿を没している。このように、江戸時代の全期を通じて酒の御用をつとめ得た家は一軒もなかったのであり、その御用の困難さもうかがわれるのである。

(2)油屋は天和元年（一六八一）のころは大工町の金右衛門が一軒だけであるが、翌二年から北大工町の庄兵衛、新石町の三左衛門、本石四丁目の与右衛門、通三丁目の又左衛門の四軒となっている。正徳三年（一七一三）には豊島町二丁目の豊島屋市右衛門だけになり、この一軒が幕末までつづいている。したがって油の御用商人は四軒というのは僅かに三〇年間程の時代であり、他は殆んど一軒という時代が多かったといいうるであろう。

(3)菓子の御用商人は元和元年（一六八一）のころは銀町二丁目の大久保主水《もんど》の家が一軒だけであるが、元禄四年（一六九一）になると大久保の外に飯田町の虎屋三左衛門が加わって二軒となっている。宝永元年（一七〇四）ころには大久保主水の店は白金町四軒屋敷に居を構えていることがわかり、新たに本町一丁目の桔梗屋《ききようや》河内が加わって、御菓子所は三軒となっている。正徳三年（一七一三）には虎屋は虎屋織部と改称している。文化九年（一八一二）には右の三軒のほかに鯉屋山城が加わって四軒となり、弘化四年（一八四七）には虎屋は長谷川織江となり、新たに宇都宮内匠《たくみ》が加わって五軒となった。慶応二年（一八六六）には鯉屋山城の姿が消えて新たに金沢丹後が加わり、大久保・長谷川・宇都宮・桔梗屋の五軒となっている。菓子屋ははじめは一軒であり、次第に増加して幕末には五軒となる。そして三軒の時代が最も長く約一〇〇年間余であり、二軒の時代は最も短かく、僅かに一三ヵ年である。大久保主水の家だけが終始一貫菓子の御用をつとめたことは特筆に値する。

(4)水菓子屋は天和元年のころは駿河町の三右衛門と柳原の又左衛門の二軒である。ところが正徳三年（一七一三）になると前の二軒はなくなって須田町の三河屋五郎兵衛と品川町の三河屋平兵衛との二軒になっている。これより約五〇余年後の明和四年（一七六七）には、三河屋五郎兵衛の一軒だけとなって幕末までつづいている。江戸の後半期にあたる一五〇余年間三河屋五兵衛の家はつづいていた。

以上のように酒屋・油屋・菓子屋・水菓子屋の御用商人の変遷をたどってみると、徳川二六〇余年間に連綿として続いた家は極めて稀であったことが知られる。さらに御用商人の中でも酒屋の交替が最もはげしい。このことは酒の禁令やその価格をめぐっての問題などから政治・経済・社会の動向を最も敏感に反映する食品であったがために、その波動は直ちに酒の御用商に及び交替がはげしかったのであろう。最も波乱の少いのは菓子屋であって、大久保主水の家が連綿として続いたことによっても判明する。それは菓子が世の中の動静を反映することの比較的少かったことによるものであろう。

幕府の魚の御用所　(イ)江戸幕府は奥州の表御台所・大奥御台所・西丸御台所の三ヵ所で毎日調理する魚類・鳥類・青物類・蔬菜類については他の食品よりも一層入念に精選する必要があった。最も骨を折らねばならなかったのは生魚である。(1)幕府の創業当時は、魚や野菜は特定の御用商人に命じて台所へ届けさせていたのである。たとえば一七世紀末の天和のころには魚と野菜とは出口喜右衛門の家がその役をつとめている。そして八百屋にはおけ町の仁左衛門と俵町の八郎右衛門の二軒がある。

(2)元禄四年（一六九一）になると、魚・青物・鳥は品川の三河屋忠兵衛、するが町の西宮孫三郎、さか町のさかいや惣左衛門の三軒がつとめていた。干物は神田の四郎兵衛と本石町の吉兵衛との二軒であった（「大武鑑」巻二）。

(3)宝永元年（一七〇四）には魚と干物の御用は本小田原町一丁目の尾張屋二郎右衛門、上小田原町一丁目の伏見屋作兵衛、小田原町の鯉屋小兵衛の三軒がうけもち、野菜類は飯田町の八百屋の太田屋佐助がつとめていた（同、巻三・四）。(4)寛延三年（一七五〇）になると、肴と干肴とは大和屋助五郎の家が一軒だけとなり、これまでの尾張屋・伏見屋・鯉屋の三軒は姿を消している。そして新たに御作鳥師に鳥屋小左衛門・御菜白魚役に高橋権兵衛が加わっている。八百屋はこれまで通り太田や佐助となっている（同、巻五）。このように天和のころから七〇年をとってみても、幕府の魚・鳥・野菜の御用商人の交替ははげしいことがうかがわれるのである。これは特に魚の御用は魚が他の食品に比し、副食のなかで最も重要な地位をしめていたため、たえず質量ともに幕府の需用に応ずることは容易ならざる業務であったことによるものであろう。

日本橋の魚市　（江戸名所図会）

（ロ）明和四年（一七六七）になると、「御肴御用所、御納屋《おなや》、御青物御用所、御納屋」（「大武鑑」巻六）というように、このころから幕府は日本橋魚河岸《うおがし》に御納屋《おなや》という役所を設けて、御用の魚類を幕府が直接民間から買いあげることになった。(1)この役所は一に御肴役所《おさかなやくしょ》とも称し、江戸橋にあった。本材木町通りの側に門を設け、出張役人の詰所、魚河岸月行事の詰所などがあり、台所には蒲鉾台・焼台などがそなえられ、台所のそばには生洲《いけす》があって大小の魚が溌剌《はつらつ》とし、飼われていた。御納屋は幕府の御賄頭《まかないがしら》の支配であって、御賄所の役人七名と、附属の者七、八名とが毎日ここへ出勤して、幕府の三ヵ所の台所に毎日必要な魚類を買い上げることに従事するようになった。だが、この三ヵ所で必要な魚類はその前日に御賄頭からの伝達によって、御納屋役人はこれを御納屋詰の魚市場の月行事につたえ、市場の各問屋をさがして調達せしめて御台所に進達するようになっていた。幕府では平常はもとより祝日などの特別な日に不漁のときは、往々御用品を欠くことになるので、御納屋の役人は平常は魚類の貯蓄に注意をなし、もし佳魚《かぎょ》があれば構内の生洲《いけす》に放しておき、あるいは蒲鉾に作ったりしていた。

（ハ）御納屋で魚類を集めるのを御《お》直買《じかかい》と称し、各問屋は義務として御直買の魚類は第一に調進すべきものであったが、御直買は、一般の値段よりもはるかに安価であった。そのため、(1)四月中旬ころには江戸では初鰹が高かったが、魚問屋はこれを隠して御納屋には納めないものが多かった。たまたまこれが発覚すると、魚問屋は「初鰹にあらず古瀬なり」と答えて上納の厄《やく》をまぬがれた、という話もある。古瀬とは去年の魚ということである。すでに江戸市中では町人や下級の人々が口に飽きたころになってようやく初鰹として大奥の食膳にあがることとなり、将軍などはほんとうの初鰹の味をしらなかったのである。そこで(2)幕府側でも魚類の隠蔽《いんぺい》を防止するため、魚市場の事情に精通した者を雇って買役に任命した。買役《かいやく》は御納屋に召しかかえられたので、勝手を知った魚市場を歩き、問屋の穴蔵、仲買の板舟《いたふね》、小売商の盤台《ばんだい》などまで検査した。また一方では新場《しんば》の河岸地《かしち》に今日のポリス・ボックスに似た箱番所《はこばんしょ》を設け、番所前の川中に二、三艘の舟をつないでおき、ここに来た押送り船の来るのを押えて検査し、佳魚があればとりあげることにした。

一九世紀初頭の享和のころまでは水戸・尾張・紀州の御三家や御三卿《さんきょう》の魚類はその屋敷から各々御賄方下役を魚川《が》岸《し》に出張させて、御納屋の値段の振りあいを考えて買い上げたのである。ところが(3)下役の力では到底、買役のように活溌な活動ができなかった。途上で魚商人に逢えば突然その盤台の中の魚を引きあげることまでやり、魚商人の迷惑となった。天保十年(一八三九)三月になって、盤台下の竹籠は商人の衣類や金銭を入れておくところであるので、これを改むべからずとの令達がでた。これによって魚商人は御用品にもなる佳魚があると、これを竹籠の中に隠して盤台にはかえって下等な魚類を盛りあげて取りあげられるのをふせぐことをした。そのため御三家や御三卿の賄方は到底充分な佳魚をうることができないことを察し、買役の力をかりることになった。ここにおいて御納屋における魚類の需要はさらに多くなり、買役の暴力的手段を助長せしめることにもなった(蓬軒居士「日本橋魚河岸の御納屋」(風俗画報)第一五八号)。

(二)御納屋側の魚取上手段《うおとりあげしゅだん》が厳しくなるにつれて、魚問屋の逃避的手段もいよいよ巧みになり、御用の魚を欠くこともあった。(1)文化のころには東小田原町組・東本郷町組・同横店組・安針町組の四組の魚問屋の行事は町奉行あるいは御春屋《おつき》御賄頭の詰所に召喚されて説諭をうけ、町奉行の根岸肥前守に始末書を出している。その書中には夏の炎天が続き、魚の無い日さえあって、魚品がととのわないこともたびたびあって恐れ入る、ということが見え、御納屋での魚の買いあげが困難をきたしていることがわかる。(2)文化十一年七月には、右の四組の魚問屋のそれぞれの行事である堺屋忠兵衛・米屋半五郎・手品屋吉兵衛・海野屋総三郎の四人は、町奉行に願書を提出して建継魚役所の建設を出願した。これは御納屋と各問屋との中間にたてる共同の事務所であって、各問屋において浜方《はまかた》との取引がある毎にその上魚と下魚との差別なく、全額の三％を積金としてこれに蓄積させ、御用魚は一切この建継所において調達し、下附金で魚の価を償うに足りないときは、この建継から不足分を補うという方法であった。(3)この願は許され、文化十一年九月に御納屋の名主十右衛門の尽力によって御納屋の構内に設立され、願人である堺屋忠兵衛以下の三名のほかに八人を加え、ここに行事役として出勤することとなった。彼等は御用魚の選び方、御払代金の受け渡し、百分の三の積立金などを取扱った。そのため各問屋との折合もよく、納魚の調達方も都合がよく、一時営業は振興した。

しかし、次第に行事役が役人的となり、御用品の注意につとめたが、積立金の払出しがおくれて疑惑をひきおこした。さらに各問屋は日々の取引高の貫目を偽って積立金の減少をはかり、あるいは納代御払日に積立助成金の支払を催促するなど、建継所にたいして不平を抱くものが多くなった。

(4)文化十二年（一八一五）十一月には魚問屋の五名が集会して、魚市場のために身を犠牲にして庖丁をもって突然建継所に切りこみ、これに多くの魚屋が加わり大騒動をまきおこした。そのため買役をはじめ建継所の行事は重囲におちいり怪我人を多く出した。御納屋の役人から町奉行に訴え出たので五名の魚屋は入牢となり、名主十右衛門と建継所の行事は町預《あずけ》となり、御納屋の役人も逼塞《ひっそく》を申しつけられ、暴行者の魚屋は翌年七月以降つぎつぎと牢死した。しかし四組の各問屋は建継所の不都合であることを主張し、ついにこれを取りつぶすこととなった。その結果、各問屋は、右の五人の義侠に感謝し、醵金《きょきん》して、その死体を葬った両国の回向院《えこう》に一碑を建て、その命日には総代をもって香華を供えることを怠らなかったという（蓬軒居士「日本橋魚市場建継騒動」（風俗画報）第一六〇号）。

文化十二年に日本橋の魚市場の建継騒動が起り、建継所は廃止となったが、幕府の魚の御納屋は青物の御納屋とともにそのまま幕府の滅亡まで継続された。「大武鑑」巻十一の慶応二年の条には「御肴御用所、御納屋御青物御用所御納屋」とあることによっても明白である。

幕府御用の青物　（イ）幕府の台所で調理する青物は、一七世紀末期は出口喜右衛門の家が主として御用をつとめていた。当時は青物商は江戸市内の各所に散在していたが、(1)明暦の大火の後になる貞享三年（一六八六）四月に、神田連雀町・佐柄木町・多町等に青物市場が合併して営業をなすに至った。(2)これらの市場は正徳四年（一七一四）二月から江戸幕府の御用をはじめて命ぜられ、次第に営業者が増加し、享保十年（一七二五）には問屋は九四人となった。青物を幕府におさめる役所である青物の御納屋は、神田の本銀町一丁目に設立され他の市場が専売する野菜類を買いあげた。また、(3)三ヵ年代りに問屋の中で三人ずつ御納屋《おなや》のことを担当し、毎日出勤した。

（ロ）青物御納屋には(1)いつも役人が出張することはなく、町名主の二人が取締として日々の見廻をなし、問屋の三人が夕七つ時（午後四時）まで詰め、ほかに書役《かきやく》二人、洗方五人、乾物撰方五人、以上一五人で事務を取扱った。(2)見廻り名主の手当は年五両、書役・洗方・乾物撰方の三役の手当は一人につき年に銀三〇匁と一人扶持宛であった。また毎日城内までの御用の人足定員は三〇人であって、一人の手当は一八文ずつという定めであったが、一二〇文ずつを市場から出し合って一四〇文として支払った。毎日のこの四貫文余の損失は青物問屋にかけられた。

(ハ)幕府の(1)御膳所御賄所では毎朝下役の者を御納屋へ派遣して、注文の品を記した看板帳をとどける。詰合の問屋はこの品について触《ふれ》を出して品物を集め、帳面にひきあわせ下役に渡す。もし品切のものがあれば、下役の者は青物市場をあさり見当り次第に取りあげた。(2)この下役は小紋の股引をはき、浅黄染の背割羽織をつけ、一本差でその風俗も賤しくなく、魚御納屋の買役のように無情の仕打をすることはなかった。

(ニ)青物類のうちでも、走り物にはとくに関心がよせられた。(1)走りものが着荷すれば、ただちに御納屋から第一番に幕府の御賄所に急報することになっていた。これを走物注進といった。御賄所の役人はこの注進に接し、もしその走物の品がさらにつづいて出ないようであれば見合《みあわせ》ることにし、注進の者は委細を御納屋へ告げる。そしてその走物をみなとりあげて御納屋の土蔵に入れて腐敗するのをまって取すてることが多かった。これは走物を膳部にのせ万一将軍に御好が出たとき、品がないことになると御膳所役人の落度ということになって譴責《けんせき》をうけることになるからであった。そこで何品によらずこのような品はすべて御納屋の土蔵で枯死することが多かった。

(2)それにもかかわらず、荷主は市に出し問屋もその荷をうけて御納屋へ注進する手数をかけるのは、すべて走物は売行がよいので、着荷の幾分かを御納屋に送り、残りの分は上野宮様の御膳所の用達人にひそかに売りつけ、なお余れば市内の料理屋に隠して売り利益を得た。そのため少しのものは御納屋へ出して損をするが、その実は損して得をとる計算であった。上野宮様御台所御用の品は四季ともに走り物をひそかに捜し値の高下にはかまわず、問屋のいう通りに買いあげるので、市場ではそのころ上野御膳所といえば、幕府の御膳所よりも幅をきかしていた。もし品物が払底したときでも上野の御用に応ずる時は、前夜上野の御膳所用達方に通知して市場に買出の時刻をはやめ、御納屋から品触のある前にひそかに売渡したこともあった。

(ホ)幕府御膳所の(1)買上の野菜は、長芋・百合《ゆり》の根・慈姑《くわい》・牛蒡《ごぼう》・胡瓜《きうり》・白瓜・茄子・里芋・大根・紫蘇《しそ》・枝豆・嫁菜《よめな》・芹《せり》・蕨《わらび》・筍《たけのこ》・初茸《はつだけ》などがあった。(2)買上のないものには、葱《ねぎ》・韮《にら》・蒜《にんにく》・薤白《らっきょう》・黎豆《ふじまめ》・鞘豌《さやえんどう》・若布《わかめ》・海帯《あらめ》・ひじき・薯蕷《つくねいも》などがあった。(3)買上品のうち産地の定めのあるものには、長芋・百合の根は武州鴻《こう》の巣《す》・最寄《もより》・日光街道、蓮根《れんこん》は赤阪溜池・不忍池・下総の猿島《さしま》岡田二郡内・武州越ヶ谷《こしがや》・草加《そうか》、慈姑《くわい》は武州川口・岩槻《いわつき》の在・大門、薩摩芋は武州川越・下総千葉・同検見川《けみ》、菜は東葛飾《かつしか》領、独活《うど》は高井戸練馬、筍は目黒・戸越・稲毛《いなげ》、山椒は千住の在、防風新生姜《しょうが》は千住在木曾谷最寄、蓴菜《じゅんさい》は常陸牛久沼《うしくぬま》、蕨は船橋・検見川・青梅《おおめ》の在、山葵《わさび》は伊豆地蔵堂村最寄、根芋は雑司ヶ谷《ぞうしがや》・大塚・早稲田、細根大根・紫蘇・蓼《たで》の類は千住の在、大根は王子・練馬・品川大井村、牛蒡は千住・王子、里芋は練馬、玉子は常陸・下総であった。

(ヘ)青物は魚類よりも一層安価であったが、市場の損失は毎年三千五、六百両内外であったという。この損失は天明の末ころまでは多町・佐柄木町・連雀町などの問屋だけが負担していた。寛政の改革によって、千住・京橋・両国・本所・駒込その他七ヵ所の市場で三分ずつ引きうけることになった。そして多町は以上の市場の触元を命ぜられ、どのような品でも走物は多町の承諾がなければ他の市場で売買することは出来なかった。

(ト)文化二年七月小石川音羽町四丁目の西側石川辰之助というものの菜園に、直径二尺四寸、竪《たて》一尺二寸、重さ三貫余で、形が菊に似た大きな南瓜《かぼちゃ》がとれた。珍らしいので御納屋から御膳所に注進し、ついに将軍の上覧に供した。南瓜は例年冬至の日に食べるので、その日の御用品にすることになった。そこで上覧の南瓜に粗忽があっては申訳がないということになり、昼は一人が警固し、夜は二人詰切《つめきり》りで半夜交代に不寝の番をなし、腐らぬように鼠のかからぬように注意を払って、ようやく同年十二月の冬至の日にこれを白木の三宝にのせ、これを釣台にのせて下役がかつぎ、問屋三人が羽織袴を着用してつきそって、御本丸の御膳所に送り届けた。これは一方ならず将軍の思召にかなって喜ばれたとの市場の昔話が伝えられている（太田杏村「神田青物市場の沿革」（風俗画報第一七六号））。

大名の食事　（イ）諸藩においても大名の食膳は台所奉行のもとに諸役人が配置されて食事のことを掌っていた。(1)将軍の食膳は京都御所をまねたものが多かったが、大名は徳川家にならった。(2)武家の食事で儀式のものは小笠原流が支配し、その下に小池流・水島流・吉良流などがあり、吉良上野介は吉良流の家元であった。(3)武家の食膳は江戸時代になってもあまり発達していない。大名の参勤交代などでは、宿舎の本陣に膳部を持ちこんだり、江戸から国表へ行くときの飲料水を運ぶ大名もあるといったように、飲食には慎重を期していた。

（ロ）江戸初期における大名の食事は格式を重んじ、簡素を旨とするものであった。伊達政宗の言行録の「命期集」によると、政宗はすべて客をよぶときは何か一品に念を入れて、「今日の振舞、是れ計り御馳走にて御座候」といって客に知らせるのが、亭主の第一の料理の心得であると教えている。名物や珍らしい物であっても、客に何も知らさないで、つぎつぎに料理を出すのはよくないと諭している。また饗応のやり方は「古へ誰人を呼ぶにも、其人の好みける物を聞き、嫌なる物を去りてするにより、心安く候ひし。頃日《このごろ》、左様の事取失ひ候故、一入《ひとしお》心元なし」、と説いている。あらかじめ客の好きなもの、嫌な物を知っておいて好きなものを出せというのである。また、「人は高下によらず客馳走のため、色々道具あまた出すは無用の事なり。一種、二種調べ、夫《それ》に何ぞ品を附け、目の前の料理か又は亭主自身料理して、盛物ならば其儘座敷へ持出し、「是れ一種の取成し」と申してこそよし、珍しき物、色々出したるより、遥に増しなり」とのべ、道具をあまり出すのはよくない。客の前で料理したり、主人が料理したものは、珍らしい料理よりもはるかによい、というのである。「第一すゞやかに、物事綺麗にするは馳走なり。種々様々の百種千種取揃い、引立三度振舞ふより、さしともなき物、一種二種づゝにてするが増なり」とのべ、物事を清潔に、ゴチャゴチャと多くの料理をならべ立てるよりも、料理を精選して出せ、というのである。

一般武士の食生活

一般武士は城下町に定住し、時折主君にしたがって江戸に行くこともあったが、都市の消費生活者であった。大多数の武士は米七分・麦三分ほどの麦飯を食べていた。豊後の臼杵《うすき》藩士の吉田政敦の旧藩時代の追想によると、幕末ではあるが、当時の一般武士の次のような食生活が知られる。

侍屋敷の侍は飯米その他の食糧は藩からうける者が多かった。侍の家々には御渡米の通《かよい》、御起し炭の通《かよい》などを記した通帳《かよいちょう》があった。飯米は祿高に応じて年々何回かに分けて、通帳をもって御蔵奉行所から受取り、米舂《こめつき》は家々にある碓《うす》で下男が行い、飯米のあまりは売りはらって小使や雑用とした。豆・麦等も藩の給与をうけ、たいていの家々には大竈《かまど》があって鉄釜で大豆を蒸煮し、米麹または麦麹と適量の塩とを混和して、近隣数軒の下男が交互に助力して木臼で味噌をつき、四斗樽幾個かに醱酵・熟成させた。毎年十二月の行事の一つとして行われ、味噌搗《つき》歌などもうたわれた。醬油は大豆・小麦を鉄釜でいり、石臼でひき割り、再び熟煮して種麹を加えて、醱酵させ、適度の塩水に混和して、親桶に仕込をなし、時々水を入れて順次に一年分の用量を作るのである。魚類・豆腐の類は行商から買いとり、酒・酢・乾物・荒物その他の雑貨は多くは男使をもって、町屋から通帳で買入れ、勘定は盆と暮の二期の計算で、平常は銭の取引は少かった。野菜類は家々にある菜園や畑で下男がつくり、香類や果物は多くは邸内の自然産のものを使い、外から買入れることは少かった。

中流以上の侍は多くは近郊の山林や畑に簡易な茶屋地(別荘地)をもちそこに茶を植えておいた。茶摘といって毎年三月に近郊の茶屋地に親族がそろって遊山し、竹の子汁を振舞って葉茶をつんできて、家でこれを蒸し、その葉を煎り、手でもんで茶をつくった。四季折々の間食物であるカキ餅・煎米・餅などもたいてい自給自足であって、仏事用の羊羹まで小豆をにて自家で作った。町屋の菓子類を買うことは少かった。祝事の贈答や礼物にはたいてい魚類をつかった（西岡虎之助「史料批判の方法」河出書房「日本歴史講座・I」所収）。

右のように一般武士の食生活は奢《おご》ったものではなく、むしろ質素であり、領主の倹約令を守っていた。ところが幕末になると一般武士の生活も困窮し、質入や内職して食糧を得なければならないものも多くなった。

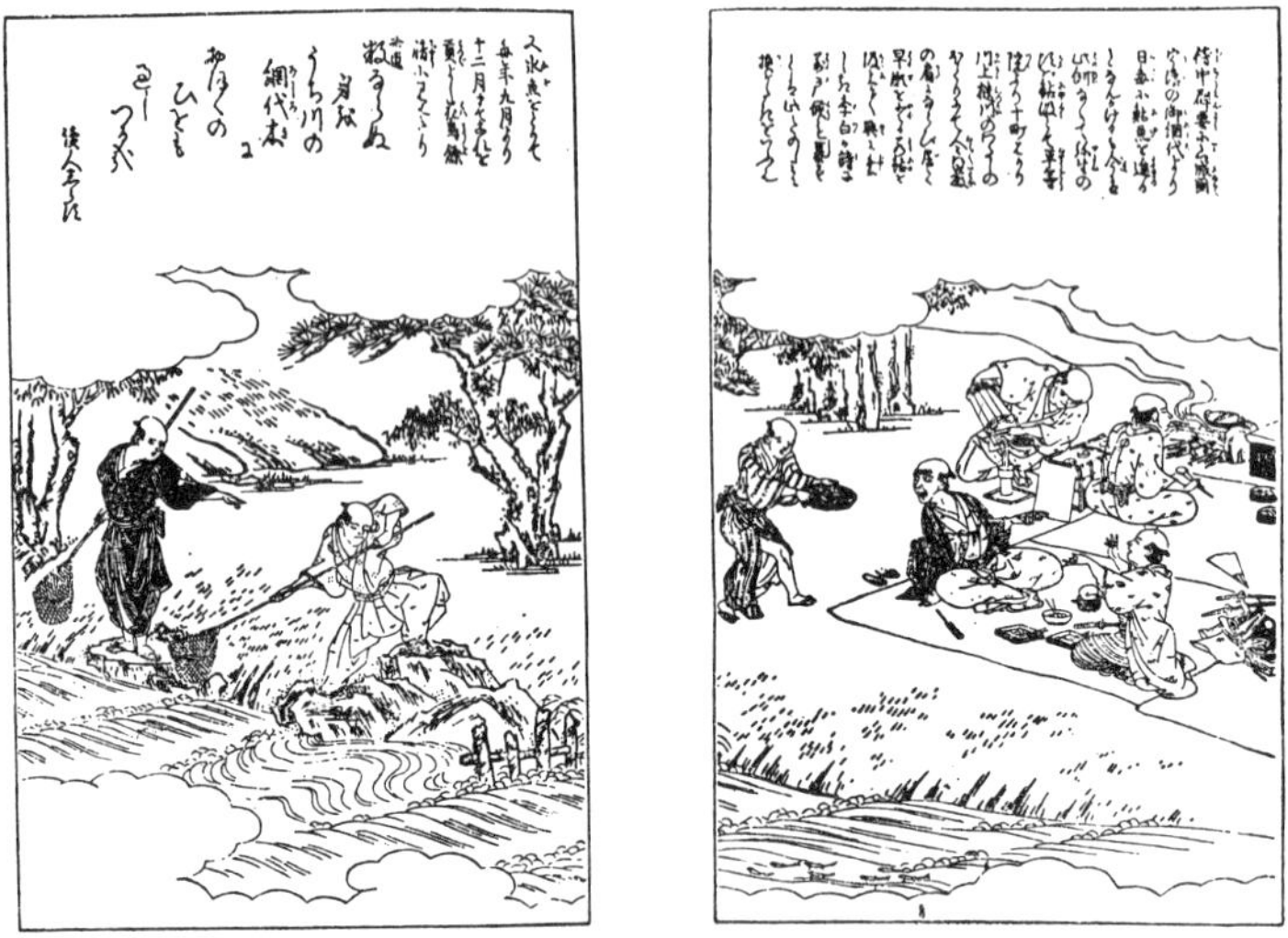

宇治川の網代木　（都名所図会）

町人の食事　（イ）町人生活の発展は江戸時代の一つの特色である。(1)荻生徂徠は「政談」のなかで商人は「利倍ヲ以テ渡世スル者故、当時ノ有様ニテモ一夜検校トモ成、亦一日ノ内ニ潰モスル物ニテ、元来不定ナル渡世ヲスル者也」というように浮き沈みの大きなものであると見ていた。(2)元禄時代の町人には、大名をしのぐものがあらわれた。たとえば大坂の淀屋辰五郎、京都の難波屋十右衛門・中村内蔵助、江戸の紀国屋文左衛門・奈良屋茂左衛門などは豪奢な生活を送っている。

井原西鶴のように大坂の商人で、一代で財産をつくり、晩年は商売をやめて文学活動をなしたものもあらわれた。その作品はおもに町人の生活を描いたもので、人生の目的は若いうちに金をもうけ、後は遊楽するにあるといっている。(3)町人には衣食住の制限はあったが、農民に対するように人間性を没却するような禁制はなく、冥加《みょうが》・運上《うんじょう》のほかに租税はほとんどなく武士の生活の向上とともに富み栄え、農村へも進出した。したがって町人の食生活をみると、食道楽や食通などがあらわれている。

(ロ)町人一般の食生活をみると、初物《はつもの》の味覚をたのしむ風潮があった。初物はすでに室町時代からあり、宮中の献上品にもあったが、この時代に入って民間にも流行し奢侈の食品と考えられていた。幕府は初物の制限を加えているが、これは町人の食生活が向上していることを語るものである。貞享三年(一六八六)五月の禁令では、生椎茸は正月から五月まで、竹の子は四月から、茄子《なすび》は五月から、林檎は七月から、松茸は八月から、葡萄《ぶどう》は九月から十一月まで、蜜柑は九月から三月まで、と制限し、それ以前に売り出すことを禁じている。また幕府は魚鳥についても同様な処置をとり、寛保二年(一七四二)には、鱒は正月から、鮎は四月から、鰹は四月から、鮭は九月から、雁と鴨は一〇月から、雉子は九月から、それぞれ売り出すことを命じている。(2)「奢《おご》りに往く」といって、町人の家では毎月一回また二回ほど家族をつれて料理屋へ行くという風があった。またそれを好む様子があった。(3)近松の「宵庚申《よいごうしん》」には「今日の料理は芋一種、でっかいところをおめにかけるが馳走」ということで、長さ五尺余の化物のような大山芋を出すというような凝った好みもあった。(4)料理通も後期になると多くなり、刺身の一切で庖丁のとぎ工合の良し悪しを判じたり、田楽《でんがく》の串の産地を言いあててたのしむことも現われた。(5)大食会が一八世紀から一九世紀のはじめの享和から文化にかけて、江戸で流行した。これは上戸と下戸と席を二つにわけ、中央に行事がおって行うゲームである。文化十四年(一八一七)三月、両国柳橋万屋八郎兵衛方において大食会が行われた。このときの飯組の第一位は、常の茶漬飯椀で万年味噌と香物を菜にして六八杯、そば組の第一位は二八中盛の上そばを六三杯、菓子組の第一位は、饅頭五八・羊羹七棹《さお》・薄皮餅三〇・茶一九杯を飲食したものであった。酒組の第一位は三升入盃で六ツ半を飲みほしたが、その座で倒れてしばらく休息したのち茶碗で水を一七杯飲んだという。これらの分量についての真偽は別として、食量を豊富に摂取できる環境にあったことが考えられる。町人の家族内における食生活は質素であって、番頭は朝は味噌汁、夜は香物、昼は煮物が少しつく程度のものであった。

農民の食事　(イ)江戸時代の農民は、土地経済に立つ武士階級の生計をささえる柱であった。そのため(1)本多佐渡守は「百姓は天下の根本也、是を治るに法有」「百姓は財の余らぬ様に、不足なき様に、治る事道なり」(慶長十七年「本佐録」)と農民を愛護せよと主張している。(2)徳川斉昭は「朝な夕な飯くうごとに忘れじな、めぐまぬ民にめぐまるる身は」と詠んで農民に感謝する思想の持主でもあった。

だが(ロ)寛永十九年(一六四二)の凶作・大飢饉以来農民の衣食住は厳しく制限されるようになった。農民は米食を抑制され、酒の醸造・売買・飲用を制せられ、食用原料の加工をおさえられ、雑穀を食べることを奨励されていた。(1)西川如見の「百姓嚢《ぶくろ》」の巻三には、田家の食物は麦を第一とす。粟又勿論なり、麦は天子も聞しめさるる事、和漢例あり、殊に本朝にて猶更《なおさら》なり」というように、麦や粟をたべることを奨励していたのである。(2)慶安二年(一六四九)の「御触書」には、

「一、百姓は分別なく、末の考えもなきものに候故、秋に成候得ば、米雑穀をむざと妻子にもくはせ候。いつも

正月二月三月時分の心をもち、食物を大切に可レ仕候に付、雑穀専一に候間、麦・粟・稗・菜・大根、その他何に而も雑穀を作り、米を多く喰つぶし候はぬ様に可レ仕候。飢饉之時を存出し候得ば、大豆の葉、あづきの葉、ささげの葉、いもの落葉などむざとすて候儀は、もったいなき事に候。

という取締を行った。そして凶作のときには飲酒・喫煙などを制限し、うどん・そば切・そうめん・饅頭・豆腐などの製造を禁じた。これは食糧の生産が今日のように豊かではなく、相つぐ飢饉によってこのような食生活をいとなまねばならなかったのである。

(3)このような統制の中にも「田畑をおこし、田を植え、稲を刈り、又た骨折り申す時分は、普段より少し食物を能く仕り、沢山に食はせ使い申す可く候。」(「慶安御触書」)ということもあって、働くときには食物を沢山食べても差支えがないという反面もあった。(4)「慶安御触書」には「容貌《みめ》よき女房なり共、夫の事をおろそかに存じ、大茶をのみ、物詣り、遊山、好事《すき》する女房を離別すべし」「容貌悪く候共、夫の所帯を大切にいたす女房をば如何にも懇ろ仕る可き事。」として、妻の遊山や大茶をのむことまで注意している。

(ハ)享保のころの田中丘隅の「民間省要」には、江戸付近の百姓の食生活について、次のように記している。

田方に生きる百姓は、雑炊にしても米を喰ふ事あれども、山方・野方に生れては正月三ヶ日といへども、米を口に入るる事なき所多し。粟・稗・麦など食に炊くとても、菜・蕪・干葉・芋の葉・豆ささげの葉、その外あらゆる草木の葉を糧として、穀物の色は見へぬばかりにして、而かも朝夕飽く程の事なく、漸く日の中一度宛ならでは是を喰ふ事なく、餘は前に言ふ粥の類にて日を送る。朝夕の膳などに坐ると言ふ事もなく、少し物をたべれば蟹の泡の如くなり、茶をいくらも汲み飲んで足れりとす。斯く恐ろしき物を食として、而も明七ツより起て骨を折り、夜九ツまで働きて縄をなひ、草鞋を造る。其辛苦常ならずば、一日も其内に住む者あらんや。都に育ちては今様の咄しだに、一生耳に聞く事もなき人は誠とも思はじ。都人にかかる食物をあしらへば、鉄丸を食はすと言へ共、一口も喉には入らじ。

農民は正月でも米を食べることはなかった。穀物の色のわからぬ程まで、あらゆる草木の葉を入れてたいた雑飯《まぜめし》・粥などを食べ、お茶を飲んで腹をふくらませている様子をのべている。これが当時の農民の食生活の実態であったのである。

備荒食　(イ)江戸時代の農民生活を苦しめたのは飢饉である。だが、飢饉は江戸時代特有の現象ではない。(1)特に江戸時代には被害の大きかった原因は、生産力が低く農民の生活にゆとりがない上に、孤立的・封鎖的な社会であったので、物資の融通ができない結果によるものであった。(2)「日本災異志」には記録にあらわれたものだけを集めて二二五回の大小の飢饉をあげている。そのうち慶長年間（一五九六―一六一四）以降、明治以前まで三五回となっている。(3)なかでも享保十七年（一七三二）、天明二年（一七八二）、天保四年（一八三三）の三回を近世の三大飢饉といっている。大体五〇年目毎に大きなものが起っている。飢饉の起る直接の原因は稲作が、旱魃《かんばつ》・多雨・病害虫・風水害などをうけたために起るもので、全国的な凶作は主として春夏期における低温多雨と、それにともなって発生する病虫害の蔓延によるものである（西村直琴・古川一郎「日本凶荒史考」）。

(ロ)飢饉対策として(1)幕府は寛永のころから穀物を貯蔵することに留意したが、必要に迫られて盛んに貯蔵を行ったのは天明の飢饉以降である。(2)貯蔵種目は、米・麦・粟・稗・黍、その他藁餅・えんどう等種々あった。(3)いずれも倉に貯蔵するのであるが、目的や方法によっていろいろによばれている。義倉は富者の義捐《ぎえん》または課徴によって供出したものを収め、社倉は農民が任意に供出する方法によるもので山崎闇斎《あんさい》によって始めて紹介されたといわれている。常平倉は特に穀価の水準を保つためにつくられたもので、郷蔵・稗倉などは所在地・貯蔵種目によって名づけられた。これらはすべて備荒の目的をもって、各藩や有能な藩主などによって設備されたものであった。

(八)また幕府や諸藩は、飢饉対策として飢饉に米穀を節約して腹を満たすに足りる代用品を集録して庶民に知らせている。特に天保のごときは多かった。明和年間の「民間備荒録」、天保の「救荒孫之杖」「粗食教草」などによると、縄文時代に食べたような野生植物が含まれている。葛《くず》・蕨《わらび》・昼顔《ひるがお》・百合・山芋・山牛蒡《ごぼう》・慈姑《くわい》・野びる・おおばこ・かや・椎《しい》・とち・松・なら・くぬぎなどの葉・根・実などであり、その他彼岸花の根、松の皮、藁餅、火山性の白土などがあげられている。彼岸花は有毒なものであった。(1)松の皮や葉は凶作のとき食用にすることは古くから用いられた。荒い上皮をのぞき、その下の白い部分の生皮をはぎとり、これを臼でついて水に浸し、密閉して放置して苦味や悪臭をぬき、汁を皮でこして乾すと粉が得られる。これに米・麦などの粉を少しまぜて餅をつくり、または香煎にする。また他の方法では生皮に灰汁を入れて水で柔かくなるまで煮て、流水にさらし、細かにきざんで臼でつき、柔かくなったら麦の粉にまぜ蒸し、餅や団子にして食べる。松の青葉は釜に入れて湯がき、水にさらして渋味や臭いをとり、細かにきざんで煎り、臼にかけて粉とし、蕎麦《そば》の粉などにまぜて団子にして食べるのである。(2)藁餅の作り方は天明三年九月に幕府が全国の農民に伝えた記録によると、「生藁《きわら》を半日も水に漬、灰汁を出し」、よくよく砂を洗い落して穂を去り、根本の方から細かにきざみ、それを蒸して乾かし、煎って臼でひき、粉にして「右の藁の粉一升へ米の粉二合程を入れ、水にてこね合せ、餅の様に致して蒸し候歟《か》」、または茹《あえ》て塩か味噌をつけると食事によい。また黄粉をつけてもよい、右の米の代りに葛わらびの粉または小麦粉をまぜてもよい（「御触御書付留」四）とのべている。(3)動物では野獣をはじめ、牛馬はもちろん、犬・猫・ねずみまで食べている。

(二)幕府や諸藩などは凶作の積極的対策として、備荒食物の栽培を奨励した。(1)これより先の元禄十一年(一六九八)琉球の中山王から種子島の領主久基に甘藷をおくり、久基はこれを家老の西村時乗に命じて種子島の石寺野《いしでらの》に植えさせた。(2)また寛永二年(一六二五)薩摩の揖宿《いぶすき》郡山川郷大山村の漁夫の利右衛門が琉球にわたり、甘藷をもち帰って郷里に植え、その繁殖をまってこれを全村にわかったという(会占春の「橘黄閑記」)。(3)貝原益軒の「菜譜」の中には「蕃薯近年長崎へ琉球より来る。故に琉球芋という、色赤き故赤芋という」とある。また「民間省要」や「農業全書」にも甘藷のことはみえている。(4)享保十七年(一七三二)蝗《いなご》の害のために九州地方が大飢饉になったが、薩摩や長崎地方は甘藷のおかげで死をまぬかれたものが多かった。このころ備中の笠岡の代官の井戸正明がその領内の石見数郡に甘藷の栽培を試み、彼は甘藷代官とまでいわれた。(5)享保十八年(一七三三)には加藤又右衛門が江戸町奉行の大岡忠相《ただすけ》に、日本橋魚河岸の魚問屋の子である青木文蔵(昆陽)を推薦した。忠相は甘藷が備荒食として貴重な作物であることを知り、文蔵を呼び出した。そのとき文蔵は「甘藷記」というものを忠相にさし出した。文蔵は享保十九年に忠相の組下同心として召出された。彼は忠相の命をうけて島津家から甘藷の種三俵をとりよせ、享保二十年(一七三五)に小石川の植物園の前身である小石川の薬園内に試作した。その翌年には上総の山辺郡不動堂村や下総の千葉郡幕張村に出張してうえたところ、結果は良好であった。そこで試作してできた甘藷に「甘藷記」というかな書の栽培法を記した本をつけて各地に送って栽培をすすめた。「甘藷記」は延享二年(一七四五)に再版され、文政六年(一八二三)に大坂で小川某が文蔵の「甘藷記」と小比賀という人の「蕃藷」とを合本として「蕃藷考」という表題をつけた。これがために文蔵の「甘藷記」を「蕃藷考」と誤るものが出た。目黒不動裏小路の北側には文蔵の墓がある。

(ホ)備荒対策はこのように種々とられたが、その効果はあまりあがらなかった。飢饉によってますます農民生活は窮乏をつげると、間引をすることが多くなった。間引は菜や大根の株を適宜にひきぬいて、よい株だけを育てるということから起ったもので、堕胎や生児を圧殺するのである。男子よりも女子を多く間引き、奥羽・関東・九州などの後進地帯に流行した。江戸時代の人口は一八世紀の初頭の享保年間までは増加をつづけてきたが、これ以降は停滞し、約三千万程度で増加しなかった。間引による生産人口の減少は耕地の労働力の減少となり、年貢の危機を意味したから、あらゆる方法でこれを防止した。食糧と人口とは古今東西を問わず密接不離の関係にあるのである。

砂糖菓子の普及　(イ)幕府は鎖国の後は砂糖を年三五〇万斤と制限したが、一八世紀のはじめの正徳年間には四三〇万斤と改正した。鹿児島藩の黒砂糖およびそれ以外の九州・四国・中国・南海地方数藩から産出する和製の砂糖も享保以後少しはあった。だが、長崎で海外から輸入した砂糖が日本の需要の大部分を充たしていたのである。(1)喜多川守貞の「守貞漫稿」には次のようにみえている。

日本上古無レ之、中古以来長崎入舶ノ蘭船一種ヲ持来ル、蘭館ノ地名ヲ出島ト言ニヨリ其糖ヲ出島白ト云、支那ヨリハ三種白糖ヲ持来ル、上品ヲ三盆ト云、次ヲ上白、下品ヲ太白ト云、皇国製糖ノ始ハ、官圃ニ此種ヲ伝ヘシテ、池上太郎左衛門ナル者拝受シ駿遠二州ヨリ植始メ後四国ニ伝ヘ植エ、其創製ノ時、余舅小島彦兵衛太郎左衛門ト力ヲ合セ、農人ニ教ヘ弘ム、此彦兵衛弘化四年七十九歳ニテ卒ス、然レバ其創製ハ天明寛政ノ頃ナルベシ、今ハ白糖ハ讃州ヲ第一、阿次レ之、駿遠参泉等又次レ之、黒糖其以前ハ薩ヨリ琉球ヲ渡スノミ、創製以来紀州上州ヲ第一トシ、泉駿遠三其他モ産レ之、近世菓子用ノミニ非ズ、一切食類ニ用レ之、料理蕎麦天フラ用、蒲鉾ニ迄用レ之コト甚シと見えている。白砂糖には三盆・上白・太白の三つがあり、わが国での砂糖のつくられるようになったのが天明・寛政のころであるとのべている。そして白砂糖は讃岐が第一で阿波が第二であり、黒砂糖は紀州と上州が第一であるといっているのである。江戸では白砂糖のことは唐三盆《とうさんぼん》といった。唐三盆は舶来品で、これは薬種屋で売っていた。幕末になると、和製のものもあらわれ、これを和三盆といっている。

(2)元祿五年版の「鹿の巻筆」には障子屋の三郎兵衛の新案で、弟子の新五郎が砂糖売りをなし、「毎日五百三百はもうけずといふ事なし」という状態であって、ほとんど江戸全域にわたって売りあるいている。

(3)「狂言記」にある「附子《ぶし》」の話は主人が砂糖を壺に入れて大切にしていたところが、主人が外出するにあたって、あれは毒薬だからそばへよらないように気をつけろ、と注意して外出した。留守番の太郎冠者と次郎冠者とが、妙なことを主人がいったというので蓋を明けてみると毒薬らしくない。そこでペロッとなめてみるとあまくておいしいので、ペロペロとなめてしまって、取返しがつかなくなった。そこで主人の大事な道具をわざと打ちこわして、申訳なく毒薬で死なうと思ってみななめてしまった、という筋書である。江戸の初期は砂糖があっても、実際になめた人はいくらもなかったのである。

(ロ)ところが寛政から文化・文政期になると舶来品だけではなく、和製の黒砂糖が作られ、これが菓子に使用されるようになる。そのため菓子はこのころから著しく進歩する。(1)江戸時代の菓子は従来の自然菓子などはなく、すべて加工菓子をさしてよび、代用食であった。お茶の子といって江戸では毎朝売りにくるものがあり、それを買って朝飯の代用にする者も多かった。享保のころの「昔々物語」には、昔は士衆は弁当をもって出るが、決して町方で売っている食物などは買って食うことはなかった。町で商売にこしらえた食物は、餅類では饅頭・さつき餅・焼餅などは

黒砂糖造り　(日本山海名物図会)

買って食うということを記している。したがってこの時代に菓子を買う武士や町人が多くなったことが菓子の質と生産量を向上させたものであろう。

（ハ）この時代の菓子の種類には、使用上からみると、儀式用・献上用・神仏前用・冠婚葬祭用・宴席用・家庭用があり、製法上からみると、蒸菓子・煉菓子・干菓子などがある。とくに砂糖が後半から普及したために、江戸・京都・長崎では饅頭・団子・煎餅・羊羹・餅類などに特殊なものが作られた。(1)豪華な菓子には初春に江戸城へ献上される装飾菓子がある。これは宝船や富士などに形どり、大判・小判を飾りつけて将軍に献じたものである。(2)宮中の節会《せちえ》に用いる菓子は従来の慣例にしたがって、ナツメ・干柿・栗などの木菓子や、索餅・餲餬《かっこ》・桂心などの唐菓子が用いられた。(3)蒸し菓子には多くの種類があった。元禄年間に京都で出た「男重宝記」には、三芳野・袖の香餅・春霞・朝日山・藤袴など一八〇余種の菓子の製法があげられている。(4)江戸初期の京都名物には焼餅があった。これは粳粉《うるしこな》で作り赤小豆を餡《あん》にして釜の上でやいて花の模様をつけたものである。銀鐔《つば》があり、これは元祿のころには金鐔といわれ、町人に喜ばれた。(5)大福餅は寛政のころから生れた。「寛政紀聞」には、「此頃夜々大ふく餅といふ物を拵《こしら》え売歩き行き、世間甚だ流行なり」、とみえている。(6)草木の葉で包んだり巻いたりしたことは古くから行われたが、この時代にも桜餅・椿餅・柏餅などが作られた。桜餅は文化・文政のころから江戸の長命寺の名物であった。「嬉遊笑覧」に「近年隅田川長命寺の内にて桜の葉を貯へ置きて、桜餅とて柏餅のやうに葛粉にて作る。始は餅米にて製せしが、やがてかくかへたり」とある。また「兎園小説」という本は、文政七年のこの桜餅の仕込高が数にすると三八万七千五百という大きな数字を示しているとのべている。誇張的ではあるが、当時は非常に多く売れたことを語っている。(6)饅頭の類は小麦粉で皮をつくり、白や黒の砂糖の小豆餡《あん》を入れたものである。寛文のころから流行しはじめた江戸の浅草の米饅頭《よねまんじゅう》が有名である。これは米の粉でこしらえたものらしい。元祿のころ大いにもてはやされた。文化・文政期には蕎麦粉を皮にして舶来の砂糖でつくった小豆餡を入れた蕎麦饅頭があり、山芋をもって皮とし、上製の餡を入れた薯蕷《つくねいも》饅頭があって、ともに高級な菓子であった。その他葛饅頭・味噌饅頭・塩饅頭などが作られた。店の特製菓子として大坂の虎屋の饅頭が全国に知られ、饅頭切手を発行し、一〇箇を一枚とした。(7)煉羊羹は文政ごろから江戸の深川船橋屋などでつくられ、唐三盆の砂糖を煮詰めて赤小豆や白大角豆《ささげ》などの漉粉《すかしこ》を入れて煉り、それへ煮くずした白乾天《かんてん》を水嚢でこして入れ、まんべんなく煉りまぜ、船の中へ厚紙で文庫をこしらえて、その中へ流しこんだ。柚羊羹・栗羊羹・薯蕷羊羹なども作られた。(8)干菓子にはオコシや煎餅がある。大坂には岩おこし、江戸には田舎おこしがあった。オコシは「料理物語」によると、鳩麦をよくかわかし、引割って、きつね色にいり、砂糖水を加えてよく蒸して作った。また、末期には粳《うるち》を糒《ほしい》にして、水飴と砂糖で煉り、箱に入れて冷《さ》まし、拍子木の形に切る方法もあった。一八世紀末に大坂の道頓堀津の国屋清兵衛の家では、いわゆるマニュファクチュアによって岩起《いわおこし》を製造し、冬に毎日用いる黒砂糖は海内第一で、製造するところは酒を造る場に似ていて、人夫数人がこれを製し、京以西の諸国に送っていた。粳の糒をひいて琉球糖や出島糖を用いて岩の如く固めたので岩起といった。塩煎餅は古くからあり、小麦粉を煎《い》ったものを指した。江戸のころは今日と大差のない作り方をした。文化・文政のころ本所の柳島の付近で多く作られ、神社や寺の縁日にも売り出された。京都の六条煎餅、堺の魚煎餅、醒が井の片餅などがあり、京都の松風、江戸の砂糖入のかき餅を焼いた江戸の軽焼や型でぬいた紅梅焼があった。(9)落雁《らくがん》は明代以来の中国菓子の軟落甘から転訛したもので、近江八景の平砂の落雁をこじつけて落雁と書いたものである。江戸の「類聚名物考」には「今らくかんと云菓子有、もと近江八景の平砂の落雁より出し名なり。白き砕米にて黒胡麻を村々とかけ入たり。そのさま雁に似たれば也、形は昔の洲浜《すはま》のさまたりしが、今は種々の形出来たり、かかるものといへども、その初は故由《ゆえ》有しが、後はとりうしなへる事多く、その名同じく物異に変るもの也」と、変遷の由来を説明している。白く砕いた米に黒胡麻をかけて落雁に似せた。麦落雁はとくに香味のよいものが作られた。(10)南蛮菓子のカステラ・あるへい糖などもこの時代には作られていたことは、享保四年にできた「長崎夜話」などによって知られる。弘化のころの「長崎土産」にはパンの西洋人の常食について「パンとは小麦を粉にして固め、蒸し焼にしたるものなり」「ボートルを以て諸食に和し用ゆ。又コーヒー日本の大豆に似たり木の実なり是を磨し砕き湯水に入れ煎じ、白糖《しろざとう》を加へて常に服す。我国の茶を用ふるが如し」と記している。南蛮菓子はほとんど長崎で作られたものが多く、上方や江戸ではほとんど普及しなかった。(11)唐菓子は中国の製法にならったもので、糯粉《もちこな》・小麦粉・大豆・小豆の類で作り、特に長崎で多く作られた。月餅《げっぺい》はその一つである。(12)駄菓子はもとは雑菓子といわれ、一九世紀末の「国花万葉記」には雑菓子という語がみえている。白砂糖を使った上級なものもあったが、大部分は黒砂糖を用いて作られ、下賤なものといわれながらも町人に喜ばれ、今川焼・音羽焼・五かぼう・豆板・洲浜・大ひねり・だるま糖などが作られた。⒀飴は菓子とは別個のものであったが、この時代には水飴・堅飴から白飴が作られ、菓子の一種類として登場した。

酒と容器　(イ)「酒は飲むべし、飲むべからず」という諺《ことわざ》がある。酒を禁止したのは衛生や道徳の上からではなく、米穀尊重のためからであった。酒をよく飲む人を高戸《かうこ》または上戸《じょうこ》といったのは平安時代からであり、酒をのめない人を下戸《げこ》といったのは室町時代からである。

(ロ)酒は禁中では九献《くこん》、寺院では般若湯《はんにゃとう》、一般には、さき・神酒《みき》といった。(ハ)酒の種類には清酒・濁酒・甘酒・煉《ねり》酒・焼酎・味醂などがあった。⑴清酒はすでに天正のころの「晴豊記」に奈良の諸白《もろはく》の名がみえ、江戸初期には澄みきった清酒として最上のものとされていた。これよりも品の落ちるものを片白《かたじろ》といった。⑵濁酒はもと、にごり酒とよび、元禄のころには、どぶろくというようになった。⑶甘酒は一夜酒の遺物で、甘酒というのは慶長のころの書物にはじめてみえる。⑷白酒《しろき》は江戸時代になってはじめて作られ、糯米《もちごめ》を蒸して、地酒を加えて醸《かも》したもので、三月三日の雛祭にも供えるようになった。⑸煉酒は白酒よりもねばりが強く、玉子に白砂糖を入れ、冷酒で煉り合わせて醸したものである。⑹焼酎は芋・黍・粟・稗などから作った酒で、江戸時代にはじめてあらわれている。⑺泡盛《あわもり》は琉球で、粟を材料に焼酎を作ったことから粟盛といわれ、やがて泡盛の文字があてはめられたのである。⑻本直《ほんなおし》は糯米を蒸して、麹と焼酎で作り込んだものである。焼酎一〇石に糯米二斗八升、麹一石二斗の割合で作った。⑼味醂《みりん》は焼酎と糯飯・麹を混和してかすをしぼりとって作ったもので大体本直と同じような製法であり、本直を醸し切ったものである。⑽木の実や野菜などを材料として作った酒には、葡萄酒・桑酒・梅酒・生薑酒・薯蕷酒・牛蒡酒・紫蘇酒・

伊丹の酒造り　(摂津名所図会)

菖蒲酒などがあった。(11)動物質のものには、鳩酒・鶏卵酒・雉子酒・蝮《まむし》酒があった。

(三)酒の名産地は各地にあらわれた。(1)元禄ころの「本朝食鑑」には酒を造るには先ず水を選び、水は井戸水がよく、次に米を選ばねばならない。この条件をそなえて、奈良の酒が第一であって、摂津の伊《い》丹《たみ》・鴻池・池田・富田がこれにつぐとのべている。したがってまだこのころは灘の酒は天下一というほどになっていない。(2)寛政の「摂津名所図会」には、「名産伊丹酒、酒匠の家六十余戸あり、みな美酒数千斛を造りて諸国へ運送す。時には禁裏調貢の御銘を老松と称し、山本氏にて造る。或は富士白雪は筒井氏にて造る。菊名酒は八尾氏にて造る」、とあって、老松・富士白雪・菊名などを銘酒としてあげている。さらに「名産灘酒、五百崎・御田・大石・脇浜・神戸等にて酒造し、多く諸国へ運送す。これを灘目酒といふ」とあって、伊丹・池田・灘などの繁昌を記している。伊丹では劔菱が古今第一の銘酒といわれ、その他正宗も有名であった。(3)これらの地方から江戸へ出すのを、下り

江戸の酒問屋（江戸名所図会）

酒といって、樽数は毎年八、九〇万樽におよんでいたのである。昔大坂の酒屋で勝庵（三郎右衛門）というのがあって、酒一斗をいれた樽二つを一荷《いっか》とし、その上に草履をおいたのをになって江戸へ行き、大名の家で一升を二百文ずつ売り出して大変な利益をあげた。後には一荷四斗の樽を二樽馬にのせ、これを一駄として数十駄を江戸へ送り、よく売られた。そこで何十万樽を船で積出し、大金持となった。これが後の大坂の富豪鴻ノ池家である。

（ホ）酒樽の形は種々あった。(1)指樽《さしだる》は室町時代からある。それ以前は太鼓樽といって、丸く太鼓のような文様があったものである。指樽は長方形の箱形のもので、上に栓《せん》がある。(2)角樽《つのだる》は江戸時代に流行したもので、上部を朱で塗り、下部は黒塗で、手がついていたので、祝儀のときには民間でも用いた。(3)白木樽は何も塗っていない白木の円筒の樽であって、二、三升あるいは四、五升は入った。(4)酒の燗《かん》をするためには、燗鍋《かんなべ》という蔓《つる》のついた鍋形のものがあり、木の蓋付であった。江戸時代になると、酒入れに、ちろり、またはたんぽともいって湯燗に用いるものもあった。(5)銚子は宴に用いたが、これは薬罐《やかん》（鉄瓶）式のもので、ちろりの酒もこれに移して盃にさすものである。(6)徳利は今日のものよりも口が大きく、絵を描いてあり、幕末には江戸では宴会に略式として銚子のかわりに用い、これで燗をしてそのまま出した。(7)盃は古いものでは径二寸八分、深さ一寸八分、底の高さ五分、朱の漆塗の木盃であった。近世の木盃は五寸二分、深さ五分の黒塗で、糸底がある。文政のころは猪口《ちょく》といって、小さな陶製の口径二寸、深さ

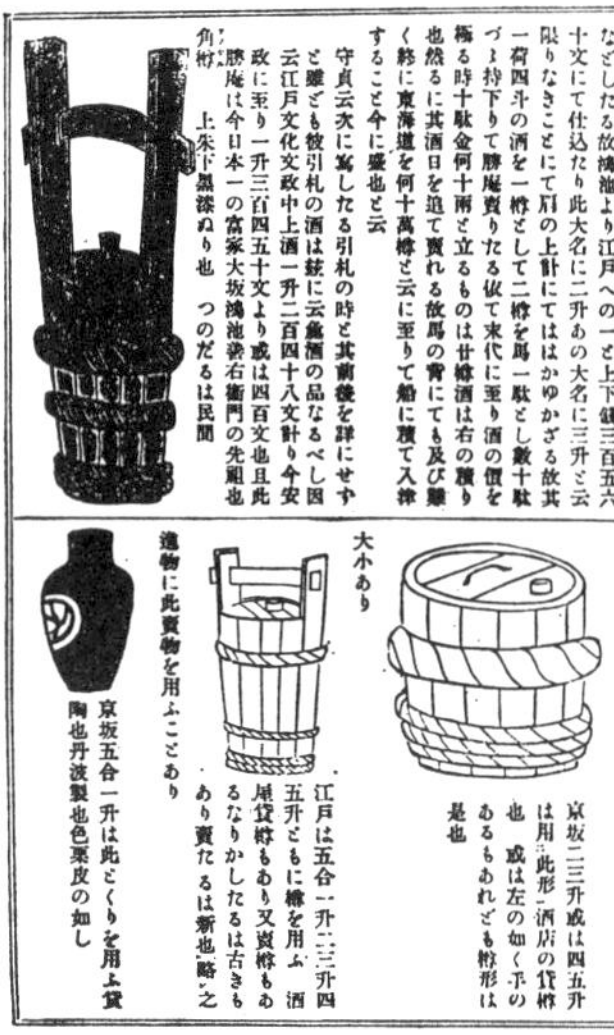

酒樽と角樽（類聚近世風俗志）

徳利と銚子（類聚近世風俗志）

二分位の太白（白釉）のものが作られ、上方では藍絵・金銀の文様のものも作られた。

食器の発達　(イ)江戸時代の陶磁器は画期的な発達をとげた。その原因は(1)文禄・慶長の役にしたがった九州などの諸侯は帰国にあたって朝鮮から多くの陶工をつれかえって自国で製陶の生産発展をはかったので、各地に製陶業が起った。黒田長政の高取《たかとり》焼（福岡鷹取山）、松浦鎮信の平戸焼（長崎平戸）、細川忠興《ただおき》の上野《あがの》焼（福岡上野）、島津義弘の薩摩焼（鹿児島帖佐）、毛利輝元の萩焼（山口萩）などはその代表的なものである。(2)また慶長当時渡来した朝鮮人が、九州の各地に窯《かま》を起して朝鮮の李朝風の素朴な日用雑器や食器・茶器などを焼いたため、肥前一帯にはおびただしく陶器が作られた。これが唐津《からつ》焼である。

(ロ)陶器は元和のはじめころ、帰化した朝鮮人によって肥前の有田ではじめて焼きだされた。これが有田の諸窯にひろがり、これまでの唐津風のものから磁器が主流となった。

(ハ)上絵付の方法が新たにとり入れられた。(1)これは寛永

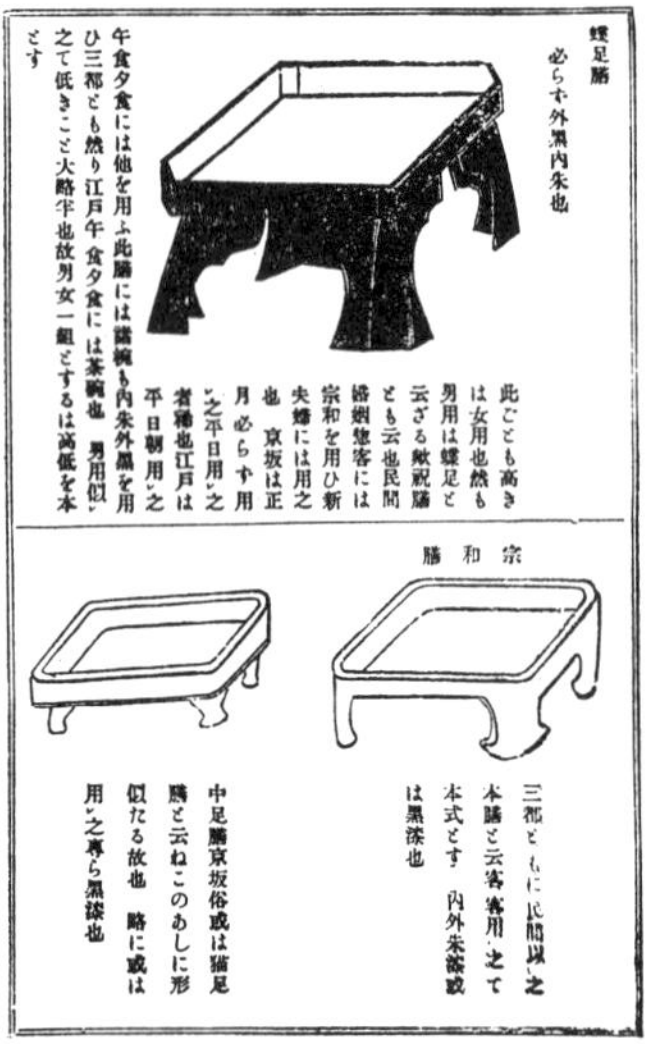

蝶足膳・宗和膳・中足膳　（類聚近世風俗志）

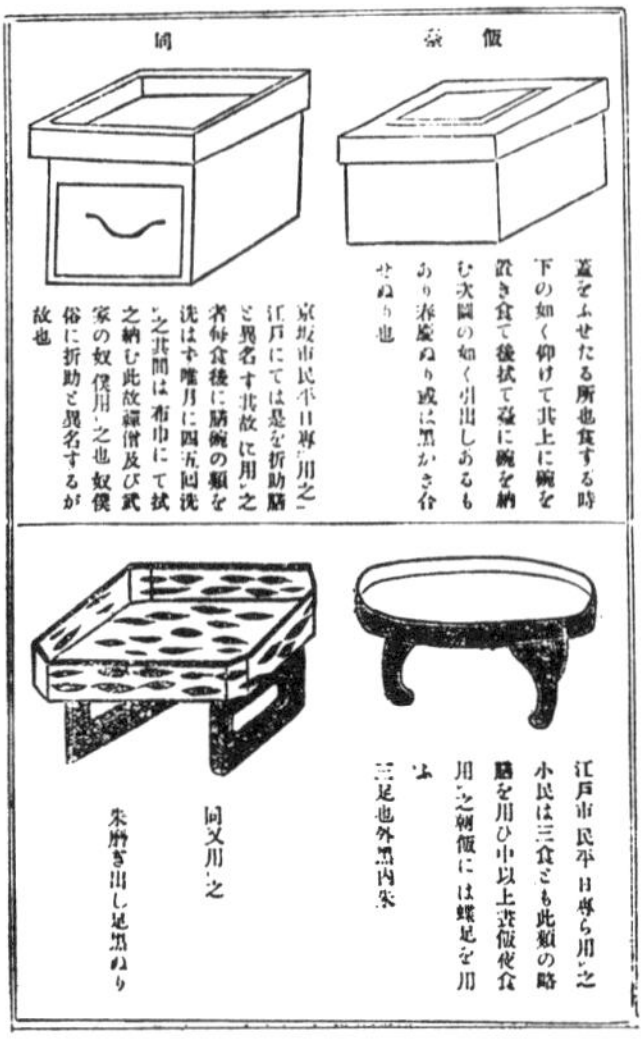

飯　　台　（類聚近世風俗志）

のころの有田で酒井田柿右衛門が中国から釉《ゆう》上に赤・青・黄などで模様を施す方法を知り、それを日本で作ることに成功したものである。特に赤絵の法に成功した苦心談は名高い。この方法は有田一帯にひろがり、伊万里の名で全国にひろまった。(2)加賀の九谷焼は有田の彩陶にならって明暦のころから始められたといわれている。(ニ)色絵の完成したことも特筆に価する。(1)これは京都に野々《のの》村仁清《むらにんせい》がでて、粟田口などで行われていた簡単な上絵の方法をもとに色絵を完成して、茶器・香炉などを作ったことにはじまる。(2)この様式は清水《きよみず》焼となり、さらに明石焼・高松焼・淡路焼・赤膚《あかはだ》焼（奈良）などに及び優美な色絵の陶器が作り出された。

(ホ)漆の芸術ともいうべき蒔絵《まきえ》には(1)元和・寛永のころ本《ほん》阿弥《あみ》光悦《こうえつ》があらわれた。彼は蒔絵・陶器・彫刻・書画・造園にも天才を発揮し、家光が「光悦は天下の重宝」と賞讃した程である。(2)元禄のころには京都に尾形光琳があらわれた。とくに漆絵は膳・椀・盆の類に応用された。岩手の浄法寺村で作られた浄法寺塗は、漆絵としては著名なものであった。

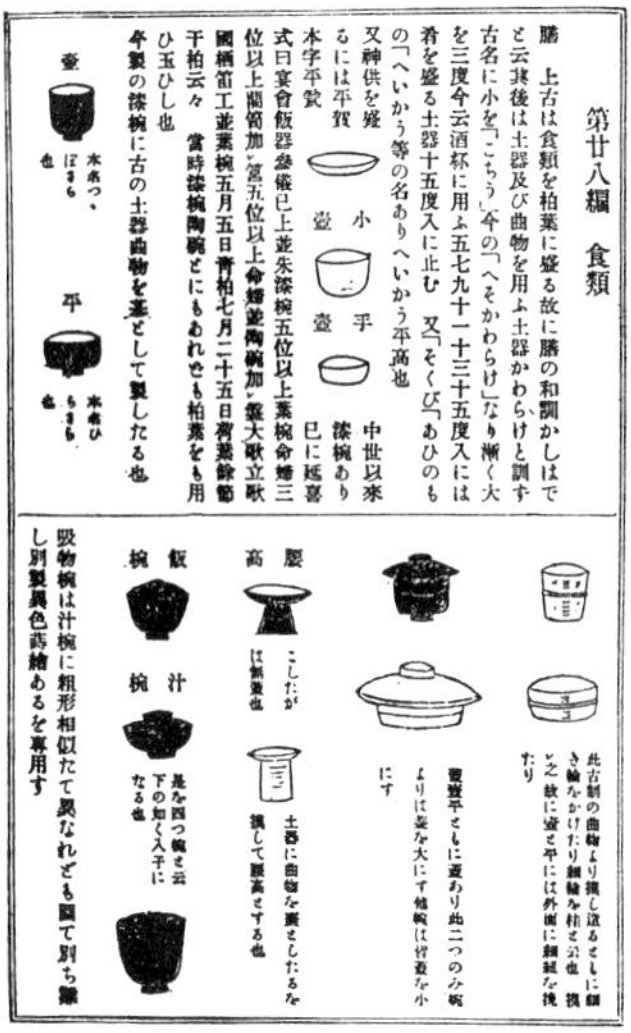

椀の種類（類聚近世風俗志）

(3)塗物には輪島塗（石川）・黒江塗（和歌山）・飛驒春慶（岐阜）・能代春慶（秋田）があった。さらに若狭塗（福井）と津軽塗（青森）とは変り塗りとして異色のあるものであった。これらの塗りには膳・盆・箸などに特色のあるものが多くあらわれた。

　このような陶磁器や塗物の発達にともなって、(ヘ)食器はその形が変化し、(1)陶磁器製のものには大皿・中皿・深皿・大猪口・鉢・蒸茶碗・鍋碗などが多く作られた。(2)漆塗の食器には優美なものがあらわれ、膳には公卿社会では折敷《おしき》・懸盤《かけばん》・高坏《たかつき》・衡重《ついかさね》、武家では三方・長足・蝶足膳《ちょうそくぜん》、民間では蝶足・足折・宗和膳・飯台などが用いられた。そのほか重箱・弁当箱・提重などが漆器で豪華なものが作られた。

異国料理の日本化　長崎には外国料理として中国料理と南蛮料理が伝わった。

(イ)中国料理には寺院と民間との二つの系統があった。(1)一つは、一七世紀の中ごろの承応年間に長崎にきて、やがて明暦年間に京都の宇治に黄檗《おうばく》山万福寺を建てた隠元《いんげん》が来朝のときに種々の食物を伝え、これを長崎や宇治の禅寺で用いさせた。これが普茶《ふちゃ》料理である。普茶ははじめは赴茶と書き、唐風の蔬菜だけを用いる精進料理で、何人かが大きな食卓をかこみ各自が適当に食品を皿に盛りわけて食する料理である。(2)民間の中国料理は卓袱《しっぽく》料理といわれた。しっぽくとは古い中国語で机のことで、つまり食卓料理という意味であり、卓子とも称した。中国料理の中には日本料理にとり入れられたものもあった。井原西鶴の「万《よろず》の文反古《ふみほご》」には「吸物、燕巣にきんかん麩、いづれも味噌汁の吸物無用に候」とある。中国料理の高級品である燕巣が元祿時代に日本料理の献立の中に加えられているこ とがわかる。だが江戸時代の中期の享保年間に、しっぽく料理は長崎から上方へ伝わった。江戸へ伝来されたのはこれよりはるかにおくれたようである。「料理山家集」には「普茶と卓袱と類したるものなるが、普茶は精進にて凡《すべ》て油をもって佳味とす。卓袱は魚類を以って調じ、仕様も常の会席などと別に変りたる事なしといへども、蛮名を仮てすれば、式と器物の好とに、心を付ける事専要なり」とある。普茶料理は油を、しっぽく料理は魚を使い、式や調度で感覚の出し方に違のあることをのべている。また橘春暉(南溪)の「西遊記」には、

近きころ上方にも唐めきたる事を好み弄ぶ人、卓子《しっぽく》食といふ料理をして、一つ器に飲食をもりて、主客数人みづからの箸をつけて、遠慮なく食する事なり。誠に隔意なく打和し、奔走給仕の煩はしき事もなく、管約にて酒も献酬もむずかしき事なく、各盞にひかへて心任せにのみ食ふこと、風流の宴会にて面白き事なり。

とみえ、しっぽく料理は食卓をかこんで隔意なく親しく話せる上に、給仕も不心要で酒も心にまかせて飲めるとその特長をのべている。中国料理は鳥獣魚貝の肉と野菜とを主とし油を多く使い、香辛料を強くきかせて食べるのである。日本料理は油や強い香辛料を使うことは少く、味は淡白である。だが中国料理は美味であり、日本人の食風にも合い自らその味覚をたのしむようになった。ところが淡白な日本料理はこれを適宜に日本風にし、和風の中国料理が生れる。これがしっぽく料理である。

(ロ)しっぽく料理はわが国にとり入れられると、日本化されたことは他の文化におけると同様な傾向を示している。(1)この料理ははじめは日本風となり、さらに西欧風の南蛮料理もとり入れられ、魚だけではなく、豚や鶏などの肉を多く使うような料理に変形した。天保年間の「江戸流行料理通」四編には「卓子料理の内にも、当時の清風《からよう》と和蘭《おらんだ》流

とて、大いに異なれども、尤《もっと》もそれは長崎に於て、通詞衆の宅などにて催す事なれば、白煮の猪の蹄《ぶた》、丸煮の鶏、焼羊の属、日本にて調味しがたき物は、その時々魚鳥に更に庖丁す」とある。これは異国料理が日本化したことを語っている。(2)しっぽく料理の日本化は食品の名称の上にもあらわれ、そば切を大ひらに盛ったものをしっぽくといったり、ねぎを入れて南蛮といい、ねぎと鴨をいれて鴨南蛮といった。このようにしっぽくという意味に用いられるに至ったのである。

会席料理の発達　(イ)都市生活の向上にもとづいてこの時代の料理は多様なものになったが、武家や公家の間では日本古来の系統をもつ式正《しきせい》料理がなお行われていた。この料理は七五三膳・五五三膳・五三三膳および本膳をさしたもので、はじめは公家階級に行われていたが、室町時代ごろから武家にとり入れられ、式三献、献五つ、膳七つまで出すのを七五三膳とよび、以下それを各々簡略にしたものである。ところがこの料理は形式的であって煩雑であったので、江戸中期は人々の嗜好に合わなくなり、これに代って会席料理が饗応の膳として好まれるようになった。

(ロ)会席料理はもと茶会に用いた料理である。(1)茶を出す前に饗する料理で、ロの中をうるほすほどの軽い献立で、懐石といって客をくつろげる程度のもので、式正の本膳のように窮屈なものではなかった。(2)会席料理は最初は式正料理の本膳の形式にならって膳数は三つを原則とした。そして食品は式正のものやその他の物をとりいれて発達した。さらに一八世紀の末の安永・天明のころには流行し、本膳は膳二つに簡略された。(3)会席料理の型は享和の「料理早指南大全」によると、「一飯、二汁、三膾、四附合《つけあわせ》、五手塩皿香物、六平皿、七大ちょく、八茶碗」とみえている。簡略化されたとはいえなおこのように一つの形式をもっていたのである。また(4)文政の「江戸流行料理大全」初編には会席料理の心得として、「茶事の会席はかって料理にあらず、依て庖丁の花美を好まず、食するものゝ味《あじわ》ひを本意とする故、意は料理の二字に叶《かな》ふて面白き事多し、然るに会席といへば、何か面白き取合とのみ心得て、食するものゝ味ひを失ふ道理を知らず。会席は二菜三菜に限り、数菜ならねば、塩梅《あんばい》の宜しきを元とす。是を本意とすべし。珍しき取合の悪物好は必ず無用なり」とし、この料理は二、三菜にかぎられたもので、食するものの味を本意としているものであると説いている。

食事の階級づけ　(イ)食事の回数は上下階級ともに三回となって、白米炊飯の常食が通常の食事とみなされるようになった。だが階級によって食事の回数は明確に異なっていた。(1)春日局の「麟祥院清話《りんしょういん》」には、御譜代餅といって餅をついてくばる話がある。その中に「貴賤上下共に二時の飯は腹のふくるゝを期として命をつなぐ……御次御扈従《こしょう》以下坊主まで、昼夜勤労するに、何とて男たちは堪忍なるべき、夫々《それぞれ》にくばらば辛労慰問と成て以の外御為なり」とある。二度の食事では、食事と食事との間がながいので、とくに昼夜勤労する者には空腹で難儀であろう。御譜代餅は余計な物のようであるが、昼夜勤めの者にあたえたら決して無駄ではないというのである。三食主義がどうしても必要であることを語っている。

(2)貞享四年の「籠耳」には「大工屋根手伝すべての職人、冬の短日といへども、きわめて昼食をくふ」とあり、また「中食くはぬは武家」と記している。昼食を武家はとらないが、夜食をとっていたので三度食べていたことになる。

(3)赤穂浪士が吉良を討ってから諸大名の内へ預けられたときの食事を「赤穂浪人御預記」によると、料理は朝夕二汁五菜で、昼は茶菓子が一度出ている。この菓子は蒸菓子・水菓子・干菓子などである。挽茶《ひき》・煎茶は望み次第で、夜食は一汁三菜あるいは粥《かゆ》あるいは奈良茶となっている。朝飯と夕飯と夜食の三食である。また同じく赤穂の浪士を預った松山藩の「波賀清太夫覚書」には、「昼の内御預人は料理三度・夜食一度二汁五菜、夜食毎夜のごとく別て厚味に出〻之」とある。この藩では三度の食事のほかに夜食をとらせているので、一日四食をあたえている。

(4)西鶴の「永代蔵」には「宵から今まで各々咄《はな》し玉へば、最早夜食の出《いず》べき所なり」と記している。町家でも食べることになっていたのである。

(5)十方庵の「遊歴雑記」に三河の習慣のことを記しているが、これによると、百姓は日の永い時は七度ずつ食い、茶の子・朝飯・昼境・昼飯・夕飯・夜食・夜長というようにとっているとある。したがって三度の食事は日の長短・仕事の繁簡などによって差異があり、食事の名称でも、茶の子・朝飯・昼境・昼飯・夕飯・夜食・夜長の七つがあり、三食といっても朝・昼・夕、または夕・夜があって、これらのうちの三度をとることが一般的であったが、それでもその回数は階級や身分によってそれぞれ一つの慣習が形成されていたのである。

(ロ)食物にも階級づけが行われた。(1)主食は主人が米飯を、妻や子供は麦飯ということもあらわれ、副食物も同様となり、同じ魚でも切身の頭は主人のものに、尾は妻や子供や奉公人に盛られ、食事を通じて家庭の秩序や躾《しつけ》が行われるようになった。(2)食器においても階級制がつくられ、農村では茶碗で食事をするのは庄屋(名主)であり、一般の農家は主として木椀を使った。(3)家庭における食事には銘々膳を用いたが、その座席も上下の別をもって一定され、厳格に守られていた。

吉例の料理　(イ)江戸時代の吉例の料理の献立にも種々の流派があったが、幕府の儀式・吉例は主として四条流によっていた。「四条流庖丁書録」には節供元服・嫁取などの正式料理について、古事を引用してその由来と料理法が説明されている。だが儀式の料理は流派によってさまざまな方式があった。(ロ)寛永三年(一六二六)九月秀忠は京都二条城に後水尾《ごみずのお》天皇の行幸を仰いだ。このときの六日の盛饌《せいせん》は朝廷の公事と武家のそれとを併せて用いている。四条家法式によると、六日と十日が七五三膳で他の日は本膳であった。七五三とは本膳が七菜、二の膳が五菜、三の膳が三菜をさしている。七五三膳を饗するときはこれを下げてのちに引替膳を進めた。(ハ)武家や民間の正式の膳には木膳というのがある。通常膳より三の膳まで出し、ついで向詰・引而・吸物・肴などを出した。(ニ)赤小豆をまじえた強飯である赤飯が民間の婚礼・誕生などの祝事などに作られ、親族にも配られることもあった。これに類することは日本だけではなく、外国にもあった。儀式のときは古いならわしのものが用いられるのが常である。上方では婚礼に花嫁に鼻つき御飯といって強飯を高盛にした。これは古来の高盛の遺風である。

(ホ)餅は福のものといわれ、神仏に供え、また儀式のときに用いたことはわが国の古来の風俗であったが、この時代に入ってからは、一層餅をついて祝うことが上下に普及した。正月元日の鏡餅・雑煮餅からはじまって三月上巳《じょうし》の草餅・菱《ひし》餅・五月五日の粽《ちまき》、十月の初、亥の日の亥の子餅などをはじめ、年中行事には多く餅が作られた。

(1)正月の鏡餅の風習は江戸時代になって盛んとなり、元旦に諸神に供えて、一家が団欒《だんらん》して食べて祈った。町人の家では道具を集めて鏡餅を供えて注連《しめ》を張り、医師は薬籠《やくろう》に鏡餅をそなえ、侍は甲冑に供えたので具足餅とよんだ。

(2)鏡開というのは、江戸時代は一月十一日に鏡餅をきって食べた。具足餅の場合は斬り残りの詞を忌んで手で破るので欠餅《かきもち》といった。

(3)餅花《もちばな》は餅や米の粉の団子を小正月にミヅキ・柳・梅・樫《かし》・榎《えのき》などの若木の枝につけて作物の豊熟の形になぞらえて飾ったものである。餅花の起源については、文献的には古いことは一切判らないが、江戸時代に盛んとなった。ところによって繭玉《まゆだま》・稲の花・餅の花と呼んだ。農家は農作物・農具、町家は小判や千両箱など縁起のよいものもさし、歳神なども祭った。

(4)亥の日の餅は古代からつづいたが、徳川家では元和のころから始められ、諸侯や旗本に将軍が餅を賜わった。餅には白・青・黄・黒・赤の五色があった。

(へ)正月の料理をおせち料理という地方もあった。これは今日おせち料理というもので、せちは年中行事の中で最も重要な正月の節供に供せられたものを呼んだのである。

年中行事と食事　江戸時代は太平が打続き町人勢力の台頭などによって年中行事は上下に盛んとなった。(イ)江戸幕府は、正月七日の人日《じんじつ》、三月三日の上巳《じょうし》、五月五日の端午、七月七日の七夕《たなばた》、九月九日の重陽《ちょうよう》を五節供《ごせっく》とさだめた。通俗にはこれを七種《ななくさ》の節供、桃の節供、菖蒲《しょうぶ》の節供、七夕祭(または星祭)、菊の節供といった。これは徳川幕府が室町幕府のような王朝貴族の風習を復興することを考えたものではなく、徳川氏の発祥地である三河の風俗などを中心に、農村的・武家的な節日を選んだものであろう。(1)人日は朝廷では正式の式日とはしていなかったので、元日の節会と競合うことをさけるために制定したものであり、七日正月の民俗行事をそのまま採用したものであろう。(2)上巳は室町以後雛祭として盛んになった行事であり、(3)端午は尚武の節句ということで武家にふさわしい日であり、享保のころから江戸では町人が鯉幟《こいのぼり》をたてて祝うことが盛んとなった。(4)重陽はほとんどその習俗はなく、当時としては問題があった。人日とともに中国風の復活という感があったが、行事の配分上、このようになったと思われる。五節句は明治維新後はすたれたが、今日でも民間行事として行われているものがある。

(ロ)右の年中行事には正月の鏡餅・雑煮、三月三日の白酒・菱餅・草餅、五月五日の粽《ちまき》、七月の赤飯が作られた。九月九日には諸大名以下出仕登城して羽二重・紅白の丸餅各一重などをのしに菊花の枝をそえて将軍へ献上し、民間では栗飯などを食べた。有名な長崎のオクンチ(今は新暦十月九日)をはじめ、東日本でもオクニチというのはこの日であり、収穫祭の日取とされた。

(ハ)とくに、年中行事のうち食生活に関係のあるものは正月と祭である。正月は農耕との関係があり、祭は稲作と関連がある。(1)祭は構造的にみると、春・夏・秋・冬の四つに分れるが、春の播種《はしゅ》と秋の収穫の二段階に大きく分かれ、その間に夏と冬の作物の成育期と休養期とがおかれている。(2)日本のような農業を主生産とした民族にとっては、生産の開始を意味する春祭と、収穫祭を意味する秋祭は特に重要である。春祭は田植祭ともいわれ、穀物の豊穣を祈り、農耕の予祝的な意味をもち、田の神迎え、害虫駆除・刈上げにいたるなどの祭が行われる。秋祭は豊作を神に感謝し、来るべき年の豊作への準備であり、農作の任務を終えた田の神をふたたび送るものである。正月や盆が家を単位とする私的な行事であるのに、祭は村の全体的な祝祭であった。(3)夏祭は六月のはじめか中旬である。このころは風水害や疫病・害虫の多いときで、農耕や社会生活に不安なときである。したがって、夏祭は悪霊鎮圧の威力をもつ神と考えられた八坂神社・北野神社・石清水八幡宮、またそうした神を氏神として祭る地域において特に盛んに行われる。

(ニ)年中行事には平常よりも贅沢な料理を作ったのであるが、江戸時代に入ると副食物が奢侈になったため、都会ではその日の料理はかえって日常のものよりも悪いものになってしまった。「続飛鳥川」には「只今の結構なる事と、売れる事、今より増さること、よも有るまじ。昔は奢《おごり》がましき事少しもなく、三度の食事にも菜もなく、汁、香の物ばかり也。五節句には大いに奢りて、牛蒡《ごぼう》・人参《にんじん》の類を煮て食ひしに今は平生の物にくらぶれば、五節句の方大にわろし」とみえている。

開国と食糧　(イ)安政五年(一八五八)の通商条約の締結によって、わが国は全国的に国際的経済関係に入りこむことになり、貿易は逐年盛んとなった。(1)当時の主要輸出品は生糸・茶・蚕卵紙・海産物・棉花であり、中でも茶は一割ないし二割をしめていた。そして主要輸出品は半製品・食料・原料であった。(2)輸入品は毛綿交織物・毛織物・綿織物・綿糸・錫・鉛などの全製品であった。(3)わが国の貿易による利得は輸出超過とはいえ、貿易品はすべて外国船によって輸送されていたことや、貿易以外の仕方で金銀貨幣が盛んに流出したことなどによって、国際収支全体は日本にとっては不利なものであった。(4)そして貿易によって物価が騰貴したため、直接輸出に関係のないしかも生活の必需品である米・麦・大豆・種油・塩などが一斉に騰貴した。たとえば万延元年(一八六〇)に米一石につき一二〇匁から一三〇匁が、次第に高値となって慶応元年(一八六五)には四〇〇匁になり、同三年には一躍して一貫匁以上となった。

(ロ)このような食糧などの騰貴にたいして、(1)幕府は万延元年には江戸の問屋の請願によって、「五品廻送令」を発して、穀類・水油・蠟・呉服・生糸の五品を一旦江戸へ廻送し、その他の需要を満たした上で横浜から外国へ輸出することとした。(2)また同年には米・麦の輸出を禁じ、文久三年(一八六三)には売込商の人数を制限することなどして輸出を制限した。(3)さらに慶応二年(一八六六)には幕府は外米の輸入をはかるとともに民間でも輸入せしめたが、あまり効果はなかった。

(ハ)一揆が万延元年から慶応三年までの八ヵ年に九三回も起っていることは、農民の食生活の窮状を示すものである。しかしその反面食糧などの騰貴によって新たに巨利をしめた商人も存在し、これに対する民衆のうらみの声は尊攘論者の巧みに利用するところとなり、幕府へのうらみと、外国人排斥の運動をひきおこさせ、尊攘の志士を支持する気運が強くなり、倒幕論は民衆に共鳴され、ついに江戸幕府は倒壊することになるのである。人間生活にとって食糧の確保が如何に重大であるかは、幕末の開国情勢の中にもこれをよくくみとることができるのである。

江戸文化と食事　(イ)京都においてはその文化担当者としては、公卿・根生《ねお》いの分限者・専門文化人の三者があり、閑暇と教養とによって、一般大衆から明確に区別されていた。江戸では武士階級がその文化の担当者として一般の町人からは階級的に区別されていたが、この区別を支えるのは政治的権力であった。大坂は町人の町であり、上下の階級をつけるものは富の力であった。したがって江戸時代の食生活はこの三都の生活にたえず左右されて、これに外来文化輸入の基地として長崎に生長した食生活の影響をうけて、従来みられなかった食品選択や調理法において独自の発展をとげた時代である。

(ロ)学術の興隆・医学・本草学の発達にともなって栄養・消化・治療・保健・予防などの知識が食生活の上にあらわれている。今日の常識では食品は一般的には肉類や澱粉食を主とする酸性食品と、野菜や海草類などを主とするアルカリ性食品とにわけられ、たえず両者を均等にとることが必要とされている。しかしこのような医学的立場で、将軍家の食膳をみるならば、将軍は明らかに偏食的な食事をなしていたことがわかるのである。将軍はねぎ・海草・林檎《りんご》などは食べてはならないものであったことはすでにのべたところである。当時の奢侈的珍貴な食品や調理法にはかえって科学性を欠くものがあったことを反省せねばならない。

(ハ)獣肉食を忌む風習は日本人の食生活に長くくい込んでいた。江戸時代は中国料理や南蛮料理の影響もあって、従来に比して脂肪をとることが多くなった。その限りにおいては、江戸時代の人々は健康が向上したといえよう。江戸では文化・文政ごろにはオランダ医学の輸入によって、肉食が体によいことから、獣肉を売る店が現われている。これらの店では猪肉を山鯨・鹿肉を紅葉《もみじ》と称し、熊・狼・狸・いたち・きねずみ・猿などを売っていた(『松屋筆記』)のである。だが社会一般はなお獣肉は穢《けが》れのあるものと考えていた。とはいえ、一方には肉食する人々も多くあらわれていたことが知られるのである。どのような食品が体によいか悪いかということは医学の発達した今日といえども、早急に結論を出すことの出来ないものも数多いのである。たえず偏食せず、多面的の食品をえらび、新鮮な野菜や果物を多くとる食生活は、健全な健康を保つに役立つことぐらいは誰でも今日では一応知っていることであるが、この時代にはまだこのような栄養の知識はほとんど普及していなかったのである。

第十二章　欧米食風の移入（和洋食混同時代）明治・大正時代

時代の概観　慶応三年（一八六七）十月、将軍慶喜が二六〇余年にわたる徳川氏の政権を朝廷に奉還して、ここに明治天皇を中心とする明治政府が成立した。翌明治元年（一八六八）正月には五箇条の御誓文が発布され、開国和親の大方針が示され、この趣旨にそって改革が行われた。版籍奉還・廃藩置県・徴兵令の実施などによって中央集権政治の確立につとめ、外に対しては国家の独立を保持し、経済の発展をはかるために、安政の不平等条約の改正を遂行した。新政府は西洋文化の摂取に意を用い、洋学の奨励をはじめ外国人教師の招聘、海外留学生の派遣などを行って、あらゆる面の近代化をはかり、交通・通信・建築・衣食住にも洋風をとり入れ、旧弊の打破につとめた。明治二十二年（一八八九）二月には、アジア最初の憲法である大日本帝国憲法が発布され、天皇の主権を基調とする立憲政治を規定し、近代国家の形態を整えることとなった。日清・日露の両役によって領土は拡大し、日清戦争後には輸出高が輸入高をしのぎ第一次産業革命が遂行され、日露戦争の前後には第二次産業革命が遂行され、重工業の発展の基礎をかためた。大正のはじめに第一次大戦がはじまるとこれに参戦し、その国際会議にあっては世界の五大強国の一つとなって、世界強国の中に伍するに至った。大戦後は海外文化の影響はますます国民生活に浸透して大正デモクラシー時代を迎え、政党政治は発展し、大正十四年（一九二五）にはいわゆる普通選挙法が成立した。しかし大正末期には大戦後の不況がはじまり国内情勢は次第に不安となった。

昭和に入ると、経済界は一段と不況となり、ついに未曽有の金融恐慌となった。一方では政党政治も腐敗したため、

大隈伯爵邸の台所

ここに軍部の台頭となり、ついで満洲事変から太平洋戦争に発展し、日本は不運の道をえらぶ結果となった。

食生活の近代化　明治維新後、政府は近代国家の完成のために欧米の文化を輸入し、諸政を一新し、旧来の慣習を打破した新しい世相の現出につとめた。(イ)当時この現象を俗に文明開化とよんだ。(1)明治四年の散髪令、五年の学制発布、博覧会の開催、国立銀行の創立、太陽暦の施行、六年の地租改正などをはじめとして生活の洋風化となり、わが国の食生活の上にも当然強い影響をあたえ、近代化への道を促進することとなった。(ロ)西洋料理は(1)明治に入って、すき焼が流行し、洋酒や西洋料理が普及した。(2)明治初年は新政策が強行された結果、新旧のものが雑然混沌としていた。当時「近頃のはやりもの」として各種のものがあげられているが、そのうち食糧に関係するものを拾ってみると、「牛肉・豚肉・西洋料理・両国船料理・南京米・糸切飴・弁当屋・汁粉屋・雑煮・馬鈴薯」（月岑日記）、などがある。このころの食生活の一端を語っている。(3)明治十年（一八七七）の「魯文新報」には「葱《ねぎ》を五分切にして、先づ味噌を投じ、鉄鍋ジャジャ肉片甚太薄《はなはだうす》く、少しく山椒を投ずれば、臭気を消すに足ると雖《いえど》も、炉火を盛にすれば、焼付の憂を免れず、そこで大安《おおあ》楽《ぐら》で一杯傾け云々」とある。牛肉食はそのまま文明開化の象徴であると信じられ、これまでに存在していた食品のタブーはなくなり、肉食の禁忌も打破されるに至った。また(ハ)諸種の食品や料理法が輸入され、それらがしだいに一般家庭におよび、洋風の食事礼法が近代生活の中における必要な知識となった。(ニ)洋風食の普及は和食に影響をあたえ、和風食品による洋風調理や洋風食品による和風調理が行われるようになって、日本人の食生活は東西の食風を入れた複雑なものとなった。しかも(ホ)近代医学の発達にともなって、食生活も科学的根拠と合理性にもとづいて調理し摂取する傾向が生れ、食生活の合理化が考えられ、近代的な発展をみるに至った。

牛肉食の勃興　(イ)徳川時代も獣肉を食べることはきらっていたが、幕末には江戸や上方では牛の肉を食べる風が始まっていた。(1)「江戸繁昌記」には「徳川幕府季世《きせい》の頃は、猪鹿猿等の類さへ、汚穢物として甚しく之を排斥し、大名の行列も、もゝんじ屋の前を通る時は、其不浄を嫌ひ、駕籠を宙にさし上げて通行せる程なりし、されば、牛肉等は啖《くら》はんこと思ひもよらざりし也」と、大名行列が江戸の麹町平河町三丁目にあった獣肉店のもゝんじ屋の前を通ることさえきらっていたのである。だが、(2)「和漢三才図会」の牛の条の注には「日用の食とするは厳法なれども、禁ずる能はず」とあるように、実際には牛肉を食べることも内々には行われていたのであろう。(3)通商条約の締結の後に外人の食生活は日本人の耳目を新たにしたことであろう。安政のころの福沢諭吉の肉食談には、彼が大坂の緒方洪庵の塾にいたころのある日、お得意の牛鍋屋の親爺が、牛を自分で殺すことができないので緒方の書生に殺してくれと頼んできた。そこで書生が出かけていって四つ足をしばって水に突込んで窒息させて殺し、その御礼として豚の頭をもらってきて、「解剖的に脳だの眼だのを能く調べて、散々いぢくったあとを煮て食ったことがある」と記されている。すでに大阪でも牛鍋の行われていたことが明らかである。また(4)文久二年版の「横浜ばなし」には、異人牢屋敷の記事のつぎに「外に、異人の食料牛屋二軒あり、毛物を商ふは異人なり、此所にて牛を……皮を剝ぎ、大きなるかぎにてつるしおくなり」とみえている。(5)慶応三年十二月に横浜で出版された「万国新聞紙」の第九集の広告欄には「各国公使用弁の為め牛肉店高輪へ開候処、御薬用旁諸家様より御用被二仰付一日に増し繁栄仕」、とある。牛肉を諸大名が薬として食べているのである。

(ロ)明治時代になると、文明開化の風潮にのって、牛肉を食べない者は文明人ではないというような時代となった。(1)明治四年八月の大蔵省達には「近来肉食相開候に付ては、屠牛渡世の者、屠場の儀は、人家懸隔の地に設くべし」とみえ、屠牛鑑札のことがはじまった。(2)翌年の正月には明治天皇ははじめて牛肉を食用されている。(3)明治五年四月には僧侶の肉食妻帯を許されることとなり、そのとき敦賀県が発した諭達書には、牛肉の儀は人生の元気をまし、血力を強壮にするの養生物であり、兎角旧習をまもって、牛肉はけがれがあって、神前などをはばかるなどというのは、「却テ開化ノ妨碍《ぼうがい》ヲナス輩《やから》不尠《すくなからざる》哉《や》ノ趣、右ハ固陋《ころう》因習ノ弊ノミナラズ、方今ノ御注意ニ戻リ以ノ外ニ候」（「新聞雑誌」六四号（明治五年十月））といましめている。(4)明治初年の東京府下一日の屠牛の数は一頭半であったが、五年末には二〇頭となり、二〇頭の肉は一人半斤と見積って五千人の食である（「公文通誌」（明治六年一月））と報じている。(5)明治七年刊の「開化世相の表裏」（「新聞雑誌抄」）には「牛肉店結社ノ事」と題して「肉食ノ開クルヤ、上ハ大臣ヲ始メ下民ノ吾々迄之ヲ嗜ムニ、就中《なかんずく》牛肉ハ人ノ健康ヲ助ケ補益タルコト真ニ験アリト雖モ其肉ニ善悪アリテ、悪肉ヲ喰フトキハ大害立処《たちどころ》ニ至ル、亦畏《おそ》ルベキナリ。故ニ本年格別御世話在ラセラレ府下六大区、結社ヲ設ケラレ、牛肉商人悉ク其社ニ入ラザルハナシ」とみえ、東京府下には牛肉が結社をなし牛肉店にはすべて県札をかかげてよい品の牛肉を売ることを新聞に広告を出している。

(ハ)明治三十年刊の金子春夢の「東京新繁昌記」には、

牛肉は目下、一の大流行にして、大小数多の牛肉店、市内各所に散在して皆よく客の需要に応じ、頗《すこぶ》る繁昌を呈せり。是れ東京人の牛肉喫食量が増加したるの顕象にして、養生家の増加せしは喜ぶべし。されど其供給に制限

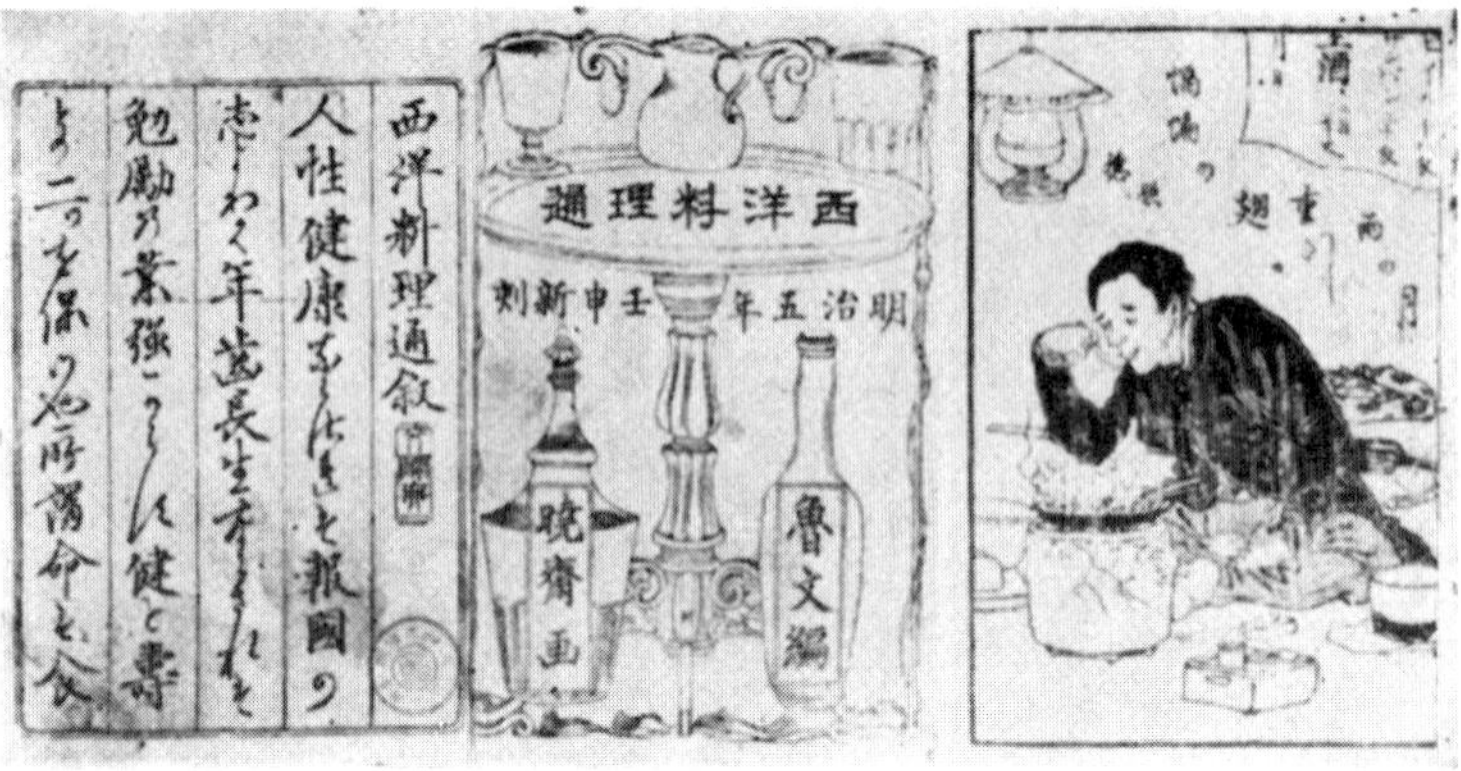

安愚楽鍋

あると、価の廉ならざるとを以て、馬肉、豚肉を混和し、或は其他の悪獣腐肉を牛肉と称して売り付くる家往々あればよく〳〵注意して信用ある家に就て飲食すべきことなり。

とある。明治三十年ごろになると牛肉を食べることは、一般社会に大流行になったことを喜んでいるのである。

(三)肉食はまず牛肉食、そして牛鍋の流行となって現われた。日本人の牛肉の食法は、海外からの牛肉を賞美する風習をとり入れたとはいえ、調理法はわが国古来の食法によって行ったものである。(1)仮名垣魯文の明治四年の「安《あ》愚《ぐ》楽《ら》鍋《なべ》」には「ねえさん、鍋は飯のときとして、スップの吸下地《すいしたじ》で、葱《ねぎ》を細くそいで、鞍下の極といふとこを、そぼろに刻んでヨ、ばら〳〵と入れて、二人前持つて来な、そしてお酒はいゝのを二つ」と記してある。鞍下はロースであり、スープをつかって味をつけ、牛肉と葱を鍋で煮て食べるのである。これは牛鍋の特殊な場合であって普通にはたれをつかい、これに味噌を入れるか、または味噌だけを用いて味をつけた。山椒を入れて臭気を消すこともあった。(2)牛肉の刺身は酢味噌を使って食べた。(3)牛鍋は煮込式と焼肉とが併用され、関東では牛鍋、関西では鋤焼《すきやき》と称するようになった。

牛乳・パン・コーヒー　（イ）牛乳のことはすでに奈良・平安朝時代にも使われたことはすでにのべた通りである。牛乳は中世以後すっかり日本人から忘れられてしまった。(1)江戸幕府は享保のころ房州嶺岡に白牛を放養せしめて、牛酪の製法を命じ、また慶応元年には江戸の雉子橋内の仏国公使館地所内に厩舎《きゅうしゃ》を設けて牛乳をしぼり、牛酪を製して将軍家の用にあてた。(2)明治新政府は明治元年雉子橋内と嶺岡とを政府の手に収め、民部省の所管となし、改造拡張につとめた。これらの牛乳は政府の高官や外国公使館員などの需要に応じたものである。

(3)民間でも明治三年に築地に牛馬会社が設けられ、右の乳牛はすべてここに払下げられた。この会社の宣伝文には、

我会社、すでに牧牛馬の法を設け、近来は専ら牛乳の用法を世に弘めんとして、種々にこれを製し、乾酪洋名チーズ・乳油洋名バタ・懐中乳の粉洋名ミルバヨダル・懐中薄乳の粉洋名コンデンスド・ミルク等あり。抑々《そもそも》牛乳の功能は牛肉よりも尚更に大なり。熱病労症等、其外都《すべ》て身体虚弱なる者には欠くべからざる妙品……実ニ万病の一薬と称するも可なり。啻《ただ》に病に用ふるのみならず、西洋諸国にては平日の食料に牛乳を飲むは勿論、乾酪・乳油を用ふること、我邦の松《かつ》魚《お》節《ぶし》に異ならず。

とのべている。明治三年には千葉県長生郡関村の前田留吉は、江戸の芝区西久保の天徳寺前に牧場をひらいて、日本牛二〇頭を飼育し、一般の人々に牛乳を売り出した。また、榎本武揚は翌年に麴町区飯田橋三丁目に牛乳搾取所北辰社を起し牛乳を一般の人々に売り出している。(4)牛乳配達の容器はブリキ製の罐であったが、明治三十三年（一九〇〇）四月から内務省令によって牛乳取締規則が定まり、硝子瓶となり、浅草蔵前の森川硝子工場で牛乳瓶が作られた。

（ロ）パンは南蛮人がもたらしたが、余り普及しなかった。しかしパンは携帯に便利であるために、幕末には兵食として利用するところもあった。たとえば(1)水戸藩では藩医の柴田方庵は安政二年のころ長崎において、パンとビスケ

ットの製法をならって藩に報告している。また薩摩藩でも明治元年六月に東征軍として若松で戦ったとき、兵糧を炊くひまがなかったので、黒胡麻入のパンを糧食として、大いにその利便を実験している。(2)パンを販売する店も幕末には横浜にあらわれ、慶応三年発行の「万国新聞紙」の第三集には、「パン・ビスケット・ボットル、右品物私店に御座候間、多少に寄らす御求被㆑下度奉㆑願候、横浜元町一丁目中川屋嘉兵衛」というような中川屋の広告文があらわれている。東京では、明治五、六年のころは鉄砲洲のつか本がパン屋として著名であった。名古屋では明治七年三月に「愛知週報」に、伝馬町の清甜《せいてん》堂がパンの大形・半形・小形のそれぞれの定価をかかげた広告文をかかげている。(3)主食糧としてのパンは明治六年の陸軍が採用したのが最初であり。これは乾パンである。(4)当時はパンは麺包または蒸麦麺などの文字をあて、その種類には、メリケンパン・フランスパン・日本食パン・菓子パン・あんパンなどがあった。あんパンは木村屋の初代の木村安兵衛が明治六年に売り出したのが始めである。(5)明治三〇年になると、東京でパンを売る店は京橋区五、日本橋・芝の各区三、神田区二、浅草・牛込・麹町・本郷・麻布の各区一、合計一八店であり、それも洋酒と食料品との兼業であった(「明治文化史」十二)。パンの普及はあまり急速ではなかった。あんパンは宮中にいつも納め、天皇・皇后にも愛用された。クリームパン・チョコレートパン、ジャムをつけた食パンなどが新しいものである。

(ハ)コーヒーは(1)寛政七年の「長崎見聞録」五に「コーヒーは蛮人煎飲する豆にて……日本の茶を飲む如く、常に服するなり、かうひいかんは、かうひいを浸すの器なり、真鍮にて製す」とみえ、長崎では早くから知られていたようである。これが江戸などで用いられるようになったのは明治維新以後であろう。(2)明治二年の「開智新編」には加《コッ》非《ヒー》の字を用いている。このころはまだコーヒーという日本名がつかわれないで、コッピー・カヒー・コッフキーなどとよび、加非・架啡・珈琲・可否・茶豆などの文字をあてはめている。(3)政府は勧農局で明治十一年ごろ小笠原などの南方地域で栽培を試みたが、好結果を得られなかった。(4)喫茶店の元祖は明治二十一年四月に東京下谷区西黒門町に開設された可否《コーヒー》茶館であるといわれる。ここには新聞雑誌の室や、運動用具の室などがあって、「カヒー一碗代金一銭五厘」であった。明治四十年ごろには京橋日吉町にカフェープランタンが開かれ、これがカフェーと名乗った始めで、洋名の元祖といわれている。(ニ)茶は日本人の飲料として最も普及し、開国と同時に重要な輸出品の一つになった。静岡地方の茶は、はじめは横浜におくられて外国に輸出されていた。茶は来客のとき、もっとも簡単な客のもてなしにつかわれた。

(ホ)その他、アイスクリームは明治初年に、ラムネは明治二年ごろから、サイダーは明治五年ごろ、レモン水は明治六年ごろからそれぞれ売り出された。

菓子の発達 江戸時代にあっては菓子は京都が本場であったが、明治時代は東京が次第にこれをしのぎ、とくに洋菓子ははるかに進歩するようになった。

(イ)菓子というのは、造形意匠美・滋養・風味の三つの条件をそなえるものが高級品である。(1)視覚に訴える造形意匠は、形状・色彩などを含んだ美術工芸的な美であって、菓子の品位に関係をもつ条件である。(2)滋養という条件は衛生栄養などの点である。(3)菓子の風味は一般に甘味を主とするが、そのほかに酸味・辛味・苦味等をはじめとして嗅覚上のかおりや触覚にも関連性をもつ条件である。したがって菓子の高級品か下級品かはこのような条件に常に左右されているのである。

(ロ)菓子の種類はいろいろと区別してあげられる。(1)一般には和菓子・洋菓子・雑菓子に三大別される。また(2)右にのべた条件のうち意匠に力点がおかれた装飾本位の菓子や風味を重視した嗜好本位の菓子という分類もある。(3)需要からは、儀式用・常食用・間食用と区別することもできる。(4)趣味の上からは、食う菓子、見る菓子（婚礼・法会・クリスマス用菓子）、におう菓子（香料菓子）、酔う菓子（ウヰスキーボンボン）、薬用菓子（咳止飴）、噛む菓子（チューインガム）などがある。(5)商売上からは蒸菓子・乾菓子・飴菓子・焼物類・掛物類・棹物《さおもの》類・洋菓子類・雑菓子類と名づけられている。焼物類はパン・カステラ・ボーロ・煎餅・あられなどである。掛物類は核子に砂糖をかけて仕上げたもので、蓬萊豆・五色糖・ピーナツなどがある。棹物類には煉羊羹などがある。

では一体、(ハ)明治になって菓子はどのように変化したのであろうか。(1)在来の菓子には干菓子と蒸菓子の二系統がある。干菓子は京都を、蒸菓子は江戸を中心として発達した。このほかに飴を材料とした菓子があった。(2)和菓子のうちで最も長い伝統をもち、今日もなお好まれているものは、棹《さお》物類の煉羊羹と蒸菓子の饅頭であり、さらに季節の菓子としては柏餅・桜餅がある。したがってこのような菓子を作って有名であった江戸時代の店は連綿としてつづき、明治になっても老舗《しにせ》としてその声価を失わず、今日においてもなお栄えているものもある。老舗には塩瀬饅頭の「塩瀬」、煉羊羹の「虎屋」、都鳥・錦織・唐饅頭の「壺屋」、煉羊羹・小倉羹・金花山・田舎饅頭の「藤村」、唐松・屠蘇おこしの「蟹屋」、煉羊羹・甘納豆の「栄太郎」、石衣《いしごろも》・六の花の「紅谷」などが代表的なものである。(3)名家としては、唐饅頭・栗饅頭・蕎麦饅頭・桃山の「風月堂米津」、磯焼・金鍔《きんつば》の「青柳」、干菓子の「松月堂」、武蔵野の饅頭の「岡埜栄泉堂」などがあげられる。(4)干菓子の店としても著名なものが多い。右にあげた店は生菓子だけではなく、干菓子についても有名であったものがある。虎屋の雷おこし、風月堂米津のウェーファース・胡桃マカロン、壺屋のカステーラ・干菓子、栄太郎の梅干・千成・お目出糖などがあげられる。そのほか慶応元年開業の松崎はカス

海外に出品された洋菓子

テーラ煎餅・あづき煎餅・紅梅焼などを、明治二十年開業の木村屋総本店はビスケット・パン菓子を、明治二十八年開業の東京亀楽は落雁《らくがん》・亀楽煎餅をそれぞれ作り、名声が高かった。(5)京都の干菓子には焼種と煎種とがあって焼種は干菓子・もなか・煎餅があり、煎種にはおこし、落雁などがあり、これらは多く茶の湯の菓子として好まれた（藤沢衛彦「明治風俗史」）。

(ニ)地方都市における菓子の名物にも各種のものが多く、今といえどもなお賞美されているものがある。川越の甘藷羊羹、熊ヶ谷の御家宝《ごかぼう》、京都の八ツ橋・道喜茅巻《ちまき》・五色豆、名古屋の外郎《ういろう》、大阪の粟おこし、神戸の瓦煎餅、奈良の大仏蕨餅、岸和田の村雨羊羹、甲府の月の雫《しずく》、日光の煉羊羹、金沢の落雁（長生殿）、秋田の蕗《ふき》砂糖、八戸《はちのへ》の煎餅、長崎のカステーラ、熊本の朝鮮飴、鹿児島のカルカンなどは著名なものである。

(ホ)菓子も種々つくられ、(1)洋菓子にはビスケットをはじめ、カステラ・ケーキ・キャンデー・ドロップ・キャラメル・チョコレート・ボンボンの類があった。カステラは長崎を中心として主として西日本の都市にその製造がみられた（増沢淑「日本人の生活史」）。東京では明治に入って栄太楼・壺屋・三河屋などがカステラをつくった。(1)明治十年十一月一日の「読売新聞」には、東京両国若松町風月堂の洋菓子の広告文に「西洋模造御菓子数品、夫れ洋菓子の製たるや、専ら牛乳と麦を以て製するを良味とす、這回《しゃかい》弊舗に於て、精製販売する所のケークは、洋人の良工を傭《やと》い、精製せしめ、其種類百を以て数ふ可し」、とみえている。

初期の洋食　(イ)洋食は江戸時代に長崎で行われていたが、幕末になると洋食に接する機会が多くなった。(1)嘉永七年の写本「横浜記事」には幕府の役人が米国の軍艦に招かれて食事をしたところ「彼れ、本羹《すいもの》及び豆豉《みそ》の味を知らず、故に独り海塩を以て百味を調す」とあって米人が日本食のことを知らず塩だけで味をつけているといっている。また「試に刀匕を鶏の一股肉に加へ、切りて之を食ふ味頗る美なり」とみえ、洋食が美味であることものべている。(2)幕末には幕府の役人が外人に招かれて洋食を食べたところ、美味であることを記したものが多い。

(ロ)明治維新前後になると、洋食は開化の食事として食べる人々が多くなった。(1)万延元年（一八六〇）の玉虫左太夫の「航米日録」には、ワシントンのホテルで「何れも塩淡くして食する能はず……皆我国の味に非ず」、といったとらえ方で洋食の味がわからなかった。(2)ところが慶応三年版の福沢諭吉の「西洋衣食住」には洋食の法をのべ、平皿《プレート》・水呑《トムブラル》・匙《スプーン》・肉刺《フォルク》・庖丁《ナイフ》・花活（食事台の上に置く）・グラス・シャンパングラス・茶碗・茶碗台・小七・名酒瓶（食事台の上に置く）・牛乳入・砂糖入・砂糖挟・薬味入などの食器を図示している。そして平生の食事には「赤葡萄酒、又はシェリー酒、其外ポルトワイン等を用ひるなれども式日又は客を饗応する時などには、シャンパンその外種々の美酒を用ゆ、甘き酒又はブランデー抔《など》云ふ酒は、食後に小さきコップにて、鳥渡《ちょつと》一杯用ゆる物なり、又ビイールという酒あり、是は麦酒にて其味至て苦けれど、胸膈を開く為め妙なり。ウイスキー・ブランデー抔いへる酒は、至て強くして、食事の時に用ひず、多くは下人の飲むものなり」と記している。西洋料理を珍奇に感じながらも、これを正確に記述して紹介につとめている。

（ハ）西洋料理店として有名な店があらわれた。明治六年十月の「新聞雑誌」一五六号に「近来府下各所に西洋料理開店の者、日を追て繁昌せり、其中、調理品物の優劣を論ず可きに非ざれども、其人口に膾炙《かいしゃ》する者一、二を記す。采女《うねめ》町精養軒・築地日新亭・茅場町海陽亭」とある。このほかに神田に三河屋があった。(1)精養軒は北村重威が明治五年二月に丸の内馬場先門前に店を新築したが類焼し、翌年に京橋の采女町に新築して開業し、明治九年に上野公園に支店を出した。北村はもと准門跡仏光寺の用人であって、維新の際に岩倉具視につかえ、明治元年に上京した。岩倉が欧米を巡遊の途につく年の四年のころは、宮内省には大膳部はなく、西洋料理は横浜からとりよせていたので、岩倉の賛同を得てはじめたものである。(2)神田の多町に開店し、のちに神田の三河町に移った三河屋は、何時開業したのか、その年代は不詳である。だが、柳河春三の記した開業引札があったり、明治六年に森有礼・福沢諭吉などの西欧文化の普及に力のあった当時の文化人によって結成された明六社の会場であったことから、文化人向の西洋料理店であったことが考えられている。大正の大震災の後に閉店してしまった。

（ニ）西洋料理が明治以後に急に日本に普及するに至った原因は何であろうか。明治三十年刊の「東京繁昌記」にはその理由をあげている。その第一は「西洋料理の長所は簡易なるにあり」として、第二には「日本料理は酒を好まざる人には宴会などにて頗《すこぶ》る手持《ても》不沙汰《ちぶさた》を感ずれども、西洋料理は然らず、酒を飲まんとするならば、麦酒あり、葡萄酒あり」とみえ、酒の種類が多いので、飲みたい酒が飲めるというのである。第三は、料理にしても「好ある料理来れば、悉く食し尽し、好まぬ物は直ちに撤して差支なし」、というように、好きなものだけを食べればよい。第四は「西洋料理は日本の会席の如く献酬の面倒なく多数の給仕を要せず、或は芸妓などを招くの要なきを以て、単に会食を目的とする人は西洋料理を好む」とのべ、献酬の必要がなく、給仕・芸妓がなくてすむ長所をあげている。

(ホ)西洋料理とその食風とは容易に日本の家庭に入らなかった。それは㈠坐式の生活様式をとってきた家庭内に、洋風の食事慣習をそのまま入れるのは食器・家具などの立場からも不可能であったこと。㈡洋食の材料とする食品や蔬菜類は品が少くかつ高価であったこと。㈢長い間食べつけていた食品は常に愛着をもつという人間共通の保守的食生活に支配されがちであったこと、などがあげられるであろう。だが、文明開化の目まぐるしい様相の中で活動していた都会人はその職場が椅子式となるにともない、簡便なる西洋料理が次第に歓迎され、洋食の作法を説明する書もあらわれた。その最初と思われるものは仮名垣魯文の「西洋料理通」(明治五年)で、これは横浜在住のイギリス人の家にやとわれた日本人の手控を翻訳したものである。この本のはじめに食器の絵を示し、スープ・魚・露汁・煮焼時刻・料理・野菜・菓子等について記している。

和洋食の混在　(イ)明治維新以後洋食が輸入され、牛肉をはじめ、洋酒などが飲まれ、洋風の食事が行われるようになると、日本食にも影響をおよぼすに至った。(1)明治四、五年ころに東京の浅草の会円亭で「西洋茶漬」と題する引札には「御膳付御一人前六匁五分、オームレット玉子焼・ビフバンは日本牛鍋」とみえている。これは卵や牛乳を材料とした和洋折衷の料理である。このころすでに西洋料理法やその材料が和食にとり入れられているのである。

(ロ)また、洋食風の会席料理・即席料理・手軽料理などが日本人の生活にくい込んできた。(1)会席料理については明治三十年刊の「東京新繁昌記」に、「我東京に会席多きは聊《いささ》か以て誇とするに足れり。何故に会席の数多きかといふに、東京は各部の社会複雑にして、又各社会内の社交複雑なれば、日夜宴会の数多きは自然の勢力なり。……東京に住居する人は常に火事の多きを恐れ、日用品の外日々の不必要品は家に置かず……されば宴会ある場合には、大抵会席に一任す。会席には好みの座敷備はり、器具備はり、割烹備はり、楼女備はり、客の取扱上毫《ごう》も間然する処なし。

会席に一任するは経済的便法なり」とのべている。東京で会席料理が発達した理由は日夜の宴会が多く、東京人の簡素生活・経済生活などによるものだというのである。このような料理は食器は美麗で高級であり、椀盛・刺身・焼物・口取の四種が最低のもので、これ以上はいくらでも多く料理が出された。したがってあらかじめ、何人、幾十人の料理というように注文しておかないと、早急に間に合わないものであった。(2)即席料理というのは不意に行っても間に合う程度の料理である。しかも会席料理のように座敷や食器は美麗なものではなく、料理の美味だけを味うもので会席料理よりも安価なものである。(3)手軽料理は茶漬の料理で、弁当代りにちょっとすます所で一飯一菜程度のものであった。

(ハ)明治の中ごろになるとフライ・油料理・牛豚肉料理などが家庭でも作られるようになり、西洋風の新しい料理の作り方を婦人に紹介する雑誌もあらわれ、和洋食が家庭にも混在するようになった。牛めし・肉うどんなどもつくられている。

(ニ)明治末期になると、調味料としてのソースが香辛料とともに盛んに使用されるようになった。

主食の増加　(イ)米だけを食べることは(1)江戸時代の農村では稀であった。これは天災・商業資本の圧迫・租税の加重などによる農民生活の貧窮からくるものであった。(2)明治になっては秋田・山形・新潟・富山・石川等の日本海沿岸の平野地帯は米を常食としたが、他の地方では一般に米を食べる量は少かった。西南日本では麦・甘藷が多く、山間地では粟・そば・稗などを多く食べていたのである。これは米が他の物品に比して高価であったことによるものである。だが、政府の殖産興業政策や近代的農業技術の輸入などによって米穀が増産されることになった。(3)幕末の開国以降のわが国の貿易状況は、慶応三年から明治十四年まで輸入超過であり、十五年以後の数年間は輸出超過となって

明治10年代の井戸端の炊事

いる。ところが、当時の貿易品における食糧の占める割合は極めて大きい。輸入超過の原因は相手国が先進国であり、後進国の日本にはまだ産していない鉄・機械類・石油などの需要が盛んであったこと、国内に産する食糧などでも輸入品の方がはるかに廉価であったことなどがあげられる。たとえばわが国は慶応のころから南京米を多量に輸入している。明治二年には仏印地方は豊作であったので、安南・サイゴン米を三一八万石輸入した（「米相場考」）。明治三年の小菅県の窮民救助義社の報告（「報恩社報録」）によると、「支那米八百十石五斗八升買入、此代金六千四百八十四両二分永百四十文、但運賃諸掛共、金壱両ニ付一斗二升五合換」とみえ、中国米を輸入していることを語っている。南京米は日本米よりはるかに安価であったのでこれを買入れて、日本米を逆に海外に輸出していた。輸出超過時代の主要輸出品は米穀が第一位であり、これについだ製茶・水産物・生糸・屑糸の五品は輸出総額の約七〇または七五％を占めている。主要輸入品は綿糸・綿織物・砂糖および菓子などで、そのうち砂糖および菓子は輸入総額の一五％をしめて綿糸についで第二位になっている（「日本貿易精覧」）。米の輸出は神戸港に限られていたが、神戸港よりの米の輸出をみると（「農商工公報」「神戸開港三十年史」）、明治六年から二十年までの間においてこのうち六年から十六年までの年間平均の輸出額は約一九万石となり、年間最高は十一年の七九万石余となっている。これは中国に輸出した米であるが、中国の凶作が大きかったことによる。そして十二年から輸出米は急に減じているのは内地米が高くなったことによる。

だが明治二十四年に中国は凶作となり引きつづいて大量の米を輸出し、日清戦争以後も活潑であった。このような輸出によって米価は安定し、米づくりは農村における企業と化した。内地米が中国に高価で売られて輸出された結果、大阪では米不足となり、二十三年のころから朝鮮米・中国米を多く消費するようになった。東京でも米価が騰貴したので多量にこの年から外米を輸入した。そのため二十五年ごろから米価は下落した（米相場考）。日清戦争後は台湾米、明治末期から朝鮮米が安価に移入され、大正の初期になると米の移入額が輸入額よりもはじめて多くなり、以後これがつづいた。これによって米価は安定し、米は豊富となり、日本人がますます米穀を食糧とすることができるようになった。

（ロ）米の移入と相まって日露戦争以後は雑穀の一つである大豆が満洲から多量に移入されることになり、大豆を原料とする食品の味噌・醬油・豆油などを従来よりも安価でかつ大量に生産できるようになった。

大正時代の籾の収穫

（ハ）甘藷は(1)明治維新政府の大久保利通や山

田頭芳などが内務卿の時代に、地方の篤農家に各藩の農事秘法をひろめさせるにともなって、その栽培法をひろめた。そのため北陸の山村や離島まで栽培されることとなった。たとえば(1)伊豆大島の甘藷は明治初年に魚を商う栗本佐次郎が、生れ故郷の豊後から移入栽培したことに始まるもので、米のとれないこの島の人々の食生活に多大な恩恵をあたえた。この甘藷は天留吉《てりこ》といわれたもので、彼の功績を称えた碑文が岡田町から元町へ行く途中にたてられている。(2)明治初年の甘藷は収穫量が少く繊維が多く品質が不良であったが、日露戦争以降になると、四十日・紅赤《べにあか》・紅魁《おいらん》・大白《たいはく》などの品種が輸入され、品質もよくなり、収穫量も多くなった。そして甘藷の質の向上は備荒食糧としての性格から、日常の準主食となり、大根・里芋よりも一層重要視され、普及するに至った。(3)やがて昭和時代になると、乾燥いもや澱粉などをとるようになり、広範囲に利用されるに至った。

(二)馬鈴薯は備荒食として重要なものであったが、甘藷ほどの普及をみなかった。その生産量においてははるかに甘藷に及ばなかった。だが、(1)明治十五年になると、「勧農二物考」が改めて複刻されたが、これは馬鈴薯が主要な食糧として重要視されるに至ったことを語るものであろう。(2)馬鈴薯がわが国に普及した理由は、おなじ澱粉質の食糧であっても、甘藷の収穫は秋であり、馬鈴薯は初夏であり、前者は冬の食糧とし、後者は夏の食糧として、ともに貯蔵保存しやすい食糧であるという点では同じような条件をそなえていた。ところが、夏期には甘藷はないが、その代用としての馬鈴薯は煮て塩をふりかけて食べる味は夏の食品としては美味であり、淡白の味を好む日本人には主食としても好ましい食糧であった。さらに日本人は古い時代から野生の葛根からくず粉をとっていたが、その生産には非常な手数を要した。だが馬鈴薯からくず粉をとるにはこれをすって水の中に沈澱させ、これを乾燥させる仕方であり、比較的容易に高級なくず粉が得られるという好条件もそろえていた。明治二年版の「協救社衍義《えんぎ》」の第三二号には馬鈴薯にて澱粉をとる方法を記して「食料菓子は固より葛粉、蕨粉の葛粉がその影を没してジャガイモからとった澱粉になるのは明治二十年頃である」とみえている。北海道産の馬鈴薯からは特に良質の澱粉が作られ、これが水飴や葡萄糖の原料として用いられるほか水産煉製品の蒲鉾・ちくわなどにも活用された。なお、これに肉を入れて調理すると一層美味であることから肉食を日本人が行いはじめたことにつきそって、馬鈴薯が食糧として喜ばれて普及するようになったことも考えられよう。

新時代の副食　(イ)主要食品の豊富になることにともなって、副食となる蔬菜・果実なども外来種が入って多様となった。(1)蔬菜には明治初年にトマトや玉葱・キャベツがアメリカから輸入され、豌豆《えんどう》・蠶豆《そらまめ》・隠元豆・茄子・胡瓜・南瓜・牛蒡・人参などは江戸時代にもあったが、これらは次第に新しい品種に改良され、明治末期に生産は増加した。(2)果実は桃・梨・柿・林檎・蜜柑・葡萄などに加えて、明治初年には新たに西洋梨・サクランボ・夏蜜柑・ネーブルなどが輸入された。これらの生産が多くなるのは大正初期からである。またバナナ・パイナップルが日清戦争以後台湾から移入された。

(ロ)獣肉・魚・貝は明治になると大きな変化を生ずるが、なかでも牛・馬・豚・鶏の肉が食用に供せられるようになった。明治六、七年ごろに横浜・横須賀で屠殺する牛の数は九〇頭内外にのぼり、その半ばは東京へ送られ、東京でも一日に一四、五頭を解いた。兵庫県を最上とし、牝《めす》は一頭三四、五円より四四円乃至五〇円、牡《おす》は一頭四〇円より二四、五円まで。ついで会津・栗原・津軽および出雲の仁田《にた》・大原飯石《いいし》・信州の高井・小県《ちいさがた》・甲州の八代・巨摩《こま》などの牛が賞味され、これらの牝は三、四〇円、牡は二四、五円であった。伊豆牛は朝夕石の運搬をしているため骨がたち、その肉はよくないので安かった。これらの肉は三銭の牛鍋、一串二文の辻売の煮込《こみ》肉としても売られたので、大衆にも広くうけいれられた（「東京開化繁昌記」）。

（ハ）魚類は(1)淡水産の鮒《ふな》・鰻《うなぎ》・鰌《どじょう》も水田に石灰・硫安などをまいて肥料にするようになったため、その数は次第に減少する一方であった。海産の鰯《いわし》・鰊《にしん》・鮭《さけ》・鱒《ます》・鮪《まぐろ》・鰹《かつお》・鯛《たい》などをはじめ沿岸漁業は次第に衰え、遠洋の漁獲物が多くなった。近代的な漁法による捕鯨、トロール漁業などが発達している。

（ニ）魚類養殖はわが国では金魚や鯉などはこれまでに小規模のものが行われていたが、(1)明治八年に米国に大博覧会があって役人が出張し、人工魚卵の孵化《ふか》法を学び、明治十年に多摩川上流・相模川などに人工魚卵孵化法を試験し、さらに芦の湖・榛名《はるな》湖・中禅寺湖・猪苗代湖をはじめ二三ヵ所に行ったが、中禅寺湖が最も成果がよかった。(3)二十七年には北海道の阿寒湖の紅鱒（現在のヒメマス）を支笏《しこつ》湖へ移殖したが結果がよく、ここに湖水養殖の基礎がつくられた。この紅鱒の卵を孵化させ、三十五年に秋田県鹿角郡七滝村の和井内貞利が十和田湖に放流させ、三十八年には鱒の群集をみるに至った。これは彼の言語に絶する苦心の賜《たまもの》であった。

（ホ）調味料には味噌・醤油・酢・塩・砂糖・鰹節・昆布が普及したが、特に味噌と砂糖は多く変化を生じている。

(1)味噌は日本人にとって主食の米と並ぶ重要な食糧であった。農村で生活に必要な蛋白質の大部分は味噌からとり、三度の食事には欠くことのできないものであり、口がひりひりする程のからい味噌汁を用い、普通の農家は自家製の味噌を多く用いた。都市生活者も米食をする限りにおいては買い味噌は一日も欠くことのできないほど重要な食品であった。したがって満洲大豆の多量の移入は日本人の食生活向上には多大な力を発揮したことになる。

(2)砂糖は明治になると、消費が多くなり、輸入品の大きな割合を占めている。明治初年の砂糖の消費量は約四億斤であるのに対し、国内の生産額は八千万斤ほどで、約三億二千万斤は輸入によらねばならなかった（田中重雄「砂糖の話」）。日清戦争以後になると台湾から砂糖が安価で豊富に移入された。そのころになると、砂糖の消費量は一般に向上したが、なかでも都会ほど消費量は多くなった。明治二十八年に渋沢栄一らによって日本精糖株式会社が東京小名木《おなぎ》川に設立され、三十三年には台湾総督の保護の下に三井・毛利両家の出資によって台湾製糖株式会社が設立された。昭和初期の砂糖の消費は菓子製造に約七〇％、家庭が二〇％、加工品・飲料水などに一〇％という割合になっている(田中重雄・同前)。砂糖は鉄砲玉・金花糖・飴玉・金平糖・饅頭・氷砂糖・カルヘイ糖などの菓子に用いられた。(3)ソースも明治末期から利用されるようになった。(4)化学調味料の味の素は、明治四十一年に鈴木三郎助が池田菊苗の発明したグルタミン酸塩調味料の工業化をはかって作ったことにはじまり、大正時代に入ってひろく販売され、その名称は化学調味料の代名詞のように用いている。(5)調味料が豊富になり、さらに西洋料理法が伝わったので、これまでの煮物・汁物などに新しい副食が加わることとなった。カツレツ・ビフテキ・コロッケ・フライ・チキンライス・サラダなどが家庭でも作られるようになった。北インドに起ったライスカレーは西洋料理の一種と思われて一般に普及している。

(へ)保存食としては塩物・干ものがこれまでと同様に利用されたが、新に氷結や冷凍が行われるようになって、夏の食糧の保存として重要視されるようになる。(1)天然氷の利用は明治五年ころ中川嘉兵衛が函館で天然産の堅氷をきり、東京築地の新富町に氷室を作って東京で売り出した。また大阪では河内・摂津・山城の自然氷を利用したが、明治十年ごろになって製氷工場が設立された。(2)明治十七年一月に、京橋新栄町に東京製氷会社が創立されたが、これはわが国において氷を工業的に生産した最初である。この器械は米人の監督のもとに買入れたもので旧式であったので、二十一年に新機械を買入れ盛大となった。この氷は天然氷を砂と炭と海綿とで二度こした水で作られ、衛生的というので諸新聞にもその広告が大きくかかげられた。(3)明治三十二年東京本所の業平《なりひら》橋に東京機械製氷会社が設立され日々五〇トンを作った。このように氷が多く作られるようになると、生物を氷詰にして遠方に送られるので、これまで塩もの・干ものだけで生魚は食べたことのない地域にまで鮮魚が輸送されるようになった。それは明治三十年ころからである。(4)明治四十年三月には帝国冷蔵株式会社が設立され、倉庫内全体を冷却できるようになった。翌年四月にはじめて鉄道に冷蔵貨車が新設され、青森・上野間、下関・大阪間、北陸地方・東京間に試運転がなされ結果がよかった。また同年北海道水産試験場は函館・小樽から鮪《まぐろ》を、石狩から鮭《さけ》を東京の帝国冷蔵会社に氷送するようになった。(5)冷凍魚が市内で多く発売されはじめたのが、大正十年（一九二一）ころからである。これは葛原商会が原料の豊富な産地で冷凍にした魚類を市中の倉庫にたくわえておき、市場に小出しするので、価格が終始一定し、季節の変化にかかわらず多数供給できるという利点のあるものである。残念ながら十四年から休業するようになった。昭和に入って各地で行われるようになる。(6)冷蔵庫は明治三十六年の第五回国内の勧業博覧会にはじめて出品されている。東京の魚河岸で冷蔵庫が用いられるようになり、魚河岸冷蔵庫は、帝国冷蔵庫会社によって経営されるようになった。

(ト)罐詰についてみると(1)明治七年に千葉県行徳の山田箕之助は野菜類を罐詰に作り、三井物産会社から下谷池ノ端の店に託して、これをハワイや米国に輸出した。(2)明治政府は明治八年に米国ワシントンに博覧会があったので、役人を派遣して罐詰法を学ばせたり、新宿元農事試験場にて魚類の罐詰を試みたりした。北海道の開拓使でも、新たに外国から機械を買入れて製造をはじめた。(3)各種の罐詰が店で売られるようになるのは、明治十年前後からである。十一年六月の東京新報には「開拓使嘗テ西洋法ニ倣ヒ、試ニ魚獣肉ヲ製シ、罐ヲモツテ之ヲ貯フ、去年又米国人某ヲ雇ヒテ之ヲ製ス極テ上品ト称ス」とみえている。このころから十三年七月には開拓使は罐詰をつくる生徒を募集している。

和酒と洋酒　酒の消費量は明治時代に入ると一段と躍進する。(イ)日本酒は清酒系と濁酒系とに二大別される。(1)

濁酒系のものは米をはじめ穀類を主材料としたもので、甘藷を材料とするイモ焼酎《しょうちゅう》も多く作られた。(2)わが国の清酒醸造法は明治十六年に宇都宮氏が、愛知県知多郡亀崎に試験所を設け、清酒製造に改良を加え、これをこの地方の酒造家に指導した。そのため従来のやり方よりも醸造が容易となり、腐敗が少くなり、ここに日本酒は大きく改良されることとなった。

(ロ)ビールは都市において旧来の日本酒とともに消費されるようになった。(1)明治五年発行の「愛知新聞」第一四号には「近頃浪花開商社にて、米人の教授を受け、日本大麦を以て麦酒を製造したるに、其品西洋と同一にして、其価廉なるを得たり、県下江川町進化堂広く売捌を為せり」とある。このころからビールがわが国でも作り出されていたのである。ビールの消費は一定していなかった。大阪府では、明治五年二四〇石、八年一八〇石、十六年一、〇三二石、十七年一二、七六三石、十八年一八八石、二十一年九五七石、二十二年一、五六七石という状況であった(「大阪府誌」)。このようにその消費は年によって高低が大きかった。これはビールそのものの味がわからなかったことと、ビールの価が酒に比してはるかに高価であったことにもよるであろう。明治八年ころは米一升十銭であるのに、ビール一本は二升に相当していた。だが(2)本格的な国内製造は明治九年(一八七六)の国営の札幌麦酒製造所の創立にはじまる。当時北海道の開拓使庁では大麦とホップがよく北海道に適することを知り、ドイツにあってこの道に熟練していた中川兵衛をこの業にあたらせ、九年九月に札幌に醸造所を新設し、米国の麦をもってドイツ法で醸造した。翌年これを東京に送ったところ、大好評を博し、十三年には八五〇石を送った。この醸造所は十九年に大倉喜八郎に払下げられ、ついで渋沢・浅野・大倉の三氏の合資となり札幌麦酒会社となった。かくて明治二十六年には二、五〇〇石、二十八年には三四、〇五〇ダースが売り出された。だが、明治二十年ころには年々三、四〇万円のビールを外国から輸入していた。(3)明治十年には東京芝桜田本郷町に桜田麦酒会社ができ、程ヶ谷に工場が造られた。これは大日本麦酒程ヶ谷工場の前身をなすものである。二十年には東京の恵比寿、大阪の朝日、四十年には横浜の麒麟麦酒などの諸会社が相ついであらわれ、ドイツ風の醸造法によった。

(ハ)葡萄酒は幕末から蘭学者や大名などに用いるものがあらわれているが、これをわが国で製造するに至ったのは明治十年ころからである。(1)明治三年に山梨県の山田宥教らが試作して京浜地方に売り出した。十年に山梨県令の藤村紫朗は藤村葡萄酒会社を設立したが、技術者がなかったので、同年九月醸造法研究のために留学生として高野積成ほか一人をフランスに派遣した。同十二年に高野らは帰朝して日本種の葡萄で一五〇石を醸造した。なおアメリカから葡萄苗の五千本をとりよせ栽培したが、醸造法が一時失敗し、十五年から十八年まで三年間醸造を中止解散した。のち宮崎光太郎がこれを払受け、人をフランスに派遣して醸造法を研究せしめ、苦心の結果、明治二十二年に純良品を得て大黒天印と名づけ、大黒天印甲斐産葡萄酒を販売するようになった。(2)政府では明治九年に内務省勧業寮からアメリカに派遣されていた大藤松五郎が帰国し、甲府の山田氏の醸造場で四合入一万本を試醸したが失敗した。ビールや葡萄酒は米を材料としないでうまい酒がつくられるというので、その製造が奨励された一面もあって次第に発展した。(ニ)混成酒としては、ジン・ラム・シェリー・ヴェルモット・リキュールなどが大都市や開港場でとくに消費された。

軽飲食店の普及　軽飲食店は江戸時代には町人が最も多く利用したが、この時代になると、広く普及して繁昌をなした。(イ)明治三十三年の「時事新報」に連載された日本風俗によると、「飲食店の種類の最も多きは饂飩《うどん》屋・蕎麦《そば》屋・鰻《うなぎ》屋・天麩羅《てんぷら》屋・汁粉屋・料理屋・牛鳥の鍋屋等にして、此外に日本にては内地到るところ茶屋として、公園地町外れ等に腰掛を置き、客の休息所と為し、茶を供し菓子をうるもの甚だ多く、又夏季には氷店と称して氷を削りたるをコップに盛り之にレモネード其他果物の液汁を混和し売るものあり」、とあって、軽飲食店の種類と、いたるところに茶屋の多いことを指摘している。そしてこの新聞には(ロ)日本の飲食をその目的によって次のように三種類にわけて、

「一は単に口腹を飽《あ》かしむる目的のもの、二は飲酒の目的のもの、三は遊楽の目的のものにして、単に口のために飲食店に出入する者は多くは中等以下の人物に属す。即ち饂飩屋・蕎麦屋・牛鳥の鍋屋・天麩羅屋の類なり。又単に酒を呑まんとして出入する居酒屋若くは下等料理屋は極々下等にして車夫馬丁の休息集会所たるにすぎず、中等以上の紳士が出入する飲食店は料理屋にして、上等なるものは手数暇取り急用の間に合わざるを以て、近来西洋料理広く行われ、多忙なる紳士は多く之に出入して食事をなすという」

とある。飲食店を飯屋の類、居酒屋の類、料理屋の類の三つにわけ、時間のかかる料理屋よりも簡便にして迅速《じんそく》な西洋料理がひろく利用されていることをのべている。このことは同時に軽飲食店が繁忙な都会人の生活に適していることを語っているものでもある。だが(ハ)これらのうち西洋料理店や飯屋の分布をみると勤人の多いところに多く、東京では主として、下町の神田・日本橋・京橋などに集中し、大衆の集る浅草には居酒屋が多く集中している。が、西洋料理店はほとんどないという状況であり、西洋料理はわずかの人々に愛好されていたにすぎなかったのである。(ニ)明治末から大正にかけて、コーヒー店・ミルクホール・喫茶店の類が増加したので、家庭外でたやすく飲食が多くできるようになった。軽飲食店は、そば・うどん・牛飯・かき飯・豆腐・茶漬飯・さつま汁・どじょう汁などを売る店が多かった。(ホ)中国料理店は西洋料理店にくらべて普及はおそかったが、東京では関東大震災後にようやく多

くなった。(ヘ)駅弁は鉄道の発達にともなって、駅で売るところがあらわれ、旅行者に便宜をあたえるようになった。

食事迷信の打破　明治になっての旧弊打破の様相は政治・経済・社会・文化の上にあらわれたが、そこには新旧の相剋が展開され、政治問題や社会問題をひきおこした。なかでも(イ)仏教の殺生戒の影響による肉食禁忌は、わが国民の長い伝統をもち、生活に深くくいこんでいたために、一朝にしてこれを打破し、解消せしめることは困難であった。(1)肉食は欧米人の生活には必要欠くべからざるものであったが、開国和親とともに、彼等の生活様式が輸入され、文明開化の標語にのって、日本人も肉食をはじめるものもあらわれたが、一般的には肉食することは保守的であった。(2)明治二年（一八六九）に伊豆の八丈島では牛一頭を屠《ほふ》って食した罪で、一〇人が小島に追放され、他の一〇人は科料、三名は叱り置くの刑に処せられている（「八丈島誌」）。このようなことはおそらく各地にあったことであろう。このような処罰は㈠牛を殺すとそのけがれによって、その地域社会がけがれ、不幸を招くと信じられていたこと、㈡牛は馬とともに農耕に従事し、生産力向上の原動力の一つとなっているので、当然愛護すべきものであるという考えなどから行われたものであろう。

(ロ)すでにのべたように、(1)明治五年に敦賀県が肉食は汚穢《おえ》に属するという考えは、もってのほかのことであると諭し、食事迷信の打破につとめたのもその一例である。(2)明治五年文部省では肉食と牛乳飲用とが汚穢に関係がなく、日本古代にその両者ともひろく行われていたことを国民に知らせるために、近藤芳樹をして、「牛乳考」「屠《と》畜考《ちくこう》」を書かせて、食事迷信を打破することをつとめた（「大阪府誌」三）。

(ハ)食事迷信を打破することに貢献した人々は多い。(1)福沢諭吉もその一人である。幕末に中川嘉兵衛が、江戸の白金村に（港区白金町）屠殺場をひらきさらにこれを大森海岸に移して屠牛場を新設したのも、福沢の勧誘によるものであった。中川ははじめ、白金村の名主の邸内の畑を借りて牛を屠ったが、それには青竹を四本立てて、それに御幣《ごへい》を結び四方へシメを張り、その中へ牛をつなぎ、掛矢で撲殺し、上肉だけをとり、他はすべて土中に埋めた後はお経を上げるという始末であった（「明治事物起源」）。(2)加藤祐一も明治六年「文明開化」という書によって人々を啓蒙している。

　元来獣肉魚肉、都《すべ》て肉類を忌むは、仏法から移った事で、我が神の道には、其の様な事はない。……神に獣の頭や魚の肉を捧ぐる事は、常の事で、獣肉を喰うて、穢《けが》れるという様な事は、決してない事じゃ、

とのべて、穢れというのは仏教からきたもので、日本の神道にはそんなことはないと教えている。そして屠殺は人が残悪になるので、仏教ではこれを厳しく戒めているが、「大の小を制するは、有情のもの一般の習いで、鼠は猫にとられ、猫は犬に制せらるる、万物の長たる人じゃもの、何喰ふたとて遠慮はない。素より魚鳥を喰ふ程ならば、牛豚の肉も同じ事で、形の大小を以て差別のある事なら、魚でも鯨でも喰はれぬ道理……魚は死に臨《のぞ》んでも声を発せぬものの故、さほどにも思はず、鳥獣は悲しみの声を発し、其死を憂ふる体の、容子《ようす》にも見ゆる故、人情愛憐《あいれん》のかかる理で、其処に差別はある事なれど、穢れる穢れぬという差別が獣と魚とにある訳はない」といっている。(3)横河秋濤は、「開化の人口」をあらわし、肉食の必要論を説き、孔子も牛肉を舌なめずりして食べたそうだと記し、「皇国も上古は随分獣肉を人も喰たり、神様へも供へたと見えて、奈良の春日様の御祭りには有味の御食《おんじき》と言て、獣肉を献じる事が遺《のこ》て居ますヨ」と教え、さらに「日本の田舎人が麦の粉の団子や蕎麦のかた餅を椀に盛り上げやたら取込で腹をふくらした処が、正味身に附く養分は一分か二分サ。詰り脾骨を傷めるだけが差引の損」だとのべ、日本人が栄養の少いものを大食していることを戒しめ、肉食を忌むことの弊害を説いている。政府の指導やこのような民間人の啓蒙によって日本人は次第に肉食の必要性をみとめるとともに、古来伝えられてきた食い合わせの禁忌なども次第に解消され、

食品を自由に選択するようになった。

食事衛生の発達　わが国の食事は清潔であるということは、外人宣教師などによってもすでに指摘されていたところである。とくに明治に入って医学や学術の発達にともなって衛生知識が向上するや、台所の改善、生鮮食品の確保、飲用水の清浄などが衛生保健の見地から重視され、それらに関する施設や器材が整備されるようになった。

(イ)食事調理に直接の関係のある⑴台所は一般家屋に瓦・トタン・セメント・石材などが用いられるにともなって自ら改善され、採光や防火に意が注がれ、明るく清潔のものが多くなった。だが、一般住宅にセメントがはじめて利用されるのは、大阪では明治二十年ごろ、東京では三十一年ごろといわれる。⑵燃料は明治に入っても薪と木炭が主であるが、都市では、木炭の利用が多くなり、東京の木炭は鉄道の発達にともなって北陸・東北地方をはじめ、荒川上流の秩父から、また海路によっては千葉・伊豆方面から供給された。大阪では淀川・猪名川上流地方から燃料を供給していた。⑶石炭ガスは家庭燃料として利用されるようになるが、明治五年フランス人ペルグレンの設計により、高島嘉右衛門らによって横浜に石炭瓦斯《ガス》製造所が設立された。のちにこれは市営となった。東京では明治七年に渋沢栄一が石炭瓦斯会社を設立した。だが、街頭や公共の建築物の照明用であって、これが燃料として家庭に利用されるようになるのは、東京では明治三十五年ころである。つづいて、大阪・名古屋・神戸・堺・博多・金沢・宇治山田・八幡・一宮・豊橋・広島などに会社が設立され、明治四十五年までには六十五の都市に及んでいる。

(ロ)生鮮食品の確保のために野菜の卸市場や魚市場の施設の充実がはかられた。⑴東京の青物市場はすでに江戸初期に、幕府の御用市として駒込市場から始まったが、正徳年間に神田多町の市場が成立し、天保のころには二〇〇軒余の問屋がたちならんでいた。そのほかに千住・京橋・大崎・品川などにも市場があった。それが明治になって周辺の都市化がすすむにつれてその外縁に多くの市場が生れ、明治の末には五〇を数えるに至った（「市場沿革史」）。(2)魚市場は日本橋の魚市場が江戸時代からあり、これを中心に新橋・深川・大森・不入斗《いりやまず》・千住などにもあった。東京では明治二十年代になって氷が利用されるようになって鮮魚のとりあつかいが増加した。大阪・名古屋などにもそれぞれ鮮魚をとりあつかう市場が古くからひらけていたが、明治に入ってから市場が増設拡張されている。

(ハ)飲料水については(1)すでに江戸では多摩川や郊外の池の水を玉川上水などによって引き入れ、伏管を通じて市中へみちびいた水道の設備が一部に施されていた。(2)洋式水道はわが国では、はじめて明治三年に横浜において水道会社が水源を多摩川にとり、七年に桜橋以北が完成したが、工事が不完全であったので会社は解散し、その管理は横浜市役所に委託した。明治十六年の夏、横浜市役所は英国陸軍工兵少佐ハーマーにたのみ、欧米式の鉄管を布設した洋式水道を二十年に完成した。これについで函館は二十二年、長崎は二十四年、大阪は二十八年、東京は三十二年、神戸は三十三年、京都と名古屋は四十四年にそれぞれ完成した。水道の完成によって、コレラ・赤痢・天然痘・ジフテリアなどの流行病患者の数や火事がいちじるしく減少するに至った。

食器の近代化　西洋料理が普及するにともなって食事用具は近代化された。(イ)食器や容器はこれまでは木地と陶器とであった。(1)木地には椀・皿・盆・膳などをはじめ、樽・桶・箱などがあり、食器には漆塗の椀・皿などがあった。(2)陶器は東日本では尾張の瀬戸で作られたものが瀬戸物として多く用いられ、西日本では北九州の伊万里・有田などを中心として生産されたものが多く使用された。陶器には茶碗・皿・湯呑・徳利・瓶・壺などがあった。陶器の食器は東日本では地方の町々にあったが、大量に買うときは市で買った。だが、西日本や北陸では食器の多くは木地を使っているところが多く、京都府の丹波地方では明治二十年ごろから、新潟県の山間部では明治三十年ごろからそれぞれ使うようになった。(3)ガラス製品は瀬戸物よりも普及がおくれた。ガラス器は維新以後東京では各地で売られている。特にビール・ラムネ・サイダーが輸入されるにつれてその容器が魅力となった。日本でガラス製品のつくられるのは、島田弥市が日本硝子会社を大阪に明治二十二年に設立したことがはじめであり、社勢は一時振わなかったが、二十六年ごろから振興している。したがって日本にガラス食器が主として都市で利用されるのは日清戦役前後とみてよいであろう。当時は地方や一般農家ではほとんど用いず金持などにかぎられていた。ガラス製食器には菓子・皿・盃・コップ・瓶などが作られた。(4)アルミニューム製品は明治三十年ごろにはじめて軍隊で箸を作って使ったのがはじめである。やがて弁当箱・茶瓶・釜・牛乳わかしなども作られた。はじめ大阪の製品が関西に普及したが、日露戦役後は関東地方にも普及することとなった。四国・九州などは大正に入って普及した。

(ロ)飯台はこれまでは使用人の多い家庭で用いられていたが、新しい食器の普及につれて、明治の中ごろには都会の一般の家庭では、いままで各自が膳を用いていたのをやめて、飯台を家族がかこんで食べるようになった。だが、飯台の使用は地方の農村では大正になって流行し、飲食店などでも用いられるようになった。飯台の使用によって、食器はその都度洗われ、清潔となり、主婦の食品分配の労力が軽減され、食事慣習に多大な変化をあたえることとなった。

宮中の御用商人　宮中の食事に関することはすべて宮内省がこれにあたっていた。宮内省は天武天皇の時代にはじめておかれ、文武天皇の朝に大宝令を定めて省となし、それ以後明治維新当時まで存続してきた。ところが明治維新となり、明治元年七月江戸は東京と改称され、十月明治天皇は東京に行幸され、二年三月二十八日には東京へ再行幸となり、この日から東京城は皇城と称せられ、ここに東京は都となったのである。元年七月に官制を改革して、宮内省をおき、十九年には官制を定め、その後いくたびかの改正を経て今日に至っているのである。

都が東京となり宮内省も京都から東京へ移ったとはいえ、(イ)大膳職《だいぜんしき》・御厨子所《みずし》はこれまでのように宮内省に置かれていた。大膳職は宮中の食糧の購入や、臣下に下賜する饗膳のことを、御厨子所は天皇に朝夕の御膳を供進することを、それぞれ掌っていたのである。したがって天皇の行幸などの際は、常に御厨子所の人々が随行して、天皇の御膳の供進を行っていた。たとえば(1)明治天皇は明治元年九月京都を御出発になり、十月に東京におつきになった第一回の東京行幸には、御厨子所の高橋右京亮と大隅美作守とが、それぞれ従者とともに随行し、また御茶漬櫃・御水器・御膳辛櫃などを携行している。また(3)明治二年三月の東京再行幸のときも、御膳辛櫃は御厨子所の人々が、御茶漬櫃は非蔵人がそれぞれとりあつかっている。

(ロ)明治三月七月には、太政官達第三九号をもって、天皇の日々の「供御膳等ノ調進方ハ高橋内膳少佑外一家ニテ取扱ノ処、更ニ内膳司へ仰付ケラレ」るということになり、また同じく第四一号をもって、「御茶調方非蔵人取扱ノ処、自今内膳司ニ於テ取扱」ということになった。かくて、明治三年七月ごろから宮中では大膳職が従来通りの職務を遂行し、内膳司が天皇の食膳や湯茶のことは一括してとりあつかうことになったのである。なお大膳職の付属として半官半民ともいうべき「魚清《ぎょせい》」という組織が明治初年から形成され料理を外部から宮中へ入れていた。これはその後公的な賜饌《しせん》調理所という組織となり、昭和の初期まで続いていた。

(ハ)宮中では食糧を外部から購入せねばならなかったために、必然的に信用のある商人を選ぶ必要があった。(1)そこで大膳職では、信用のある店について主人や家族の身分調査を行い、適当と思われるものを選んで御用商人となし、これに証明書を下付し、納入食品には一切の責任をもたせ、とくに衛生には注意を払わしめていた。

(ニ)御用商人として古いものには、(1)菓子屋の塩瀬と虎屋の二軒がある。塩瀬は築地が総本家であって、宮中では「塩瀬まんじゅう所」と呼んでいた。虎屋は江戸時代からの店であるが、京都が発祥地である。和菓子の御用商人が京都風であったのは、和菓子は京都の方がはるかに江戸よりも美味で良質のものがあり、その製造技術が伝統的に優れていたことによるものであったからであろう。精養軒はすでにのべたように、明治初年に岩倉具視と関係のある者が江戸で店をいとなんだことから始まり、洋菓子の御用をつとめていた。

(ホ)明治十三年ごろから御用達制度が成立したようである。食品関係の商人の申請は大膳職がやっていた。適当な商人を御用達商人としての称標を店に掲げさせた。この制度は終戦後の昭和二十三、四年ごろまで続いている。宮内省調度寮の明治十四年の「称標録」によると、印刷及紙商製紙分社外三名への御用達称標許可の件として、四人の氏名と住所が掲げられ「右の者従来商局出入ノ商人ニ候処、今般宮内省御用達ノ称掲示致度旨、別紙之通出願ノ処、用達称標出願取扱順序ニ何レモ相当スルモノニ付、願之趣聞置可レ然哉、此段稟議候也」とみえている。明治時代の御用達商人は維新当時からの御用商人はそのまま御用達時代にも存続されたものもあったが、多くは新たに許可された。大膳職の明治二十三年の「称標録」によると、同年五月に日本麦酒株式会社長桂二郎の御用達の称標掲示願の取消を行っている。三十二年には、酒商には広岡助五郎、翌年には清酒商には柴田幸三郎、葡萄酒商は宮崎光太郎、洋酒商には山田善三郎が許可されている。三十五年一月には酒商の広岡助五郎、札幌麦酒株式会社取締役会長の渋沢栄一、日本麦酒醸造株式会社通称麒麟麦酒会社専務取締役フランク＝スコット＝ジェームスの三人が許されている。三十六年三月には大阪麦酒株式会社取締役社長鳥井駒吉が、四十年六月にはキリンビールの専務取締役の米井源次郎が許可されている。

(2)味噌の御用達商人には、明治三十二年に浜口儀兵衛、三十四年には早川休右衛門が選ばれている。(3)醬油は三十二年一月に醬油醸造業の浜口儀兵衛、翌年には田中玄蕃が、三十九年十二月には浜口合名会社々長の浜口吉右衛門が、四十二年十月には茂木佐平治が該当者である。

(4)味醂は三十三年十一月に鈴木新兵衛が許可されている。(5)酢は三十三年に清酢醸造業の中埜《なかの》又左衛門が許されている。

(6)魚商は二十五年一月に三輪八百吉・佐久間藤吉・荒木平八の三人が、二十七年には、佐久間定吉が許可されている。藤吉が死亡したか、またはその任に耐えないような特殊の事情があったために定吉が新たにあとをついだのであろう。三十六年三月には、魚商三輪義三郎が許可されている。彼も四月には八百吉と改名している。(7)鳥商には三十二年に伊東延が、三十七年には延にかわって伊東健造が新たに許可されている。(8)果物商は四十三年十月に青木惣太郎が許されている。(9)菓子は、二十五年一月に黒川光保が、三十二年には仁木準三と米津恒次郎とが許されている。三十四年には仁木準三は御用達を取消されている。三十五年一月に黒川敬が許されている。三十六年十月には、合名会社明治屋の代表者米井源次郎が許可された。

(10)氷屋は三十二年に東京製氷株式会社の取締役の土屋直温が許可され、四十年には日本製氷株式会社の取締役社長の中川佐兵衛が許可されている。(11)鉱水は今日のサイダーに類似した飲料であるが、これには四十一年に英国有限責任アホリナス鉱水会社が、翌年には帝国鉱泉株式会社専務取締役中谷整治が許された。(12)料理食料品は四十一年に北村重昌が、(13)西洋料理は明治四十二年十月には伊藤耕之進が、(14)漬物商には四十二年八月に村田与兵衛がそれぞれ許されている。(15)食器は三十三年四月に陶磁器業の辻勝蔵が、四十二年八月には玻璃器商の木村新太郎が許されている。

このように御用達商人は多方面にわたって許可されていた。酒屋・魚屋・菓子屋などは多くの店が許可されていることがわかる。酒類は種類が多いこと、魚屋は新鮮なものを重要視すること、菓子は技術によって味や風味がいちじるしく異なることなどの事情を反映しているものであろう。

御用達商人は、店を対象として子孫に世襲されたものではなく、個人をあくまでも対象としたものであって、本人が死亡すれば自然に御用達商としての資格は消滅するものであった。宮内省調度寮の明治四十三年の「称標録」によると、

東京市濤川惣助死亡ニ付キ、宮内省御用達称標掲示許可ノ儀ハ、自然消滅ノ旨、内務省警保局長、警視総監ノ通牒ノ件、

とみえている。したがってもし御用達商人としての許可をあたえられていた者が死亡すると、そのあとつぎの子は改めて申請し適格者と判定されなければ取消されることが原則であったのである。御用達商人となることは商人にとっては大きな栄誉であったが、一面においては、その任務遂行には多くの困難がともなっていたことも想像されることである。しかも、宮中の料理は伝統を重視する傾向が強かった。たとえば、明治十年代の宮内省の催す洋食の宴会の和文メニューをみても漢字ばかりで記されているのは、当時の民間のメニューが仮名を多く使用しているものとは趣を異にしている。

紀元二千五百四十二年

(明治十五年)二月六日

於延遼館　　晩餐献立

一、羹汁　鶏肉人参合製
一、魚肉　鯛蒸焼馬鈴薯
一、獣肉　牛背肉洋菌合製蒸焼
一、獣肉　牛背肉油製菌
一、鳥肉　雑腹肉松茸合製蒸焼
一、鳥肉　鶏腹肉米混合製
一、鳥肉　雉子蒸焼洋菜
一、蔬菜　洋豆
一、製菓　鶏卵牛乳混合製蒸
一、和漢洋果実数品

以　上

当時の宮中の宴会料理の一端を知ることができよう。

庶民の食事　農山村の日常の食事は旧慣を固守していたことや、経済上の理由などによって食品の改善は消極的であった。

(イ)米についてみると、(1)明治十一年の大蔵省地租改正事務局に提出された報告書によると、全国農山村の米の消費量は全食料の三分の一にもおよんでいないという状況であった。また(2)明治中期には鳥取県の郷村では地主といえども、年中米ばかり食っている家は一軒もなく、八〇%以上が麦・粟・稗などに少量の米をまぜて食うのが普通であったと橋浦泰雄氏は「歴史と民俗」の論文の中にのべている（「日本歴史講座」I）。(3)明治四十年代になると、福島県田村郡地方では、米と麦を混合し、中以下の者は馬鈴薯・大根を入れており（「田村郡案内」）、伊豆西海岸では米・麦を主とし、粟・稗・黍・玉蜀黍《とうもろこし》などを混じたものを主食とした（「三坂村誌」）。(4)農家の中には出費を賄うため、繭・果物類・蔬菜類などのあらゆる農業生産物は金をうるために売り出された。明治末年には貧農たちの米は収穫すると村の雑貨屋と地主と肥料屋の蔵の中に運ばれ、後には春まで食いつなぐ砕米がやっと残るだけというところもあった（西岡虎之助「民衆生活史研究」）。このように明治に入っても農家では米だけの飯を食べるというのはほとんどなかったのである。

(ロ)副食については、(1)植物性のものが最も多く、葉菜・根菜・豆類のほかに、春には木の芽・若草、秋には木の実・茸などを、煮るか焼くか、漬物にするか、生のままでも食べた。(2)動物質は海岸地方は新鮮なものがつかわれたが、海岸から遠いところは塩物か乾物であり、このうち北海道の鮭・鱒・数の子は全国的に利用された。しかし、このようなものを食べるのも平常は稀であって、多くは正月・盆・村祭などに食べる食品であった。(3)都市の市民の日常食は米を主として用い、これに挽割小麦や大麦をまぜる家もあった。

(ハ)副食物は(1)家庭で作るものには、天ぷら・味噌汁・すまし汁・和《あ》え物・漬物などが用いられた。(2)街で売る加工食品には佃煮・煮豆・納豆・コロッケ・フライ・鮭・鱒の塩漬・豆腐・肉類・魚貝類などがあり、主婦が調理する労力をはぶく利点があるので、家庭だけでなく、学生や勤人の弁当の副食に利用された。

行事食の保守性　(イ)明治に入り、文明開化の世の中になったので、年中行事にも新たな様相が加わった。(1)旧暦の明治五年十二月三日が新暦の明治六年一月一日となり、七曜制が採用された。これにともなって国の年中行事として新しく元始祭・新年宴会・紀元節・神武天皇祭・神嘗祭・新嘗祭が制定された。しかしその際の儀式食はなお古式を保っていた。そして新しいこれらの祭の日には国旗が掲げられるようになった。だが、これとともに(2)旧来の民間に伝わる年中行事は従来の慣習をうけついで行われている。正月には屠蘇《とそ》・雑煮《ぞうに》・数の子・きんとん・田作《たづくり》・こぶ巻・なますなどの縁起をかついだ食品が用いられた。盆には精進料理が多く作られ、春と秋の祭には赤飯や煮しめ、餅などがつくられた。なかでも(3)餅は行事のあるときはほとんどつくられ、正月の鏡餅・のし餅・丸餅・餡餅《あんもち》、出産や誕生祝の力餅、三月節句の草餅、五月の端午の節句の柏餅・牡丹餅、上棟式のときにまく撒餅《まき》などもある。

(4)冠婚葬祭のときの食物は家族だけではなく、親族知人を招いて食べてもらうためのものでもあり、酒を多量にのむ儀式がともなった。酒は客が酔いつぶれるまで、飯も腹一杯になるまで食べてもらい、できるだけ上等の引出物をもたせてやることになっていた。そしてそれができないことは、世間や祖先に対して義理がはたせないと考えていたのであった。そのため平常は一層食生活をつつしんで、冠婚葬祭の日に備えなくてはならなかったのである。食生活に最も保守的性格を残すもととなっている。(5)年中行事や冠婚葬祭の食物は、平常食が粗食を主とするのに対して餅・団子・麺類などの粉食を主とすることもいちじるしい特色であろう。

明治・大正の文化と食物

明治維新によって日本人の食生活はその相貌を一変させた。(イ)開国以来欧米のすぐれた文化に接触した結果、かれらの進歩した所有物を受容し、かれらと共通な生活基盤に立って行動せざるを得なくなった。従来のタブー・迷信が打破され、食品の選択が自由になった。しかも、政府の殖産興業政策によって諸産業が発展し、物資は豊富になり、自然科学の目ざましい発展の中に栄養学・医学・薬学が発達した。このような科学の発展や生産の向上にともなって、飲食料・飲食品の種類やその量は明治時代を通じて豊富となり、人々のこれに応ずる味覚も当然発達し、各自が好みの品を選ぶ幅も拡大された。はじめは都市中心に食物の近代化が行われたが、交通の発展につれてその近代化は次第に地方にも浸透し、第一次大戦以降になると、東日本と西日本との地域差はいよいよ縮小されるに至った。

だが(ロ)海岸線が複雑で、山岳の重畳しているわが国では、島嶼《とうしょ》や山間が多く、農山村に通ずる鉄道や道路の発達がおくれたため、飲食料や飲食品の差がそのまま現われ、その中での貧富の差も目立ってきた。特に現金収入の少い農家は質素であり、近代的な食生活にはほとんど恵まれなかったのに対して、都会や町の生活はぜいたくであった。したがって明治・大正時代には洋風の食生活が上下に普及したとはいっても、それは上・中流階級や都市や町の人々だけであって、農民階級の大多数はあまりその恩恵をうけていなかったのである。明治にはじまる外来の新しい食生活ははなやかで豊富ではあるが、案外に民衆全般の食生活の向上には貢献していなかったのではなかろうか。

(ハ)このように明治・大正時代は外来の新食生活の恩恵をあまりうけていない階級の一部もあったが、鈴木梅太郎のビタミンBの抽出、高峰譲吉のタカジアスターゼとよぶ強力消化剤の発見などにともなって、栄養学が大きく進展したため、学校・工場・一般家庭などでも栄養価を云々《うんぬん》され、これまでのような奢侈や珍奇を好む傾向は減少し、科学的・栄養的な見地から食物を摂取せねばならぬという知識が向上し、国民の体位は徐々に向上の一途をたどることとなった。

第十三章　現代の食事（和洋食混同時代）昭和

時代の概観　(イ)第一次大戦直後の恐慌、大正十二年の関東大震災による恐慌とあいついで深刻な危機に見舞われた日本の経済界は、政府の資金放出による一時的な応急策によってかえって矛盾が表面化した。それが昭和二年（一九二七）になって金融恐慌となって再び破滅に瀕した。

特に(ロ)昭和四年（一九二九）の十月にはニューヨーク株式市場の大暴落がおこり、積り積った矛盾はこれを契機として一挙に爆発し、たちまち未曽有な大恐慌がアメリカ全土をおそい、これがきっかけとなって史上類例のない世界的恐慌がはじまった。世界の貿易額は三分の一に縮小し、各国とも失業者が続出した。わが国もこの世界的恐慌にまきこまれ、産業合理化、財政の緊縮政策を遂行したが、物価は低落し、失業者は続出し、国内では右翼陣営が台頭し、海外では排日貨問題が起り、内外多難な時代を迎えた。

(ハ)このときに満洲事変が起ったが、国民は「満洲某重大事件」というだけで、その真相は知らされず、事件は闇に葬られた。この事変の後には財閥や軍閥が大陸政策の必要の結果として、日本の後背地満洲国を建設した。そのため、国際連盟の批判をうけたので、これから脱退して国際的に孤立し、上海事変・日華事変と次第に戦線の拡大をはかり、多大な消耗戦を遂行しながらついに真珠湾攻撃をなして太平洋戦争に突入せざるを得なくなった。

(ニ)これまで大陸や南方で消耗戦に明けくれていた日本は米英と交戦するに及んで海外から物資の輸入は全く困難となり、生産の担い手である何百万の青年を戦場に送ったことは国内の生産力の低下となり、たちまち物資は欠乏し前途は多難となった。このときにあたり、食糧の欠乏が最も深刻にあらわれ、食糧の配給や代用品の奨励がはじまり、これまで平常一度も口にしたこともない雑穀・粉食・甘藷でさえも主食とせねばならなくなった。それどころか配給だけの食糧ではほとんど生存することは不可能な状態に陥り、人々は地方や農村へ、いわゆる闇買に行き、苦境をのり切らねばならなかった。このような食糧不足は国民を栄養失調にさせ、体位を低下せしめることとなった。

(ホ)昭和二十年八月の終戦は日本の悲運の日となったが、日本はこの日から民主主義の確立をめざして平和を回復する再出発の日となった。これ以降日本人は新生活の樹立のためにあらゆる努力を傾けて奮闘した結果、戦後における政治・経済・文化の向上発展は世界の驚異となり、食生活も未曽有の成果をあげて改善され、国民の体位向上や寿命の延長などとなってあらわれている。

戦争と食糧難　(イ)昭和十二年七月七日、北京《ペキン》の郊外において宣戦布告のない戦争に突入した。これが日華事変である。一ヵ月後には戦火は上海にも波及し、長期的な全面的戦争に突入した。このため挙国一致が叫ばれ、国民精神総動員の名のもとに社会各方面の統制は次第に強化され、重要な物資に対する使用制限・配給統制が開始され、切符制の実施となった。

(ロ)昭和十三年三月に国家総動員法が議会を通過し、五月から一部が実施されはじめ、政府は絶大な権力をもって物・心両面から耐乏生活を強制し、奢侈品の抑制はもとより食品にも適用した。昭和十四年七月アメリカは日米通商条約廃棄を通告し、米国からの物資の輸入は絶望となった。同年九月には賃金並びに価格等統制令が施行され、賃金はストップされたが、価格だけはくぎづけにはできなかった。

この年の秋には朝鮮の米は大凶作で、一千万石以上の減収となり、これがきっかけとなって食糧問題が深刻化してきた。十二月になると米の七分搗と代用食の奨励をはじめた。このころになると砂糖・タバコ・マッチなどが不足をつげるようになった。

(ハ)昭和十五年には小麦粉・米穀の配給制規則が公布され、飲食店で米飯をつかうことを禁止した。十六年四月には米穀配給通帳制が実施され、野菜や魚が配給制となった。七月には英米諸国は在外の日本資産凍結を通告し、英国は日英・日印などの通商条約廃棄を通告して強硬態度を表明した。ここにおいて日本はA(米)B(英)C(中)D(蘭)ラインに包囲されることとなった。十六年の主食配給の基準は、一日に二合三勺であり、翌年は麦と芋を加えて二合五勺、十八年には前年の半分以下となった。十九年には代替食糧が十八年の二・五倍、二十年には七倍というようにますます悪化した。大根・人参などの野菜や塩漬の魚は隣組単位に分配され、これを各戸の人数割にして配給された。魚は一人一〇匁、味噌は一ヵ月一八三匁、食用油は三ヵ月に一合、砂糖は茶碗に一杯、という状態であった。十九年には公営の雑炊食堂が営業をはじめ、行列をつくって雑炊をすする者も多かった。

(ニ)一方には政府は対米交渉をつづけ、来栖三郎を野村駐米大使の輔佐として派遣したが、他方ひそかに開戦の時機をねらっていた。かくて十二月八日かねての計画によって突如真珠湾を奇襲し、米・英・蘭等に対するいわゆる太平洋戦争に突入したのであった。勝ち誇る日本軍は昭和十七年正月にはマニラを占領したのをはじめとして、わずか半年にして西南太平洋は日本の支配下に入った。しかしこれは全くの誤算となった。米・英の反撃は徐々にしてしかも強力につづけられ、六月のミッドウェー海戦で徹底的に敗北して以来、日本の敗退となり、日本の劣勢は顕著となった。ところが戦局の悪化は同時に国内の戦争経済を徐々に崩壊に導いた。相つぐ海戦および敵潜水艦による艦船の喪失は南方地域と日本本土との交通を遮断させ、重要物資や食料の欠乏はとみに急迫した。これに加えて空襲ははげ

大東亜戦争中の女性

日の丸弁当

しくなり、工場や物資を入れた倉庫をつぎつぎに焼失した。(ホ)二十年の四月には米軍は沖縄を占領した。戦局の悪化は国民生活を一層苦境に追い込んだ。空襲によって家を失い、妻子を失った民衆は前途の希望を失い、暗黒生活がつづいた。しかしその苦しい戦中の食生活は(1)これまで長い間米の粒食偏重主義を打破して、粉食にも慣れさせたこと。(2)特定の食品を主食としないで広く異種類の食品をも摂取して栄養を保持できる自信を得たこと。(3)食品選択や調理を真剣になって科学的に合理的に行うようになったこと。(4)奢侈的・虚飾的・偏食的な食風が矯正されたこと、などを体得しえたことはわが食生活史上の画期的な貴重な成果であったといえよう。

戦後の食糧難　(イ)昭和二十年八月十五日の終戦は、同時に連合国軍の日本占領となった。その日から都市にも町にも村にも何年かぶりで電燈がついた。ところが、家庭は明るくなったが、食糧の不足は戦中よりも一層深刻となって暗さを増した。何となれば、戦争末期の十九年と二十年とは輸入米は皆無であり、朝鮮や台湾からの移入米も急減した。二十一年以降は朝鮮・台湾は日本から完全にはなれ、そこからの移入米も全くとだえた。毎年一千万石以上も食糧を海外からあおいでいた日本にとっては、このため食糧危機に見舞われたのは当然のことであった。

(ロ)ひとびとは人参や大根や甘藷の葉はもちろん、野草まで食糧としなければならなかった。米穀の配給は昭和二十一年には半月程おくれたが、二十三年十一月には全国平均二十八日という最高の遅配となった。人々は食糧を求めて農家に殺到した。当時は甘藷といえども統制食品であったので、農家は供出して余ったものを売った。しかし買い出しは主人や主婦の重要な仕事の一つともなった。政府はこの買い出しは食糧統制をみだすものとして、官憲を駅頭や車中に派遣して監督せしめ、一定量以上のものや、米・麦などを入れたリュックや荷物を鋭く監視し、違犯者はこれを罰するとともに、その持参した食糧を没収した。無蓋な貨物列車にリュックなどを負った食糧買出しの人々が超満員で走っている光景は、日本全国の各地に展開された秩序混乱の一風景であった。都会では米飯のことを当時「銀めし」といい貴重な食品であり、高価なものであり、これが闇市などで売られた。人々は庭や荒地を開墾し、少しでも食糧を得るために働いた。「食糧増産」ということが一つの合い言葉とさえなった。

(ハ)連合軍は占領下の食糧の悪化していることに対し、(1)まず昭和二十一年四月に北海道地区に対して少量のアメリカ合衆国の家畜飼料や軍用の古罐詰を放出した。(2)七月から九月には全国に対して小麦・砂糖・玉蜀黍の粉・大豆粉・乾燥卵・罐詰などを放出した。これによって食糧の危機は多少緩和されたが、依然として食糧難であった。二十三年には一千万石以上に相当する食糧が米に換算されて配給され、二十五年には魚類・味噌・醬油が自由販売となり、このころから食糧危機は解消された。

学校給食の沿革　(イ)戦後においては食生活改善運動が推進された。特に(1)農山村の自覚は共同炊事や台所の改善、熱源の電気化、水道の設置などにあらわれ、新生活の様式がうちたてられた。(2)都会においても食生活の重要性がますます認識され、これに関する雑誌が多く出版され、料理学校・栄養学校、家政科・食品学科などの女子大学が設立

小学校給食の献立

小学校給食の配膳

給食の試食風景

された、日本人の食生活を科学的に改善しようとする条件が備わった。

(ロ)かかる食生活改善において最も特筆大書すべきは学校給食の実施である。(1)わが国の学校給食は明治二十二年十月に山形県鶴岡市の私立忠愛小学校で、仏教の慈善団体によって実施されたのが最初である。当時は貧困児童に対し就学奨励の意味から行われたものである。そしてこのような性格の学校給食は全国にひろまった。(2)昭和七年九月七日に文部省は訓令第一八号をもって「学校給食実施の趣旨徹底方ならびに学校給食臨時施設方法」をさだめ、国庫から約六七万円を出して、国が直接に学校給食を援助することをはじめた。これは当時経済不況によって欠食児童が多くなり、これらの児童の体力の低下を防ぎ就学を奨励するために実施されたものである。(3)昭和十六年四月三十日には文部省は訓令第一八号をもって「学校給食奨励規定」をさだめ、貧困児童だけではなく、身体虚弱児・栄養不良児などに対して栄養を補給する目的から学校給食を開始した。これは終戦直前まで継続されたが、終戦とともに食糧の極度の不足によってほとんど休止の状態におかれていた。(4)昭和二十一年十二月十一日に文部・厚生・農林の三省次官の「学校給食の普及及奨励について」という通達をもって再開することとなった。だがこのときからは連合軍総司令部・ララ委員会・ユニセフからの援助物資によって、在学する児童・生徒の全員を対象として行うことになった。

小学校給食用器の洗滌機

小学校の給食風景

都市における小学校給食の調理所

(5)昭和二十五年には米国政府からの寄贈の小麦粉によって、パン・ミルク・おかずが完全にあたえられ、二十七年からはこの資金は日本政府が負担することになった。(6)昭和二十九年六月三日には「学校給食法」が制定され、三十一年六月二十日には夜間の高校に、三十二年五月二十日には特殊学校の幼稚部、高等部の児童生徒に拡大された法律が制定され実施されることとなった。(7)昭和三十三年十月に小・中学校の「学習指導要領」の全面的改訂にともなって、教育課程の中へ学校給食が正式にとりあげられ、ここに教育における学校給食の位置は明確となった。

日本人の偏食　文明諸国のうち日本人はとくに体格が小さく、早老短命で持久力に乏しいといわれている。それは日本人の食生活と因果関係があると考えられている。一九五九年版の「世界統計年鑑」によって、全摂取カロリーに対する穀類および動物性食品からの摂取カロリーとの百分比をみると、日本人をはじめとするアジア・アフリカ諸国の動物性食品からのカロリーの摂取率は一〇％以下であり、日本は七％、中華民国（台湾）は一二％である。欧米諸国は一〇％以上であり、カナダは四三％、米国四一％、英国三八％、西独三三％、仏国三〇％となっている。また、穀類からの摂取率はアジア・アフリカ諸国は六〇％以上であり、日本は六七％、中華民国は六五％、セイロンは五七％であり、欧米はチリの五一・三％を最高として西独四三％、英国二五％、カナダ二二％、米国二二％となっている。このように、日本人のカロリー摂取量は世界の文明諸国中最低群に属し、特に穀類からの摂取比率は世界最高群にあることがわかる。また昭和三十四年度厚生省刊行「栄養調査報告書」によると、わが国の食生活における米食の偏重ときわめて粗末な副食物を摂取する結果は、人体の成長に必要な蛋白質・ビタミン・脂肪・カルシウムが欠乏し、栄養欠陥症二四％という高率で、その率は最近の米の豊作の影響によってさらに増大の傾向を示していると指摘している。だが、このような日本人の米食偏重の食生活は、明治初年の文明開化時代の多くの啓蒙書にのべられていたことであり、日本人は今こそその長い慣習を破って偏食を打破すべき時代を迎えているというべきであろう。

給食の意義と効果　(イ)戦後の学校給食は一部の児童・生徒を対象とするのではなく、全校の児童・生徒を対象とするものになった。これは栄養の改善を必要とするのは一部の児童・生徒ではなく、国民全般の栄養知識を向上させ、食習を改善させ、健康の増進をはかるためである。学校給食の目標は、㈠日常生活における食事について、正しい理解と望ましい習慣をやしなうこと。㈡学校生活を豊かにし、明るい社交性をやしなうこと。㈢食生活の合理化、栄養の改善および健康の改善をはかること。㈣食糧の生産・配分および消費について、正しい理解に導くことである。

(ロ)このような目標をもって実施された給食は、果して学童の体格にどのような効果をもたらしたであろうか。昭和三十六年の文部省編の「学校給食の現状とその課題」によると、⑴昭和二十九年から奄美大島では幼児・児童・生徒約七万人に対して一斉にミルクの給食を実施したところ、開設後五年にして、これらの身長は鹿児島本土にくらべて、男子は約三倍（たとえば女子は一一歳で平均九・六cm）、女子は約二倍（たとえば一一歳で平均五・一cm）という驚異的な伸びを示した。この五年間における全国平均身長の伸びは一一歳の男子は二・三cm、女子は三・一cmである。⑵また北海道美唄《びばい》市においては、昭和二十八年の入学児童は隣接の未実施のS小学校より身長・体重・胸囲のいずれも劣っていたのが、卒業期にはS校の卒業期の児童をしのぐようになっている。⑶新潟県の佐渡の後山小学校の報告によると、学校給食開始後の十一年間に疾病にかかる率が低くなり、当初の結核被患率七・五％が一％となり、寄生虫保有率四八・四％が、五・四％に、口角炎が一四％から一・一％になり、走・跳・投等の運動能力も飛躍的に向上しているとのべている。

結　語　日本人の一万年余にわたる食生活を一応時代ごとに記述しおわった。わが国の食生活史は一言でいうならば主食の米を根幹とし、これに野菜・獣・鳥・貝などが支葉となって発芽し、成長発展してきた過程であったともいえよう。長い原始時代において山野をかけめぐって自然物を採集して、健康な生活を営んでいた日本人は、やがて知った稲作の栽培が貧富の差や階級を生んだ。そして米がとれる土地は貴重な財産となり、これを所有することは権力や地位をうる大きな条件となり、土地の支配をめぐってたえず政争が展開された。こうした土地を基礎として封建制が中世のはじめに形成され、江戸幕府の滅亡によって解消する。わが国の封建制が世界でも最もあとまで続いたのは、実にこの米食民族の伝統のしからしめたものであったといっても過言ではあるまい。

食生活は衣服生活に比してその変化変遷は鋭敏ではない。衣服は政治や社会の変革には鋭敏であり、それに順応していくのに迅速であり、男女によってもその区別が行われている。だが、食生活は短日月に改変されることは稀である。日本人は米食民族といわれる程、米と密接不離の食生活を続け、今日その弊害を指摘されているにもかかわらず、なおこれを完全に捨て切れないのは、人間の食生活が極めて保守的であることを語る有力な史実でもある。しかし、食生活は保守的であるとはいえ、たえず有機的に他の歴史事象とも関連して、時代的に特色を発揮してきたことはすでにのべた通りである。

今日の日本人の食生活には幾多の課題があたえられている。健康にしてエネルギー旺盛な日本民族を育成し、世界の人類に貢献しうるためには、先ず日本人の食生活の改善からはじめなくてはなるまい。その指標と方法とは、長い日本人の食生活史の中にくめども尽きぬ泉となって流れている。われらは先人の足跡を謙虚な態度をもって冷静にとらえ、その正しい史実の上に立って反省してみることこそ極めて必要なことであると確信している。そして、この書を世に送る理由も、そこに存していることを理解願いたい。

『日本食生活史』を読む

江原絢子

本書刊行の意図

本書は、一九六四（昭和三十九）年に初版が刊行された。当時は、食生活の歴史的研究は比較的新しい分野であり、研究者も少なかった。

本書の著者渡辺実《わたなべみのる》は、「序文」において、歴史学のなかでその研究が遅れている分野として「生活史」をあげており、なかでも「食物史」の面がもっともたちおくれていると述べている。その理由として、食物のことを口にすることは下賤なことであったために長い間研究するものがいなかったこと、古い文献の食品名には、難解、難読のものがあって判定に苦しむものがあったこと、料理の方法についてはさらに不明なものが多かったことをあげている。食物の多くは、被服などと異なり後に残されることが少ないために、実態がつかみにくく、研究しにくい要因となっている。

また、「日本人の食物史の研究書は、僅少であり、たとえあっても、それは極めて難解・難読のものであったり、断片的であったり」などで、日本人の食生活を総合的にとらえ、時代の変遷にそって記述したものはほとんどないが、女子大学、高等学校などにおいて「食物史」が、少しずつ学問的に系統的に教えられるようになったと指摘し、「よろこぶべき現象」と述べている。そして、本書は、これまでの研究を平易にして、女子大生、高校生を対象とするだけでなく、日本文化史の研究者のためにできるだけ系統的にとらえることができるように著述したと、その刊行の意図を述べている。しかし、当時も現在も、高校生はもとより大学生にとっても本書は「平易」とはいえず、かなり専門的な内容を含んでいる。

著者渡辺が読者対象の一つとした女子大学における「食物史」は、第二次世界大戦後に新設された家政学部食物学科などにおいて、設置された科目である。一九四七年に設置された「家政学部設置基準」では、食物学科に置くべき科目として、必修科目は、食品学、栄養学、調理科学など、自然科学的分野が中心となり、食物史に関する科目は、「食生活文化史」の科目名称で選択科目として設置された。解説者は、一九六〇年代に、大学で「食物史」を学んだが、本書刊行時の前後にあたっていたためか、まだ本書の存在を知らなかった。卒業後、江戸時代の料理書の研究に携わることになり、改めて食生活史の全体像を知りたいと思う中で本書に出会うことになった。

著者渡辺実については、自身の著書の最後に付されている著者紹介記事、『日本史研究者辞典』（吉川弘文館　一九九九）、『史叢』二二（一九七八）の「渡辺実先生追悼」記事などにみられる。それらによると、渡辺は、一九一一（明治四十四）年山梨県に生まれ、日本大学高等師範部地理歴史科、東京高等師範学校研究科を経て、一九四一（昭和十六）年に日本大学法文学部史学科を卒業。その後、岡崎高等師範学校助教授、同校教授となり、一九四九年、名古屋大学教養部分校助教授を経て、一九五八（昭和三十三）年から六五（昭和四十）年三月まで、文部省教科書調査官を勤めた。一九六五年に日本大学第一工学部講師、その後教授となったが、一九七八（昭和五十三）年三月三十日くも膜下出血のため急逝した。六十六歳であった。著書は、本書のほか『新島襄』（吉川弘文館　一九五九）、『未解放部落史の研究』（同　一九六五）、『近代日本海外留学史』上・下（講談社　一九七七・七八）などがある。

構成・内容の特徴

本書は序論と本論に大きく分かれており、本論は、十三章で構成されている。序論は、「食生活史の意義」「文化の起源と食物」「日本の食生活史の特性」で構成されている。

本論の構成は、紀元前後から順次時代を追って記述されているが、その構成上の特徴は、全過程を六期に時代区分しつつ、単に一般的な時代区分のみではなく、食物史の視点からみた各期の特徴をタイトルに掲げている。例えば、安土桃山・江戸時代については「和食完成時代」と題し、明治・大正・昭和時代については「和洋食混同時代」とするなど、食生活の転換期に視点をおいた時代区分をとっている。しかし、食生活史の時代区分については、今後さらに議論を深める必要があろう。例えば「和洋食混同時代」が人々に自覚されるようになるのは、明治時代も後半の一九〇〇年代以後であると考えられるなど、本書以降の研究の蓄積による再検討も求められる。また、本書刊行の時期からみて当然ともいえるが、昭和期についての評価が定まっていなかったと思われるためか、記述はきわめて少ない。

内容上の特徴としては、小項目が多く、さらにその中が箇条書きで簡潔に示されていることで、初心者でも要点を見落とさないですむことであろう。また、引用史料名とその引用文が豊富に本文中に示されている。『慶長日記』の元和二年正月廿一日のところに」、とか『阿蘭陀菓子製法』という延宝ころの写本には」、として紹介するなどはその例である。引用文献・史料の一覧は示されていないので、本文中の豊富で広範な史料を整理し、その所蔵先などを調査する課題などは、大学院生などには、有効であろう。

当時の類書には、史料が残ることの多い上流階層の食生活、しかも行事・儀礼食に重点がおかれることが多かったのに対して、本書も中心はそこにおきながらも、史料が乏しく扱いにくいと思われる「庶民」や「農民」の食事についての視点がみられることは大きな特徴で、解説者が現在の研究の重点を日常食におくきっかけともなっている。渡辺は、本書刊行の翌年、文学博士の学位取得の著書となった大著『未解放部落史の研究』を刊行しており、庶民など弱者へのまなざしが、本書にも反映されたのではないかと考えられる。

庶民の多くは、日々の食物について文字に残すことはほとんどなく、そのために日常の食生活の実態はつかみにくい。また、たとえ上流階層であっても、残された史料の多くは儀礼・行事など特別な時の記録であり、日々重ねられる日常の食事の記録が残されることはまれである。日常の食事と晴れの食事は上流階層においても全く異なるものであり、そこに地域による違いを加えて、各時代の食事の全体像を把握する必要があるが、それは現在でも十分解明されているとはいえない。まだ、「生活史」そのものの研究が少なかった当時、それらを含めた食生活の歴史を総合的に描こうとした点は注目される。当時は、書名を「食物史」と題する書物や大学の科目名を「食物史」とするところが多いなかで、本書を「食生活史」と題したことも、人々の生活に視点をおこうとした著者の意図がうかがえる。

「食生活史」の類書

本書が刊行される以前に日本の食物に関して通史的に扱った書物についてみると、管見の限りでは、宇都宮黒瀧著『食物史』（国史講習会　一九二三）が、もっとも古い。その後、櫻井秀・足立勇著『日本食物史』（雄山閣　一九三四）および笹川臨風・足立勇著『近世日本食物史』（雄山閣　一九三五）が刊行され、これは一九七三（昭和四十八）年に『日本食物史』上・下巻二冊本として再版された。この書物は、先史時代から明治初期まで詳細な史料の引用が随所にあり、資料集的な参考書といえる。

また、第二次世界大戦後についてみると、本書の刊行以前には、森末義彰・菊池勇次郎著『食物史』（第一出版　一九五三）が刊行され、その後改訂版『改稿食物史』として内容をかなり改正して一九六五（昭和四十）年に再版された。また、瀬川清子著『食生活の歴史』（講談社　一九五六）は、民俗学的視点から庶民の食生活に視点をおいた内容として刊行されたものである。本書にやや視点が似たものとしては、樋口清之著『日本食物史—食生活の歴史—』（柴田書店　一九六〇年）がある。「食物史」から「食生活史」の書名へと移行する傾向が強まるのは、本書刊行以降である。

これまで述べてきたように本書は多くの特徴を持つが、初版の刊行後四十年以上を経ているために本書を読む場合、留意すべきこともある。昭和期の食生活については、本書刊行以降の研究成果を補う必要があることはもちろんであるが、本書刊行後の新たな研究により、各時代の内容がより深まったものもあり、内容の修正が必要になる点もある。例えば、日本最古とされる農書の成立年代、三度食の成立時期などについては、今日でも議論すべき課題であろう。また、料理屋の料理形式である「会席料理」については、今なお本書の記述が、後の書物にほぼそのまま引用されることが多いが、より具体的な史料による見直しが必要だと思われる。

現在、食を歴史的にみる学際的な研究会などがいくつか誕生しており、「生活史」「食物史」分野の研究の必要性は高まりつつある。そうした中で本書は、決して古いとはいえずこれからこの分野を学ぶ人に、基礎的なきわめて優れた概説書であるだけでなく、すでに研究を深めている人にとっても改めて読み直すことで新たな課題を発見できるのではないかと思う。

〈二〇〇七年九月〉

（えはら・あやこ　東京家政学院大学教授）

歴史文化セレクション

発刊にあたって

悠久《ゆうきゅう》に流れる人類の歴史。その数ある文化遺産のなかで、書物はいつの世においても人びとの生活に潤《うるお》いと希望、そして知と勇気をあたえてきました。この輝かしい文化としての書物は、いろいろな情報手段が混在する現代社会はもとより、さらなる未来の世界においても、特にわれわれが守り育て受け継がなければならない、大切な人類の遺産ではないでしょうか。

文化遺産としての書物。この高邁《こうまい》な理念を目標に、小社は一八五七年（安政四）の創業以来、専《もっぱ》ら日本史を中心とする歴史書の刊行に微力をつくしてまいりました。もちろん、書物はどの分野においても多種多様であり、またそれぞれの使命があります。いつでも購入できるのが望ましいことは他言を要しませんが、おびただしい書籍が濫溢《らんいつ》する現在、その全てを在庫することは容易ではなく、まことに不本意な状況が続いておりました。

このような現況を打破すべく、ここに小社は、書物は文化、良書を読者への信念のもとに、新たに『歴史文化セレクション』を発刊することにいたしました。このシリーズは主として戦後における小社の刊行書のなかから名著を精選のうえ、順次復刊いたします。そこには、偽《いつわ》りのない真実の歴史、魅力ある文化の伝統など、多彩な内容が披瀝《ひれき》されています。いま甦《よみがえ》る知の宝庫。本シリーズの一冊一冊が、現在および未来における読者の心の糧《かて》となり、永遠の古典《クラシック》となることを願ってやみません。

二〇〇六年五月

吉川弘文館

著者略歴
一九一一年　山梨県に生まれる
一九四一年　日本大学法文学部史学科卒業
名古屋大学助教授、文部省教科書調査官、日本大学教授などを歴任、文学博士
一九七八年　没

〔主要著書〕
日本史の新着眼　世紀別日本史(共著)　新島襄
世界国旗ものがたり　未解放部落史の研究　近代日本海外留学史(上・下)

歴史文化セレクション

日本食生活史

二〇〇七年(平成十九)十一月二十日　第一刷発行
二〇二四年(令和　六　)五　月　十　日　第三刷発行

著　者　渡辺《わたなべ》　実《みのる》

発行者　吉　川　道　郎

発行所　株式会社　吉川弘文館
郵便番号一一三―〇〇三三
東京都文京区本郷七丁目二番八号
電話〇三―三八一三―九一五一〈代表〉
振替口座〇〇一〇〇―五―二四四番
https://www.yoshikawa-k.co.jp/

印刷＝株式会社 平文社
製本＝誠製本株式会社
装幀＝清水良洋

ISBN978-4-642-06341-8

＊本書は、一九六四年（昭和三十九）に吉川弘文館より初版第一刷を刊行したものの復刊である。本シリーズへの収録にあたっては、判型を改め縮刷版とした。

索　　引

ウ

エ

オ

カ

キ

ク

シ

ソ

タ

チ

ナ

ニ

ヌ

ネ

ノ

ハ

ヒ

フ

ヘ

ホ

マ

ミ

ム

メ

モ

ヤ

ヨ